中国少数民族设计全集

The Design Collection of Chinese Ethnic Minorities

布依族

中国少数民族设计全集编纂委员会 编

山西人民出版社 人民美术出版社

图书在版编目（CIP）数据

中国少数民族设计全集.布依族／中国少数民族设计全集编纂委员会编；陈玉平等著.—太原：山西人民出版社，2019.9
ISBN 978-7-203-11040-8

Ⅰ.①中… Ⅱ.①中…②陈… Ⅲ.①布依族-民族文化-研究-中国 Ⅳ.①K28

中国版本图书馆CIP数据核字（2019）第162841号

中国少数民族设计全集.布依族

编　　者：中国少数民族设计全集编纂委员会
著　　者：陈玉平　等
责任编辑：张小芳
复　　审：吕绘元
终　　审：阎卫斌
装帧设计：谢　成

出 版 者：山西人民出版社　人民美术出版社
地　　址：太原市建设南路21号
邮　　编：030012
发行营销：0351-4922220　4955996　4956039　4922127（传真）
天猫官网：https://sxrmcbs.tmall.com　电话：0351-4922159
E — mail：sxskcb@163.com　发行部
　　　　　sxskcb@126.com　总编室
网　　址：www.sxskcb.com

经 销 者：山西出版传媒集团·山西人民出版社
承 印 者：山西出版传媒集团·山西新华印业有限公司

开　　本：889mm×1194mm　1/16
印　　张：29
字　　数：345千字
印　　数：1—1 000册
版　　次：2019年9月　第1版
印　　次：2019年9月　第1次印刷
书　　号：ISBN 978-7-203-11040-8
定　　价：400.00元

如有印装质量问题请与本社联系调换

中国少数民族设计全集编纂委员会

总 主 编（按年龄排序）
　　　　　　张夫也　王立端　戴晋明　廖　军　王　琥　李豫闽　过伟敏　顾　平
　　　　　　王　强　李　岗
执 行 主 编　王　琥
编 务 统 筹　张明山

中国少数民族设计全集编辑工作委员会

主　　任　刘伟冬
编　　委（排名不分先后）
　　　　　　王　琥　王　峰　王　强　王立端　王浩滢　白　波　过伟敏　许　星
　　　　　　许边疆　李　岗　李　丽　李豫闽　成光虎　肖　飞　余　强　汪传跃
　　　　　　罗　力　杨明朗　陈　述　陈见东　邱　珂　胡万明　顾　平　郑　静
　　　　　　郭立忠　姬　莹　张夫也　张泽国　张明山　张秋平　张耀引　梁盛平
　　　　　　樊　进　谢　玮　熊　伟　熊　微　熊建新　蔡克中　葛　芳　鞠　斐
　　　　　　魏　洁　廖　军　戴晋明

中国少数民族设计全集出版工作委员会

主　　任　胡彦威　周　伟
执 行 主 任　姚　军　欧京海
编 务 统 筹　阎卫斌　周小龙
编　　辑（排名不分先后）
　　　　　　王新斐　史美珍　冯　昭　冯灵芝　吉　昊　吕绘元　刘小玲　任秀芳
　　　　　　孙　琳　孙宇欣　李广洁　李建业　李　靖　员荣亮　张小芳　张志杰
　　　　　　张书剑　何赵云　陈俞江　吴春华　武　静　周小龙　柳承旭　郝文霞
　　　　　　赵　玉　赵晓丽　席　青　秦继华　高　雷　郭向南　阎卫斌　崔人杰
　　　　　　傅晓红　蔡咏卉　翟丽娟　樊　中　薛正存　魏　红　魏美荣
整 体 设 计　谢　成

中国少数民族设计全集·布依族

本册著者　陈玉平（布依族）　杨昌儒（布依族）　梁盛平
　　　　　　黄元碧（布依族）

参与撰写　杨晓燕（布依族）　黄镇邦（布依族）　罗正副（布依族）
　　　　　　龚德全　黄争流（布依族）　贾　佳　江冬梅
　　　　　　孙　婕（布依族）　王朝举（布依族）　周国茂（布依族）
　　　　　　韦云彪（布依族）　毛朝江　李　路　朱　迪　马文斌
　　　　　　张贺峰　陈春园　梁显龙　张青伦

求同存异 和合共荣

刘伟冬

　　中华民族，是一个由56个民族组成的大家庭。在漫长的文明发展史中，汉族和各少数民族都为中华文明的繁荣发展贡献了自己的聪明才智。纵观中华文明史，其实就是一部各族群之间"求同存异，和合共荣"的文化演进史。

　　从根子上讲，4000年前的"中国"，仅指北方中原地区，居住在这里的相传是上古时期黄帝部落和炎帝部落的后裔，故而自称"炎黄子孙"。其时的"中国"，不过是黄河中下游（西起陇山，东至泰山）区域。在千年发展与民族融合之后，尤其是晋末"衣冠南渡"，南迁的中原汉族与南方百越民族彻底融合，来自北方的鲜卑等民族融入汉族，使汉族前所未有地壮大发展，逐渐形成后来疆域辽阔、人口众多、物产繁盛、文化昌明的中华民族的主体族群。特别值得强调的是，自从作为一个民族整体之后，中华民族就从未中断过自己的民族发展史——这在世界历史上是硕果仅存、独一无二的。

　　中华民族具备兼容并蓄、虚心好学的民族天性。仅以设计学范畴的事例讲：在数千年文明发展历史中，中华民族在不断向外输出优秀的文明成果（如烧造之陶瓷砖瓦、营造之榫卯斗拱、织造之丝绸刺绣、锻造之"失蜡"分模等），影响全人类的日

常生活与生产方式的同时，也不断地吸纳域外各民族的优秀文明成果，如汉魏之印度佛教和西域音乐、隋唐之西亚服饰和家具、宋元之东洋印染和漆艺、明清之西洋机器与建筑……在中华民族内部，这样的文化交流更是从未停止过，而且是风生水起、枝繁叶茂，愈发流畅、深入，中华民族各族群之间"求同存异，和合共荣"的文化大演进，共同创造了中华民族极为灿烂辉煌的造物文明历史。仍以设计学范畴为例：原本是匈奴人发明的单足绳圈，被晋代的汉族人设计成铁质双镫；最早是鲜卑人原创的毡毯卷边，被晋代的汉族人改造成"高桥马鞍"，这宗中国式马具设计案例，被誉为"13世纪中国传入欧洲的最重要文化成果"（李约瑟语）。再如，西域（今新疆地区）是全世界最早的皮靴生产地，哈尼族为主的红河地区出现了全世界最早的梯田。再如，全世界最早的"干栏式建筑"和全世界最早的稻米人工育种、栽培，均起源于长江中下游的百越地区；全世界最早的竹藤编结器物起源于闽越地区……由中华民族共同创造、发明，后来又影响了全人类文明进程的优秀造物设计案例很多，不胜枚举。几千年中华民族的文明史，就是各种文化多元融合、共同发展的最好例证。不了解中华民族内部各族群的文明交流史，就无法真正理解中国文化史，也不能理解为什么中华民族总是能在逆境中成长强大。甚至可以说，能否完整地理解中华民族的文化史，是检验每一个当代中国知识分子（特别是文史哲专业的学者）文化立场的"试金石"。

随着改革开放的逐渐深入，各民族地区的经济与社会状态已发生了天翻地覆的变化。令人遗憾和担心的是，由于各地区政策执行力度不平衡，保护措施不得力，少数民族的文化特性正在逐步衰退，有些地区的少数民族文化特征甚至已经消失殆尽，仅仅存在于徒具形式，充满口号、标语的民族文化村旅游景点中。有学者预言，再不加快整理抢救工作，中国的少数民族可能在物质形态和文化内涵的特征上，若干年后将不复存在。

从少数民族地区反映古代中国社会某些面貌的文化遗存看，这些少数民族之所以一直与汉族地区差距巨大，存在多方面的原因，其中历代汉族统治者对少数民族的歧视政策是主要原因。此外这些地区本身就处于偏僻荒地，不是沙漠就是山区，自然条件远不及汉族聚集地区，社会发展水平滞后。20世纪50年代，有相当比例的少数民族在当时仍处于原始农耕社会或奴隶制社会，不要说通电、通水、通汽车，不少人一辈子连铁器长什么样都没见过。部分少数民族聚集地的各种自然条件也较差，缺肥少水，基本生活来源，一靠老天爷恩赐的"望天收"农作物；二靠家庭手工作坊制作些竹藤编结物和土织、土陶等土特产来换取粮食；三靠养猪、兔、羊和鸡、鸭、鹅等家禽来换取日用品，如灯油、农具、衣物和油盐酱醋等；四靠为土司、头人和大户们出卖劳力（社会底层奴隶身份），年老即被抛弃。中华人民共和国成立后，党和政府在这些地区实行社会主义改造，打倒以土司、巫师和头人为首的剥削阶级，将土地和生产资料一律收归集体所有，解放了全体少数民族民众，使他们历史上第一次有了自由劳作和生活的权利。

中华人民共和国成立之初，党和政府就高度关注民族事务问题，为如何保护、关心各少数民族制定了一系列方针、政策，也为当代中国社会处理民族问题、保护民族文化树立了光辉典范。中央人民政府政务院于20世纪50年代初发布了《关于民族事务的几项决定》，为新中国民族政策奠定了最初的思想基础，其主要内容是：一、各大行政区军政委员会（人民政府）须指导各有关

省、市、行署人民政府认真推行民族区域自治及民族民主联合政府的政策和制度，并随时向政务院报告推行经验，请示者须事前向政务院请示。二、各大行政区军政委员会（人民政府）须指导各有关省、市、行署人民政府认真并有计划地实行政务院在1950年颁发的《培养少数民族干部试行方案》，并将该项工作进行情况定期加以检查，每半年向政务院报告一次。中央民族学院及西北、西南、中南各军政委员会和新疆省人民政府的民族学院，必须依计划实行，并向政务院报告。三、政务院于1951年下半年适当时间将同时召开有关少数民族的卫生、教育及贸易三个专业会议，责成政务院文教委员会、中财委指导中央卫生部、教育部、贸易部开始筹备，并责成中央民族事务委员会协助进行。有关部门如农业部、文化部也须派人参加。四、责成中央人民政府各委、部、会、院、署、行注意建立有关民族事务的业务。五、在政务院文教委员会内设民族语言文字研究指导委员会，指导和组织少数民族语言文字的研究工作，帮助尚无文字的民族创立文字，帮助文字不完备的民族逐渐充实其文字。六、扩大中央民族事务委员会委员名额，责成中央民族事务委员会提出补充名单的建议，并于1951年下半年召开中央民族事务委员会扩大会议，检查与总结关于推行民族区域自治及民族民主联合政府的经验。

20世纪50年代，中央人民政府和政务院，曾多次组织"中央慰问团""土改工作队"和"普查工作队"等，花费大量人力和物力，深入各少数民族地区，进行了大量较为翔实的社会历史调查。50年代这轮由政府统筹、由中央民委组织行政领导和人类学、社会学专家学者以及民族同志组成工作队与考察队的少数民族大考察活动，1953年正式启动，1956年结束（个别地区延期至1958年才结束）。直接成果之一，就是为1956年国务院公布的55

个少数民族的正式定名和划分，提供了可靠的依据。

从当时考察的资料看，各少数民族的社会发展水平参差不齐，不少民族呈现类似汉族曾经历过的各种历史发展状况，为我们今天考察、了解并研究过去的历史以及各学术分支问题，提供了绝好的活体范本。比如以"设计发生学"研究为例，以山寨（村落）为主的初级社会组织形态，原始手工业在农耕环境中的地位，原始造物的手工技艺与设备、工具等，都是我们极感兴趣的研究对象。

在西北、西南和东北各少数民族聚集地区，有些古时流传下来的本民族手工造物技术，迄今仍保存良好。其吸收了汉族和其他兄弟民族的技术长处之后演变出来的各时段手工造物技术，则印证了各民族互相融合、取长补短的史实。更有些原始手工艺，特别具有艺术和历史研究价值。以维吾尔族人为例，本世纪初，笔者在新疆喀什城艾格孜艾日克老街看到几样手工艺绝活：其一是整条街的维吾尔族乐器店，除了热瓦普、曼陀林和冬不拉等少数维吾尔族知名乐器外，全是些笔者叫不上名来却似曾相识的弹拨乐器和拉弦乐器，于是从心里认可了"西域古乐成就了中国传统民乐"这句话所言不谬。其二是亲眼所见一个拖着鼻涕的不到10岁的维吾尔族小男孩，拿着电砂轮在铜壶上信手飞快地刻着精美细腻的图案，一不要底稿，二没有图纸，真是佩服得五体投地，也相信了"汉族人长于热铸，西域人长于冷锻"这个说法。其三是在喀什近郊著名的大巴扎"金器一条街"上看见近百家金店生意红火，家家门前毡毯上都围坐着一群金店伙计和顾客，正在热烈讨论、共同设计着花样繁多的未来金饰嫁妆，感受到了"中国传统样式的金银首饰工艺，最富有创意的设计和最先进的工艺制作，原来在维吾尔族人手里"这句大实话。还有，笔者

在云南景洪县城集市上，曾亲眼见过景颇族老乡用古老的"焖烧法"烧出的红彤彤的土陶——跟笔者一知半解的仰韶彩陶的烧制工艺几乎一模一样。还有，笔者在大西北甘陕宁各省亲眼所见的回族、保安族、裕固族和东乡族老乡巧手做出的那些花样繁多、样式复杂的面塑造型，真是个个精妙绝伦。这方面的事例实在太多了。

50年代的少数民族地区社会大普查，以及半个多世纪以来社会各界对其丰富而珍贵的考察、研究，意义深远，价值极为重大。这些地区客观上保存的较为完整的、与数千年前中国原始社会最初形态近似的许多社会特征，为我们研究社会的最初形态形成和当时的经济、文化、政治的基本状况以及"设计发生学"的相关课题，提供了珍贵的类型学"活化石"范本，价值非凡。改革开放以来，这些少数民族地区也获得了前所未有的巨大发展，人民生活日新月异；但与此同时，少数民族地区的民族性在不可避免地愈发衰减、退化，甚至消失。如果我们再不采取保护措施，若干年后，各少数民族的许多宝贵民族文化遗产将无法挽救地彻底消亡，这部分同属于全人类精神财富和中华民族集体智慧的宝藏，我们将再也看不到了。

在"设计发生学"问题上，我们一向秉持文化多元论的观点，认为人类文明是全世界人民共同创造的，各国家、地区、民族均做出过大小不一、形态各异的贡献；同理，中华民族的灿烂文明是中国的各族人民共同创造的，每个民族都对中华传统文化做出过贡献，也都应当得到尊敬和肯定。中国的各少数民族在中华文明漫长的演化过程中，都曾经以自己独特而充满智慧的文明成果，补充、完善甚至改良着中华文明。比如，古代西域的龟兹古国各民族创造或引自西亚的弹拨乐器和拉弦乐器以及音律、曲式，彻底改造了中国古代音乐，新创作出代表中国古乐精髓的江南丝竹；南疆的维吾尔族和北疆的哈萨克、塔塔尔、塔吉克等族首创了制革术，并引进古波斯革皮书籍装帧术和制靴术、制毡术、毛衣编结术；海南岛的黎族率先种植棉花并纺织棉布，传入内地后棉织业逐渐形成中国古代手工行业的"天下第一营生"……保护少数民族的民族文化特性，就是保护我们的历史遗产，就是传承我们的文明。我们应进一步发扬文化兼容的优良传统，把振兴中华的百年民族复兴梦，逐步落实为将大中华建设成为中国各民族共同拥有的美好家园。

由上千名来自全国各高等艺术院校的教授、研究生组成的55支团队参与编撰的《中国少数民族设计全集》（55卷），正是有识之士基于对各少数民族的民族文化特性正在快速衰减、消亡的严重现实问题的深切忧虑而进行的抢救、发掘、整理中国少数民族文化遗产的重要文化工程。经过两年精心筹划，六年努力写作，在国家出版基金管理部门的支持下，在山西人民出版社和人民美术出版社的策划和组织下，目前《中国少数民族设计全集》的书稿编撰工作已基本完成，即将付梓。在长达八年的漫长过程中，全国兄弟院校各团队涌现出的各种可歌可泣的事迹经常感动着笔者，并不时鞭策着全体作者克服千难万险，一路向前。有的分卷作者身患绝症仍不眠不休地忘我工作，有的分卷作者遭遇各种意外仍坚持工作。特别是，很多民族同志公而忘私、不计较个人得失，有人不惜将自己赚钱的企业关张歇业，全身心地投入各自所负责分卷的繁重编撰工作中；有人义无反顾地将自己珍藏多年的本民族实物、资料和研究成果无偿提供给相关分卷作者。大家万众一心，克服各种复杂得难以想象的困难，以确保这部凝聚了众人八年心血的巨著，能按计划如期完成。借此机会，笔者谨

代表本丛书编委会全体成员，向领导、编辑和作者们表示衷心的感谢！

作为一项文化创举，笔者深信《中国少数民族设计全集》必将在未来岁月的长期检验中，愈发显现其非凡的、独特的文化价值。

2017年夏季于南京

前言

据2010年第六次人口普查，全国布依族人口有287万余人，在全国56个民族排名中列第12位。贵州是布依族的聚居地。全省布依族有251.06万人，占全省人口的7.23%，占全省少数民族人口的20%。主要分布在黔南和黔西南两个布依族苗族自治州及安顺市、贵阳市、六盘水市等地。

布依族居住的地区多属于喀斯特地貌，境内山峦起伏，沟壑纵横，森林茂密，土壤肥沃，山间有许多小坝子。布依族村寨或坐落于坝子周围，或散布于山间。布依族在这依山傍水的自然环境中，长期过着自给自足的生活，创造了独具特色的建筑、服饰及各种生产生活工具。

本书以设计学的方法研究布依族的造物。其类别包括：传统建筑、传统服饰、传统餐饮、传统生活用具、传统生产工具、传统手工艺、传统民俗和宗教造像。根据课题组调查所及和之前掌握的资料，选取相关案例进行撰写。

在民俗学研究中，这些类别大部分属于物质民俗的范畴，一部分属于精神民俗和制度民俗的范畴。但无论哪一类民俗，其分类都不是绝对的，即物质民俗包含精神民俗和制度民俗的成分；同样，精神民俗和制度民俗也与物质民俗密切相关。从设计学的角度当力图呈现其物质的部分，但是文字的描述则不能囿于其物质的外形，须将这一有形的器物所蕴涵的相关文化特质突显出来，如服饰的款式、颜色、花纹所表现的民族审美，传统民居建筑中体现的与自然及超自然关系的协调及对房屋结构、房间功能的独特运用和理解；

传统餐饮所体现的民族风味及制作技艺等,则需借助文字进行描述。

由于布依族分布地域很广,故某一种民俗事象,往往存在地区间的差异,如布依族的服装,无论是头衣、体衣、足衣,黔南、黔西南、安顺、贵阳等地的布依族都不相同,甚至各县之间也不相同。这也为田野调查和案例选择带来一定困难。一个具体民俗事象中的某些要素,也可以作为一个案例来描述,如围腰花图案,房屋的窗户、大门等。地区间的差异、整体与局部的关系、物质外形与精神内核的互补都是我们在研究中必须考虑的。

我们将所有的案例都置于传统文化的背景下进行观照。在布依族的现实生活中,一些传统用具虽仍保存但已不再使用,或已发生变迁,甚至已消失,但它曾是民族生产生活的重要组成部分,曾以具体的形态存在于特定空间中,它是不同历史时期生产力发展及生活方式的一种体现。其他民族也是这种情况。在相似的生产生活环境里,人们创造的某些工具都是大同小异的,如风簸、石碓、石磨、撮箕等等,这些器物都是贵州很多民族所共有的。作为案例,当把这一物品与特定时间和使用者相关联后,其民族文化意义就显现出来。我们认为,这些物品是民族智慧的体现,是该民族适应环境和利用环境能力的反映,如利用野生植物的花和叶制作节日食用的、不同颜色的糯米饭,用荷叶来包糯米粑(荷叶粑),用葫芦来制作酒壶或水瓢,用陶器来盛酒。竹簸箕、储粮竹筒、竹提笼、细篾斗笠、打鱼用的倒须笼,都是对竹的充分运用。对石头的加工利用方面,如石磨、石碓、石头建筑;对木材的运用方面,有住宅及其装饰、纺车、织布机、粑槽、木架礼盒、连枷、风簸等。布依族的乐器并不是艺术表演中使用的,常常是在民俗活动中进行演奏,如唢呐用于丧葬、建房、婚礼等时吹奏;勒尤用于男女青年社交、娱乐、择偶时吹奏。可以说这些器物的制作反映了布依族对环境的适应和利用。图案体现了民族的审美观；宗教造像反映了该民族对人与自然关系的认识，等等。这些器物是布依族历史上自给自足的生产生活方式的反映，它记录了民族生存发展的轨迹，它不仅仅是劳动人民创造的成果，更重要的是这些器物所蕴涵的民族文化意义。

虽然现在仍保存很多传统器具，但其功能已发生了变异。如手工纺织工具和相关技艺，已超越了自给自足的生产方式，所生产的产品作为民族特色产品用于出售。自身穿着的民族服装，已有专业工厂使用现代机器进行批量生产，人们已不必在个体家庭内完成从种棉、纺纱、织布、印染、缝衣的全过程了。民族服饰的穿着多限于民族庆典（如结婚、贺新房、满月宴等）或节日了。现实的生产生活中，自给自足及手工的成分少了，相应的工具也就失去了用武之地。在电动机代替了人力或畜力操作后，很多工具，如将玉米碾成粉末的石磨、用于稻谷脱粒的石碓被废弃了。

设计学对民族学、民俗学研究者来说，是一个陌生的领域。但少数民族设计所涉及的对象——服饰、建筑、生产生活用具、图案等，均属民族学、民俗学者研究的范围。

本书延续了以往器物设计著作"图解加文论"的撰写方法。其立意为：中国少数民族传统造物文明特征与设计案例研究；其体例为：经典设计案例图解分析加设计学与人文科学综合文论。书稿撰写按资料收集—案例采选—田野考察—案例撰写的步骤进行。全书包括文字、图表两部分。强调"全科式研究"（设计学与民族学、社会学、艺术学相结合的综合性研究），尤其侧重运用设计学本体语言对系统案例的整体研究。每一类案例都有不同的写作要求。如服饰类案例的制图规范，就要求有案例主图、尺寸图、开片图、操作示意图、效果示意图、局部分析图、工艺分析图等。建筑类案例的制图则根据不同的类别有不同图示手法，如要求有该民族主要建

筑的综合布局图示，有该民族主要整体建筑外形图示，该民族特色建筑（包括民居、庙宇、城池、村寨）局部结构的特色图示。饮食类制图也要根据其食材造型、菜式造型、面点造型等类别，有不同图示手法。

现时代，人们更多地关注非物质文化遗产。各级政府公布了保护名录，出台了各种保护措施，取得了初步成效。与此同时，有形的物质文化遗产在不断流失。村民进城务工，或迁至城里居住，或者即使住在村子里，也不再使用传统的建筑和工具。我们在很多村子里看到：木质结构的房屋已渐成为历史；石磨变成了铺路石；囤箩、挑箩、撮箕废弃于屋外；犁、耙等生产工具也随意放置，任雨淋日晒。而在20年前，这些工具是农村家家户户必备之物。

作为民族传统文化的重要组成部分，民族生活中的器物尽管随着时代的变迁、人民生活方式的改变、生产力水平的提高而逐步远离了人们的生活，但它作为一种有形的文化，仍然"遗存"在乡间。它们被弃置的时间还去今不远，现在仍随处可见，只是它没有待在它原本应待的位置，没有发挥其特定的功用。这些器物大多数谈不上具有文物价值，然而它们是最能让我们记得住乡愁的物品。我们有必要将这些被丢弃的器物搜集起来，陈放到博物馆。目前一些地方博物馆已建起了陈列室或展示馆，这说明当地政府已意识到保存和展示民族物质文化遗产的重要性。

然而，这类陈列室和展示馆收藏这些物品之后，应考虑怎样利用特定的技术和手段对之进行保存，如对实物进行不同角度的拍摄，对其规格进行测量，对其形态和功能进行说明。如果仅仅是将一实物展示出来，标出名称，是远远不够的。但是，要让管理者或陈列者来做这些工作也勉为其难。《中国少数民族设计全集》丛书的编撰正好弥补其不足。这需要民族学、民俗学、设计学几方面的

专家相互配合。应该说，这项工作是民族学、民俗学研究的一种拓展。从文化遗产的层面上来说，也可以视为一种保护和保存方式。

历史不可逆转。我们不可能让这些器物重新以活态的形式运用于生活中，但是我们要以一种敬畏之心对待这些器物，将他们存放在合适的处所。我们的研究，就是要通过图形和文字，让这些器物以一种特殊的方式保存下来，让后人可以精确地了解其规格和功用。

我们希望这一项研究是一个良好的开端，期盼今后有更多的学者来开展布依族器物的设计研究。书中所描绘的那些器物即使今后完全消失了，仍可在本书中看到它的形态和规格，了解它的功能和文化蕴涵。

目录

第一章 布依族传统建筑

惠水县好花红乡辉岩村布依族王宅　002
南龙布依族古寨民居1号　006
南龙布依族古寨民居2号　009
南龙布依族古寨民居3号　012
布依族"双猫耳"歇山顶民居　015
布依族石头房　018
布依族柱础　022
布依族木屋架　024
南龙布依族古寨寨门　028
郑屯布依族民居朝门　031
布依族木腰门　035
布依族"寿字纹"窗棂　038
布依族圆堡粮仓　041

第二章 布依族传统服饰

罗平布依族女童装　046
花溪镇山布依族女童装　049
六枝布依族少女节日盛装　053
镇宁布依族女装　056
罗甸布依族女装　059
望谟打尖布依族女上衣　063
镇宁布依族锦衣　066
贞丰布依族大脚裤　069
镇宁布依族女裤　072
镇宁布依族蜡染百褶裙　075
镇宁布依族土红百褶裙　077

惠水布依族围腰 079
贞丰布依族围腰 082
镇宁布依族围腰 085
平塘布依族刺绣围腰 088
贵定布依族"寿"字围腰 091
布依族刺绣银铃童帽 094
布依族挑绣鱼形童帽 097
贞丰布依族花格头帕 099
江西坡布依族绣花凉鞋 101
独山布依族猫猫童鞋 103
罗甸布依族绣花鞋垫 106
乌当布依族挑花鞋垫 109
布依族褡裢包 112
布依族绣花挎包 115

第三章　布依族传统餐饮

布依族腊肉 120
布依族腊肠 123
布依族血豆腐 126
布依族豆豉颗 129
布依族贺房糍粑 131
布依族油团粑 133
布依族荷叶粑 135
布依族枕头粽 138
布依族花糯米饭 141
布依族二合饭 144
布依族陶酒缸 147

　　布依族陶酒罐（酒坛）　150
　　布依族木碗柜　153
　　布依族竹编碗筷箩　156
　　布依族竹编饭笼　159
　　布依族豆腐箱　162
　　布依族饭甑　165
　　布依族土酒甑　168
　　布依族擂钵　172
　　布依族圆形木粑槽　176
　　布依族竹菜筒　179
　　布依族葫芦水壶　182
　　布依族葫芦瓢　185

第四章　布依族传统生活用具

　　布依族竹簸箕　190
　　布依族木提桶　192
　　布依族竹提箩　195
　　布依族储粮竹筒　198
　　布依族储粮葫芦　201
　　布依族木米缸　204
　　布依族升和斗　207
　　布依族木马椅　210
　　布依族木雕盆架　213
　　布依族八仙桌　217
　　布依族架子床及帐帘　220
　　惠水布依族礼品架　224
　　平塘克度布依族细篾斗笠　228

布依族藤椅　232
布依族草凳　235
布依族铜鼓　238
布依族低音胡　241
布依族勒尤　244
镇宁布依族四弦胡　247
布依族唢呐　250
布依族月琴　253
布依族长号　256
布依族姊妹箫　258
布依族四弦葫芦琴　260
布依族羊角胡琴　262

第五章　布依族传统生产工具

布依族铡刀　266
布依族碾布架　268
布依族水磨机　271
布依族挖锄　274
布依族踩锹　276
布依族薅锄　278
布依族耙子　280
布依族连枷　282
布依族木马　285
布依族木钻　288
布依族石碓　291
布依族大石磨　293
布依族水碾　297

布依族风簸 299
布依族挑箩 302
布依族倒须笼 304
布依族柴刀及刀夹 307
布依族框锯 310
布依族脚踏纺车 313
布依族纺纱车 317
布依族织布机 320

第六章　布依族传统手工艺

布依族彩缎绣花口水兜 326
布依族土布绣花口水兜 329
布依族十字绣背带 332
荔波布依族平绣石榴花鸟背带 335
布依族绣花门帘 339
布依族绣花枕套 342
布依族彩绣被面 345
布依族扎染床单 348
惠水布依族枫香染床单 351
望谟布依族蜡染桌布 354
镇宁布依族花包 357
布依族贴布绣枕头花 359
布依族织锦 361
布依族围腰带绣花 363
布依族围腰带挑花 366
荔波布依族剪纸画 368
新堡布依族簸箕画 371

惠水布依族灵堂画　374
平塘布依族牙舟陶　376

第七章　布依族传统民俗和宗教造像

布依族"六月六"　380
布依族布摩　383
布依族罕王　386
贞丰布依族古谢　389
布依族丧葬纸扎　392
黔南布依族生育傩　395
布依族哑面　397
贵阳蓬莱布依族地戏　399
南盘江布依戏　403
罗平布依族把式舞　406
布依族铜钹　408
布依族铜铰　411
布依族铜锣　413
布依族铜铙　415
布依族木鼓　417
布依族木鱼　420
布依族海螺　422
布依族木朝筒　424
布依族木令牌　426
布依族吞口　428
贞丰纳磨村布依族土地庙　430

后　记　434

第一章 布依族传统建筑

惠水县好花红乡辉岩村布依族王宅

图一　惠水县好花红乡辉岩村布依族王宅主图

　　黔南惠水县好花红乡辉岩村是布依族聚居的村寨。辉岩村王宅是一座拥有200多年历史的布依族民居，建筑面积480余平方米，两层楼共计12间房。其为典型的布依族干栏楼居建筑，建筑结构体系为一楼一底的木构穿斗式整体框架体系。以三开间的正楼配以左右两厢形成"凹"形三合院落，通过位于正房中央的16级石条进入二层的堂屋，二层沿建筑外围构建1米多宽的外廊供人休憩。王宅屋顶为歇山式，不但继承了传统建筑反宇向阳的优美形式，在功能上也起到了加大建筑空间高度，保证采光和排泄雨水、保护墙基等重要作用。

　　位于房屋二楼正中，按照布依族传统习俗设置的堂屋，由于其历史年代久远，保存完好，并体现出浓厚的民族文化特色，2006年11月19日被贵州省布依学会授予"中华布依第一堂屋"的称号。堂屋在布依族民居中占有相当重要的地位，是整个住宅的核心。在布依族民居中，堂屋被视为最神圣的地方，是象征家族存在和延续的精神场所。布依族崇拜历代祖先，堂屋正中依墙供奉着家族祖先的神龛，除祖先神位之外还供奉其他先哲，如孔子、神农、杜康、财神、土地神等神位。神龛前常年摆放一张八仙桌和一张条凳，有的还在堂屋上方悬挂一个铜鼓。祖先在布依人心目中具有崇高的地位，逢年过节、婚丧嫁娶均要在堂屋举行供奉和祭祀祖先的仪式，堂屋同样也是家庭议事、待人接客的重要场所。无论是三开间还是五开间的住宅，堂屋都处于中轴线之上，所有的居住空间都是以堂屋为中心布置，轴线上布置主要房间，堂屋两侧布置辅助房间。堂屋神龛分为上、下两部分，上方设"天地君（国）亲师位"，下方设"镇宅土地神位"。过去以红纸书写神榜，现在有的地方直接把神榜雕于木板上，悬挂于神龛相应位置。堂屋中的神龛体现了布依族先民天人合一的观念，也体现了布依族对住宅空间的独特理解。

图片来源
图一　陈玉平　摄影
图二至图六　朱迪　制图

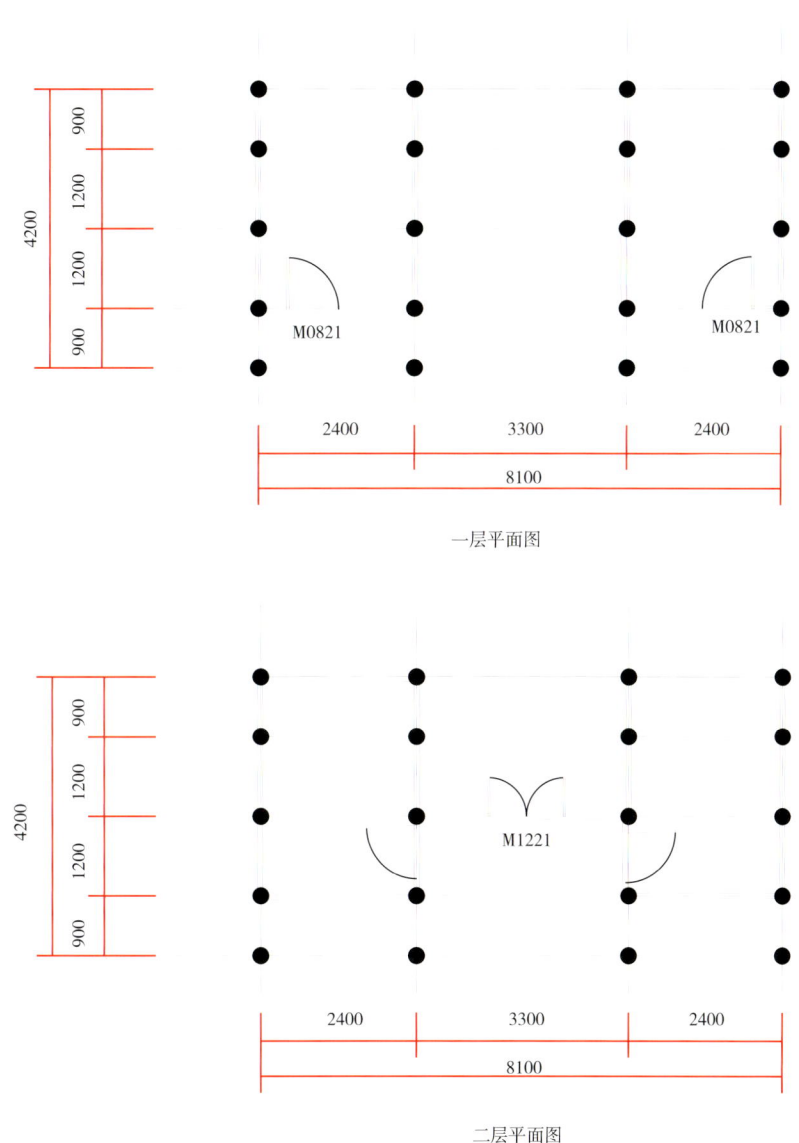

图二　惠水县好花红乡辉岩村布依族王宅平面、尺寸图（单位：mm）

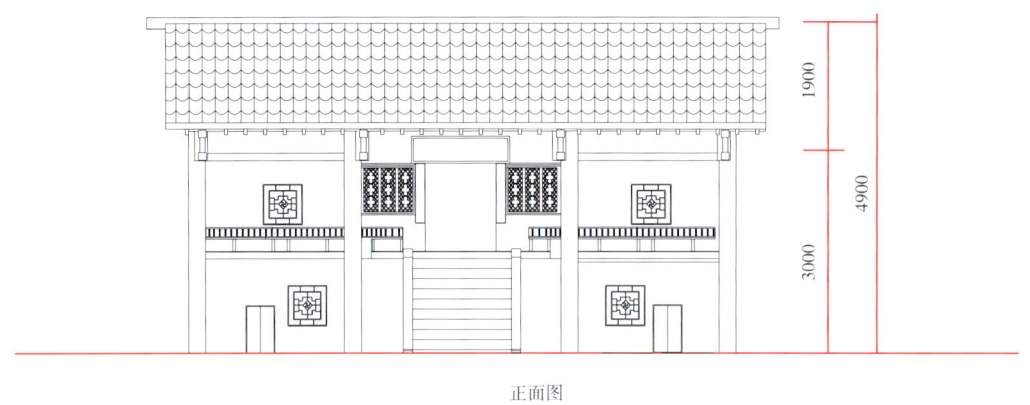

正面图

侧面图

图三 惠水县好花红乡辉岩村布依族王宅剖面图（单位：mm）

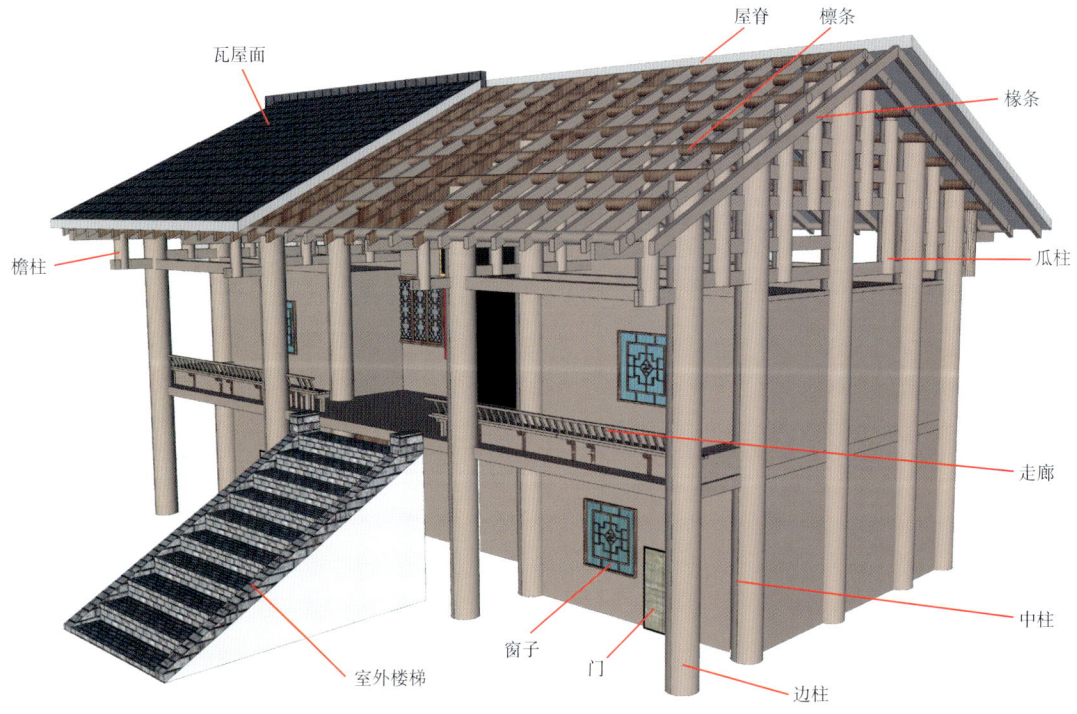

图四 惠水县好花红乡辉岩村布依族王宅结构名称图

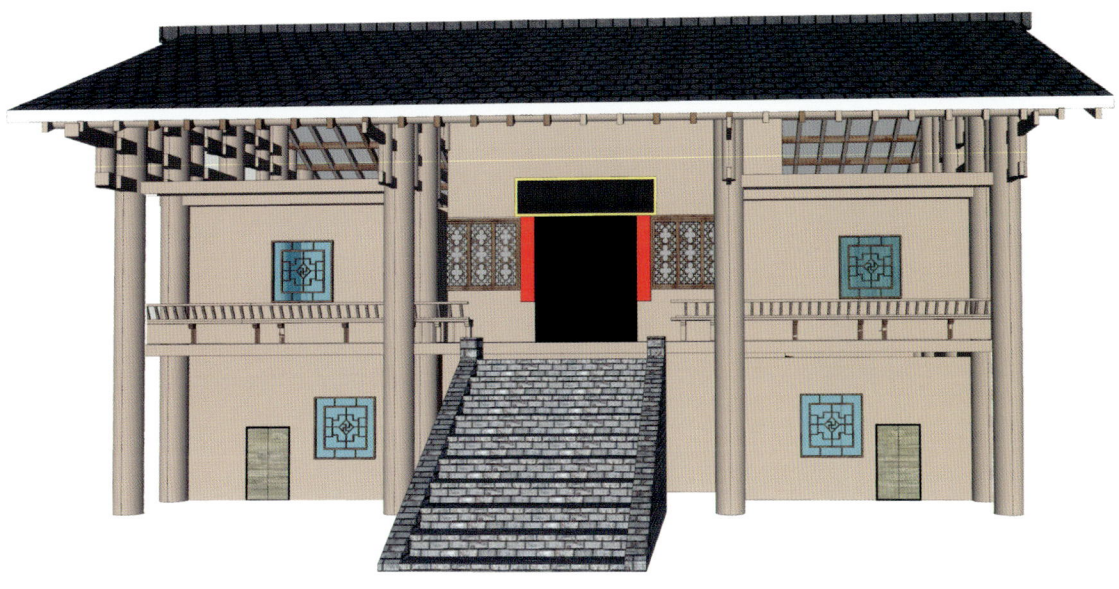

图五　惠水县好花红乡辉岩村布依族王宅透视图

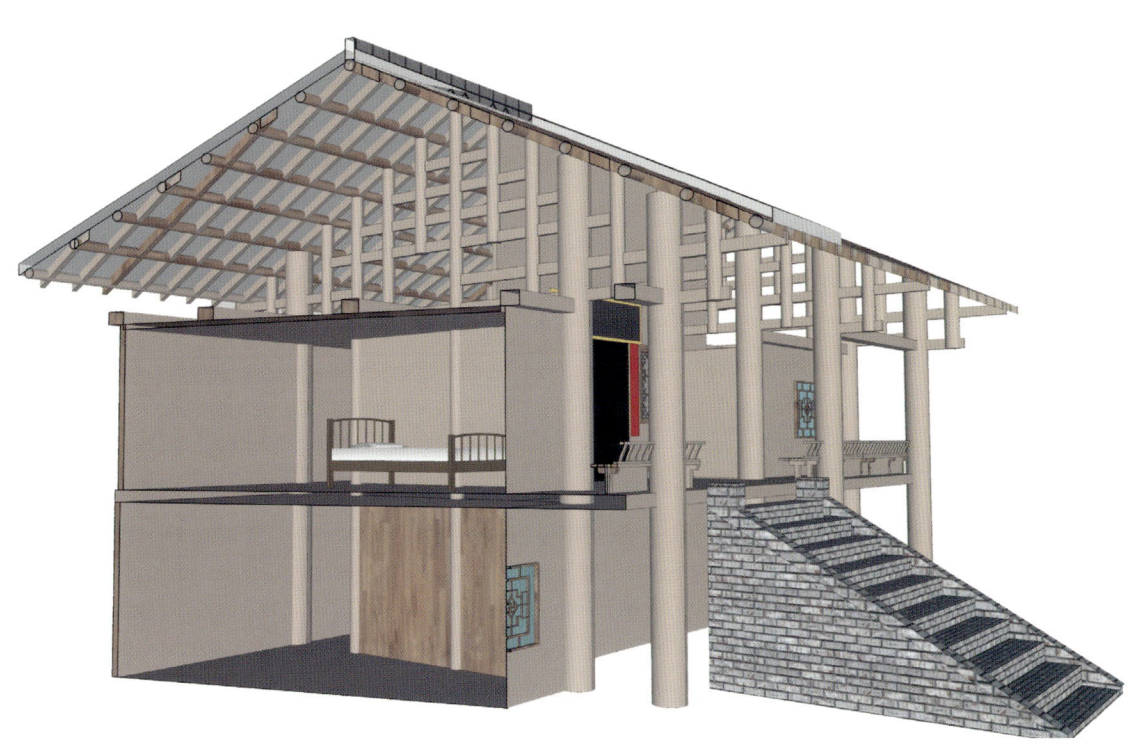

图六　惠水县好花红乡辉岩村布依族王宅内部空间效果示意图

南龙布依族古寨民居1号

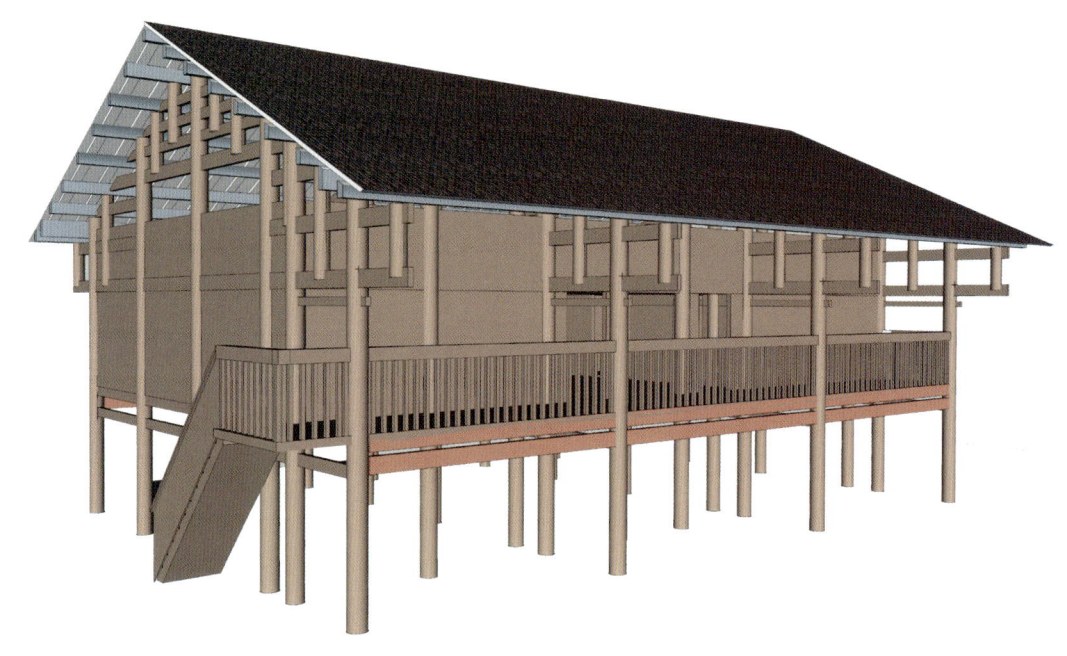

图一　南龙布依族古寨民居1号主图

南龙古寨是位于黔西南兴义市巴结镇万峰湖畔的一个美丽的布依古寨。古寨位于一个小盆地边沿的半山上，全寨共有148户800余口人，村民均为布依族。寨内的民居均为干栏楼居建筑，结构为穿斗式屋架体系，是典型的布依族古建筑群。据考证，这些保存完好的建筑至今已有300余年的历史，并且现今仍在使用。

南龙古寨民居1号是南龙古寨内的一栋保存较完整的民居建筑。建筑是典型的"一楼一底，一明两暗三开间"的干栏楼居。首先，平面形制上，底层为架空层，主要为了防止蛇虫伤害和减少潮湿瘴气，同时兼具存放农具杂物之用。二层为主要的居住空间。受建筑前后坡地地势所限，建筑的入户楼梯不同于平地上的布依族民居布置在建筑中央的石阶楼梯，而是通过位于建筑南向山墙面一侧的木制楼梯上到二层。二层居住空间外有约1.5米宽的外廊，是布依族人纳凉和从事简单的家庭手工劳作的地方。入户门位于正中，正对堂屋。堂屋是整个住宅的核心，堂屋正中供奉着家族祖先的神位。堂屋正后方位于建筑中轴线上的卧房为老人房，年轻人是绝对不能居住的，因为这样会视作对祖先的不敬。面向堂屋的右侧布置晚辈房，面向堂屋的左侧为火塘。火塘作为一家的饮食空间，其位置需要摩师（布依族民间从事祭祀、占卜、禳灾等活动的人）根据主人家的生辰八字而定。位居居住空间以上的阁楼层，是家庭中存放杂物的地方。其次，从结构上来看，建筑屋架形式为六柱七瓜加前后吊柱。其中柱高7.4米左右，是屋脊的位置，同样也是建筑的最高点。整个建筑从屋架结构到外墙材料均为木材,屋顶为青瓦屋面。整个建筑形态轻盈优美。

图片来源
　图一至图五　李路　制图

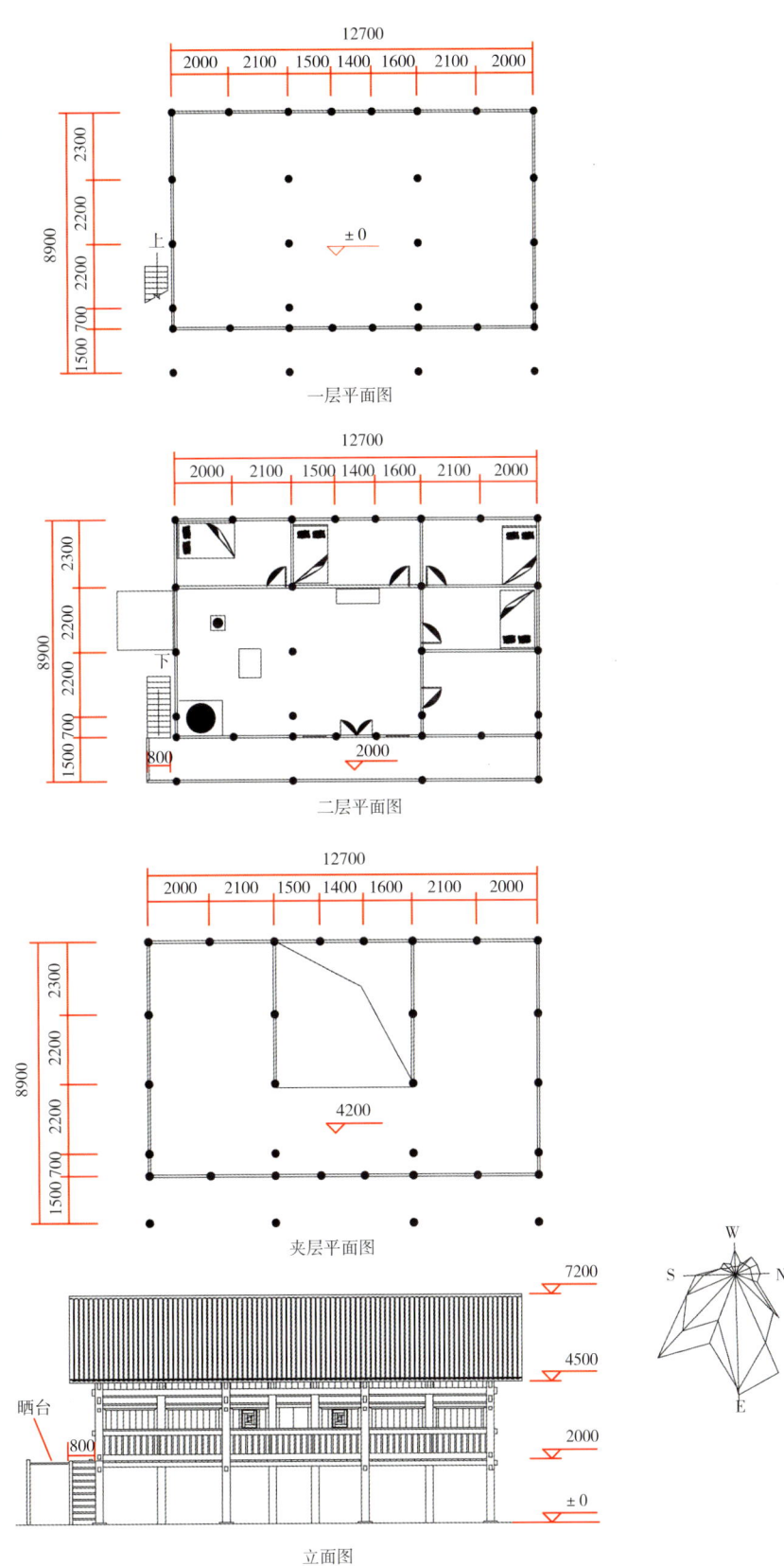

图二　南龙布依族古寨民居1号视角、尺寸图(单位:mm)

图三　南龙布依族古寨民居1号剖面图（单位:mm）

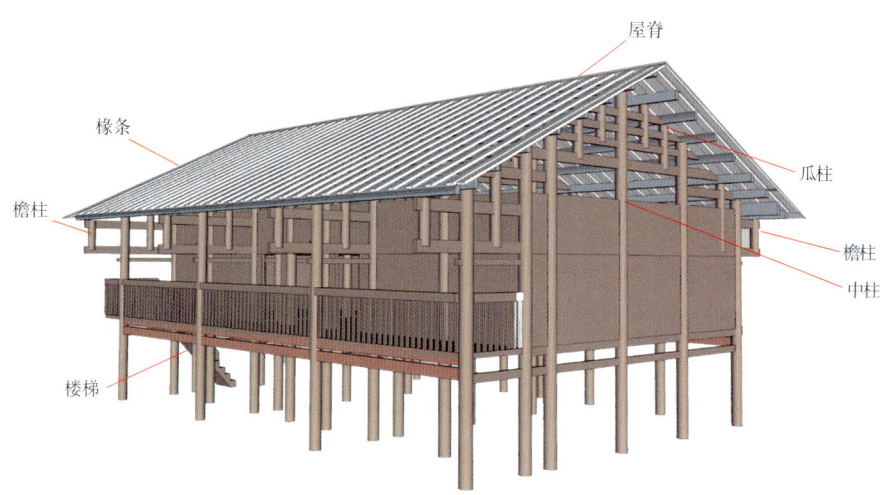

图四　南龙布依族古寨民居1号结构名称图

图五　南龙布依族古寨民居1号线稿图

南龙布依族古寨民居2号

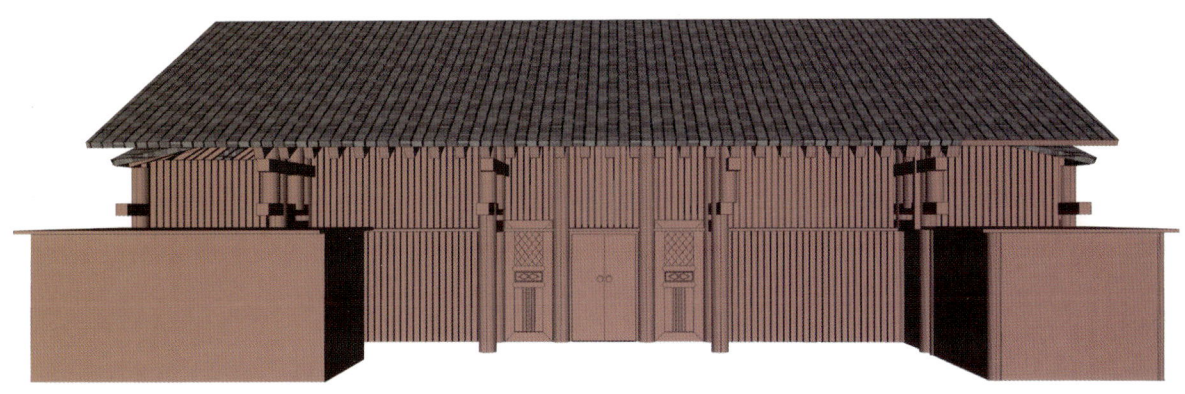

图一 南龙布依族古寨民居2号主图

南龙古寨民居2号位于黔西南兴义市巴结镇,为单层庑殿顶式建筑。结构为穿枋式干栏楼居。由于建筑入口前有较为平坦的空地,主体建筑与左右两侧的配套建筑围合成一个小院落,供平时的生活劳作以及摆放农具所用,因此并未做底层架空,这样可以减少修建成本。

建筑坐西向东,平面呈"凹"字形五开间,面阔较宽,进深较短。通过东面的小院坝入户。按照布依族生活习俗和居住方式,位于建筑中轴线上正对入口的是堂屋,堂屋中心靠墙一侧供奉祖先牌位。布依族有崇拜祖先的习俗,因此逢年过节、婚丧嫁娶均要在此举行供奉和祭祀祖先的仪式。这里同样也是家庭议事、接待宾客的重要场所。堂屋的左侧布置长辈房,右侧布置晚辈房。灶房位于整个建筑的南侧。受自然崇拜观念的影响,灶房中设火塘,火塘中置一个三角铁架,可以直接将鼎罐放于架上烧水煮饭;火塘位于灶房的西面,避讳朝向东面。因为火塘朝东被视为冲撞了太阳,易引起火患,这一习俗影响至今。通过位于建筑北侧的木楼梯可通往屋顶阁楼层,除堂屋及灶房上空外,其余均搭置隔板,用作存放谷物、农具的仓库。从结构体系上来看,建筑屋架形式为六柱七瓜加前后吊柱。其中中柱高6米左右,这样相较于一楼一底的干栏楼居,减小了对柱子的高度要求,便于取得木材,也有利于节省木材,用于扩大平面开间尺寸。这种建筑形式适合修建在地势较为平整开阔的地方。

图片来源

图一至图五 李路 制图

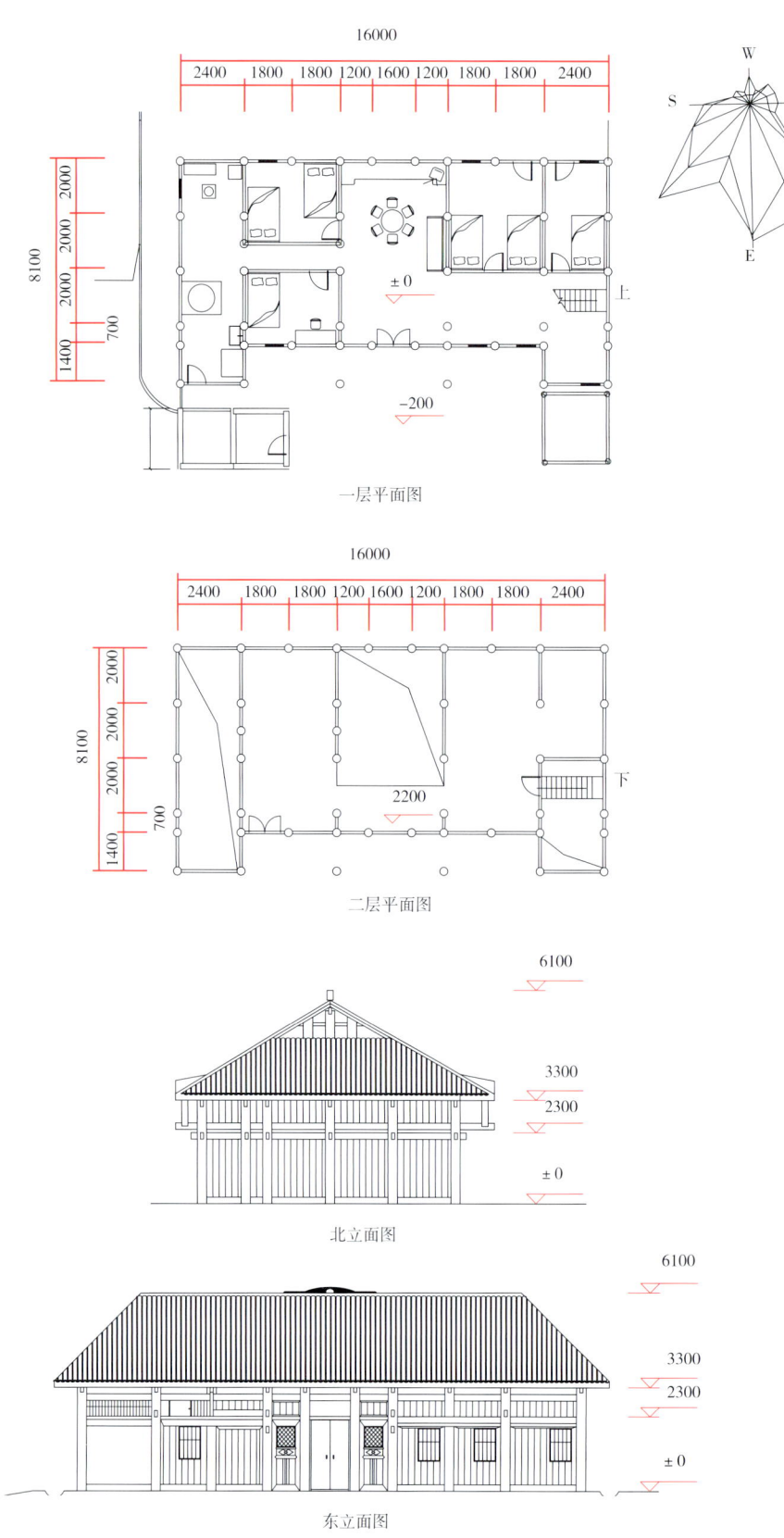

图二 南龙布依族古寨民居2号三视、尺寸图（单位：mm）

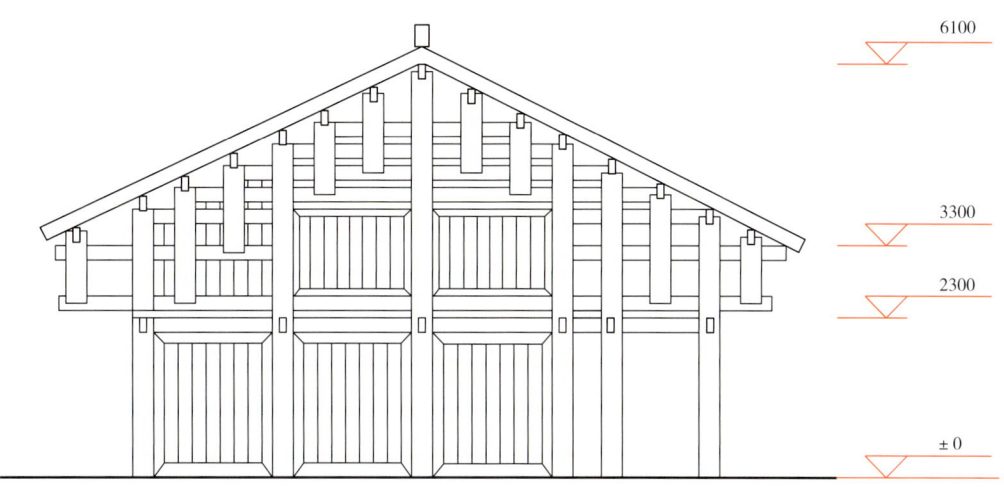

图三　南龙布依族古寨民居2号剖面图（单位：mm）

图四　南龙布依族古寨民居2号结构示意图

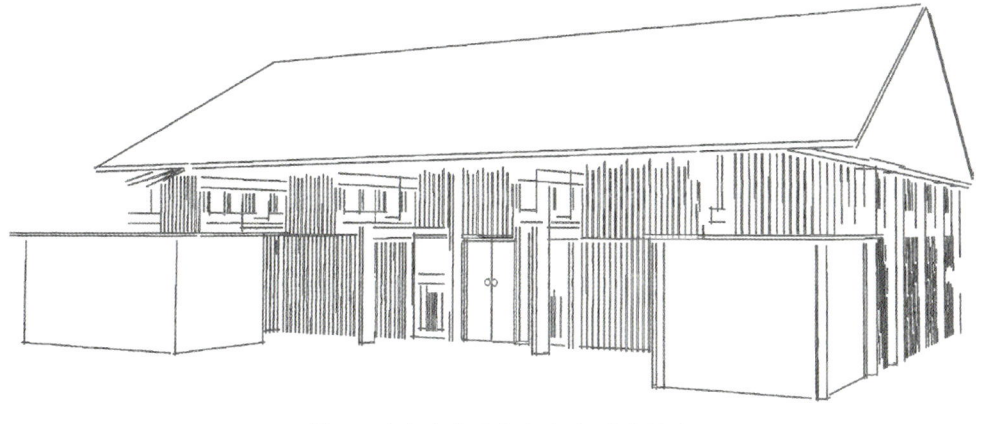

图五　南龙布依族古寨民居2号线描图

南龙布依族古寨民居3号

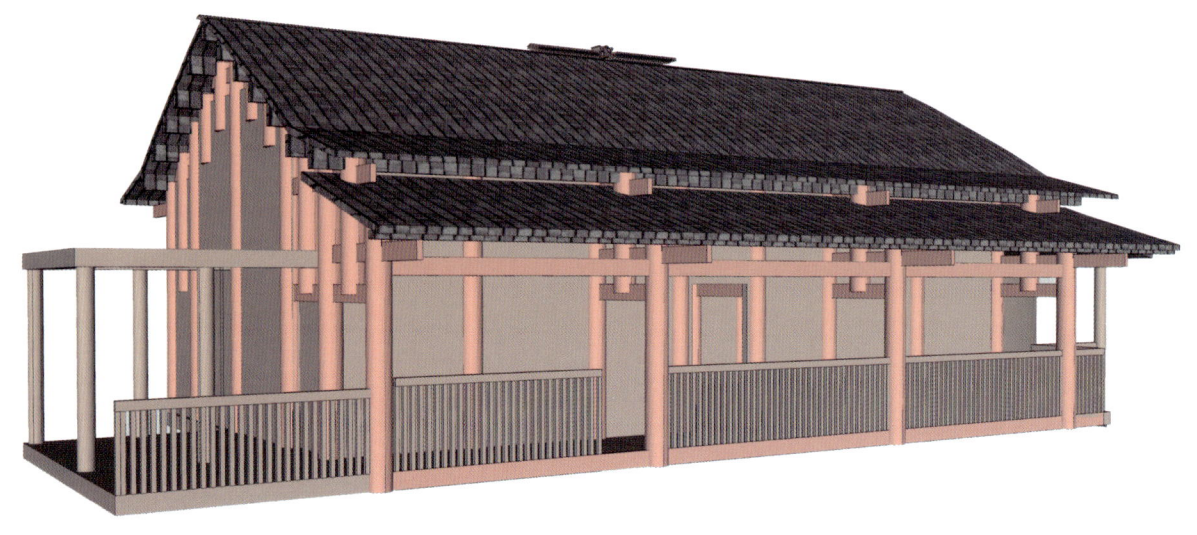

图一　南龙布依族古寨民居3号主图

南龙古寨民居3号位于黔西南兴义市巴结镇，是南龙古寨内随山就势建房的典型代表。建筑坐西向东，西面倚靠一接近90度的陡坡；与之相对的东面，也就是住宅的正前方也是急速而下的斜坡；住宅的南侧有一和宅基地相差0.6米的台地。首先，建造者将建筑正立面出挑的外廊通过吊脚的方式，将贴屋檐的立柱植桩在东面的坡地上，以获得更多的交通空间；其次，将建筑的灶房置于南面的台地上，其余的部分做吊脚处理，均抬高0.6米，使得建筑的各个房间均在同一平面上。这样既减少了挖填方的工作，也增加了建筑的使用面积，可谓一举两得。建筑平面由南向北呈"一"字形，主体建筑为一明两暗三开间的形式，在南侧设置灶房，北侧设置杂物房。建筑由南北两侧的踏步通过外挑的走廊入户。位于中轴线上的堂屋是建筑的核心。堂屋靠墙一侧设置神龛，摆放祖先牌位。对于奉行祖先崇拜的布依族人民而言，堂屋是进行祭祀活动的重要场所，也是一栋住宅的中心。堂屋两侧分别为卧房。位于南侧台地上的灶房有独立的入口，通过走廊和主屋连通。从屋架结构上来看，住宅为五柱六瓜加前檐柱。其特点在于建筑的檐柱是吊脚柱，为的是在东侧的坡地上获得外挑走廊的交通空间。另外，为了保证住宅前沿走廊不受雨水灌注，在屋顶檐口下方做了出挑的重檐，这样既保证了走廊作为生活空间不受雨水侵蚀，同时也丰富了建筑立面轮廓。

图片来源
图一至图五　李路　制图

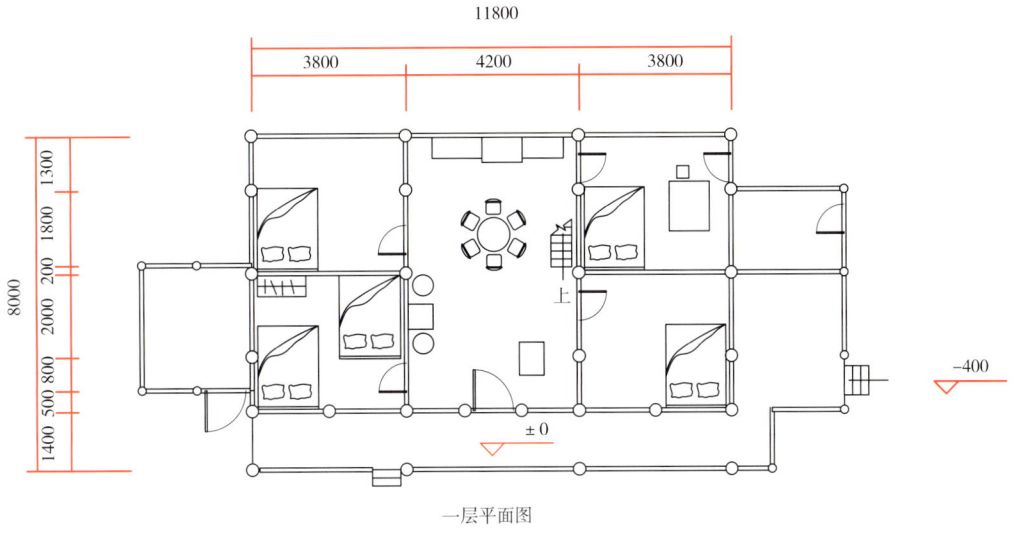

一层平面图

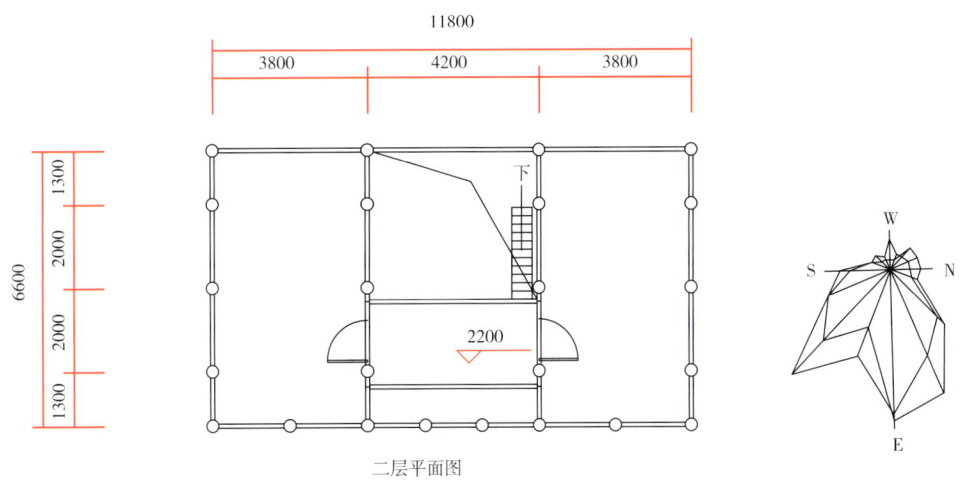

二层平面图

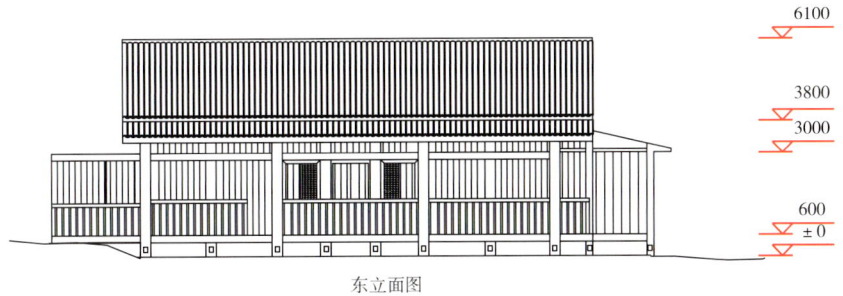

东立面图

图二　南龙布依族古寨民居3号视角、尺寸图（单位：mm）

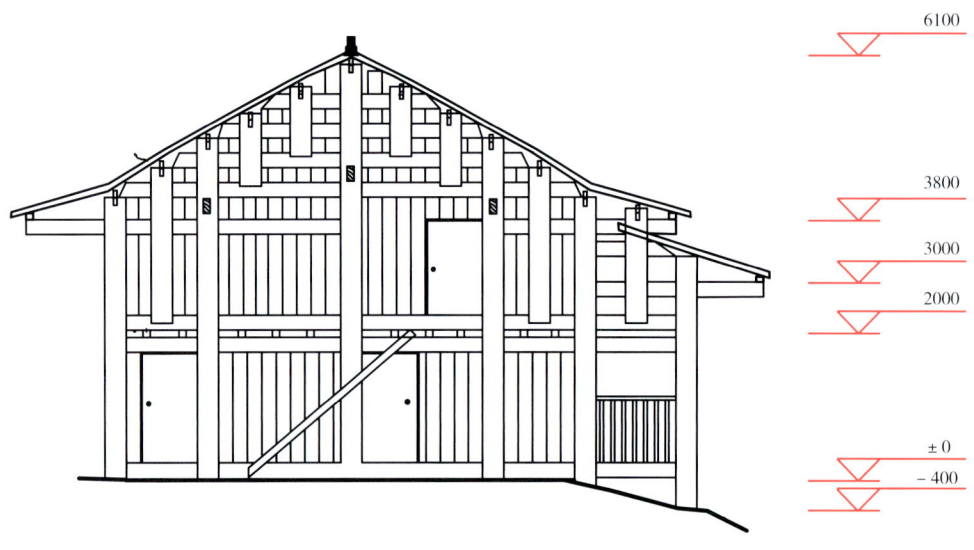

图三 南龙布依族古寨民居3号剖面图（单位：mm）

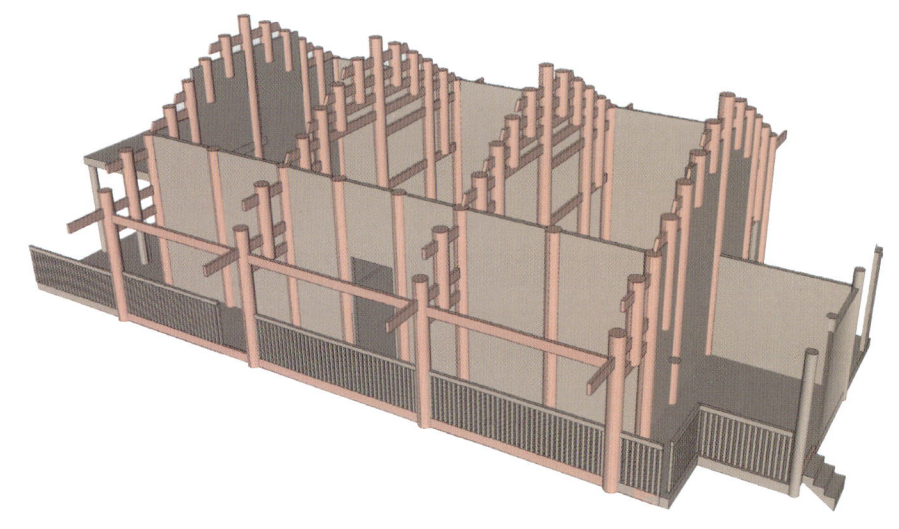

图四 南龙布依族古寨民居3号结构示意图

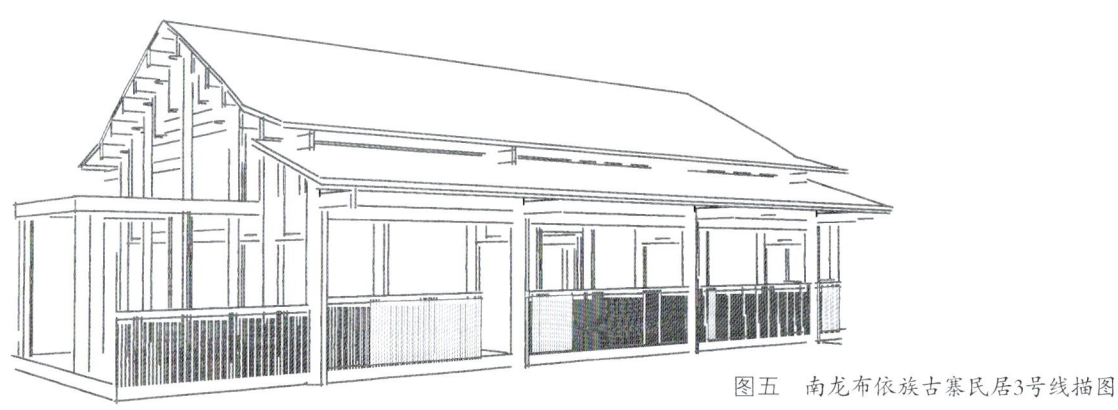

图五 南龙布依族古寨民居3号线描图

布依族"双猫耳"歇山顶民居

图一 布依族"双猫耳"歇山顶民居主图

布依族民居具有的农业生产自我完备性，除体现在建筑架空底层的劳作空间外，还体现在其仓储空间的设置上。对于地处山区，宅基地有限的布依族居民，仓储空间的设置是民居建造中亟待解决的主要问题。其要求一方面要有利于物品长时间存放，另一方面要求节约生活空间，且不影响住户的衣食起居、日常活动。从这几个因素出发，布依族人利用坡屋顶的富余空间，在起居层上空的屋架上横置隔板，利用屋架围成的三角形空间形成阁楼层，以此作为仓储空间，储藏粮食和存放生活器具，并用一根独木砍锯成阶梯状充当楼梯，连接起居层。

黔西南境内海拔较低，属于气候温热的地区，那里的布依族民居借由屋顶空间创造出阁楼层的同时，还在平行于山墙面的两侧屋檐上方，对称地搭建出垂直于屋脊的单坡屋顶，从正立面看上去形似猫的耳朵，因此得名"猫耳"。"猫耳"的单坡顶与建筑的悬山顶恰好构成了四坡歇山顶的形状。这样的布依族民居有一个非常好听的名字，叫做"猫耳"歇山顶民居。具体做法是在建筑山墙面一个开间上的屋顶斗枋上立瓜柱，在瓜柱上立檩条，檩条上搭椽，椽上铺瓦成顶。以最靠近此开间内侧的瓜柱为最高点，形成"猫耳"的脊点，所增设的瓜柱越靠近山墙面一侧越低，最后在檐口处与原有歇山顶重合。"猫耳"最重要的用途是保证阁楼的干燥通风和增加阁楼高度，便于粮食存放。有些布依族民居中，拥有"猫耳"屋顶的阁楼也被用作女儿房，并摆放织布机便于居者生产劳作。

图片来源

图一 贾佳 摄影

图二至图五 朱迪 制图

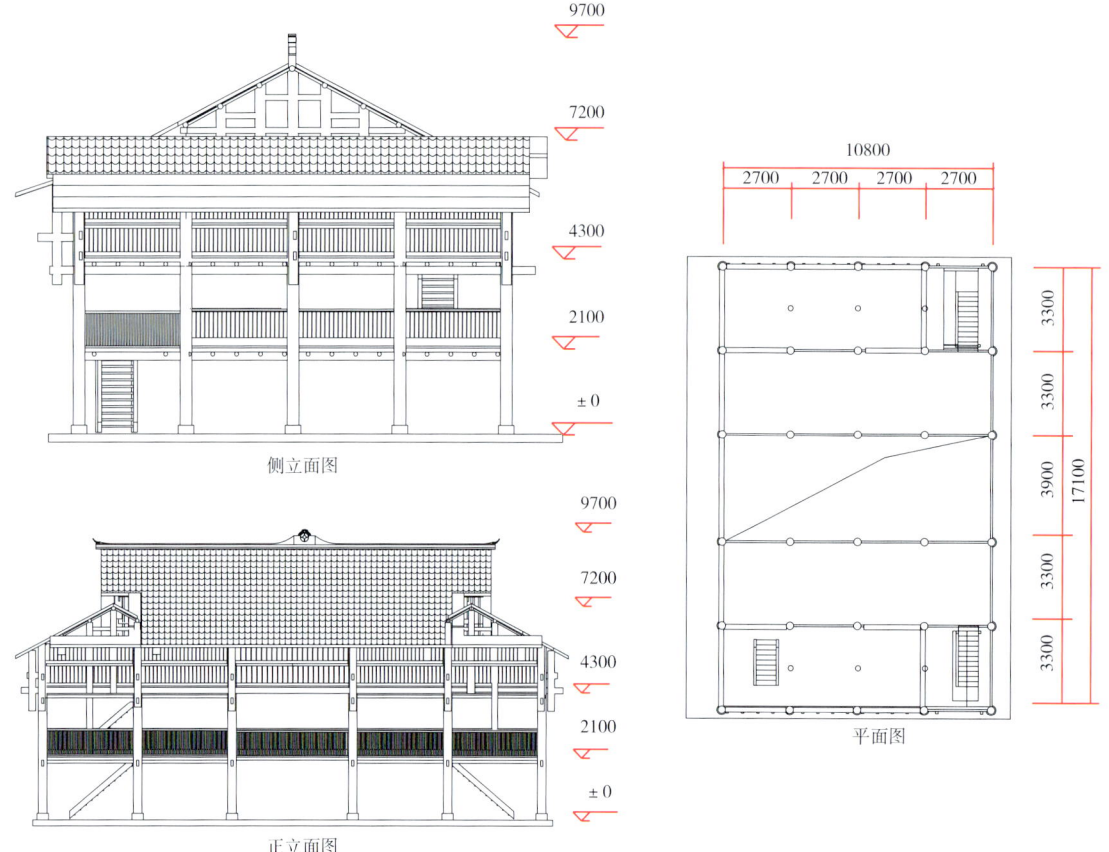

图二 布依族"双猫耳"歇山顶民居三视、尺寸图（单位：mm）

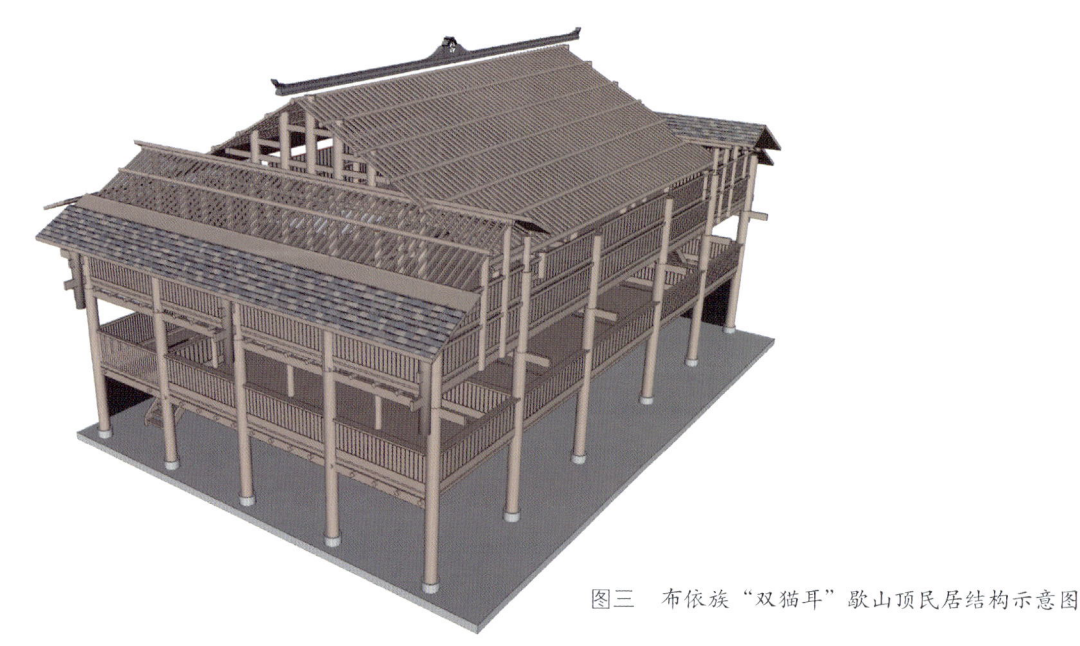

图三 布依族"双猫耳"歇山顶民居结构示意图

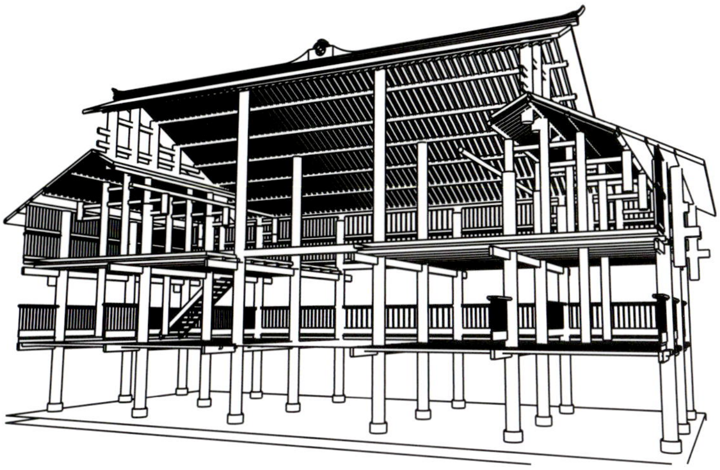

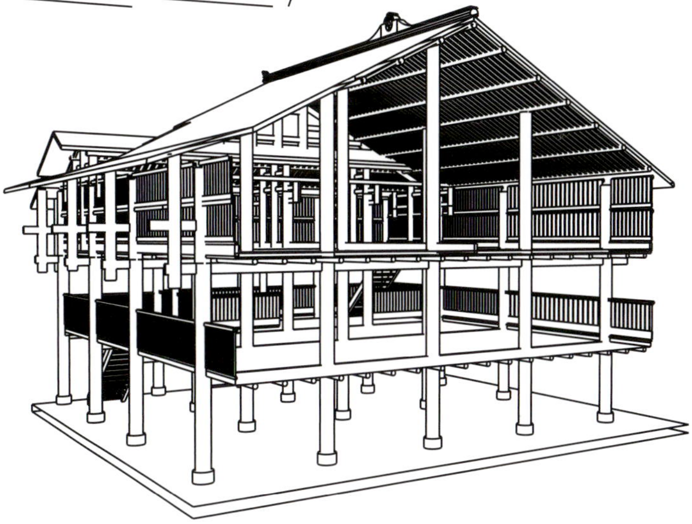

图四　布依族"双猫耳"歇山顶民居内部结构示意图

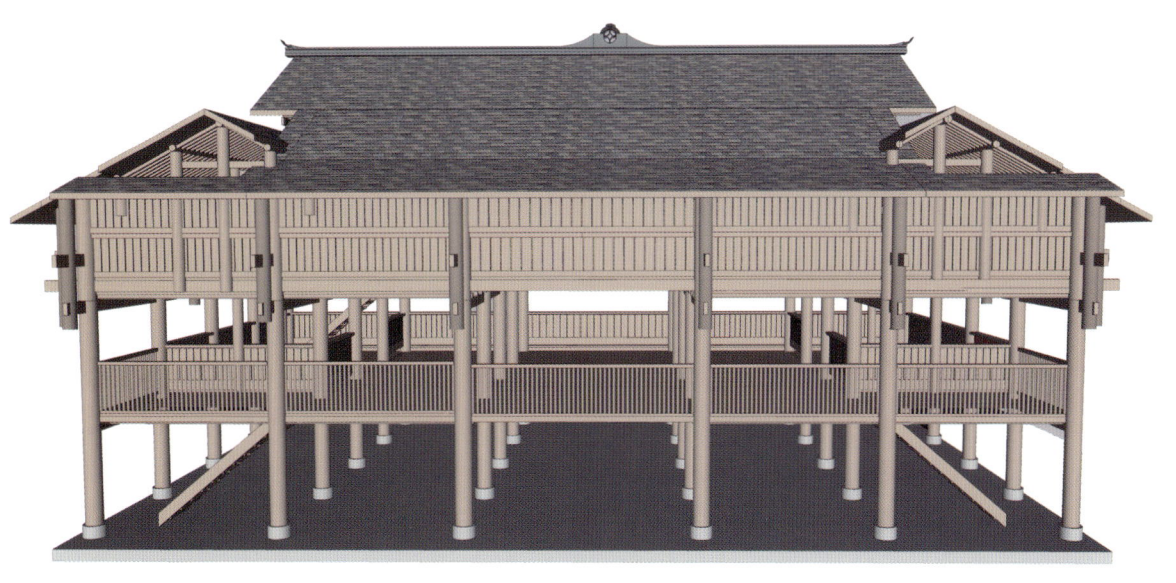

图五　布依族"双猫耳"歇山顶民居透视图

第一章　布依族传统建筑

布依族石头房

图一　布依族石头房主图

布依族的石头房作为布依族民居建筑最具代表性的建筑形式，其产生的原因主要有两点：首先，在黔西南布依族聚居区，山多石头多，并且大多以水成岩（石灰岩、白云质灰岩）为主，属可溶性碳酸盐类岩石。这种类型的岩石具有岩层外露、硬度适中、节理裂隙分层的特点，为建筑开采提供了极为有利的条件，同时砌筑简单、加工成品率高、坚固美观，因此，成为布依族最常采用的建造材料。但就其结构体系而言，仍然保留了传统的木构体系，这可以保证建筑施工的方便快捷。其次，从布依族淳朴的自然崇拜观而言，他们在改造自然、追求理想生活空间的同时也不忘充分尊重自然，不轻易破坏自然的原有面貌。布依族人对树木自古有着原始的崇拜之情，除了用于搭建屋架等必需的木料外，从不轻易砍木伐林，因此，用作外墙和防水的材料便自然地选择了可广泛开采的岩石。石头房平面建造原则遵循三开间或五开间，一般以三开间居多，形成一正两厢的格局。

布依族石头民居建筑最大的特点在其因地制宜、就地取材的建造方法。这不仅充分体现了布依族人民的智慧与勤劳，更加反映了布依族人讲求人与自然和谐相处的自然观和民族文化。民居的木结构房架都包在墙体里面，对木材选择宽裕度较大。房屋的承重结构为穿斗式木构房架，石料多用于维护结构和屋面防水材料。石块多当做墙身材料，或以平毛石，或以乱毛石，或以方整石进行垒砌，外观朴实而富于变化。清代李宗昉在《黔记》中曾赞叹布依族石头房是：寻山不知远，活石化为板。一板两板纵复横，重重石板鱼鳞盘。形象地描述了布依族石头房的外观特征。

图片来源

图一　贾佳　摄影
图二至图六　朱迪　制图

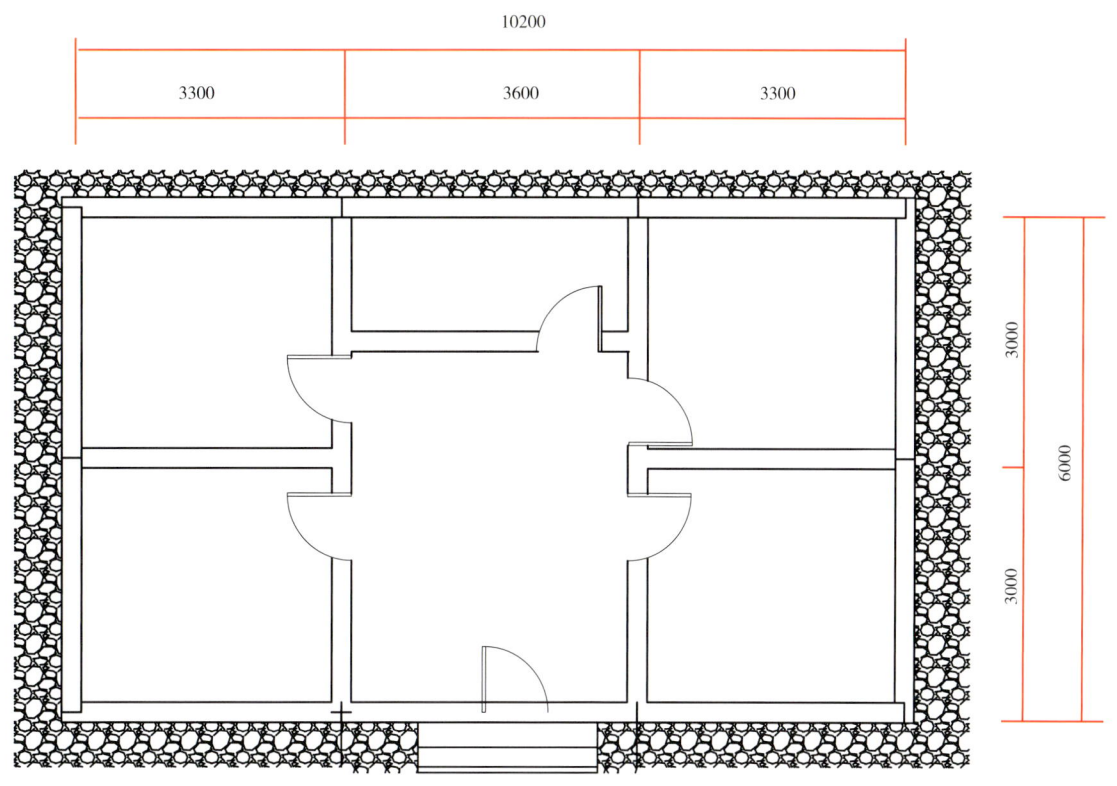

平面图

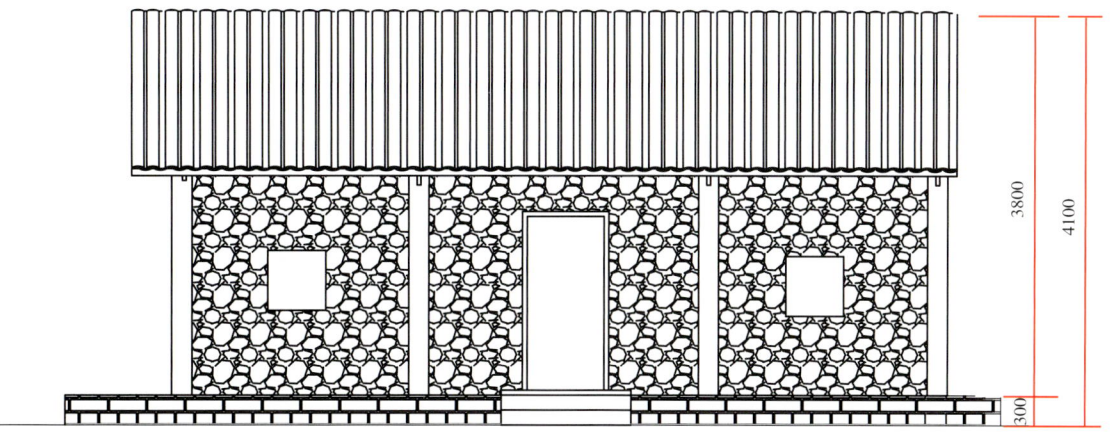

立面图

图二　布依族石头房视角、尺寸图（单位：mm）

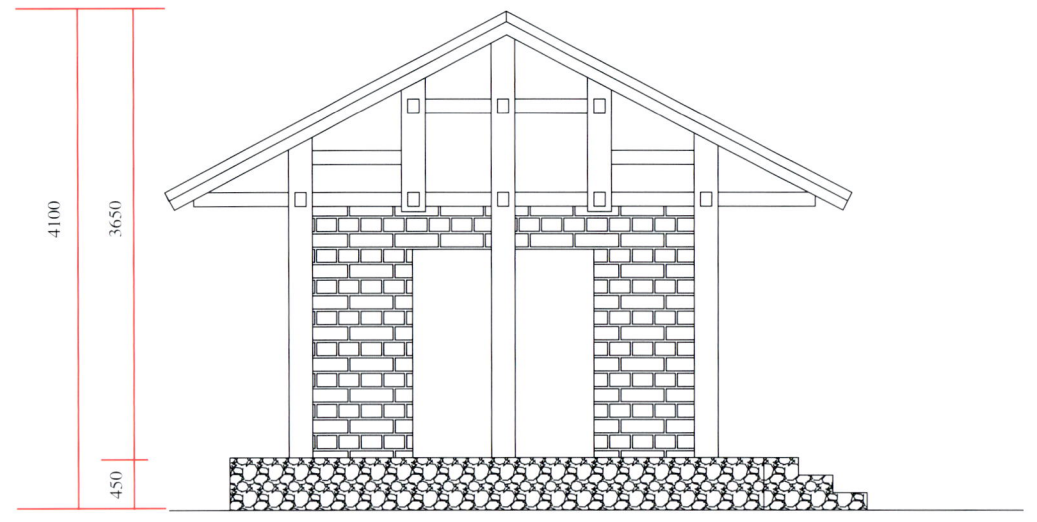

图三　布依族石头房剖面、尺寸图（单位：mm）

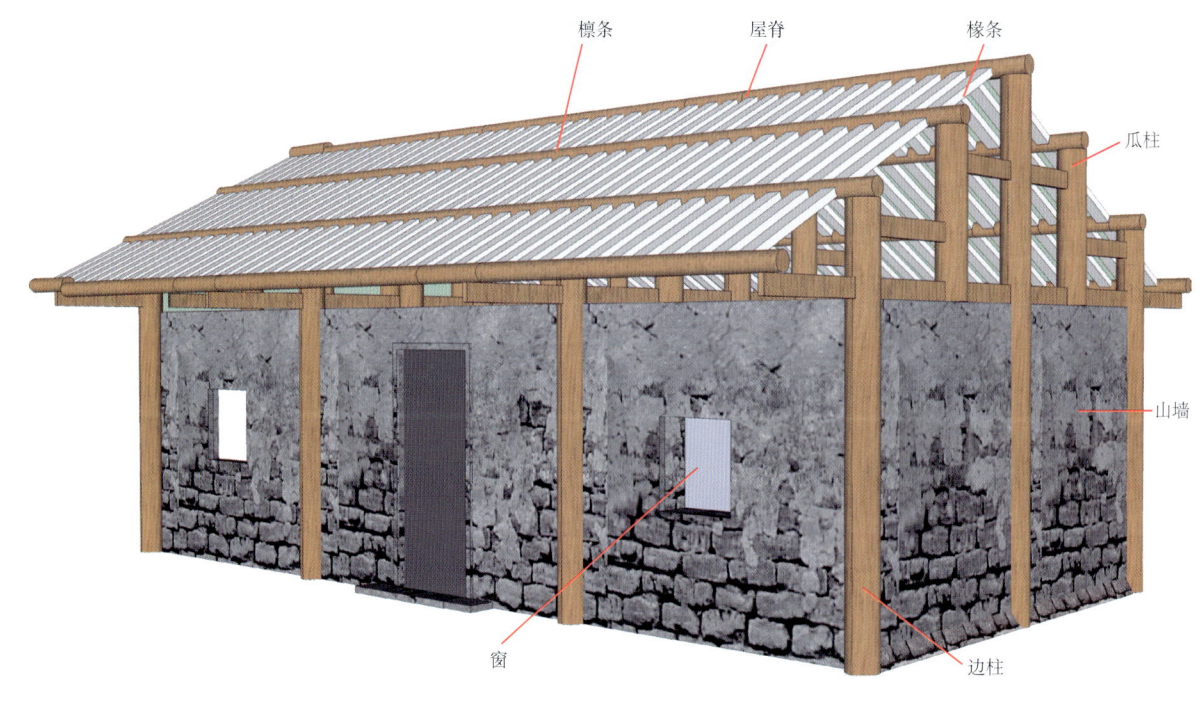

图四　布依族石头房结构名称图

图五　布依族石头房线描图

图六　布依族石头房透视图

第一章　布依族传统建筑

布依族柱础

图一 布依族柱础主图

木柱下垫之石墩，称之为柱础，又称柱顶石、石磉。其作用是传递柱上部荷载，加强柱基的承压力，同时防止地面潮气浸蚀柱脚。由于黔西南天气多潮湿，布依族木架结构的房屋，可谓柱柱皆有柱础，对础石的使用十分重视。古建筑的构架、装饰、屋面、墙体随着时间的更迭、岁月的推移往往会遭到不同程度的损坏，因而有所增修改变，但其柱础往往数百年原质原样延续使用。

柱础是古建筑物木柱下端的石质构件，起到承托木柱的作用。其直径比木柱大，其形状或呈圆鼓形，或呈多边形。北宋李诫编著的《营造法式》一书对柱础的形制、装饰、用料等方面作了全面的描述。据考古发掘的材料来看，柱础在殷代即已出现。安阳殷墟房屋遗址中就有许多排列成行的石柱。汉代以后，柱础出现了艺术化的倾向，不仅造型多样，雕刻的内容也十分丰富。

柱础分为两类：只有一段的柱础和由多段组成的柱础。前一类柱础高约40厘米，形状多为圆鼓形和南瓜形，雕饰简洁，只有一些简单的花纹。这类柱础多用于附属建筑物中。后一类柱础多为三段式，分为头部、腰部、底部，高度为90厘米左右。头部呈圆鼓形或南瓜形，腰部多为八角形，底部为四方形。从头部到底部，显示出渐变的形态。主体建筑如寺庙大殿、宗祠等多使用这类柱础。

图片来源
图一　贾佳　摄影
图二至图四　李路　朱迪　制图

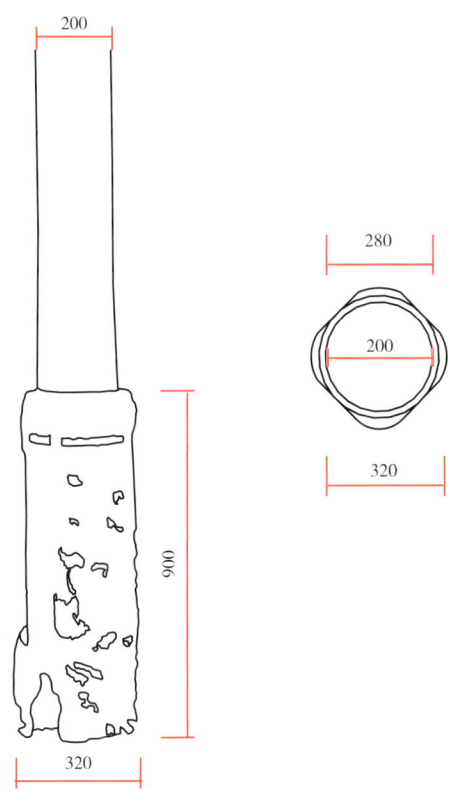

图二　布依族柱础尺寸图（单位：mm）

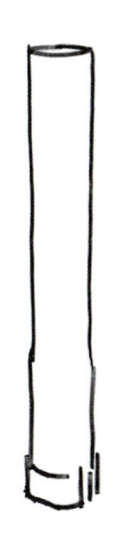

图三　布依族柱础线描图

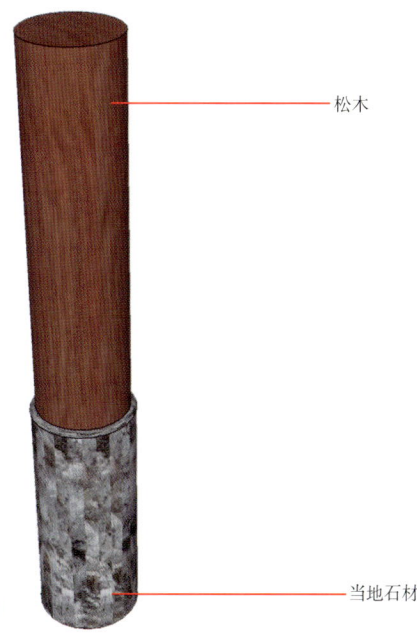

图四　布依族柱础材料示意图

布依族木屋架

图一　布依族木屋架主图

受到中国传统木构建筑的影响，黔西南布依族民居中较常见的结构体系是上下串通的木构穿斗式整体框架体系。原则上，穿斗式整体框架结构是以枋穿柱、柱承檩，从而构成房架，屋面荷载基本全由落地柱子承载，穿枋大多只起连接作用。布依族民居的穿斗式结构体系基本上是用一根横梁将承重的柱子串联起来，承重柱一般为3根、5根或者7根，以中柱为中心，依次向檐口方向分为二柱（有的为三柱）、檐柱，其中中柱最高，檐柱最矮，高柱与矮柱之间再加瓜柱，穿连架梁，形成排架。在水平方向上，每根长柱的上、中、下不用分别凿穿榫眼，以枋穿连。上榫眼的穿枋处于顶棚部位，中榫眼的穿枋处于铺设楼板的部位，下榫眼又称地脚孔，按上木枋以嵌固板壁。在垂直方向上，落地的承重柱加瓜柱构成的排架根据建筑的使用要求进行两排、三排或四排的重复排列，排架之间在水平方向上用穿枋相互穿连起来，从而构成一开间、二开间、三开间或更多开间的整体屋架。

单排屋架由柱、瓜和穿枋以卯榫连接组成，屋架中常见的有"三柱二瓜""五柱二瓜""假五柱二瓜"，大进深房屋的屋架通常有"七柱二瓜""五柱六瓜"再加前后吊柱的做法。在宅基有限的地方，屋架也可根据地形调整为跃层式屋架，十分灵活自由。同时由于木材的可加工性很高，房屋的楼楞、墙板、地板也多采用木结构。屋面有青瓦、石板、茅草、树皮等多种材料，并多为双坡排水悬山或歇山屋顶。布依族民居建筑的这种构造形式，普遍流行于黔南、黔西南布依族地区，具有较强的地域色彩和民族特征。

图片来源
图一　贾佳　摄影
图二至图七　朱迪　制图

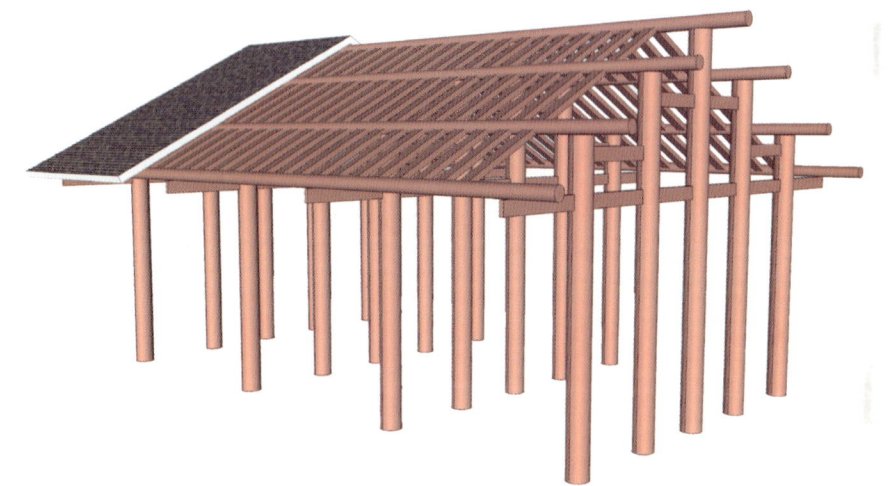

图二　布依族假"五柱"屋架示意图

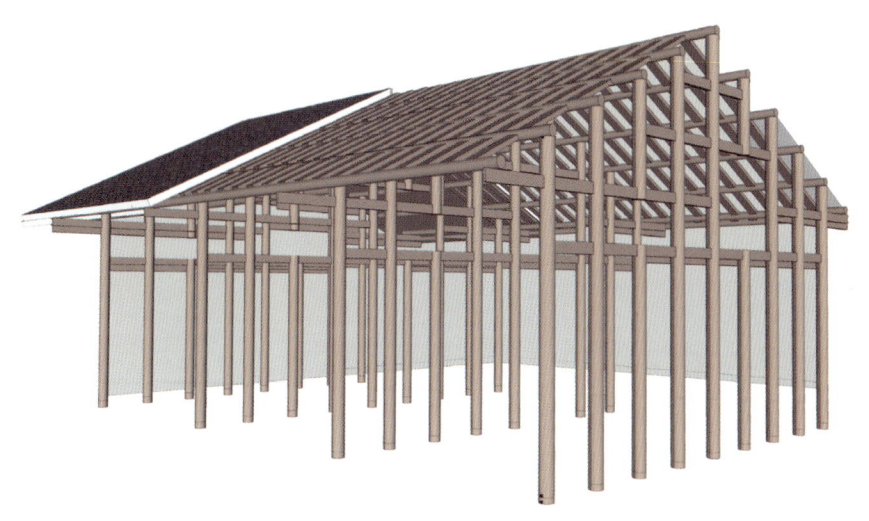

图三　布依族"九柱二瓜"屋架示意图

图四　布依族"三柱二瓜"屋架示意图

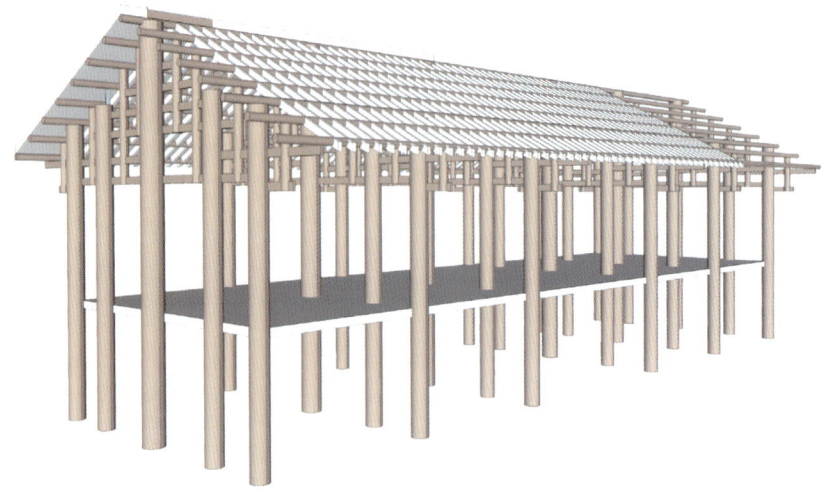

图五　布依族"五柱二瓜"加前后吊柱屋架示意图

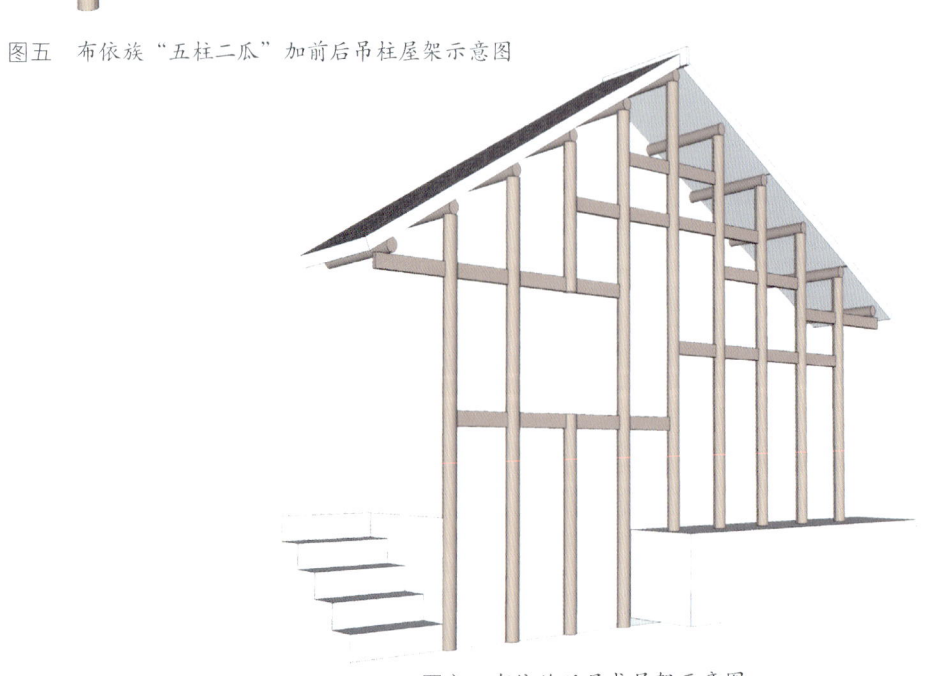

图六　布依族跃层式屋架示意图

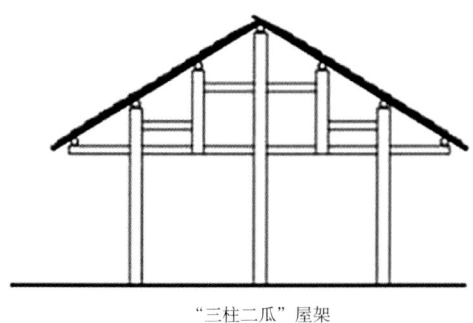
"三柱二瓜"屋架

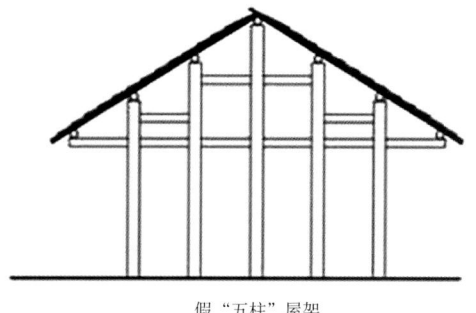
假"五柱"屋架

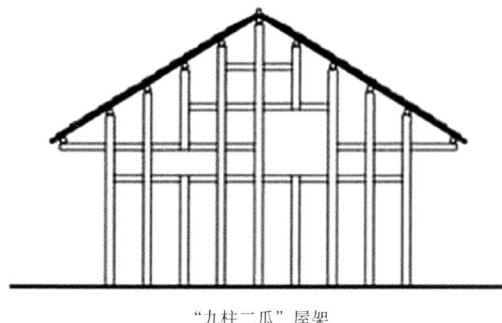
"九柱二瓜"屋架

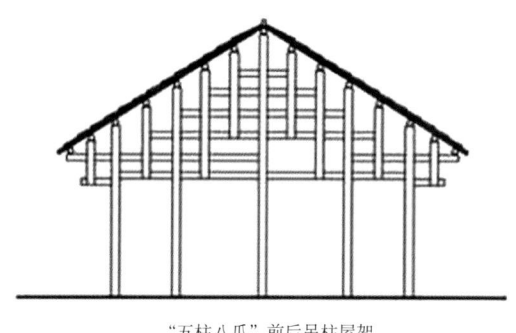
"五柱八瓜"前后吊柱屋架

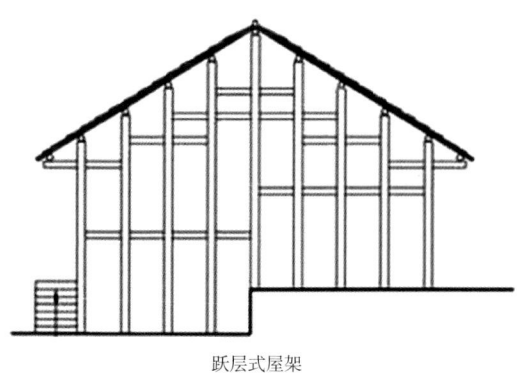
跃层式屋架

图七　布依族木屋架结构示意图

南龙布依族古寨寨门

图一　南龙布依族古寨寨门主图

布依族村寨聚落一般呈现出几里一小寨、十几里一中寨、几十里一大寨模式。常有一姓一寨或几姓共寨，各个村寨星罗棋布于布依族集中区域。黔西南州包括汉族、布依族在内有多达31个民族。在漫长的历史发展进程中，布依族和别的民族杂居。在杂居区，布依族居住同样较为集中，大多是以独立的村寨形式杂于其他民族中，单家独户的十分少见。这样一来，区别寨落内外的公共标志尤为重要，寨门由此而生。

寨门是寨落的公共标志，是区别"寨内"和"寨外"的建筑形式，确立了寨落的领域象征。虽称为寨门，但多无门板，仅仅是限定寨落内外空间的标志，在寨民心目中，它起着防灾辟邪、护寨保平安的作用，是一种信念的象征。

南龙古寨是位于黔西南兴义市巴结镇万峰湖畔的布依古寨，其寨门随山就势地立于寨口之前，建筑形式为三开间的穿斗式木构架。寨门门顶为重檐悬山顶式，两侧低于入口处，呈"品"字形，寨门洞口下由石块铺砌台阶，人们可以经由石阶从寨外拾级而上到达古寨内。

图片来源
图一　贾佳　摄影
图二至图五　李路　制图

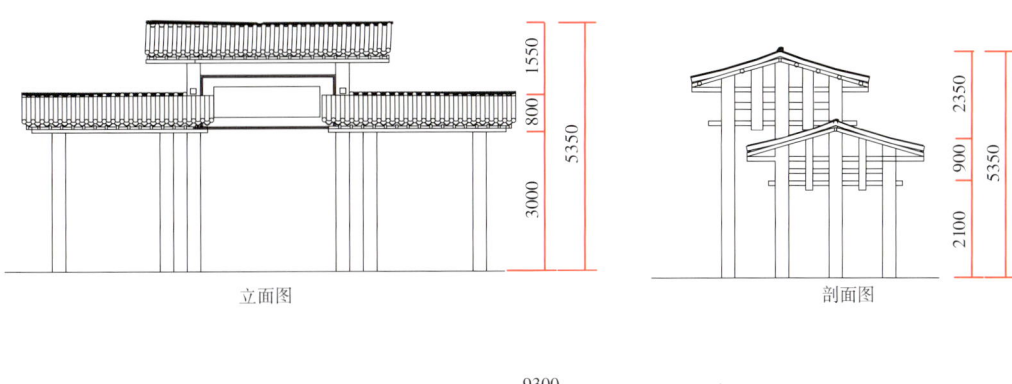

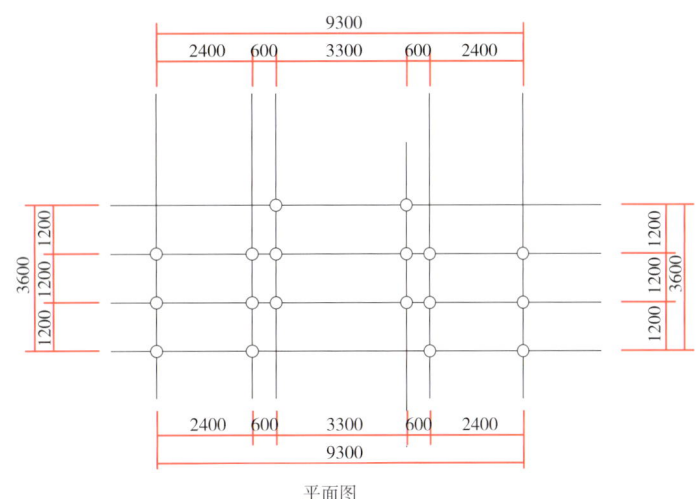

图二　南龙布依族古寨寨门三视、尺寸图（单位：mm）

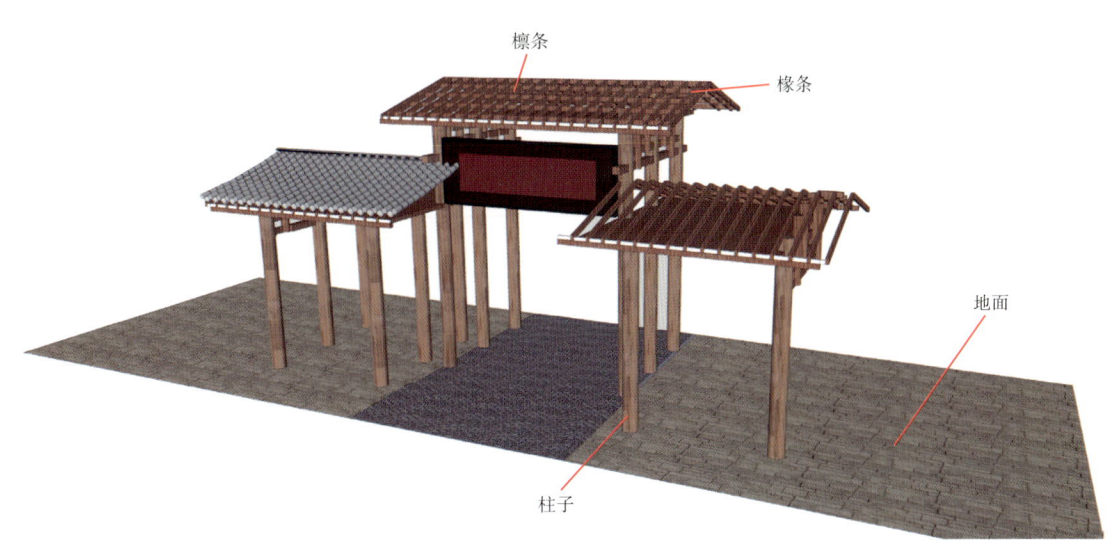

图三　南龙布依族古寨寨门结构名称图

图四 南龙布依族古寨寨门线描图

图五 南龙布依族古寨寨门透视图

郑屯布依族民居朝门

图一　郑屯布依族民居朝门主图

黔西南布依族民居平面大多呈"一"字形，格局普遍为一明两次三开间，家庭经济条件好的人家也有五开间或七开间的。地势允许的情况下，会在正房的两侧加盖辅助用房，整个建筑布局呈"凹"字形，中间形成一个小院坝，院坝前设置朝门，是进入民居的主入口。

朝门是进入布依族民居的门楼，也是布依人家的标志，多为木构，也有石构的。布依族人家对朝门的朝向十分讲究，按习俗在新建房屋时要请摩师（布依族民间祭司）看风水，并根据主人的生辰来确定朝门的方位。

兴义市郑屯镇布依族民居的朝门多为木构，由两榀木屋架构成，形似住宅的一个开间，但尺度缩小，朝门上封设木板，只在居中开启一人宽的户门，两侧的木制隔断上开窗，与住宅的正立面形式有异曲同工之妙。顶部也模仿住宅搭建屋顶，形式多为悬山顶，做法与住宅的屋顶一致，柱上穿枋，枋上立瓜柱，再搭檩条，檩条上承椽，椽上铺砌竹篾后挂以小青瓦。在脊上同住宅保持一样的脊饰。朝门在形态上丰富了整个布依族民居的外立面，就精神层面而言，也显现了布依族宗教崇拜的文化特色。

图片来源

图一　贾佳　摄影
图二至图五　李路　制图

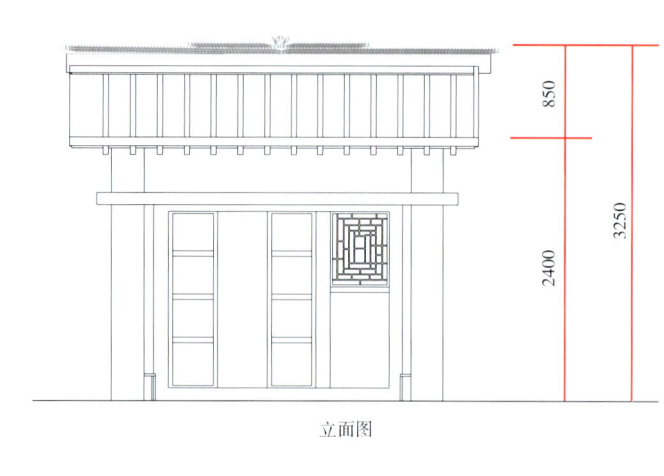

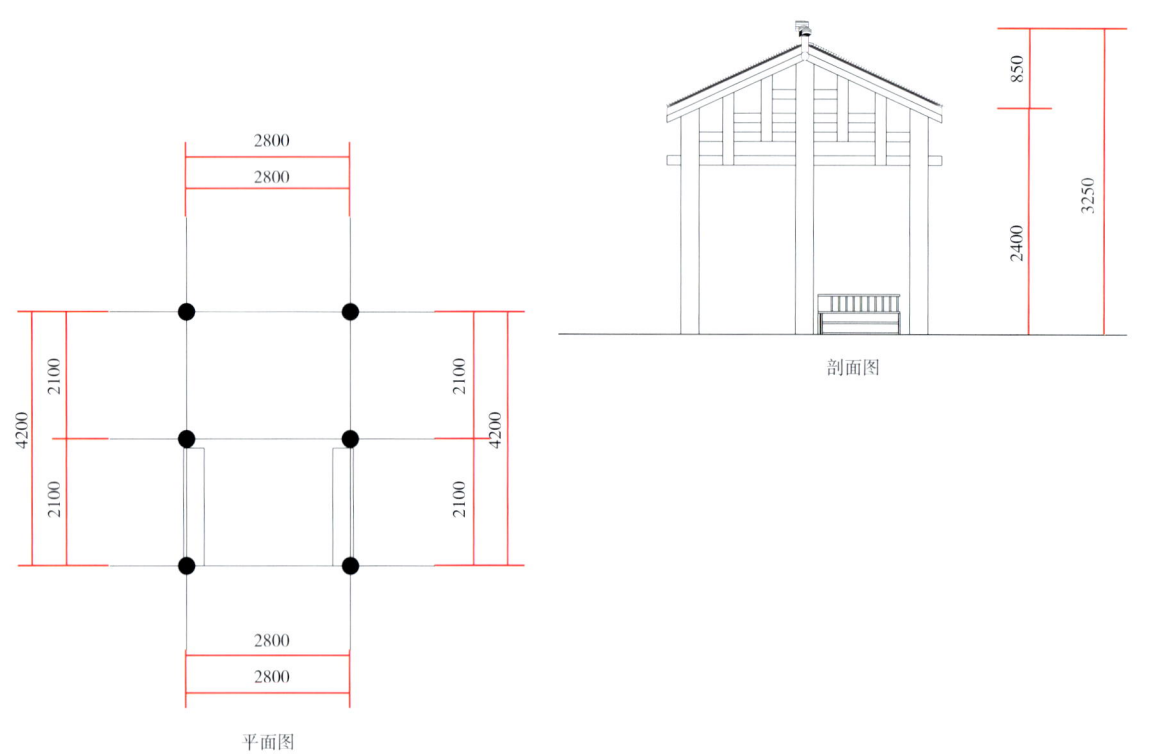

图二　郑屯布依族民居朝门三视、尺寸图（单位：mm）

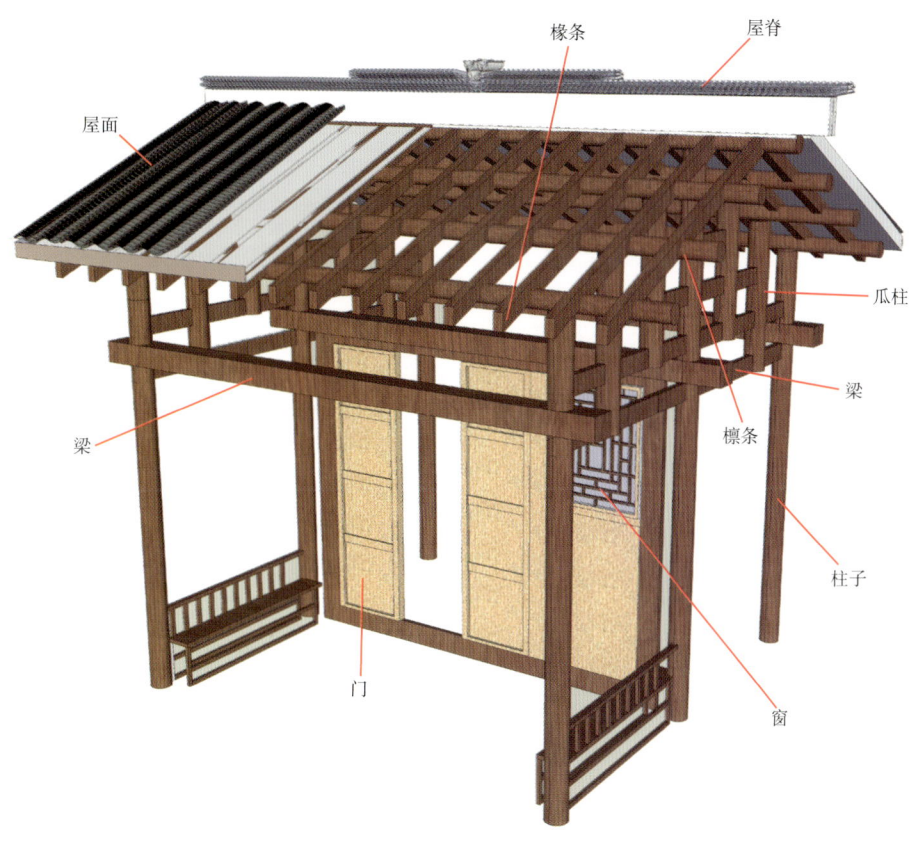

图三 郑屯布依族民居朝门结构名称图

图四 郑屯布依族民居朝门线描图

第一章 布依族传统建筑

033

图五 郑屯布依族民居朝门透视图

布依族木腰门

图一　布依族木腰门主图

腰门，是在大门外侧设置的两扇小门，高度约为大门的一半。因其高度只达大门的半腰部位，所以被形象地称为"腰门"。布依人家过去多为木质框架结构的房屋，房梁和墙壁都是木质的，正大门的外侧都设腰门。本案例采集自贵州省贵阳市花溪区镇山村，该腰门陈列于该村布依族生态博物馆。

作为大门的配套设施，腰门的制作与大门同步。两扇小门对称，长方形，每扇各由一大一小两个长方形构成，高1.1米，宽0.63米。小长方形横向镶于腰门上部，约占腰门的1/5，中间雕一朵盛开的牡丹，牡丹两侧雕两片波浪状的宽大叶子，形成绿叶衬红花的造型，寓意花开富贵。该造型还隐隐约约像"二龙戏珠"，中间那朵牡丹就像一颗彩珠，从两边聚拢而来的那两片飘动的叶子，就好比两条舞动的龙。大长方形构成了腰门的绝大部分，约占4/5，平整、光滑。腰门的门柱由上下两个小门臼固定在大门两侧的木柱上，因有门槛阻拦，腰门只能转动180度，关闭时用木栓在内侧上栓即可。

传统的布依族人，白天几乎家家都开着大门，只关腰门，很少有关门闭户的。这样既不影响堂屋采光，又可防止小孩溜出去发生意外；鸡、鸭、鹅及猫狗等也被腰门阻拦在外，不得任意闯入。平时主人临时到邻舍家去串门，或者走开一小会，也是不关大门，只关腰门；客人来了，看到只是腰门关着，就会猜测主人不会走远，从而耐心等待。

布依族传统民居，多为中间堂屋、两边厢房的木板房格局，堂屋门口向内缩进1米左右，左右厢房开小门与其共用门口平台，再以台阶与院坝相连。腰门的设计非常人性化，人情味很浓，在民风淳朴的布依族村寨，腰门给主人和别人都带来了方便。在大门外设置腰门，还配富有寓意的雕花，具有浓郁的地方特色和民族特色。从腰门的制作工艺，可以看出主人家的经济实力、文化素养和生活情趣。

如今布依人家的新居多改为砖混结构，已很少设置腰门，出门也一定要关好门窗，这一现象折射出社会的复杂和民风的变化。

图片来源
图一、图三、图五　陈玉平　黄元碧　摄影
图二、图四　毛朝江　制图

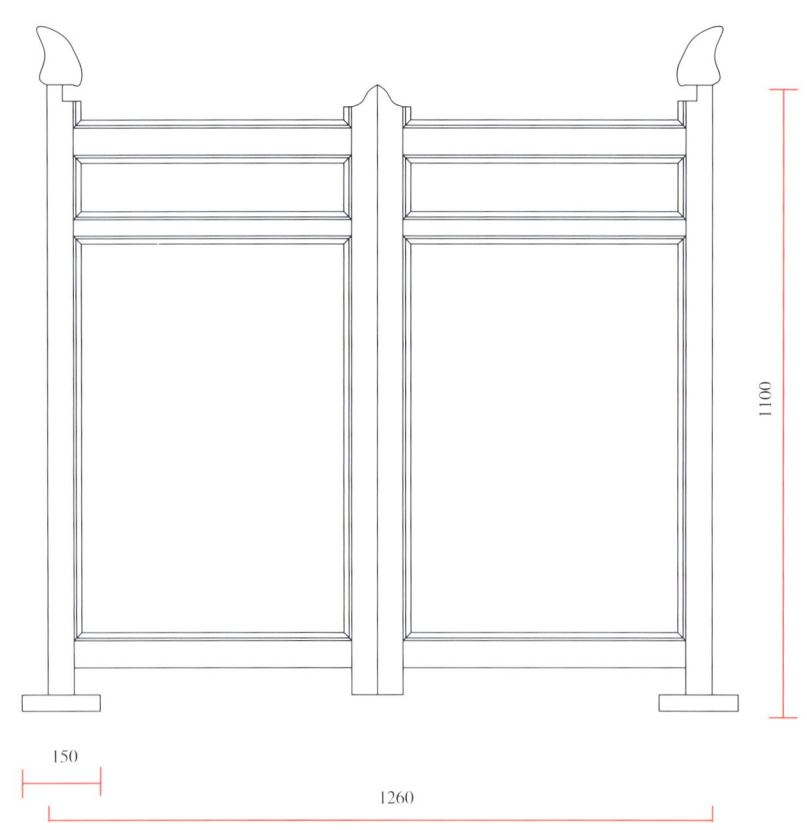

图二　布依族木腰门尺寸图（单位：mm）

图三　布依族木腰门雕花图

图四 布依族木腰门解析图

图五 布依族木腰门使用情境图

布依族"寿字纹"窗棂

图一 布依族"寿字纹"窗棂主图

窗棂是中国传统建筑重要的构成要素，被称为中国传统木构建筑的"眼睛"，同时被视为木构建筑的审美中心。根据窗棂的形态与功能，可分为板棂窗（花格窗）、格扇（落地长窗）、隔断（屏风）、支隔窗（分上下两层，可上下开启）、遮羞窗（用于遮挡路人视线）等。

窗指设在房屋的顶上或墙壁上的空洞，用以通风及采光。布依族民居窗子的传统构造十分考究，窗棂上雕刻着各种美丽的装饰图案，有花卉、树木、竹子、鹿、羊、鱼、鸟等，犹如镶嵌在框中的一幅画。造型独特，形象生动，刻工精细，体现了布依族工匠高超的雕刻技艺。布依族建筑中比较具有特色的窗棂有"寿字纹"窗、槛窗、支摘窗、花窗、漏窗、空窗，等等。

窗棂格花纹是雕刻在门窗棂格内的花形图案，其花纹的题材大多取意美好，寓意人们对平安、幸福、欢乐、美满生活的向往。各式各样的棂格花纹是中国外檐装修门窗构件最为精彩的部分，它们体现了我国古代劳动人民的智慧和才能，是中国古老文化在建筑装修上的象征性表现手法，生动形象，寓意深刻。

在黔西南传统民居众多的建筑构建中，窗棂具有技术性与艺术性、实用性与审美性完美统一的特征。其实用功能与装饰特点反映了窗棂结构和图案深受宗教文化、民俗民风、地域环境及传统礼制思想影响，具有独特的价值和审美意义。

图片来源
图一、图六 贾佳 摄影
图二至图五 李路、朱迪 制图

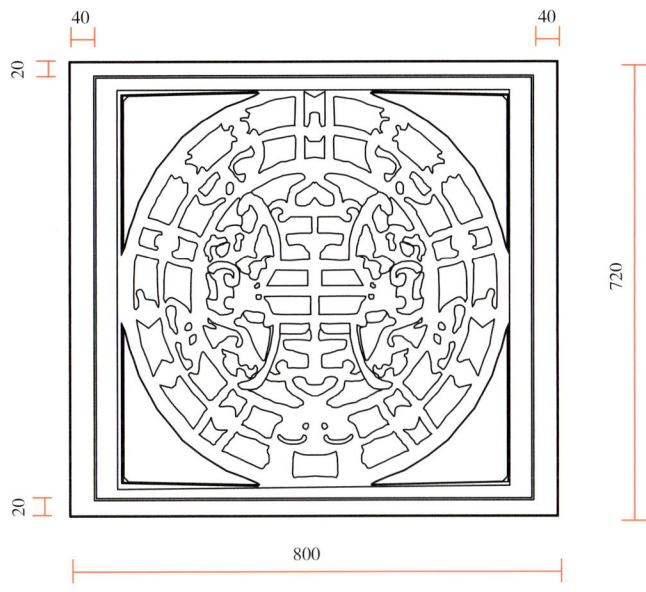

图二 布依族"寿字纹"窗棂尺寸图(单位:mm)

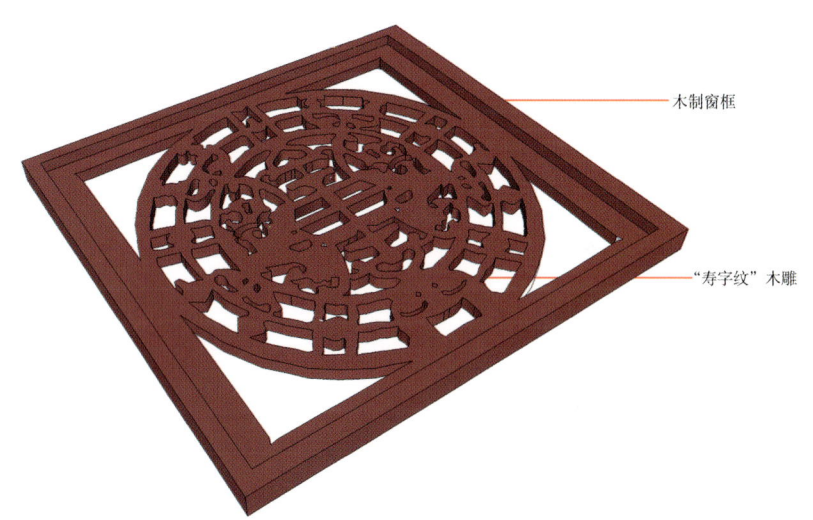

图三 布依族"寿字纹"窗棂结构名称图

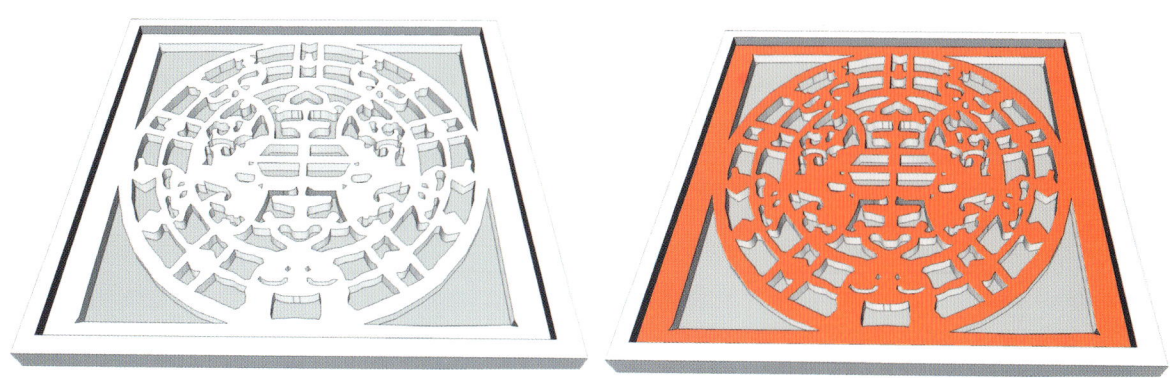

图四 布依族"寿字纹"窗棂效果示意图

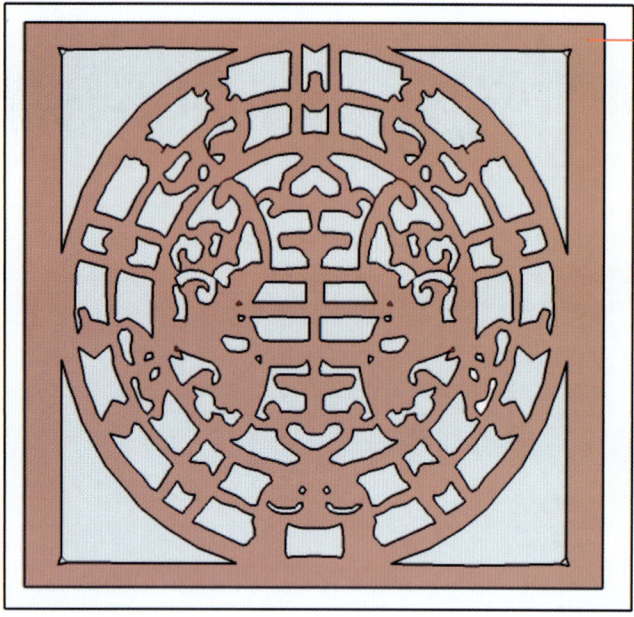

松木

图五 布依族"寿字纹"窗棂材料示意图

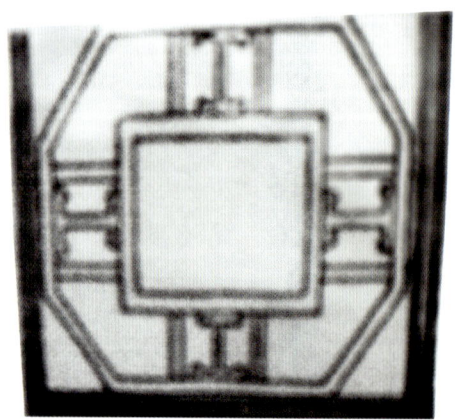

图六 布依族窗棂对比图

布依族圆堡粮仓

图一 布依族圆堡粮仓主图

粮仓，布依语叫做"相豪"，"相"是仓库的意思，"豪"指谷子、包谷等粮食，"相豪"就是指布依族用来存放粮食的空间。本案例采集自贵州省望谟县，为吊脚式的圆堡粮仓，高约5米，直径约3米。上部圆形，尖顶，用茅草盖顶；下部由数根木柱支撑而悬空。从其陈旧程度看约有几十年历史。

修建这种圆堡粮仓，一般选在距离寨子或房屋几百米或几十米开外，使用木头、石头、竹片、茅草等天然的建筑材料。首先，根据实际地势和粮仓大小平整地面，用石块垫好基脚。将4—6根圆木作为粮仓立柱，沿地块边缘直立放置。立柱直径为20厘米、高2米，在其下端离地20—40厘米处凿出宽5厘米、长20厘米的空洞，同时将木枋两端削成对应大小的尺寸，将立柱穿孔相连，围成方形或者六角形，用木纤打紧，使立柱稳固结实。第二步，选厚约10厘米、宽50厘米左右表面光滑的圆石或方形石块，放在每根立柱顶端，再在石块上面横放3根长3米的木棒，又以间隔5—15厘米的距离垂直、并排摆放15—30根木棒，用藤萝扎紧固定，构成粮仓底面框架，便于继续在上面建造圆堡式的粮仓，既通风干燥，又防鼠害，还抗风力。第三步，把大楠竹劈成宽二三指的竹片铺在横放的木棒上，成为粮仓的"地面"或"仓底"。在铺好的竹片中间竖起一根高3米、直径约15厘米的木柱，作为粮仓上部的支柱，四周用6—8根稍小的长约2米的木棒支撑，上下左右由小木枋穿孔相连，形成粮仓上部的立体框架，如同撑起一把大伞。在"伞"下用竹编篱笆围成一圈仓壁，再用席子铺满仓壁和仓底。伞状的仓顶放射状分布的木棒末端伸出仓外1.5米，为防止边沿不堪重负，仓外每间隔1米用木棒斜撑，使之更加牢固。最后用茅草将顶部密集覆盖，形成了蘑菇状的粮仓，远看像圆形的堡垒。晒好的水稻、玉米及种子等均可存放在里面，户主还可根据需要将仓内通过木板或席子隔成几个小仓，不同的粮食分别存放。为便于存取粮食，需选择一个方便进出的方位做一个宽1米的木质仓门，并放置一架专用木梯，存取粮食时通过木梯上下。平时木梯收起，靠在圆仓外侧的边缘。

布依族粮仓的设计，体现了布依族杆栏式建筑风格，特色鲜明，功能独特。布依族人大多居住在依山傍水的环境中，在不平整的地面上支起悬空的粮仓，仓壁四周的篱笆和仓底的楠竹片又有透风的缝隙，使储藏的粮食能够通风、防潮；想偷吃粮食的老鼠爬到顶着粮仓的光滑石头之下，没有办法越过这道天然的屏障，起到很好的预防鼠害的效果；粮仓所在的位置与民房有一定距离，能减少民房火灾造成的危害。粮仓下方还能避雨，可存放生产工具或柴禾等，一物多用。

布依族是传统的农耕民族，主要生产稻谷、玉米等粮食，如何有效地保存粮食是布依族同胞必须考虑的问题。聪明的布依族人因地制宜，建起了这种悬空（吊脚）的圆堡粮仓，较好地解决了存放粮食和预防鼠害的问题。如今有了更先进的储存粮食的条件，这种圆堡粮仓已不再新建，但是，望谟县的打尖、油迈、新屯等几个乡镇的一些布依族村寨，仍然保留着清代以来的悬空圆堡粮仓，这一座座圆堡粮仓像云朵，也像蘑菇似的，成为一道独特的风景。

图片来源
图一至图六　黄镇邦　摄影

图二　布依族圆堡粮仓材料及功能分析图

茅草（防雨）

木门

木梯

柱子抬高"地面"（使粮仓更干燥、防潮）

下面空间可堆放干柴

图三　布依族圆堡粮仓与方形粮仓对比图

图四 布依族圆堡粮仓底面图

图五 布依族圆堡粮仓侧面图

图六 布依族圆堡粮仓使用情境图

第二章 布依族传统服饰

罗平布依族女童装

图一　罗平布依族女童装主图（正面）

云南省罗平县布依族女童装喜用蓝、黑、白三色，布料均为自种棉，经过自纺、自织、自染而成，色泽鲜艳，不易褪色。本案例采集自云南省罗平县，系当地布依族女童的日常装。

传统的罗平布依族服饰采用的布料颜色多半是深蓝、纯黑两种，很少有艳丽的色彩，这对于孩子们来说未免太过于沉闷，现在罗平布依族孩子的服饰加以改进，颜色较鲜艳。本案例系改良后的女童装，其在领口、袖口、下摆处装饰层层叠叠的花边，整件衣服变得饶有生气。该衣服布料底色还是黑色，但其衣服的下端用蓝色、紫色布料连接，在紫色布料上用黑色与金色丝线绣上连续不断的花纹，使得衣服看上去很俏皮、活泼，适合五六岁的女孩穿。系立领两节袖右襟短衣，衣大袖宽，盘肩镶绣花边，衣角边用绿色和红色交叉镶边，外衣袖口宽而短，袖口处绣有各式图案，衣、袖分隔处镶蓝色"栏杆"；内衣袖口较外衣长而窄，袖口绣上精美的花纹图案，外露的花色层次重叠和谐，看上去格外醒目，与外衣的短袖相得益彰。本案例衣长46厘米，肩宽40厘米，袖长25厘米；衣服共有4粒纽扣，立领，领边绣波浪纹和一道花边，衣襟镶三道"栏杆"花边。在沿左衽前下方镶嵌两三道带色布边，领前结扣处用银泡纽扣作装饰，衣角开衩。

图片来源

图一、图二　黄元碧　摄影
图三至图五　毛朝江　制图

图二　罗平布依族女童装背面图

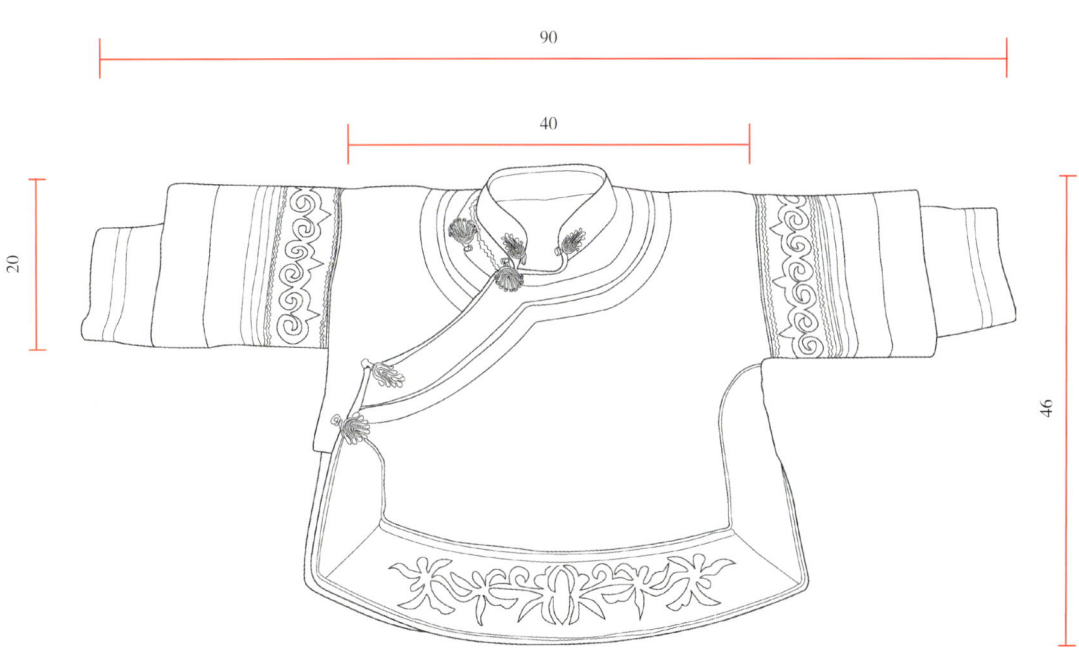

图三　罗平布依族女童装尺寸图（单位：cm）

第二章　布依族传统服饰

单独的元素　元素排列组合

花草植物图腾

图四　罗平布依族女童装图案分析图

图五　罗平布依族女童装线描图

花溪镇山布依族女童装

图一 花溪镇山布依族女童装主图1（上衣）

布依族女童装，是布依人家专门为女孩子精心制作的民族服饰，主要在节日或参加活动时穿着（平时多着汉族服饰）。本案例采集自贵阳市花溪区镇山村布依族生态博物馆，包括镶花边的粉红色斜襟上衣、天蓝色阔腿长裤和蓝黑拼接围腰三件套，制作于2000年左右。

该服饰选用结实而柔软的化纤布料制作。上衣粉红色，衣长52厘米，下摆宽52厘米，两袖通长80厘米，肩背部镶一圈黑布和一宽一窄两道花边；围腰主要为蓝色，上窄下宽，上部接宽约5厘米的黑布，拼接处镶一道细花边，腋下两角接宽约5厘米的白色围腰带，带子末端镶花边，留吊穗；裤子天蓝色，为裤脚宽松的直筒裤，裤长52厘米，裤腰缝松紧带，腰围22厘米，裤脚宽16厘米，底边镶宽约5厘米的黑布，蓝黑拼接处镶一宽一窄花边，俗称"栏杆"。

贵阳市花溪区的布依族服饰，着花边（"栏杆"）斜襟衣，系花边围腰，下着花边大脚裤，衣摆偏长，用色偏浅偏亮，有其明显的特点。位于花溪水库上游的镇山村，是一个拥有湖光山色的美丽村庄，是受到保护的布依族生态博物馆。该村的布依族女童装，在保留布依族服饰传统样式的基础上，选用粉红、天蓝等艳丽的布料精心制作，多处镶花边，更好地表现了女童、活泼可爱的特点。布依族童装的亮丽、活泼与中老年装的沉稳、素雅形成较大的反差，表现了布依族不同年龄段的着装特点和审美情趣。

如今在花溪镇山村，布依族、苗族人家依然各自保留着本民族传统的服饰特点和生活方式。古朴的石板房、美丽的湖光山色、浓厚的民族特色，吸引了无数的画家、摄影爱好者和游客前来写生、摄影和休闲观光，促进了乡村民族旅游的开发。

图片来源
图一、图二、图五　陈玉平　摄影
图三、图四　毛朝江　制图

图二　花溪镇山布依族女童装主图2（裤子）

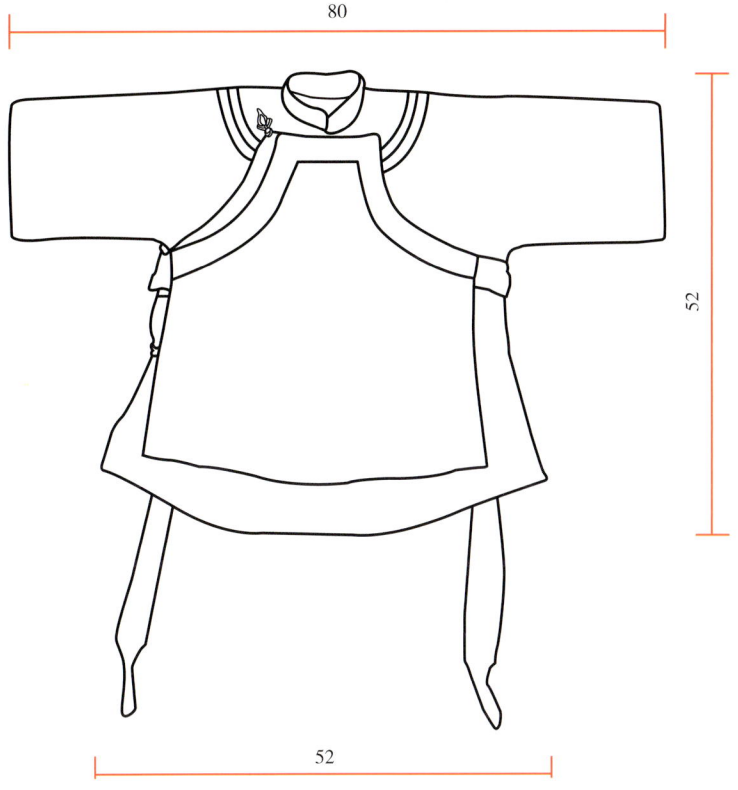

图三　花溪镇山布依族女童装上衣尺寸图（单位：cm）

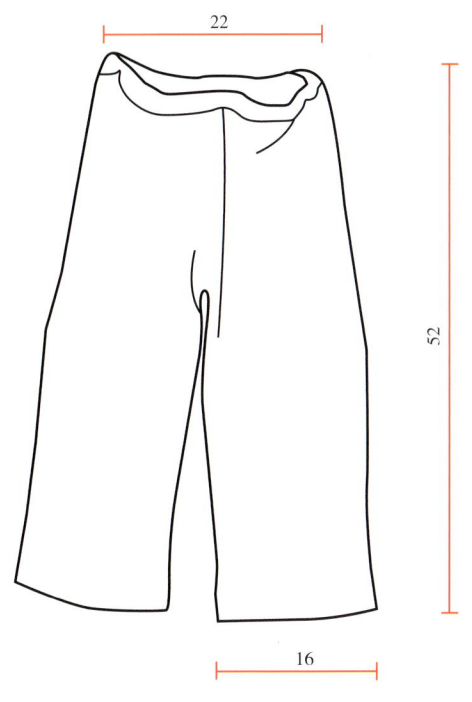

图四　花溪镇山布依族女童装裤子尺寸图（单位：cm）

图五　花溪镇山布依族女童装整套效果示意图

六枝布依族少女节日盛装

图一 六枝布依族少女节日盛装主图

布依族姑娘不仅是绣花能手，同时，也是织锦能手，各类上装、裙子、花帕及头饰，都是人工巧绣巧织而成，显示了布依族人精巧的工艺水平。本案例采集自贵州省六枝特区，拍摄于当地举行的油团节上，是当地布依族少女的节日盛装。

少女上身穿斜襟短衣，两襟及衣边均镶嵌织锦图案，锦花图案多为菱形，彩色的花线交相辉映，花纹精致细密，表面光泽平整，图案瑰丽。绣花盘肩，用各色花线沿衣肩绣成两排，抛花织锦，颜色醒目。领口和肩部用黑、红、蓝、绿四种颜色的正方形格子做装饰；衣袖中间为织锦，上下两段是蜡染；衣服下摆为一寸左右的织锦镶边。胸前戴织锦长围腰，系浅色绸缎腰带；头戴织锦花帕，用一块长约40厘米、宽约27厘米的白布做汗巾，再分别包同样尺寸的镶有织锦图案的两块青、蓝色的横格布。花帕上端，即佩于前额的那块织锦布，长约27厘米、宽约4厘米，织有鸟、鱼、云雷、水波、山丘等图案；下端长边绣有红、绿、黄3条彩带，象征大地江河。头顶用青丝线编成的假发辫紧绕花帕两圈，右髻上扎配黄花。下身穿着蜡染百褶长裙，长遮脚后跟，裙头是蜡染印章花和太阳花，其他部分布满星星花。

六枝布依族少女的节日盛装庄重华丽，全是手工制作，不能淋雨。遇雨遇湿蜡染的花纹就会脱色，所以服装直到穿坏都不能洗。只在过年过节、结婚和重大节日的时候她们才会穿少女盛装，平时穿便服。

图片来源
图一、图二、图四　陈玉平　摄影
图三、图五　毛朝江　制图

图二　六枝布依族少女节日盛装侧面图

图三　六枝布依族少女围腰图案线描图

图四 六枝布依族少女节日盛装纹样效果示意图

图五 六枝布依族少女节日盛装线描图

镇宁布依族女装

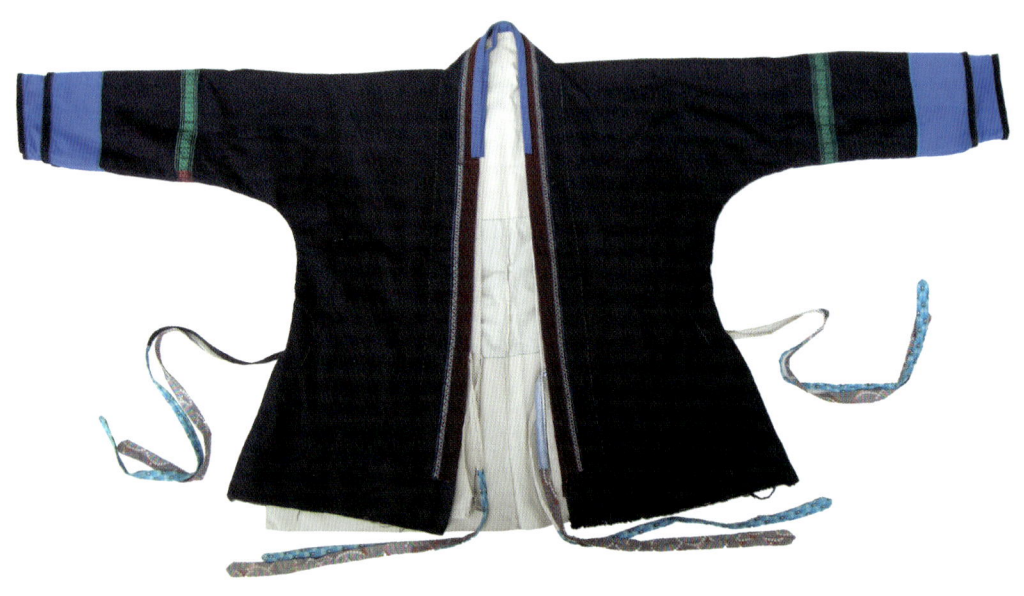

图一 镇宁布依族女装主图

安顺镇宁一带的布依族服饰大都是由布依族姑娘亲手制作，合身得体，古朴典雅。宽松、协调、古朴、针法超群，是镇宁布依族女装的基本特征。

镇宁布依族女装的颜色多为蓝、青、黑、白等色，其制作过程融合了蜡染、扎染、挑花、织锦、刺绣等多种工艺技术。将织好的白土布用古老的扎染方法制作成蓝底白花的各种图案。服饰面料大多采用布依族人自织自染的土布，既有纯色土布，也有色织布。纯色土布一般是白色，色织布的图案多为格子、条纹、辣子花、梅花等。服饰色彩多以青色为底色，并配以红、黄、蓝、白等花纹。妇女穿的上装多为大襟短衣，分里外两件，里面的内衣多为自织的白土布，外衣以黑色为底色；上衣的领口、盘肩、衣袖处都镶有"栏杆"；衣服没有扣子，用颜色鲜艳的刺绣衣带系于右侧。在袖口、衣角、两襟边沿配上织锦和蜡染图案。袖口的颜色和领口的颜色一致，内衣的袖子比外衣的长，两者重叠在一起，错落有致。在距袖口1/3处有一小截红色、绿色交织的格子花纹的织锦，素雅大方。斜襟短衣，绣花盘肩，用各种花线沿衣肩绣成两排小正方形的半圆形图案，领圈两边抛花织锦，颜色醒目。

传统的布依族服饰的制作，从棉花种植、采摘到土布的成形，每一道工序都有自己的传统方法。通过传统方法制作出来的面料既结实耐用又美观大方。随着科学技术的发展和生活条件的极大改善，现在大多数布依族妇女很少用传统方法制作面料，直接选用从市集买来的棉线和布料制作服饰。

图片来源
图一、图四至图六　毛朝江　摄影
图二、图三　毛朝江　制图

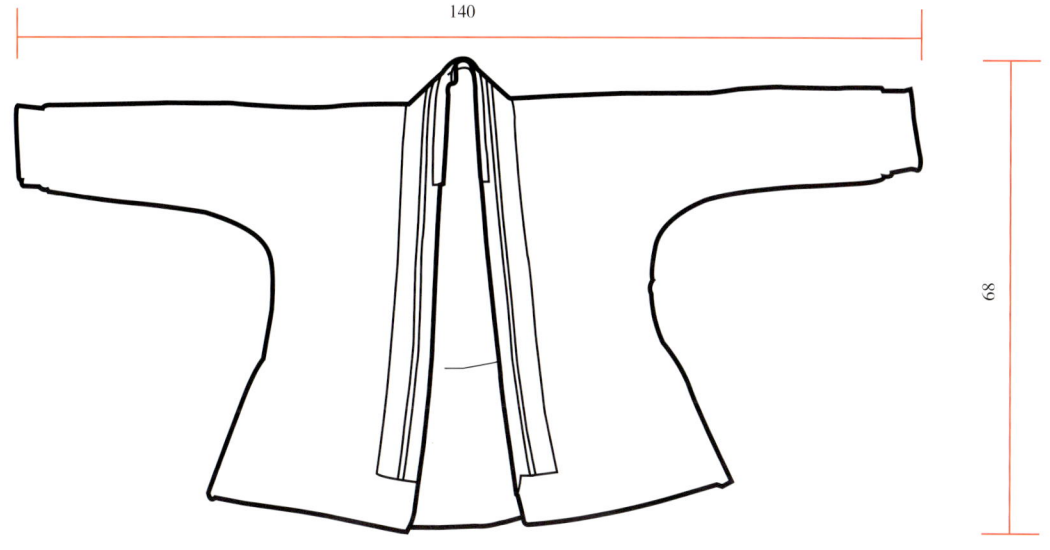

图二　镇宁布依族女装尺寸图（单位：cm）

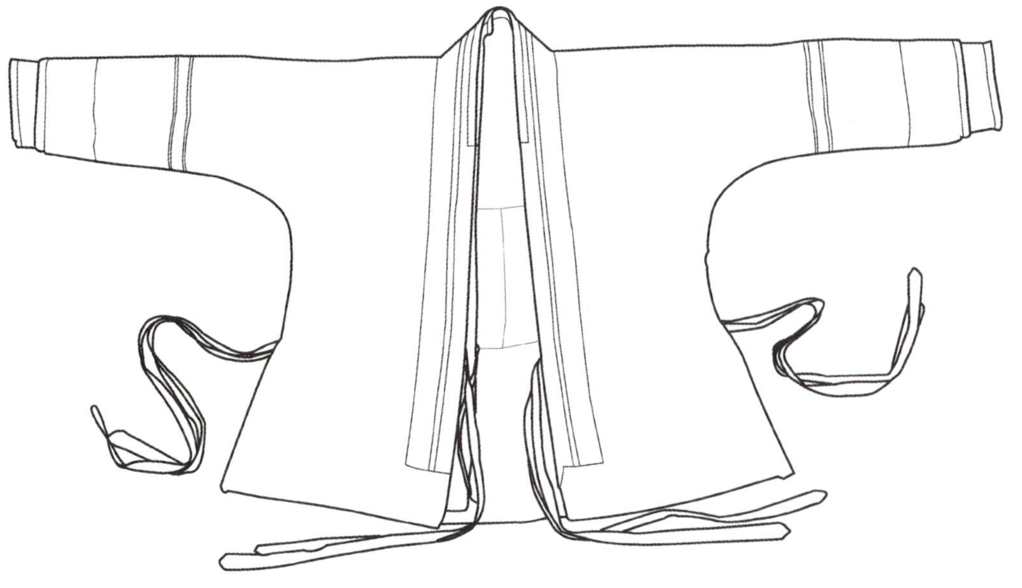

图三　镇宁布依族女装线描图

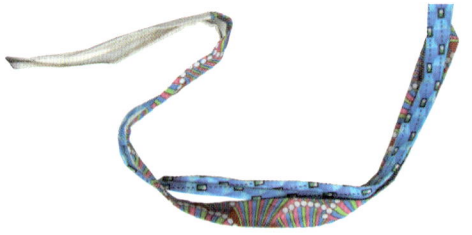

图四　镇宁布依族女装纹样分析图

图五　镇宁布依族女装穿着效果示意图

图六　镇宁布依族女装展开图

罗甸布依族女装

图一 罗甸布依族女装主图

贵州省罗甸县布依族传统女装，以蓝色、黑色为主色调，肩、袖、裤腿等部位镶花边，搭配黑白格头帕和绣花围腰，与望谟、册亨县一带的布依族服饰比较相似。本案例采集自贵州民族大学。

该套服饰包括斜襟上衣、大脚裤、黑白格头帕、绣花围腰和绣花鞋等五件。

上衣蓝色，较鲜亮，质地为化纤，衣长

71厘米，袖通长146厘米，肩、袖镶黑色布块及三道粉色系花边。立领，领高3厘米，领口镶一道黑底带金线几何纹花边。扣子为玫红色布扣，用玫红色花带编制而成，蝴蝶状，领口一对，右胸一对，腋下至衣角四对，间隔7厘米。

裤子黑色，质地为化纤，裤长97厘米，裤腰70厘米，内扎松紧带，腰围58厘米。距裤脚16厘米处镶一圈天蓝色辫状花带和宽5厘米的粉红色花卉图纹花边。

围腰用黑色土布制作，长57厘米，上窄下宽，胸部宽20厘米，镶蓝色结纹贴花，沿前胸至两侧腋下边缘2厘米处镶一条粉红色辫状花带；腋下至下摆长37厘米、宽62厘米，下摆略呈弧形，刚好遮住衣角，左右下角各镶一朵白色蝴蝶贴花；上围腰带为宽2厘米的花边，一头固定在左前胸，另一头用按扣钉在右前胸，脱戴自如；侧围腰带连接腋下两角，用白布制作，宽5厘米、长70厘米，末端作少许红色挑花和5厘米吊穗，系于身后。

绣花鞋是白布底、黑布帮、尖口，前端绣花，脚踝处留有鞋袢，钉白色小纽扣。

这套布依族服饰既保留了布依族传统的蓝、黑主色调和斜襟衣样式，又在用料、装饰上作了许多改良，属于"改良型"的布依族女装，具有做工细腻、面料柔软、颜色鲜亮等特点，更加美观；松紧裤腰代替了传统的"白头大裤腰"，穿着更方便。如今布依族与汉族融合的程度越来越高，许多布依族妇女即使还保持穿着布依族服饰，也改得很简约，较少镶花边，"栏杆"衣裤在罗甸已十分少见。像本套这样装饰精美、配套齐全的已不多见。

图片来源
图一至图七　毛朝江　摄影

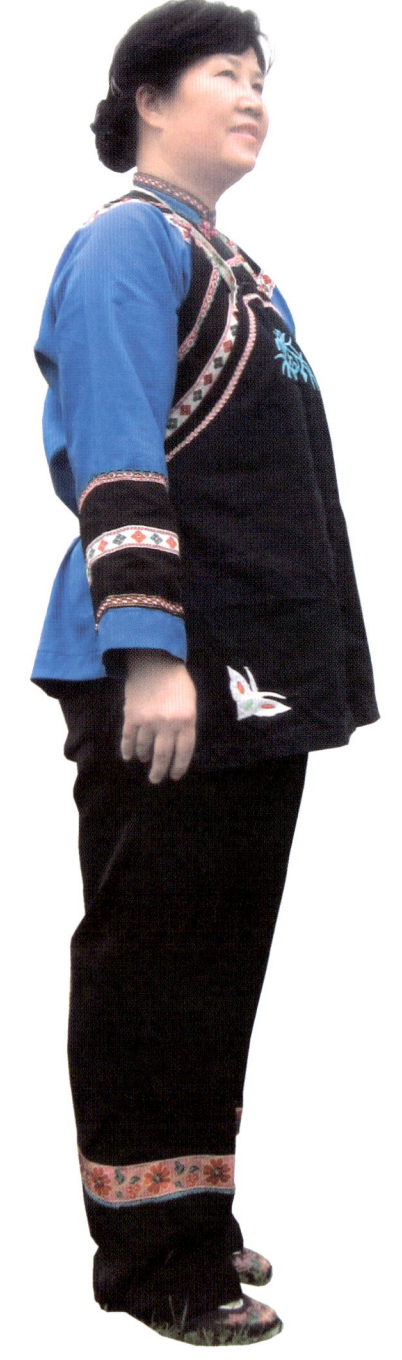

图二　罗甸布依族女装侧面

图三 罗甸布依族女装背面

图四 罗甸布依族女装上衣

图五　罗甸布依族女装裤子

图六　罗甸布依族女装围腰

图七　罗甸布依族女装绣花鞋

望谟打尖布依族女上衣

图一　望谟打尖布依族女上衣主图

望谟县打尖乡的布依族妇女几乎都是纺织和刺绣的能手。她们常穿右衽大襟衣。老年人喜朴素大方，崇尚青色；中年人沉着冷静，配以深蓝色；青年人活泼好动，以浅色为主。本案例采集自贵州省望谟县打尖乡。

本案例衣服领高2厘米，是对襟齐腰短衣，身大袖宽，沿右衽衣领接缝处镶一道两寸左右宽的边。布扣，收腰，衣摆圆且大，能较好地突出女性的身段。衣服袖口处镶绣黄蓝白色波浪纹与直线纹，排列和谐，层次分明，与飞舞的蝴蝶相辉映，动静结合，新颖别致。柔和的色调，淡雅的色彩，反映了布依族人纯朴善良、温和热情的性格。领口、盘肩、衣袖和衣角边沿，皆用织锦和蜡染的各色几何图案镶制。衣服用一整块布料，根据人肩部的宽度，剪裁成两块长方形，也就是衣服的前后两片，又在布料的前后面长面1/2处，根据人肩膀以下的宽度，在宽面左右两侧剪裁掉两块长方形布，用作左右袖子，袖子的宽度有衣长的一半；又在长方形布料的上方中间，以中间部位为圆心，剪裁掉一个半圆，把剪裁掉的布翻成双面，接在原领子的剪裁处，就成衣服领子了，这样，一件漂亮的上衣就做好了。与此裁剪方式相同的还有贞丰布依族斜襟衣。

望谟县一带，在节日、喜庆以及走访亲友等庄重场合，人们大都穿青色或蓝色的正装。衣服的颜色越深越表示庄重肃穆。参加婚礼时，则要穿青色衣服。

图片来源

图一、图六　杨晓燕　摄影
图二至图五　毛朝江　制图

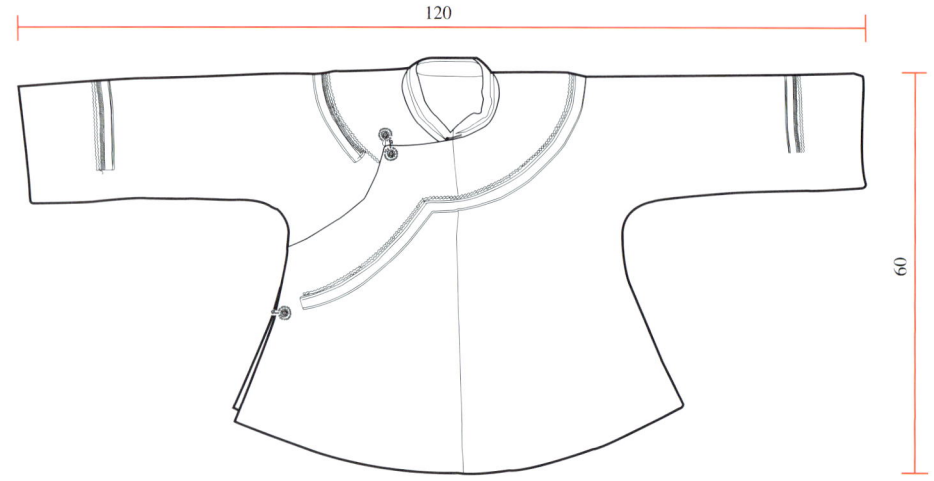

图二　望谟打尖布依族女上衣尺寸图（单位：cm）

图三　望谟打尖布依族女上衣纽扣分析图

花

绿叶

花叶不断交替排列

图四　望谟打尖布依族女上衣图案分析图

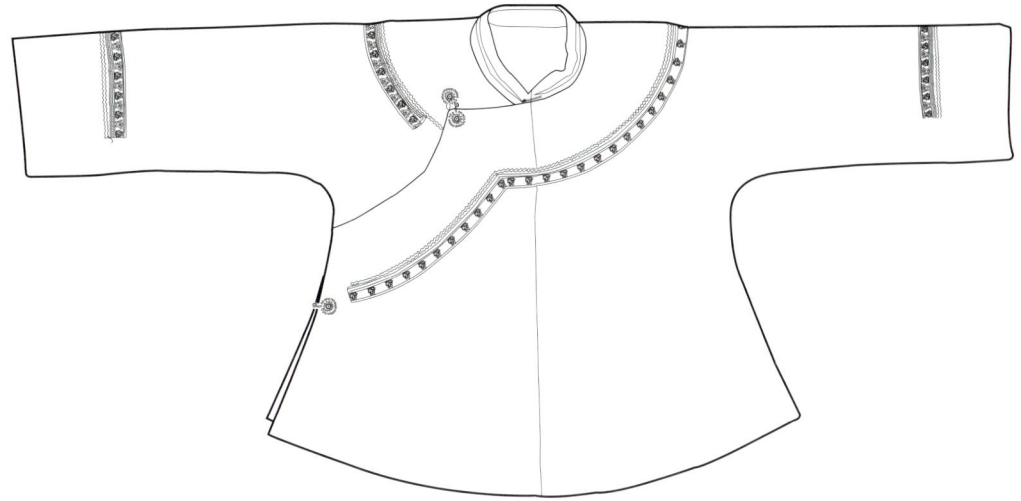

图五　望谟打尖布依族女上衣线描图

图六　裁剪方式相同的贞丰布依族斜襟衣

镇宁布依族锦衣

图一 镇宁布依族锦衣主图

锦衣布依语叫"卜贵"（音译），"卜"即衣，"贵"即锦或者刺绣。锦衣分一锦、二锦、三锦，以袖子上锦缎的数量来加以区分，一锦就是袖子上镶嵌一段锦缎，两段蜡染装饰带，锦缎镶在中间，两条蜡染段分别镶在两边；二锦就是两段锦带一段蜡染带，蜡染带在中间，两段锦带镶在两边；三锦就是镶嵌的三段都是锦带。本案例采集自镇宁县，为一锦的锦衣，系当地布依族中老年妇女的服饰。

镇宁锦衣的制作过程融合了蜡染、扎染、挑花、织锦、刺绣等多种工艺技术。布依族服装颜色多为蓝、青、黑、白等，将织好的白土布用古老的扎染方法制作成蓝底白花的各种图案。领口装饰锦带，宽约两寸，用不同颜色丝线织成九条彩色锦带，每两条彩色带之间织有一条很窄的分隔彩色线。中间的那条彩色带较宽，用三种颜色挑织成三个一排的小三角旗图纹。两边各四条彩色带对称，没有图纹，宽度相同。绣花盘肩，用花线沿衣肩绣成两排小正方形的半圆形图案，领圈两边抛花织锦，颜色醒目。衣袖装饰一条锦缎和两条蜡染段，即"一贵两涡"，"贵"在中间，"涡"放在"贵"的两边。衣袖锦缎的面积较大，在整件衣服中位置突出，主要由三组菱形图纹组成。锦缎两边装饰两条蜡染段，这两条蜡染段的图纹完全相同，宽度与锦缎相同。蜡染段中间有两个大圆圈，每个圈里有七个漩涡纹相互牵连在一起，其中有一个在漩涡纹中间，四周均匀围绕六个漩涡纹。衣服没有扣子，用衣带系于右侧。衣服以深蓝色为底色，再配上红、白、黄等不同颜色的线条，既庄重大方，又新颖别致，突出了布依族妇女稳重又活泼的性格特点。

图片来源

图一　杨晓燕　摄影

图二至图六　毛朝江　制图

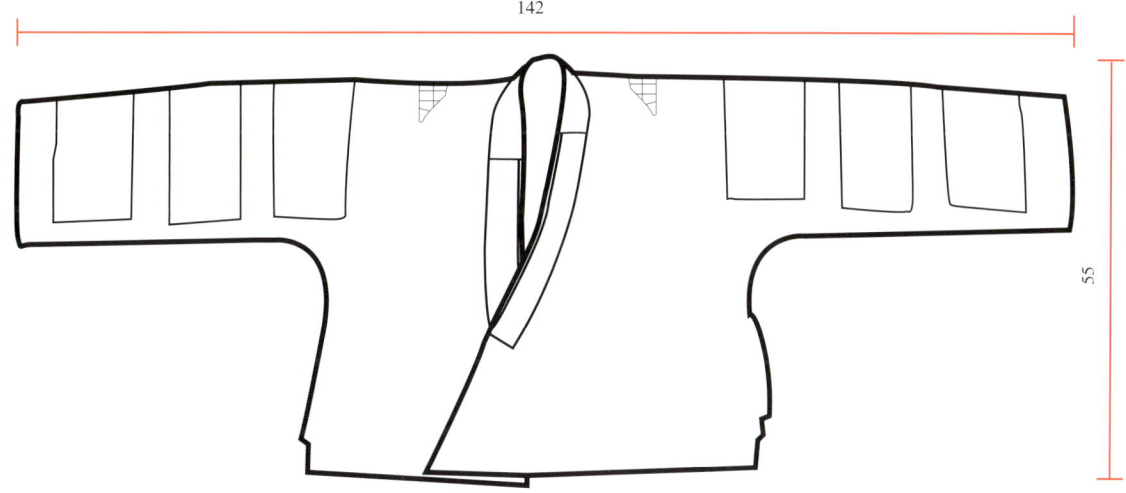

图二　镇宁布依族锦衣尺寸图（单位：cm）

图三　镇宁布依族锦衣层数分析图

图四 镇宁布依族锦衣色彩分析图

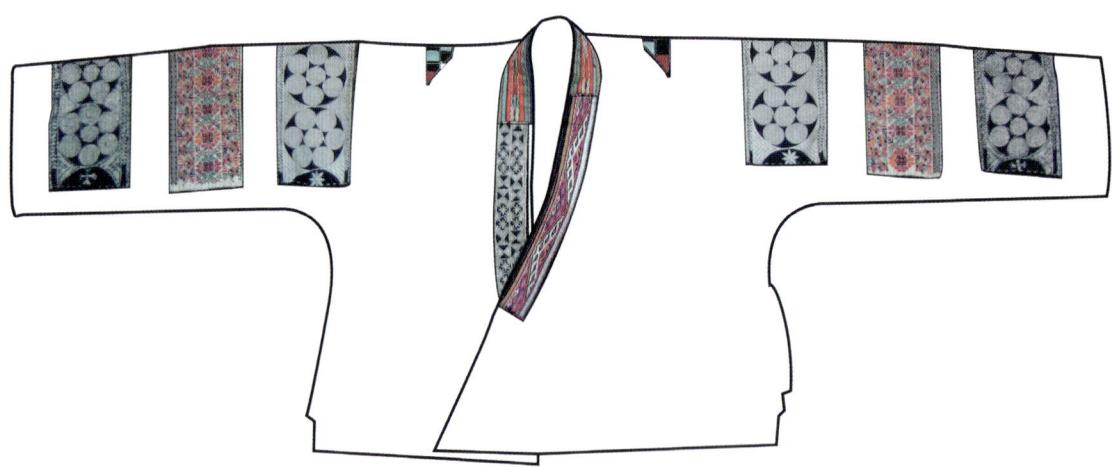

图五 镇宁布依族锦衣图案分析图

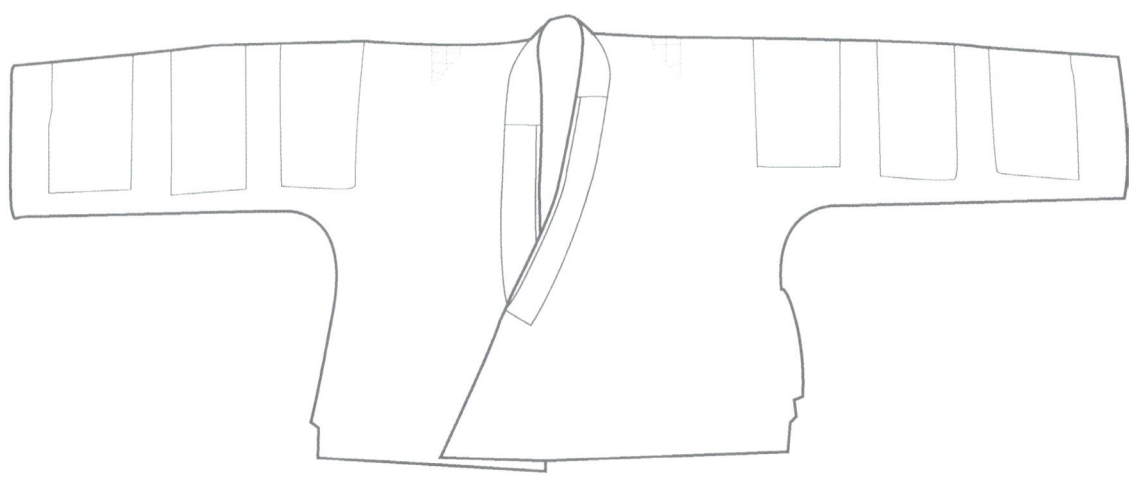

图六 镇宁布依族锦衣线描图

贞丰布依族大脚裤

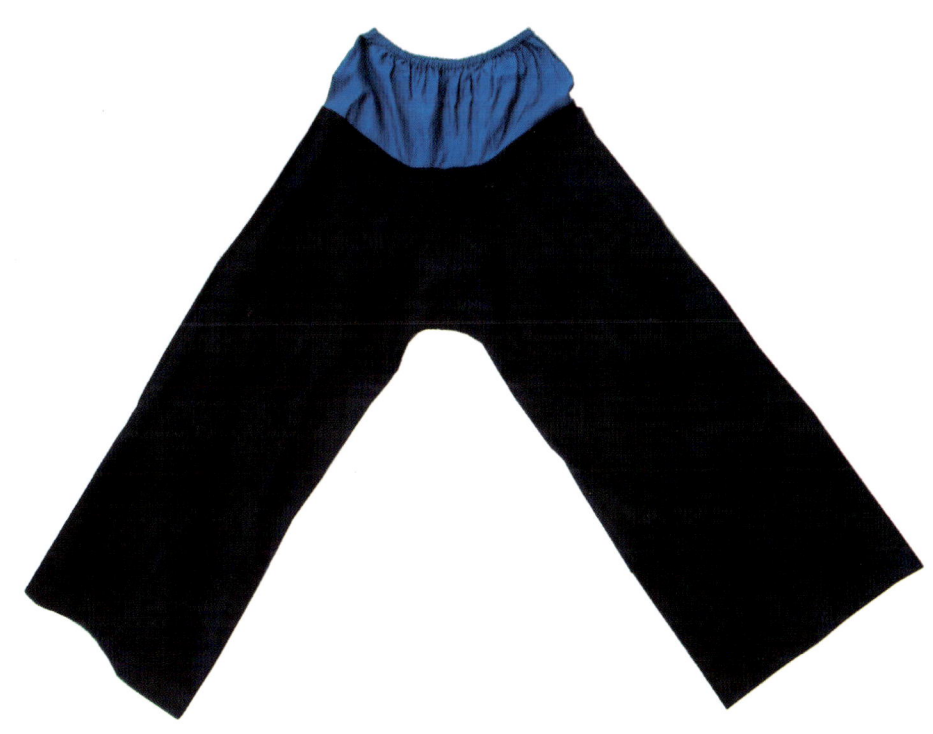

图一 贞丰布依族大脚裤主图

贵州省黔西南境内的布依族服饰，以贞丰、望谟及其周边地区最具有代表性，体现了浓郁的地区特色，当地的布依族妇女习惯穿裤装。本案例采集自贵州省黔西南州贞丰县。

黔西南州布依族妇女喜欢穿青色土布。本案例裤子为吊裆直筒大脚长裤，一般是中青年妇女穿的。裤子的长度能盖住脚背，裤口约有32厘米，毛边。裤腰很大，以前，裤腰高一般为十几厘米，穿着时需要裤带系紧；近年来，人们为了劳动方便，不再使用裤带，而是采用松紧带。裤腰与裤脚使用不同颜色的布料缝制。以前布依族妇女穿的大脚裤，主要用经过靛染后的传统土布缝制，本案例裤子的布料就是青色土布；现在一些离中心城镇较近的地区基本上汉化了，土布纺织已经消失殆尽，因而大脚裤用料多为市场上销售的机织布。

裤子的裤脚和裤腰的颜色不同，一般来说，裤脚的颜色多采用深色，裤腰的颜色则相对比较浅。本案例中裤脚的颜色为黑色，为了使裤子更为美观，将裤腰的颜色改为蓝色，并且使用松紧带将裤腰紧紧系在一块，伸缩自如，穿着方便。在炎热的气候条件下，宽松的裤子能通风散热，使人感到舒适凉爽。

图片来源
图一、图五　杨晓燕　摄影
图二至图四　毛朝江　制图

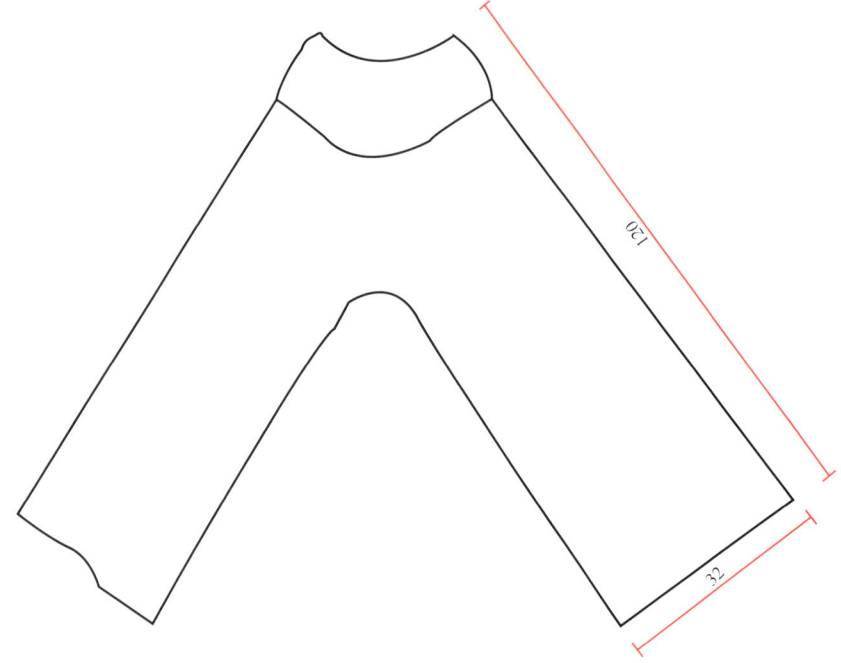

图二　贞丰布依族大脚裤尺寸图（单位：cm）

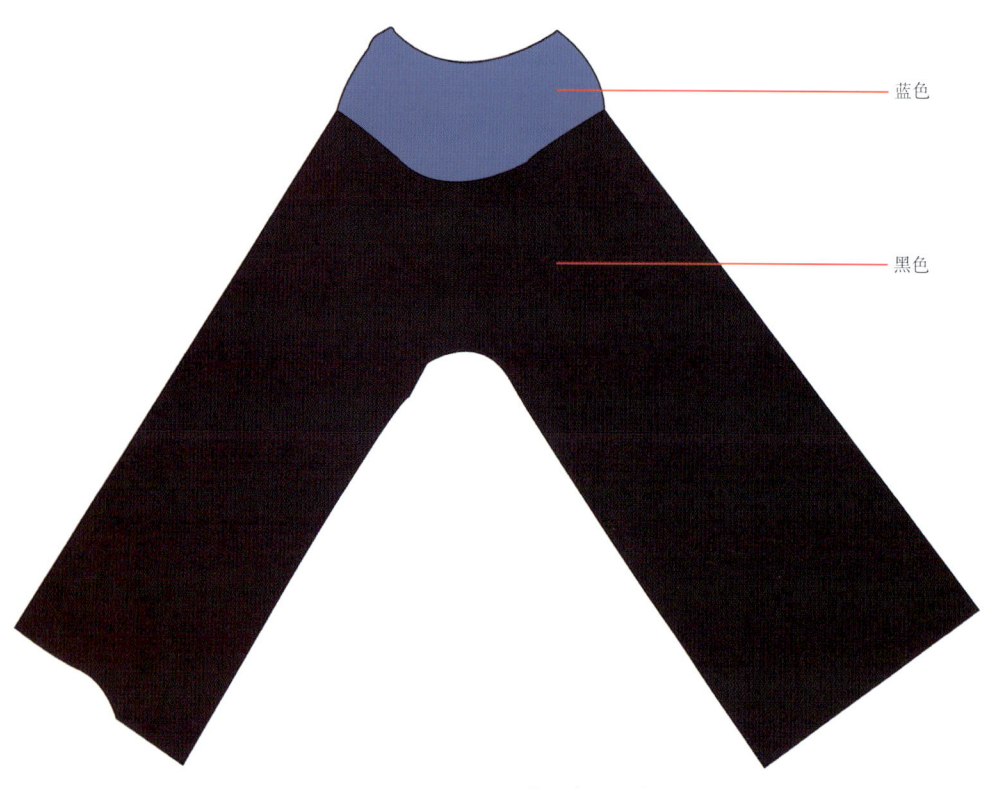

蓝色

黑色

图三　贞丰布依族大脚裤色彩分析图

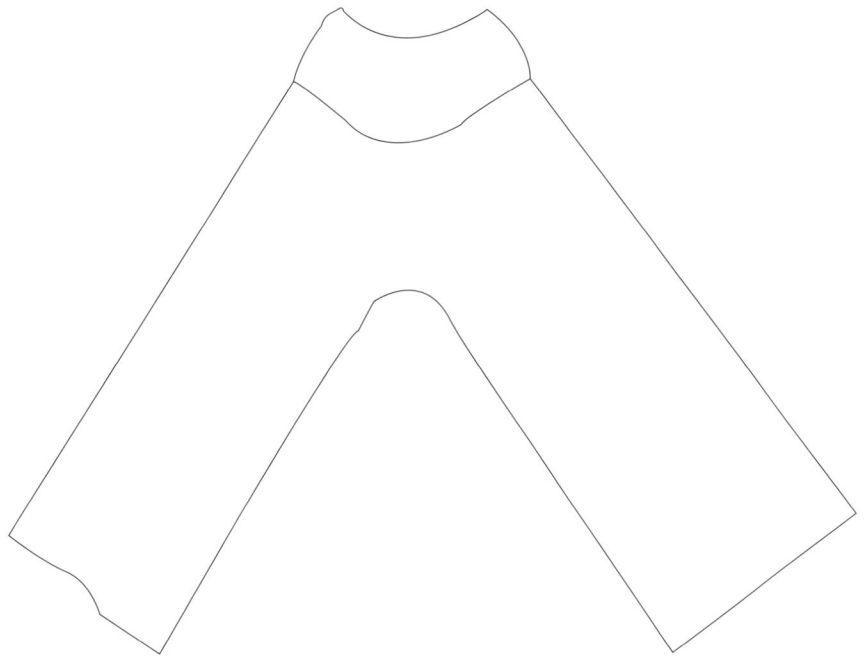

图四 贞丰布依族大脚裤线描图

图五 贞丰布依族大脚裤黑白图

镇宁布依族女裤

图一 镇宁布依族女裤主图

布依族女性服装分为裤装和裙装。由于裤装方便劳作,而且制作成本大大低于裙装,所以诸多女性在劳作时都喜欢着裤装。布依族女性裤装各地的式样和装饰区别不是很大,主要分为已婚和未婚两类。已婚女性的裤装是大腰长裤,裤脚盖住脚背,以黑、蓝色为主。姑娘的裤子稍短些,长到脚踝,以蓝色为主,腰细腿小,突出姑娘们的线条美。本案例采集自贵州省镇宁县,系当地已婚妇女的裤子。

本案例裤子为黑色的大脚裤,样式简单。裤脚宽约25厘米,裤长120厘米,裤腰需要用腰带系紧。

在用料上,一般主要用传统土布经过靛染后缝制,一些离中心城镇较近的地区,基本上汉化了,土布纺织已经消失,裤子用料多为市场上销售的机织布。裤子的用布量一般根据穿着者的身高而定,普通身高的人做裤子的布料为2~3米。根据腿的长短,剪裁成两片长方形布料,合并而成,裤腰用宽约15厘米白布接缝,有的在裤脚往上15厘米处换上不同颜色的布料,或者裤腰换上不同颜色的布料,以作装饰。

图片来源
图一、图五 杨晓燕 摄影
图二至图四 毛朝江 制图

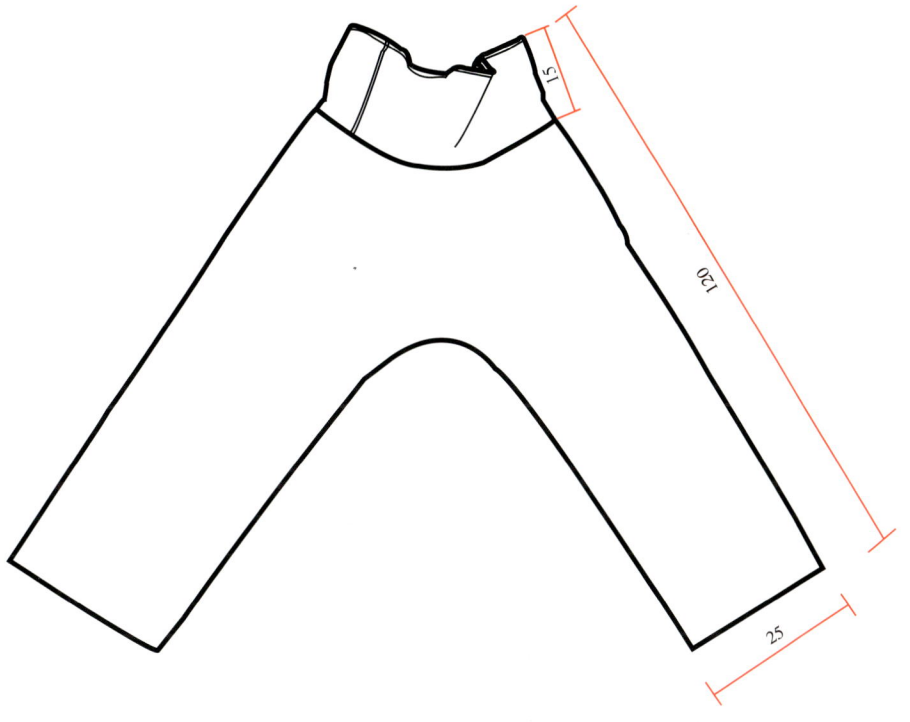

图二 镇宁布依族女裤尺寸图（单位：cm）

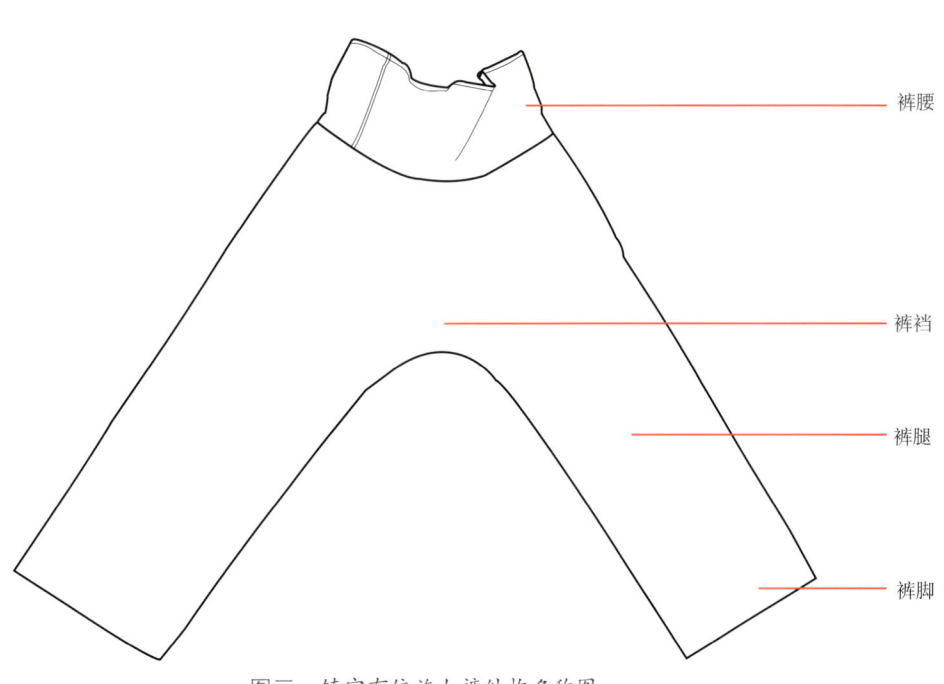

图三 镇宁布依族女裤结构名称图

第二章 布依族传统服饰

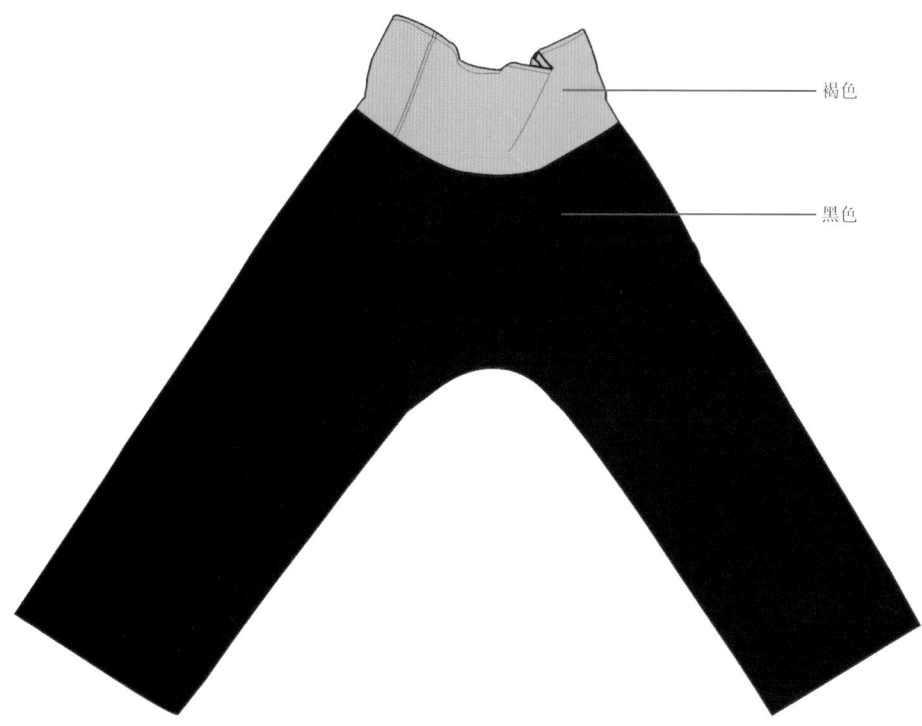

图四　镇宁布依族女裤色彩分析图

图五　镇宁布依族女裤黑白图

镇宁布依族蜡染百褶裙

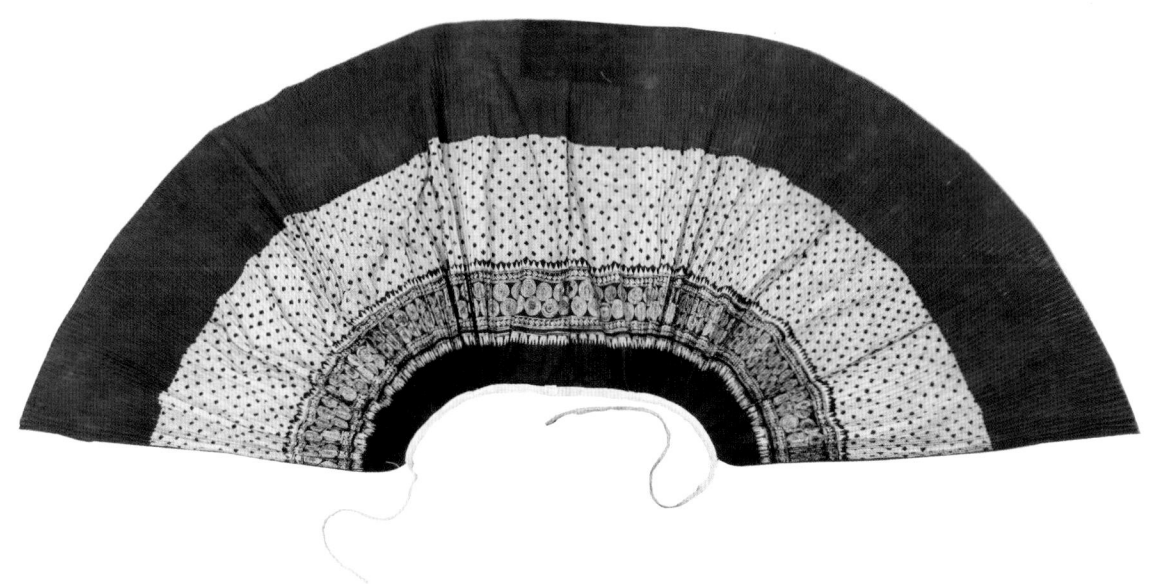

图一　镇宁布依族蜡染百褶裙主图

布依族的传统是女穿衣裙，裙子均有蜡染、挑花、刺绣图案装饰。因为布依族居住在热带地区，这种宽松的衣裙适合气候特点。本案例采集自贵州省镇宁县。

蜡染百褶裙制作过程中的挑花刻纹，需要较高的工艺制作水平。布依族百褶裙的制作较为复杂，工艺考究、精细。镇宁一代的布依族妇女一般都穿蜡染百褶裙，本案例系当地中老年妇女的裙装。裙料是白底蓝花的蜡染布，上端以白布为纲，穿时用两条白带系在腰上，连接由两段"千万高矮山丘"图案、两段"千万小水珠"图案和一段有大型漩涡纹图案组成的百褶裙样，裙的下端系蓝色的蜡染布，既美观又素净。裙身一般长约60厘米，裙头径长60厘米，裙身展开径长130厘米（制作时需根据人的高矮胖瘦而定），整条裙子由青、白、蓝、灰等色相间缝制而成，裙子铺开犹如一个半圆，美观漂亮。裙长遮脚后跟，裙头由白底蓝花的蜡染布做成，圆点花型，排列整齐，精巧别致。裙子为双层，用青布作底，再用各色蜡染在其上做成百褶图案，在裙子的中间用一块棉布做装饰，棉布的颜色分别与裙子上部和裙身的颜色一致。在裙子的两头有两条与裙子上部花纹与裙身颜色一致的条形带，穿时系于腰间。裙子古朴、典雅、庄重，多为老年妇女喜爱，在喜庆和隆重场合穿。炎热的气候条件下，宽松的裙子能通风散热，达到穿着舒适凉爽的目的。

图片来源
图一　毛朝江　摄影
图二至图四　毛朝江　制图

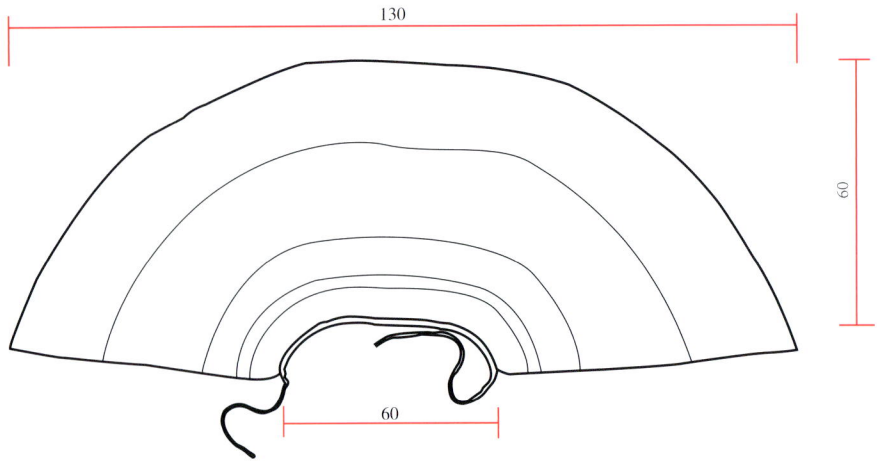

图二 镇宁布依族蜡染百褶裙尺寸图(单位:cm)

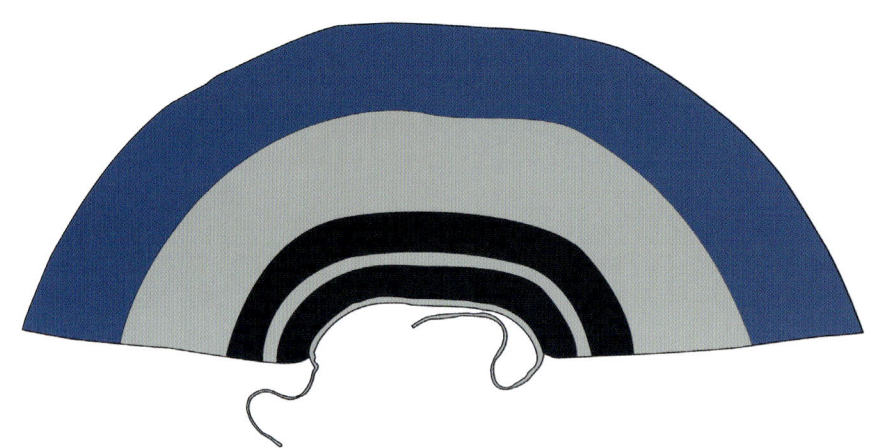

图三 镇宁布依族蜡染百褶裙色彩分析图

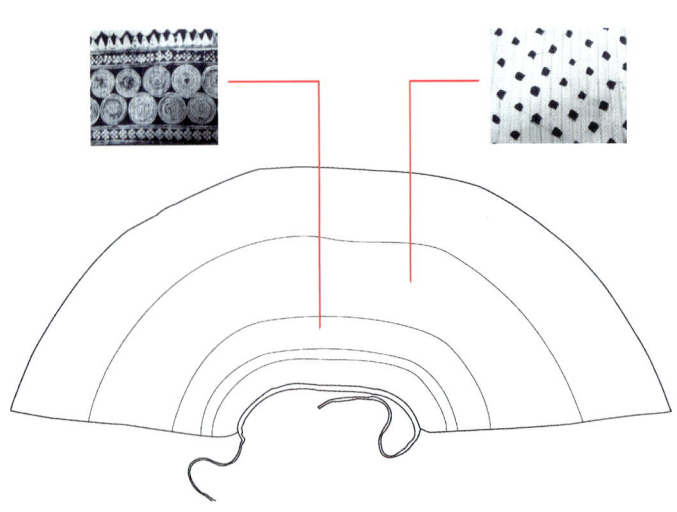

图四 镇宁布依族蜡染百褶裙图案分析图

镇宁布依族土红百褶裙

图一　镇宁布依族土红百褶裙主图

镇宁一带的布依族妇女现在日常生活中多数还着裙装，特别是参加重要的典礼和仪式时仍然要着裙装。本案例采集自贵州省镇宁县，现收藏于贵州民族大学图书馆民族文化展示厅。

百褶裙制作较为复杂，工艺考究，样式精美。该裙子由两层布缝制而成，底层是蜡染的青色布，表层裙头是蜡染图案，裙身是整块浸染的百褶土红色布。裙头是裙子的蜡染装饰带，在裙子的上方，宽约30厘米，约占裙子长度的1/3，下缘连接裙身。裙头与裙身连接处有一条弯曲的红丝线。裙子褶皱的加工方法是先把裙头和裙身连接处缝合好，然后把裙子围在一个竹子编的圆筒上，每间隔3厘米就用线缠绕一道，人们把裙子褶成一道道的细褶皱，然后将一种布依语叫"卡染"（音译）的植物浆汁刷在上面，进行晾晒，晒干又刷，反复四五次，使褶皱定型，最后把裙子表面的植物浆汁洗掉晒干，至此，一条百褶长裙就做好了。用这种名为"卡染"的植物浆汁定型的面料不会变形，下垂感好，而且布料能保持原来的柔软度。布依族居住在热带地区，宽松的裙子有利于通风，穿着舒适凉爽。

图片来源
图一、图四　毛朝江　摄影
图二、图三　毛朝江　制图

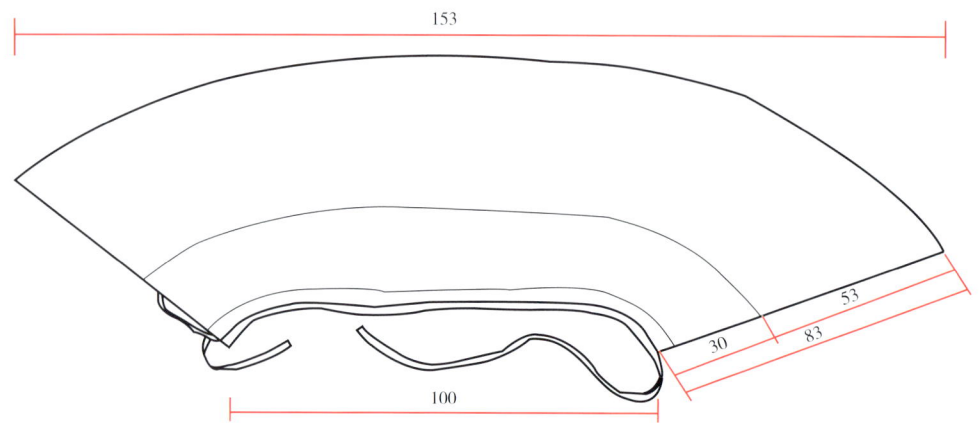

图二　镇宁布依族土红百褶裙尺寸图（单位：cm）

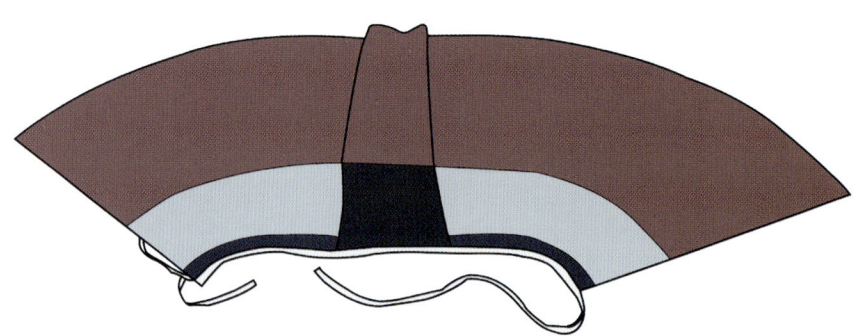

图三　镇宁布依族土红百褶裙色彩分析图

图四　镇宁布依族土红百褶裙穿着效果示意图

惠水布依族围腰

图一　惠水布依族围腰主图

布依族妇女大部分都系围腰，避免做事时把衣服弄脏，同时也是一种很好的装饰。本案例采集自贵州省惠水县。

惠水布依族妇女喜欢在胸前戴一块与上装等长的青色围腰。本案例围腰用青色蜡染布做成，呈上窄下宽状。胸前用五色丝线绣上花、鸟等图案，与青色底子形成鲜明而强烈的对比，十分明快；围腰面上系着浅蓝色绸料飘带，飘带的前端吊耍须，并用五色丝线绣上与胸前图案相似的花纹，两者相互映衬，错落有致。围腰口用青色布条系起来挂在颈上，一般都是打活结，穿戴方便。

布依族围腰的好处：一是起到保暖作用。过去布依族妇女没有内穿的紧身衣，白布做的内衣也很宽松，系上一条腰带才能贴身保暖。后来心灵手巧的布依族妇女，为把自己装饰得更美，改腰带为围腰，使装束更加美观华丽。二是方便劳动。布依族妇女主要负责家务或较轻的田间事务，从前的老式衣服比较长大、宽松，妇女从事家务劳动或下地干活（如栽秧、割草、锄地等）时衣服前面容易拖地、沾污物，系上围腰，前面的衣服就不会拖地了。三是美的装饰。特别是盛装围腰，都要精细地在围腰上盘边、绣花、贴花，装饰银泡等内容丰富多彩的图案，系上围腰，能给人增添几分潇洒、美观的感觉。

图片来源
图一　杨晓燕　摄影
图二至图五　毛朝江　制图

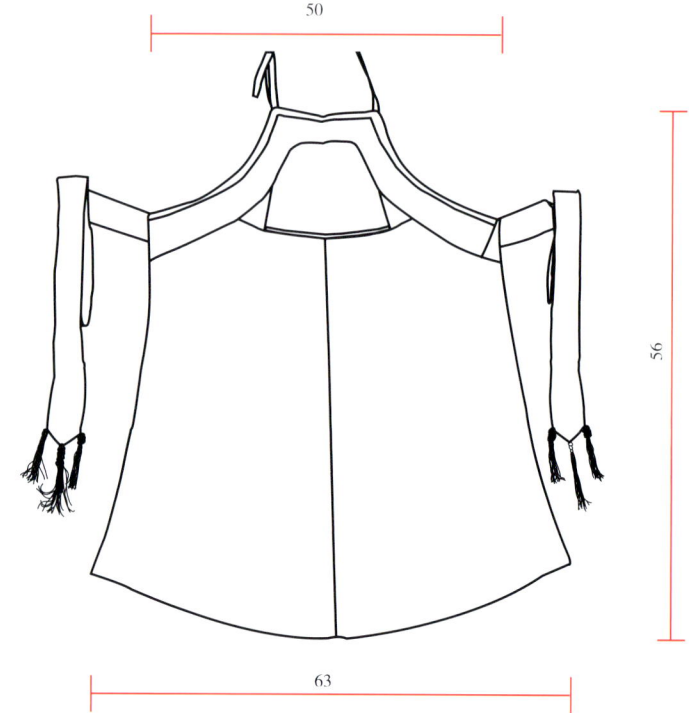

图二　惠水布依族围腰尺寸图（单位：cm）

图三　惠水布依族围腰图案分析图

图四 惠水布依族围腰图案色彩图

图五 惠水布依族围腰线描图

贞丰布依族围腰

图一 贞丰布依族围腰主图

黔西南州布依族妇女好穿青色土布衣服，系在胸前的围腰也用青色布料做成。本案例采集自贵州省黔西南州贞丰县。

本案例围腰呈上窄下宽状，底部为弧形，这与上装的下部一致，也是呈弧形。胸前用一小块浅蓝色布做底，在上面绣荷花，荷花的颜色和图案形象逼真，还绣上绿叶予以陪衬，下端用白线勾勒成波浪线，形成水波状，粗看上去，就像一块梯田一样，长在梯田里的荷花盛开，非常漂亮，颇有生气。在荷花的下部，中间沿着围腰的梯形状边缘镶上花边，花边用天蓝色做底，在上面绣上红色的牡丹花，左右对称，颜色交叉，错落有致。腰背系两条飘带，飘带以绿色做底，在上面绣上白色的菊花，前端有两段不同颜色的山形和水波刺绣的图案，飘带的两面都绣有各色花纹图案，最前端呈尖状，无耍须。围腰的最上部用花色细布条连接，其中一端长短固定，另一端的细布条较长，且布条顶端留有耍须，穿戴时打活络套系在脖子上，如此可以根据人的身高、胖瘦来调节围腰的长度。围腰带用色鲜质好的绸缎做成，镶有"栏杆"，打活结系于背后。

图片来源
图一　杨晓燕　摄影
图二至图五　毛朝江　制图

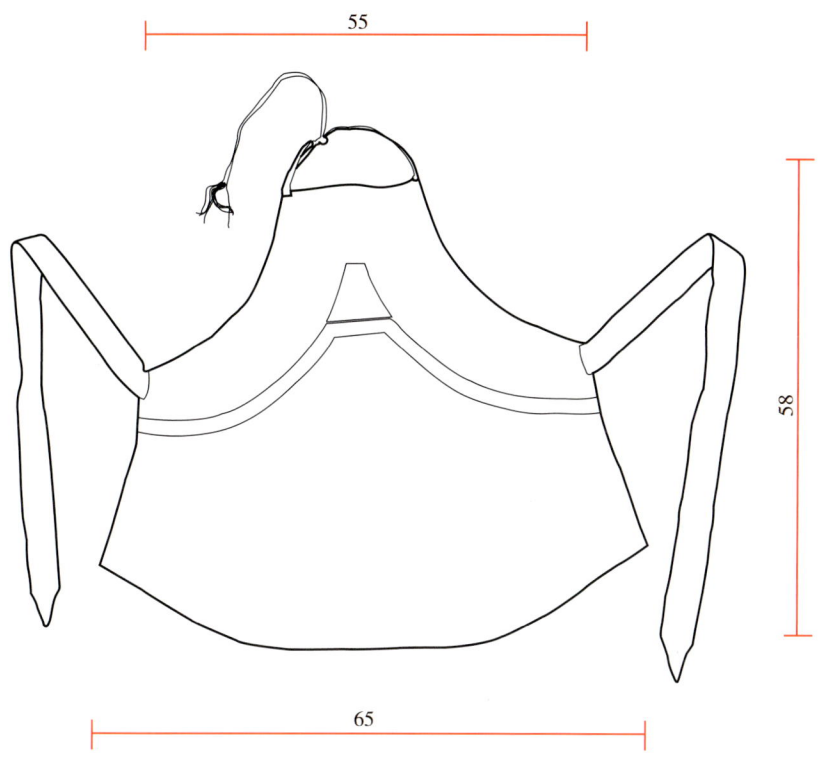

图二　贞丰布依族围腰尺寸图（单位：cm）

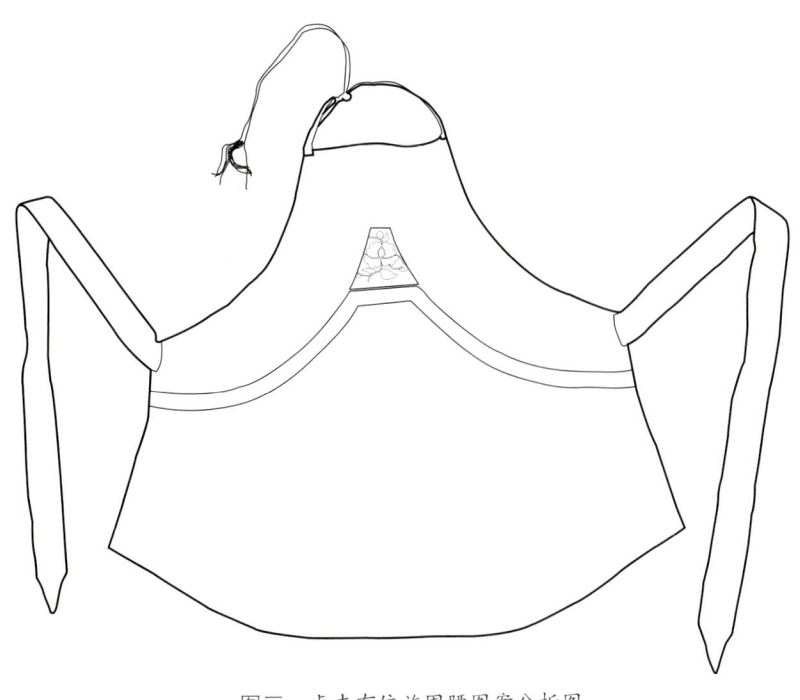

图三　贞丰布依族围腰图案分析图

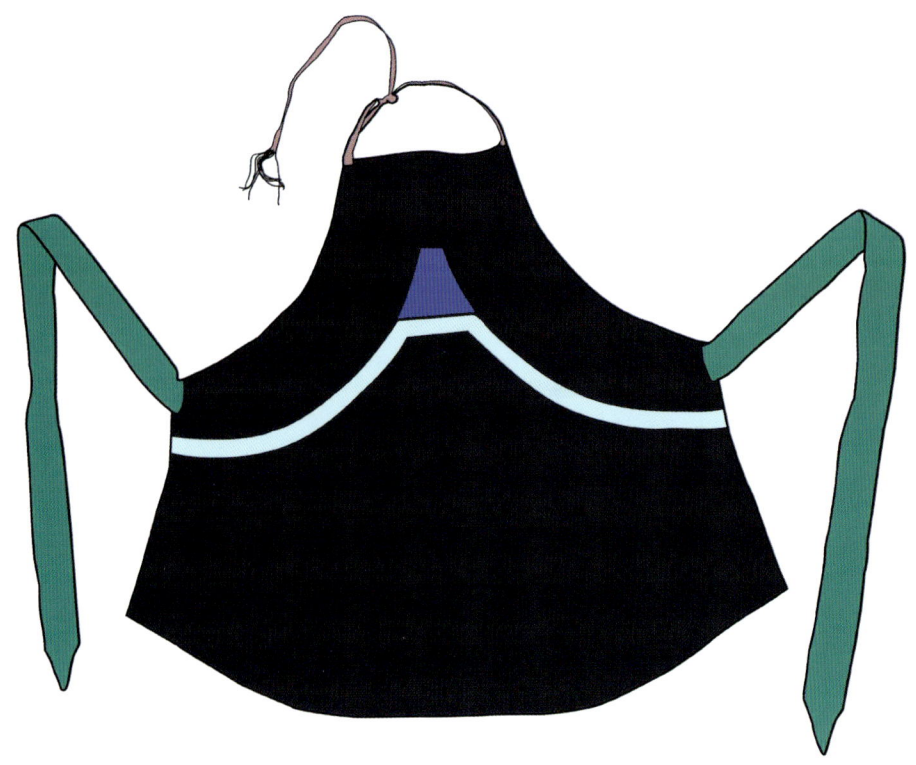

图四　贞丰布依族围腰色彩分析图

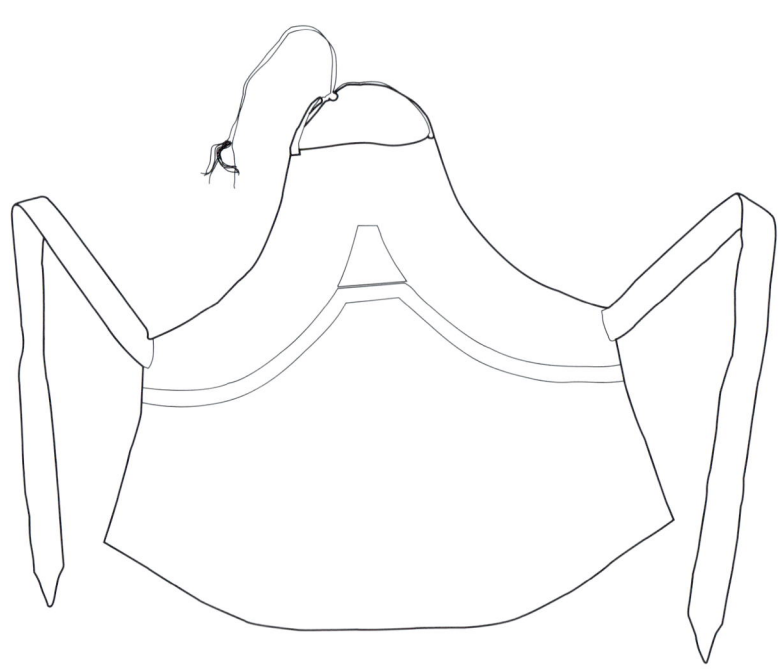

图五　贞丰布依族围腰线描图

镇宁布依族围腰

图一 镇宁布依族围腰主图

布依族妇女大部分都系围腰。布依族妇女之所以喜爱系围腰，一是达到保暖效果；二是方便劳动。布依族妇女主要负责家务或较轻的田间事务，在从事家务劳动或下地干活（如栽秧、割草、锄地）时，衣服前片容易沾污物，系上围腰，前面的衣服就不会拖地沾污了。本案例采集自贵州省镇宁县。

本案例围腰的面料是蜡染青色土布，四周镶嵌布依族织锦和绸缎，给人以华丽之感。该围腰长1米左右，系长方形青蓝布花围腰，四边镶着宽窄不一的刺绣织锦花。用蜡染布做成，呈上窄下宽状，围腰的中间以青布为料，四周镶有花边，上端花边的颜色较其他三边更为鲜艳，也较宽些。围腰的顶端用细布条连成一个带子，穿戴时直接套在脖子上，较为方便，称为围腰项带。围腰项带通常是刺绣花布带，过去家境较为富裕的人家用珍珠项链、银项链和铜项链作项带，现在有的图省事甚至用机织花布带。本案例就采用简单的深色细布条做项带。围腰的上端有左右两根长短不一的飘带，左右连在一块，在腰上系成蝴蝶结状。围腰的颜色有深有浅，花边错落有致，看上去既美观又大方。

图片来源

图一、图五　毛朝江　摄影
图二至图四　毛朝江　制图

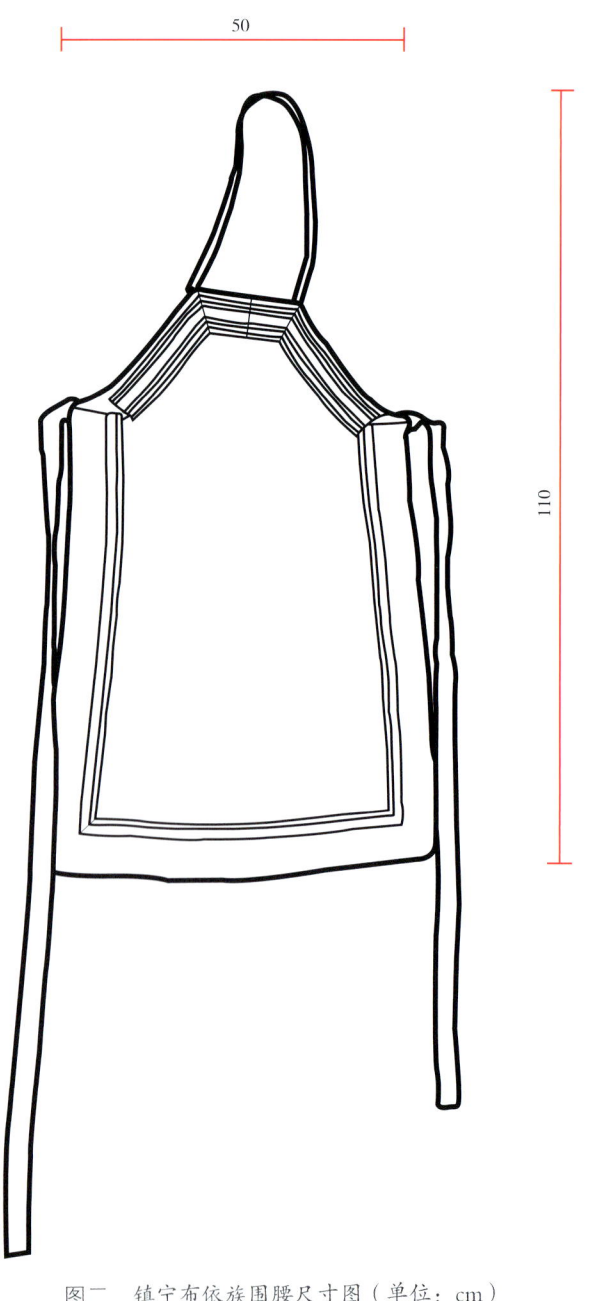

图二　镇宁布依族围腰尺寸图（单位：cm）

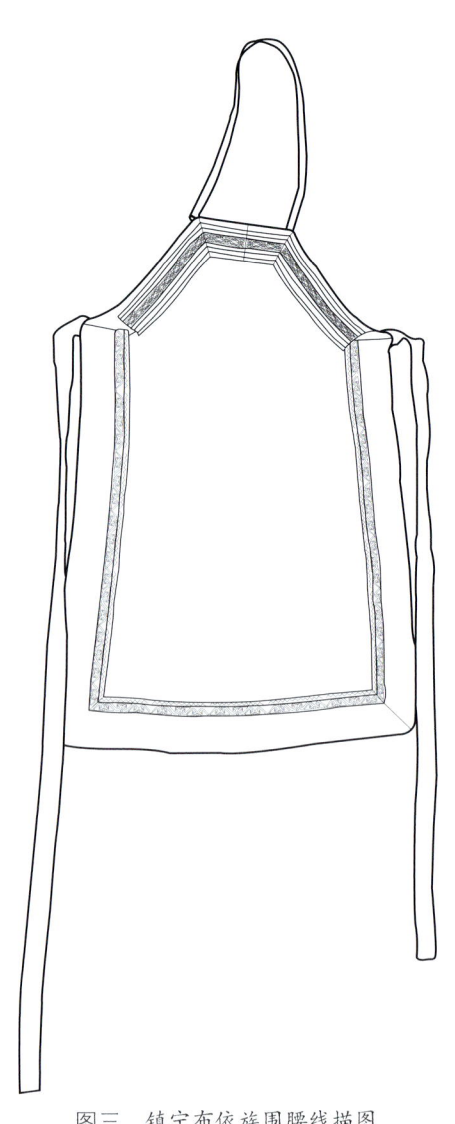

图三　镇宁布依族围腰线描图

图四　镇宁布依族围腰色彩分析图

图五　镇宁布依族围腰穿着效果示意图

第二章　布依族传统服饰

平塘布依族刺绣围腰

图一　平塘布依族刺绣围腰主图

　　围腰是布依族妇女普遍穿着的服饰之一，本案例采集自贵州省黔南州平塘县。

　　本案例围腰长约60厘米，宽约45厘米，呈梯形状。它以蓝色布依布为主要面料，显得文雅端庄。胸前沿着围腰的梯形状边缘镶或绣上花边，花边均为三层，左右两侧及上端的花边相同，外层系蓝色锯齿形，中间系红色绿色间隔花朵，最里面系黑色波浪纹；下端的花边也分为三层，最上面为粉色锯齿形，中间为白色波浪纹，最下端为深蓝色"栏杆"。在梯形的中间部位绣花、果、鸟等图案，图案不拘一格，绣以牡丹花、桃花、树枝、叶子、花果和小鸟、凤凰、公鸡等图案，还有各式的几何图案。一般年轻人系的围腰图案要鲜艳一些，老年人的图案要朴素一些。腰带一般是浅色的，上了年纪的老人才用深色的腰带，带子上装点着绚丽的图案和缨穗。长长的带子打个蝴蝶结系于腰后，有的配上红色的围腰链或银质围腰链。本案例配的是红色围腰链，显得很喜庆。围腰覆盖了女性从胸部到大腿的整个部位,它既能使穿在里面的衣裤保持整洁,也有束腰的作用,更有装饰意味。围腰的绣花精湛,花鸟形象逼真,将女性的腰身束紧,突出女性的曲线美。

图片来源

图一　杨晓燕　摄影

图二至图五　毛朝江　制图

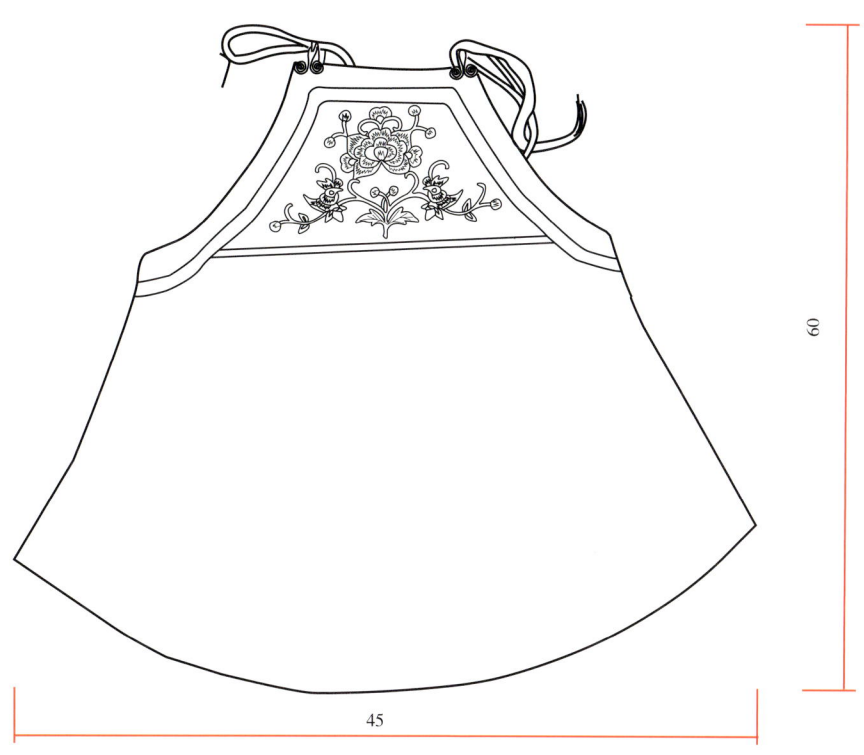

图二　平塘布依族刺绣围腰尺寸图(单位:cm)

图三　平塘布依族刺绣围腰图案分析图

图四 平塘布依族刺绣围腰盘扣分析图

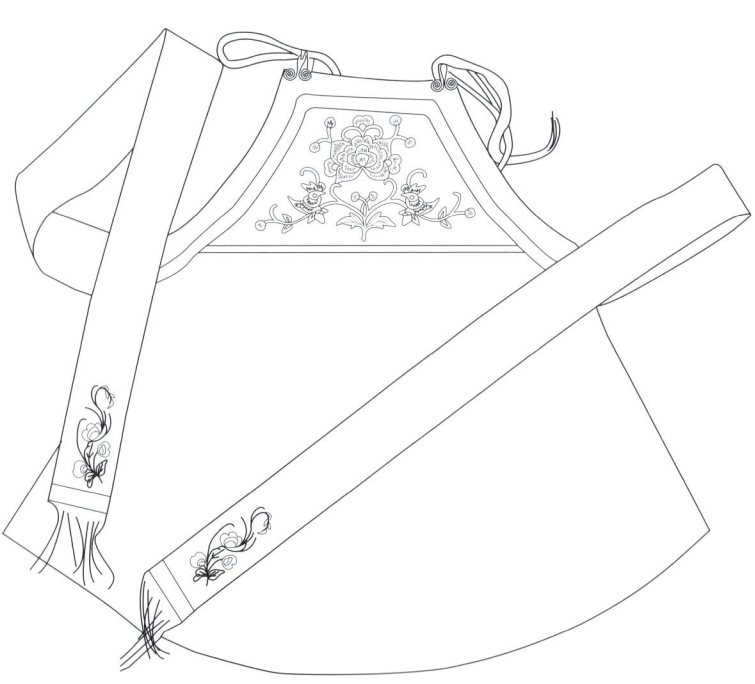

图五 平塘布依族刺绣围腰线描图

贵定布依族"寿"字围腰

图一 贵定布依族"寿"字围腰主图

布依族妇女普遍都系围腰，年轻人一般系绣花围腰，老年妇女的围腰较少绣花，以黑色、蓝色为主，故而他们所系的围腰不再镶烦琐花边或是绣鸟、牡丹花、桃花等动植物图案，有的老人为了祈求自己身体健康，长命百岁，系"寿"字围腰。本案例采集自贵州省贵定县。

"寿"字围腰一般是老年妇女所佩戴。"寿"字围腰所用布料是较厚的黑色灯芯绒棉布，这种棉布的保暖效果较好，所以，这种棉布做成的围腰夏天不系，天气较凉的时候才系。老年人戴围腰不是为了装饰，而是为了从事家务劳动时，既可保暖，又可避免把衣服弄脏。该围腰呈上窄下宽状，下端呈弧形。制作时，在黑色的灯芯绒布的上端用白布条盘绣抽象的"寿"字，"寿"字均匀地分布在围腰上端的中线两侧，并盘饰白色的锯齿边，这与黑底色形成鲜明而强烈的对比，黑白分明，格外亮眼。围腰带为紫色，每条围腰带上绣有素雅端庄的花纹，为牡丹花、桃花、小鸟等动植物的图案，围腰带末端饰有缨穗。围腰顶端左右两边钉蝴蝶装饰，中间钉团花形镀银牌，穿戴时把两镀银牌用环形镀银链连接，更为引人注目。

图片来源

图一　王发杰　摄影

图二至图五　毛朝江　制图

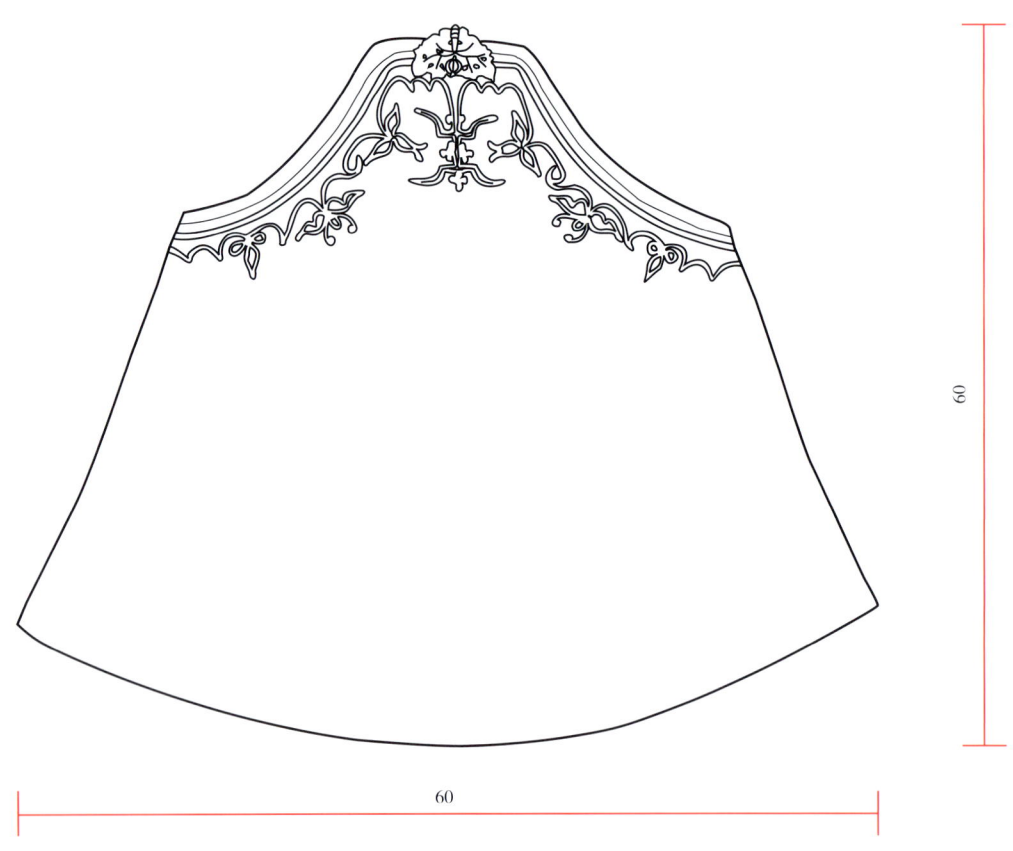

图二　贵定布依族"寿"字围腰尺寸图（单位：cm）

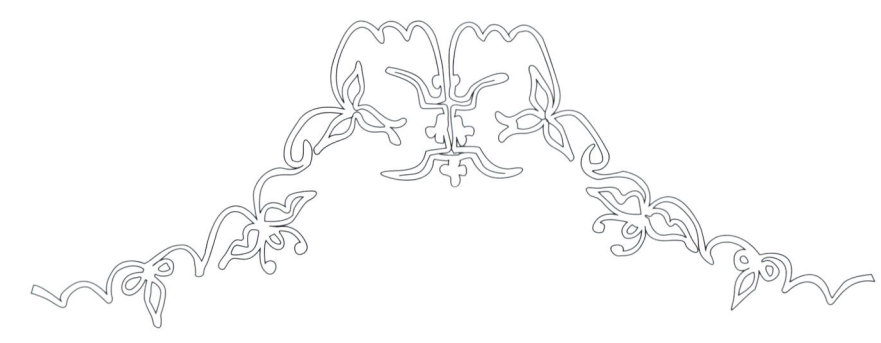

图三　贵定布依族"寿"字围腰图案分析图

图四 贵定布依族"寿"字围腰银饰图

图五 贵定布依族"寿"字围腰线描图

布依族刺绣银铃童帽

图一　布依族刺绣银铃童帽主图

布依族儿童的服饰，最具特色的当属童帽。布依族人对童帽有自己缝制的习惯，为了表达对新生儿的喜爱，长辈都会给孩子缝制一顶可爱的童帽。两岁以下的布依族幼儿一般不分男女都戴着心灵手巧的长辈缝制的绣着各种花草图案或动物图案的童帽。

本案例采集自贵州省贵定县。该童帽帽顶采用黑色灯芯绒布做底，在黑色布料上面用颜色较为鲜艳的浅蓝色的丝线绣上一个"虎"字，寄托父母期望孩子长得虎头虎脑、惹人疼爱之意，并在"虎"字的左右两侧及下端用颜色鲜艳的各色丝线绣上各种花纹或心形、三角形、扇形等几何形图案，整个帽子看上去明艳、活泼。帽檐的内侧用深蓝色的灯芯绒布缝制，外侧用黑色的绒布做底，挑选鲜艳的丝线绣上各色的花纹及图案，并选用鲜艳颜色的"栏杆"镶边。帽的前檐底端用10粒白色的圆形小纽扣围成半圆做装饰，取"十全十美"之意。在其上端钉有成排的三角形小银牌。两只帽耳上绣有对称的花鸟图案，并钉上圆形的银牌，帽耳较大，可以把耳朵护起来。因帽形似猫头，故称"猫儿帽"。帽子背后，吊有银质的小铃铛，惹人喜爱。帽子所用布料都是绒布，戴在头上既柔软又暖和。小孩子在冬天一般都戴这种保暖性较好同时又很美观的帽子。

图片来源

图一至图三、图五　王发杰　摄影
图四　毛朝江　制图

图二　布依族刺绣银铃童帽帽顶工艺图

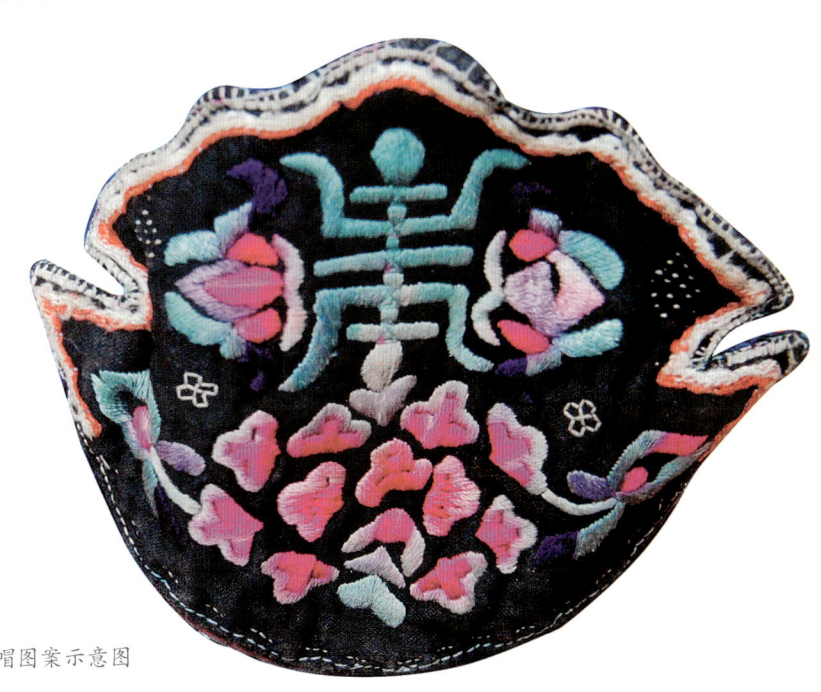

图三　布依族刺绣银铃童帽图案示意图

第二章　布依族传统服饰

图四　布依族刺绣银铃童帽装饰银铃示意图

图五　布依族刺绣银铃童帽穿戴效果示意图

布依族挑绣鱼形童帽

图一　布依族挑绣鱼形童帽主图（正面）

本案例采集自黔南州民族博物馆，是该馆征集于惠水县布依族民间的儿童保暖帽，为布依族妇女自己裁剪缝制的黑底挑绣鱼形童帽，用于冬季保暖。

该童帽依据头型用两块黑绸缎裁剪缝合而成，设计上符合人体学工程。帽顶留有两只小耳，帽整体呈鱼的形状，鱼头在上，鱼尾在下，造型美观，活泼有趣。帽面黑绸缎上用彩色丝线对称平绣花卉枝叶图案，里夹棉花，内衬棉布。帽尾覆盖后颈，两侧包裹脸颊，保暖性极佳。是布依族儿童御寒必备之物。

图片来源
图一至图三　韦云彪　摄影
图四、图五　毛朝江　制图

图二　布依族挑绣鱼形童帽背面图

图三　布依族挑绣鱼形童帽侧面图

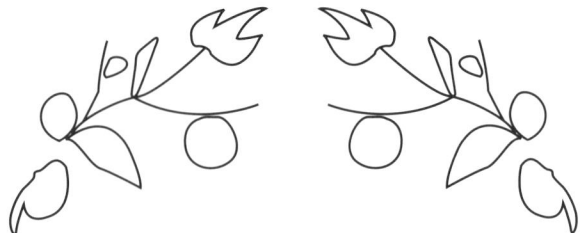

图四　布依族挑绣鱼形童帽正面纹样效果示意图

图五　布依族挑绣鱼形童帽背面纹样效果示意图

贞丰布依族花格头帕

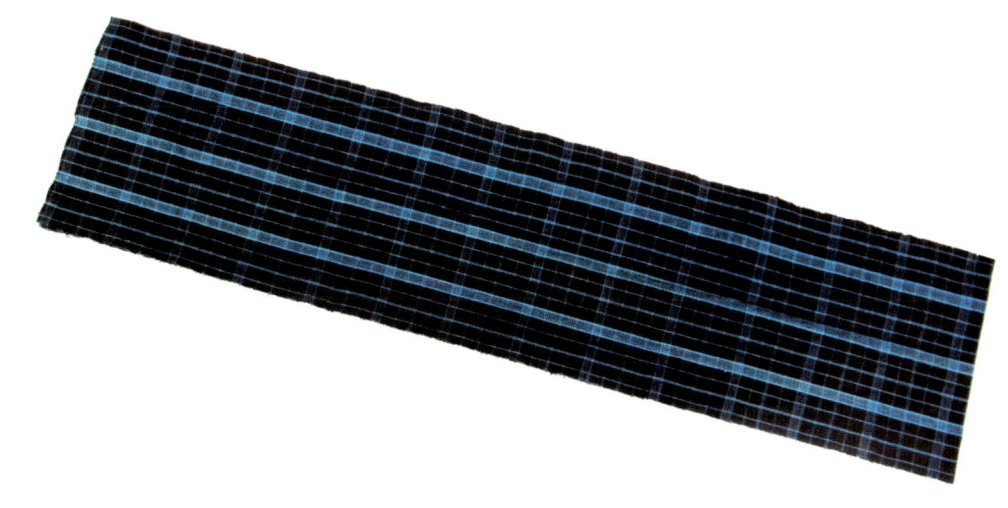

图一　贞丰布依族花格头帕主图

布依族妇女一般都习惯在头上包头帕。本案例采集自贵州省贞丰县。

本案例头帕颜色以深色为主，系当地老年妇女所包的头帕，大多数时间包成牛角形。当地布依族少女也包头帕，习惯采用白色或较为亮丽的颜色，除了干农活和在寒冷的冬天包成牛角形外，其余时间喜欢包成圆盘形。

贞丰布依族妇女包头帕的方式分为"干盘"（盘帕）、"干收"（包帕）两种。把头帕一层一层地盘在头上，形如草帽，称为"干盘"。"干收"也就是俗称的牛角帕。关于牛角帕的来历，曾有传说：在古代的一次部落迁徙中，走到一个滴水不见、庄稼枯死的干涸地带，正当人们干渴难忍之时，一位姑娘看见一头牛向远处走去，她仿佛有某种预感便跟了上去，终于发现了水源。于是，身处困境中的布依族人得救了。为了感激牛的恩情，姑娘们便模仿牛角的样子包头帕。从此布依族妇女普遍包着牛角帕。

布依族头帕经过世代沿袭改良后，与服饰一起成为布依族妇女生活起居必备的装饰物。布依族人经过自种、自纺、自织等方式，依据人们喜爱的颜色，配合各种植物染料，通过不同的织法加工成各种花样的头帕布料。底色以黑、白、蓝为主，再用红、黄、绿等各色相配织出各种花色。布的品种有平面布、格子布、斜纹布等。格子布颜色的搭配是根据编织者的审美观和用途决定的。

本案例头帕长约200厘米、宽约38厘米，系蓝、黑、灰三种颜色组合而成的。包头帕在布依族服饰中的功能，主要是为了保持头发的清洁卫生，在冬季则兼有保暖的作用。

图片来源
图一　杨晓燕　摄影
图二至图五　毛朝江　制图

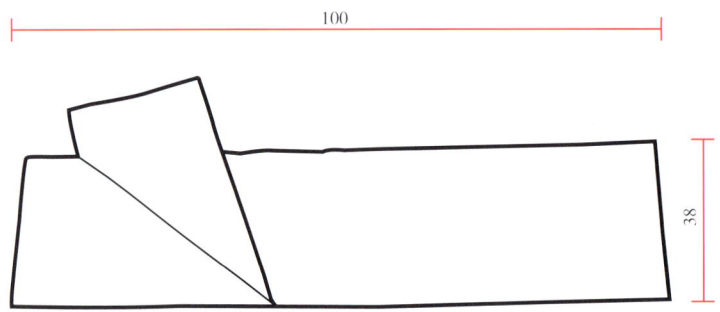

图二　贞丰布依族花格头帕（已对折）尺寸图（单位：cm）

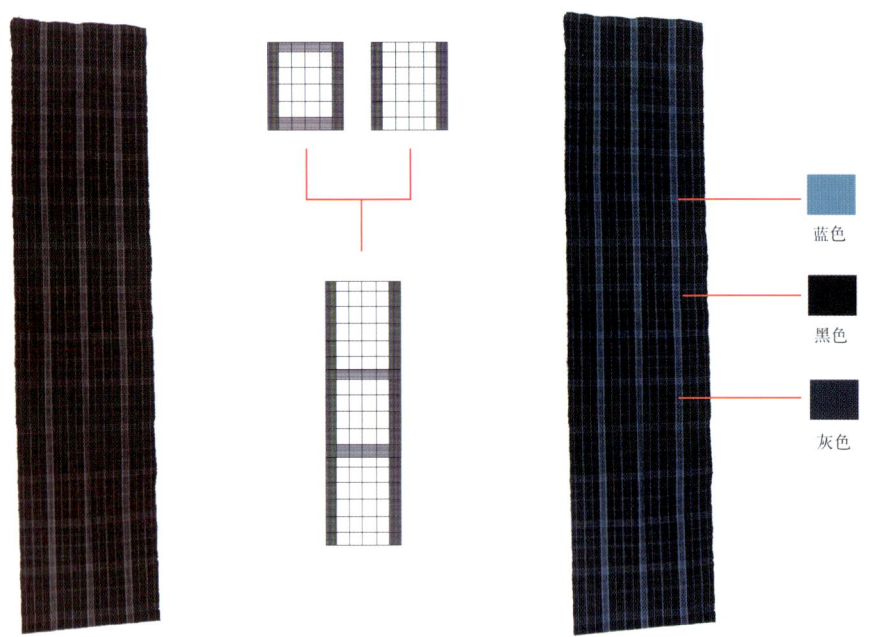

图三　贞丰布依族花格头帕图案分析图　　　图四　贞丰布依族花格头帕色彩分析图

蓝色

黑色

灰色

图五　贞丰布依族花格头帕穿戴效果示意图

江西坡布依族绣花凉鞋

图一 江西坡布依族绣花凉鞋主图

布依族妇女不仅注重服装的制作，鞋子的做法也很讲究。她们主要从事家务劳动或较轻的田间事务，复杂多样的手工操作培养了他们挑花、刺绣等工艺技术，鞋子的制作就多样、细致。布依族绣花鞋是布依族妇女手工缝制的绣有各种图案的布鞋，是现今黔西南州布依族妇女日常生活、重要节日、婚嫁、走亲访友时经常穿的鞋子。本案例采集自黔西南州普安县江西坡镇。

该鞋鞋头为剪刀口造型。鞋底是用煮熟的魔芋捣成糨糊样将棉布一层一层粘连在一起，一般要粘到10多层，然后放在阳光下晒干，再用粗实的麻线一针一针地纳（据悉，每只鞋底要扎2200—2500针，针脚为1100—1250个，一双鞋子要扎4500—5000针，纳2200—2500个针脚，针脚之间距离为2—4毫米）。

布依族尚青，故用青色的布经过魔芋浆粘连在一起做成鞋帮，然后用七彩丝线按图样绣上花纹，绣花图样一般先用纸剪好，轻轻粘在鞋帮鞋头上并按图配色绣制，之后剪成剪刀口并镶边，最后用较粗的麻线或棉线牢牢地缝制到已经纳好的千层底上。经过这样的精雕细琢，一双精致、漂亮、牢固耐穿的布依族绣花鞋就做成了。该鞋子的工艺十分讲究，造型也很别致，只有后部有鞋帮，鞋头以细长布条与鞋尾相连，在鞋帮上用布扣做装饰，既简单明快，又坚固耐穿，而且这种鞋子软硬适中，特别适宜在山高坡陡的地方穿着。

图片来源
图一 黄镇邦 摄影
图二至图四 毛朝江 制图

图二　江西坡布依族绣花凉鞋尺寸图（单位：cm）

图三　江西坡布依族绣花凉鞋图案色彩图

图四　江西坡布依族绣花凉鞋线描图

独山布依族猫猫童鞋

图一 独山布依族猫猫童鞋主图

猫猫童鞋是布依族的纯手工艺品，距今已有几百年的历史，其民间艺人已经屈指可数。其工艺精湛，民族气息浓郁，充分体现了布依族人的智慧和特长，是民族文化的宝贵遗产。其制作工艺为纯手工剪贴制作。采用的材料有：布壳、平绒、直布贡呢、羊毛、金线、纯棉花等。本案例采集自贵州省独山县。

独山猫猫童鞋制作工艺十分复杂，大约要经过20多道工序（反复），主要分为以下几个阶段：

一、打布壳：在打布壳前，先把布、谷缝、塔头拆好，在调浆时加入一定比例的石灰水、白矾混合调制，这样打出的布壳不易回潮，做出的鞋在梅雨季节不发霉。

二、制作鞋底：根据不同的尺寸把鞋底的样子（祖传留下）放在布壳上，剪出鞋样，做好鞋底。鞋底有手纳底、机子底、绣花底。

三、制作鞋帮：根据鞋底的尺寸，画鞋帮子的样子，剪花样，贴鞋帮。一般用灯芯绒、平绒和金线来贴各种各样的图案，尤其是猪的眼睛、鼻子、嘴巴、耳朵等，剪贴工序多，布料搭配考究，既要美观、大方，又要求对称。

四、缝合鞋底与鞋帮：其制作工艺更复杂，经过滚、叠、复的过程，进行斗、贯、拢，每道工序都不能有错，最后才能合拢。

其制作工具主要有浆签、浆钵和剪刀。

猫猫鞋既透气又吸汗,而且布做的鞋子有利于孩子脚部发育。当地的布依族人视猫猫鞋为吉祥物,谁家添丁加口,送双猫猫鞋表达吉祥之意,祝愿孩子平安、健康。

图片来源

图一、图五　樊敏　摄影

图二至图四　毛朝江　制图

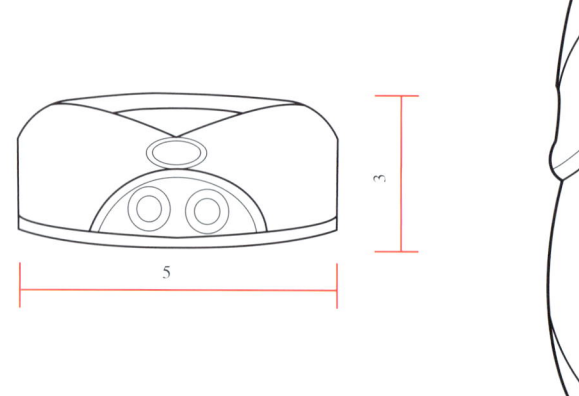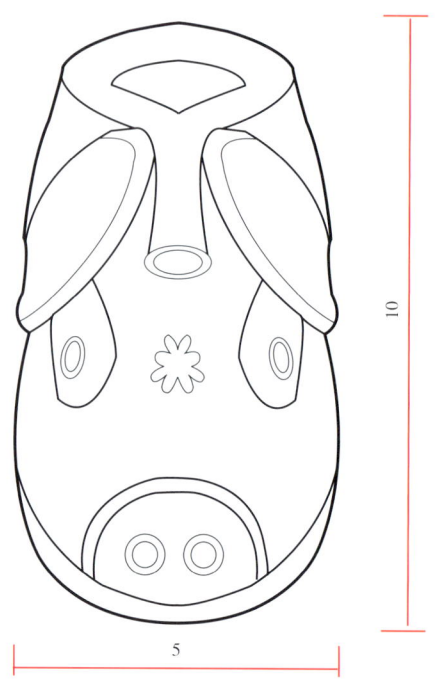

图二　独山布依族猫猫童鞋尺寸图(单位:cm)

图三　独山布依族猫猫童鞋色彩分析图

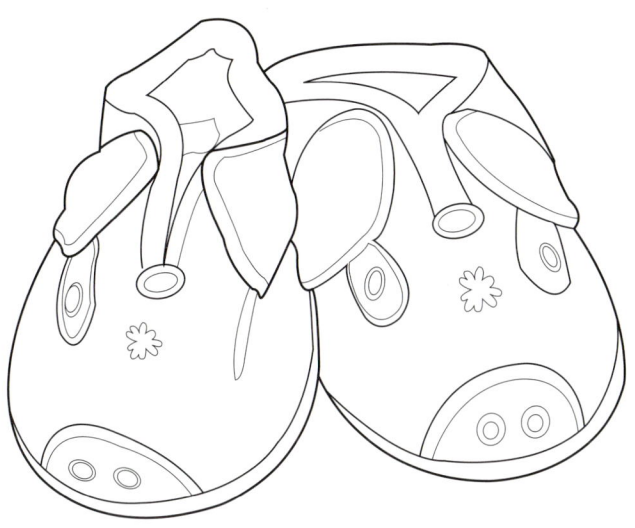

图四　独山布依族猫猫童鞋纹样效果示意图

图五　独山布依族猫猫童鞋对比图

第二章　布依族传统服饰

105

罗甸布依族绣花鞋垫

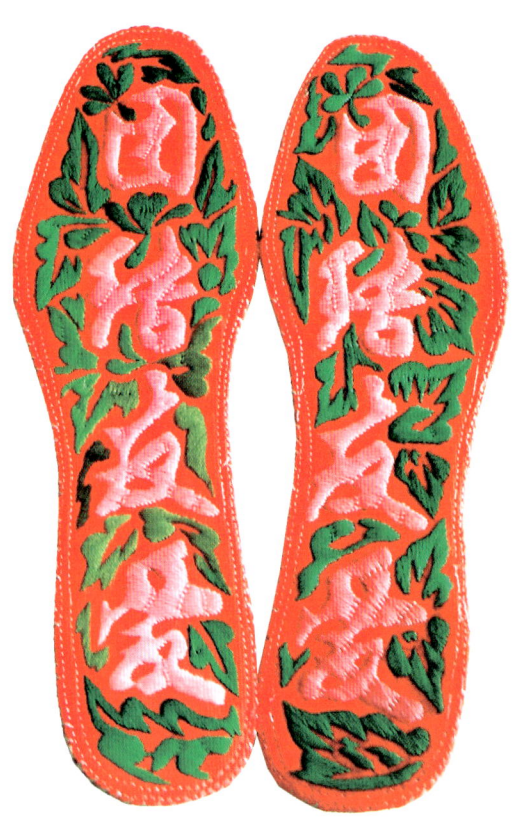

图一　罗甸布依族绣花鞋垫主图

鞋垫，也叫袜垫，布依语叫做"爹满"，是垫在鞋里使用的日常用品。对于布依族来说，鞋垫不仅仅用来垫鞋，还是布依族女子传递爱情的信物，亦是兄妹之间、表兄妹之间，甚至是向自己尊重的人表达情谊的礼物。本案例采集自贵州省罗甸县，是一位布依族教师珍藏了20多年的爱情信物，共6双，尺码为42码，纯手工制作，采用平绣工艺，绣"团结友爱""幸福美满""天天开心""万事如意"等吉利字样和可爱的猫咪、小鸟及花卉图案。

鞋垫制作，是布依族姑娘喜爱的一门手工。布依族女孩十岁左右就在母亲或姐姐的指导下开始学做鞋垫，待到十七八岁，手艺已是相当娴熟了。布依族往往以鞋垫的针线活好坏来判断姑娘是否聪明、贤惠，因而姑娘绣制鞋垫时都认认真真，充分展现自己的手艺。

本案例的这组鞋垫全是平绣工艺，比较少见。其做法是：（1）先按预计尺码选鞋样，按鞋样剪新旧不同的多层布料。（2）将剪好的布料对齐，用糨糊粘贴，抹平。选蓝、红、青等深色新棉布贴在表面，白色新棉布贴背面，多层旧棉布夹在中间。（3）

用白色棉线将鞋垫边缘缝合固定，用缝纫机沿边再扎一道加固。（4）在鞋垫中央空白处用铅笔照花样描出图案，再用白色棉线或彩色丝线，采用平绣工艺绣满预留的区域，形成美观而富有寓意的图案。

鞋垫的使用方法很简单，就是垫进鞋里再穿鞋，使脚更加舒适、暖和、卫生。穿脏后取出来洗也非常方便。

布依族喜爱鞋垫，挑花鞋垫比较常见，绣花鞋垫却比较少有。这种采用平绣工艺精心制作的鞋垫，构图巧妙、绣工精细、花形饱满、字样吉利、画面喜庆可爱，显然是布依族少女为自己的意中人精心准备的。正因如此，其主人往往将其作为珍品一直珍藏，几十年都舍不得拿来垫鞋穿着。

绣花鞋垫承载着布依族婚俗中女方要向男方送鞋垫的民俗文化。在订婚和结婚仪式中，女方都要准备许多布鞋和鞋垫作为回礼，分发给男方的家族，每家一份。即使不能亲手绣制，也要请人制作，或在集市上选购。这种习俗给布依族地区的民族工艺品开发带来了商机，一双鞋垫可卖三四十元，给巧手的布依族妇女带来了可观的经济收入。

图片来源

图一、图四　岑运豪　摄影
图二、图三、图五　毛朝江　制图
图六　黄元碧　摄影

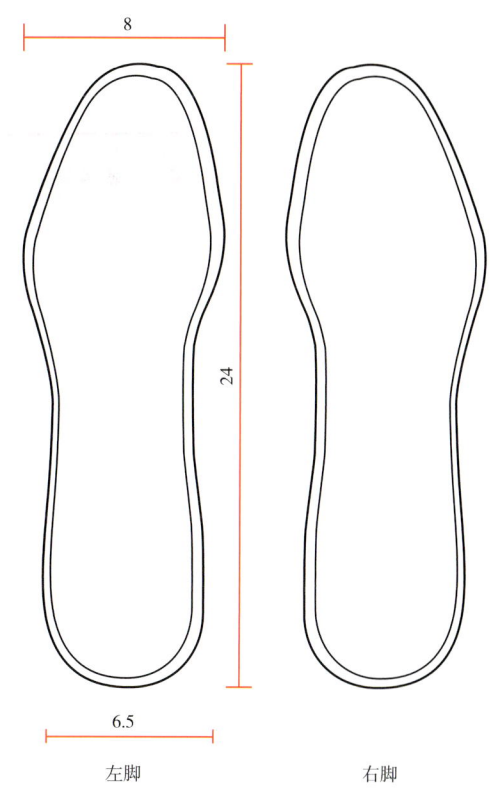

图二　罗甸布依族绣花鞋垫尺寸图（单位：cm）

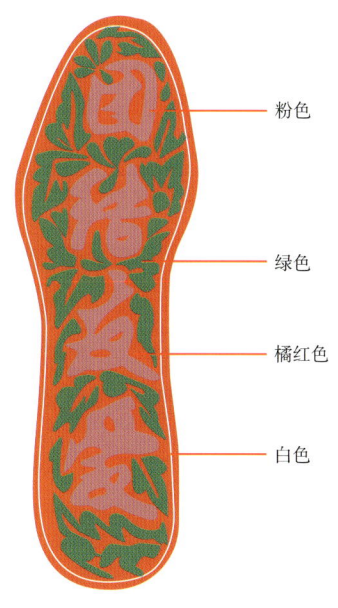

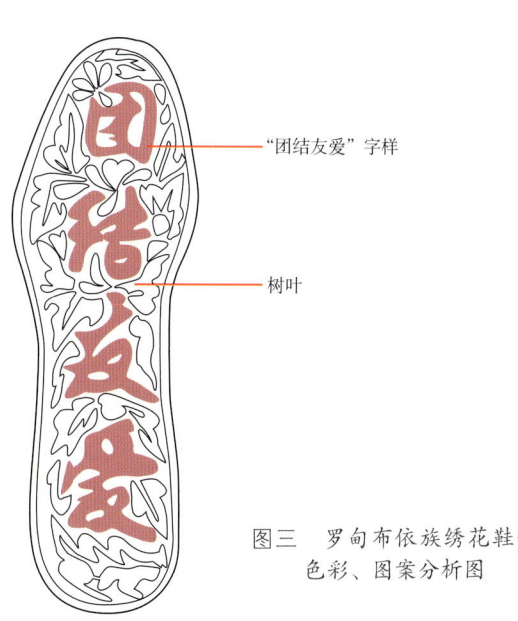

图三　罗甸布依族绣花鞋垫色彩、图案分析图

图四　罗甸布依族绣花鞋垫纹样图

图五　罗甸布依族绣花鞋垫线描图

图六　罗甸布依族绣花鞋垫对比图

乌当布依族挑花鞋垫

图一　乌当布依族挑花鞋垫主图

挑花，抽纱工艺的一种，亦指刺绣的一种针法，也称"挑织""十字花绣""十字挑花"。挑花是一种具有极强装饰性的刺绣工艺。在棉布或麻布的经纬线上用彩色的线挑出许多很小的十字，构成各种图案。一般挑在鞋垫、桌布、服装背带等上面，作为装饰。

挑花也是布依族的一种传统工艺，布依族妇女通常在鞋垫上挑花。图一为布依族乌当挑花鞋垫。本鞋垫长24厘米，底部宽6.5厘米，腰部最窄处为6厘米，鞋垫前端最宽处为8厘米。挑花鞋垫的工艺主要在挑花上，先做好一双白布的鞋垫，镶好边，就可以在上面挑花了。挑花的方式有两种，第一种是数棉布本来的经纬纱线，一般以四根为一个单位，经纬各四根，这样构成一个方格，然后用彩色的线以方格的对角线为准下针绣一个十字，无数个十字就组成一幅幅漂亮的彩色图案。另一种方法是用带颜色的笔在鞋垫上画出许多小的正方形格子，然后再用彩色的线以上述同样的方法在鞋垫上绣出图案。

挑花的图案有很多种，在布依族群众中盛行各种几何图案，也有一些动植物图案，如本案例中的图案,有蝴蝶、玫瑰花等。

现代挑花在传统技艺基础上不断创新,以多种纤维织物为面料,使用棉、麻、丝、毛等各种质地的绣线,并吸收其他刺绣和花边、编结、补花等工艺的特长,提高了艺术表现力。

图片来源

图一、图六　江冬梅　摄影
图二至图五　毛朝江　制图

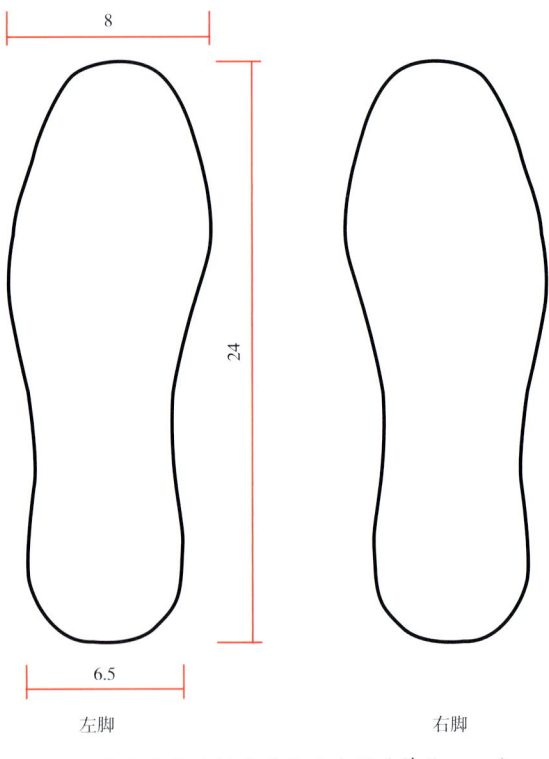

图二　乌当布依族挑花鞋垫尺寸图(单位:cm)

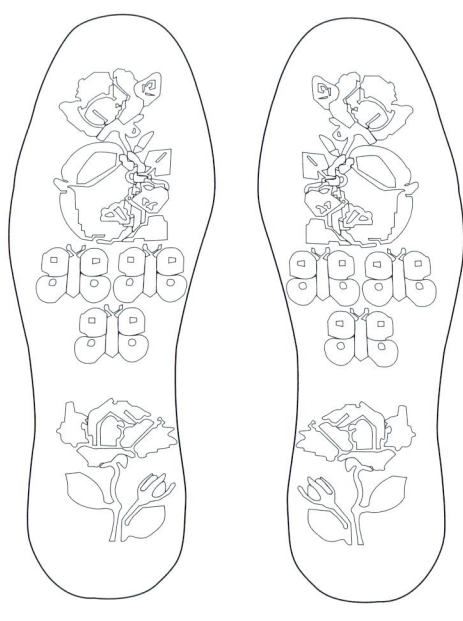

图三　乌当布依族挑花鞋垫线描图

图四　乌当布依族挑花鞋垫色彩分析图

图五　乌当布依族挑花鞋垫图案分析图

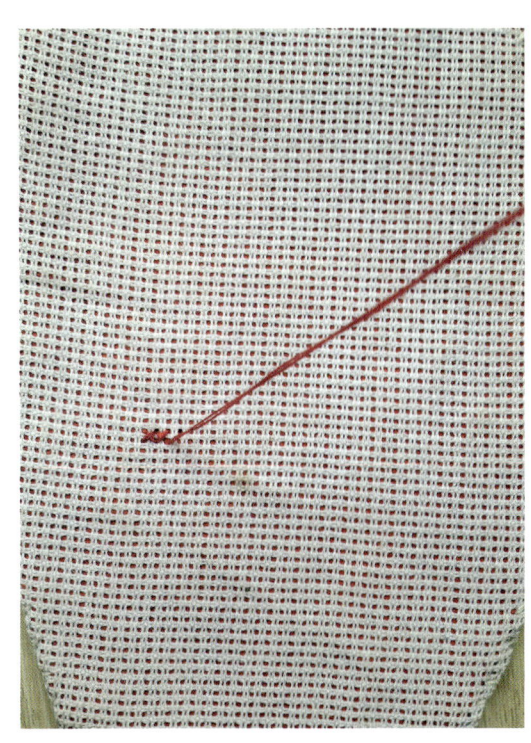

图六　乌当布依族挑花鞋垫制作示意图

第二章　布依族传统服饰

布依族褡裢包

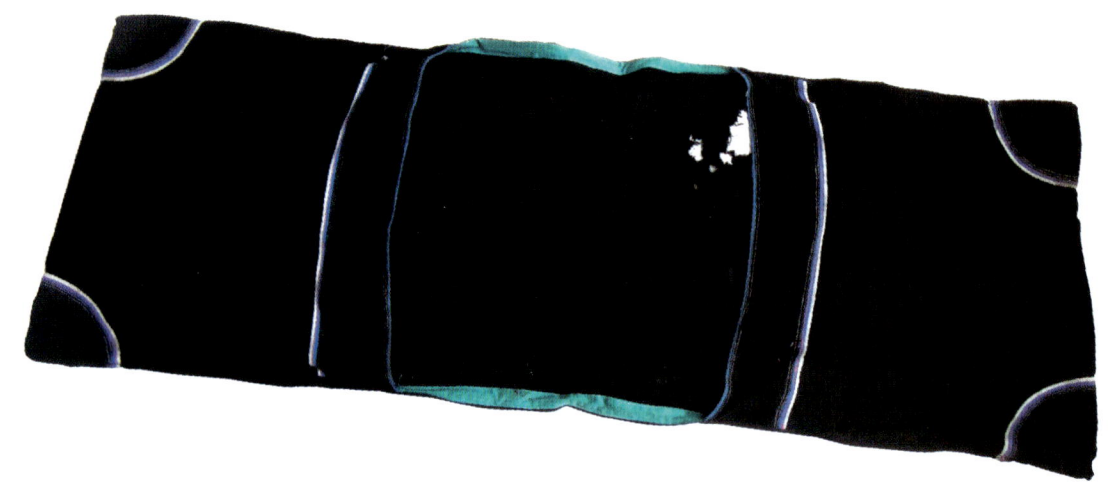

图一　布依族褡裢包主图

"包"或"口袋"，布依语叫做"逮"。根据材质，再在"逮"后面加上材质构成完整的名称，如棉布做的叫"逮棒"，用麻布做的叫做"逮来"。褡裢包是用土布做的对称型双兜布袋，属于"逮棒"的一种。本案例采集自云南省罗平县鲁布革乡，长100厘米，宽35厘米，双兜缝在两端，各深35厘米，呈正方形。

缝制这种褡裢包，一般是利用裁剪衣裤剩下的小块布料，剪成一块长100厘米、宽35厘米的长方形，再剪两块边长为35厘米的正方形布块，各在一角镶弯成扇形的浅色花边作装饰，再缝到较大的长方形布块两端，使已装饰的四角处于大长方形四角。使用时搭在肩上，双兜下垂，兜口朝上，前后各一。

褡裢包的使用者是男性，其制作是由女孩来完成的。在云南省罗平县一带，布依族男子的衣裤过去都是用黑色土布制作，配上这种黑色土布制作的褡裢包，极为协调。女孩学做针线，会利用小块布料缝制这种褡裢包，送给自己倾心的男孩，既是礼物也是信物。女孩自己也缝制和使用绣花挎包，赶集约会，十分方便，与男用的褡裢包协调。

布依族擅长纺织、染布，黑色棉布很容易获得，制作这种褡裢包成本低，使用方便，在物资匮乏的年代这是非常实用又有意义的设计。褡裢包对称双兜的设计，充分利用了平衡原理，双兜承载的物体重量可以很好地保持平衡。四角稍作装饰，又增加了褡裢包的美观性。赶集时买些小件物品可放置其中，随身携带或赠送女孩，非常方便。

如今皮包、帆布包等包类产品丰富多样，受大众文化的影响，年轻一代的布依族男子衣着习惯也已经改变，这种土布制作的褡裢包已较少有人制作使用。偶有与土布服装一起穿戴者，独具特色。

图片来源

图一、图三、图五 黄元碧 摄影

图二、图四 毛朝江 制图

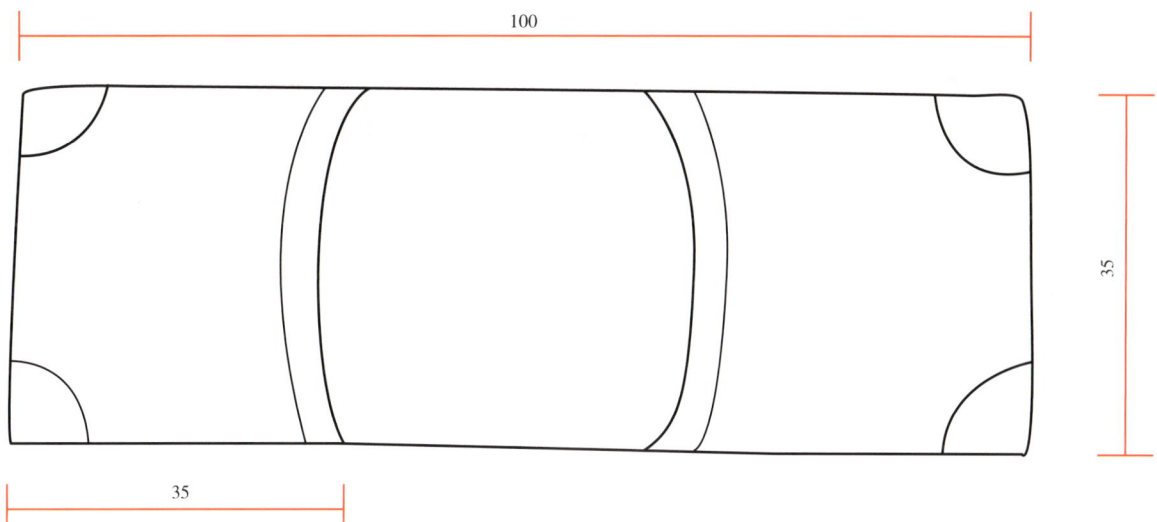

图二 布依族裆裢包尺寸图（单位：cm）

图三 布依族裆裢包背面图

第二章 布依族传统服饰

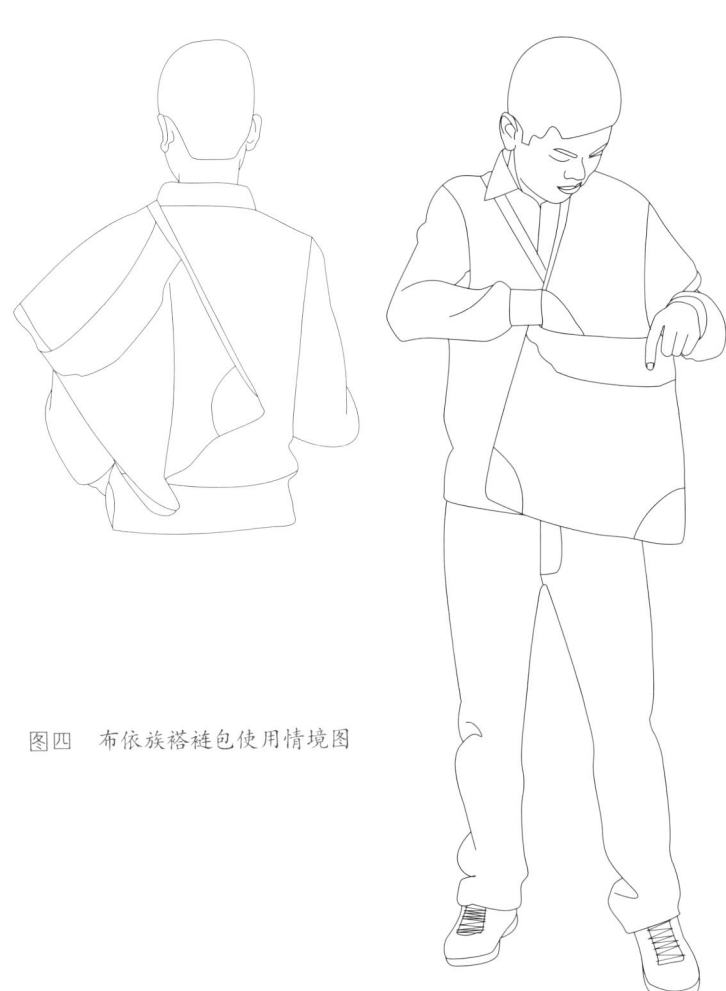

图四 布依族裆裢包使用情境图

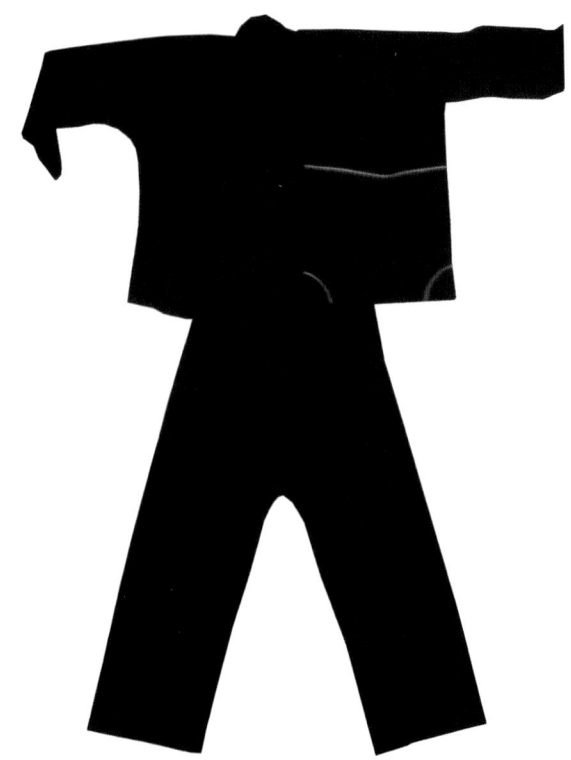

图五 布依族裆裢包与男装搭配图

布依族绣花挎包

图一　布依族绣花挎包主图

"包"或"口袋",布依语叫做"逮",绣花的包则叫"逮凹"(读wá),绣花挎包是布依族女装的重要配饰之一。本案例采集自云南省罗平县鲁布革乡腊者村,其主人是当地布依族老年妇女,该包是她年轻时制作和使用的。正面绣片长37厘米,宽30厘米,加带子总长77厘米,吊10厘米长的垂须。

制作绣花挎包,主要材料是黑色土布和棉线,还有少量蓝、白、红色棉布和绸缎片。首先采用布贴绣的技法制作正面的绣片。做法是:先将黑色土布剪成云朵及铜钱图案,用各色绸缎片衬底,再用棉线沿边将其固定在红色基布上。铜钱图案居中,云朵图案在四面及四角对称排列,拼成一个边长为15.5厘米的正方形方块。方块外围又镶白、黑、红、蓝几道布条拼成的线框，形成更大的方块绣片。之后是用黑色棉布接一块长约18厘米的向内翻的翻盖，缝制等宽等长的背面，形成一个相对封闭的空间，便于携带小件物品。包的两侧钉一根长约100厘米、宽约5厘米的带子，挎在肩上刚好使包垂于取放东西最适合的高度。带子两端加云朵状绣片作装饰，沿包的下缘垂吊一排由黑白棉线搓成的垂须，走动时摇曳不停、动感十足。赶集或走亲戚时挎在肩上，携带小件物品十分方便，与所穿的布依族服装也十分协调。

布依族绣花挎包，既实用又美观，同时与布依族服饰和谐搭配，深受布依族女性的喜爱。布依族妇女擅长刺绣，绣花、做包的手艺常常作为衡量布依族姑娘是否心灵手巧的标准之一，绣花包的设计与制作也是她们的一类成功作品。如今包类商品繁多，但富有布依族特色的绣花包依然受到本民族和其他民族女性的喜爱，参照开发的各种绣花包，注入了一定的现代元素（如添加拉链），但也不失民族风的魅力，拉动着民族旅游经济的发展。

图片来源
图一、图三至图五　黄元碧　摄影
图二　毛朝江　制图
图六　毛朝江　摄影

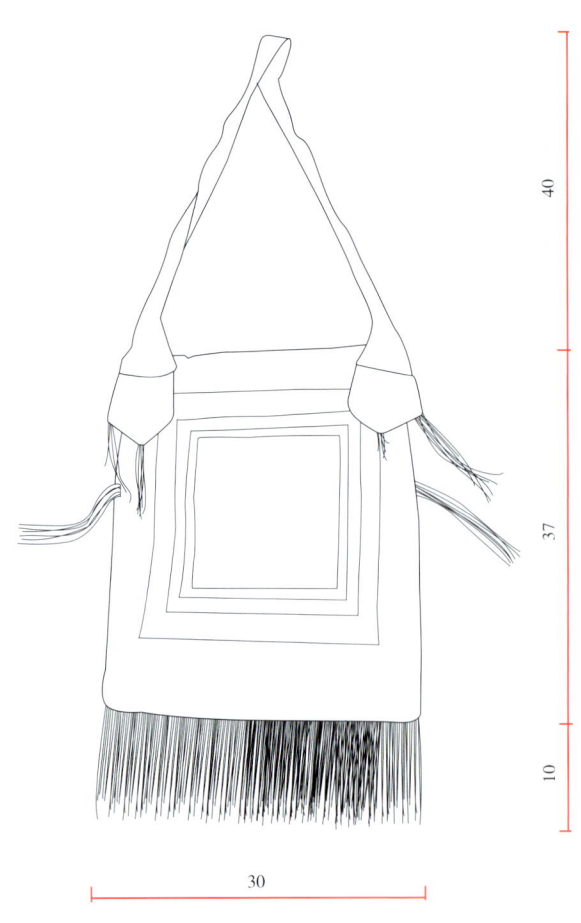

图二　布依族绣花挎包尺寸图（单位：cm）

图三 布依族绣花挎包背面图

图四 布依族绣花挎包细部分析图

图五 布依族绣花挎包纹样效果示意图

图六 布依族绣花挎包使用情境图

第二章 布依族传统服饰

第三章 布依族传统餐饮

布依族腊肉

图一 布依族腊肉主图

腊肉，布依语叫做"努燕"，意思是"烟熏的肉"，也叫"烟肉"，是布依族春节必备的肉食。腌制腊肉是布依族的一项传统食品工艺，一般腊月二十日以后开始杀年猪（农历逢单的日子才能杀）。亲朋好友相约杀年猪、吃刨汤，也是布依族年前较隆重的活动之一。年猪杀好后，除留少数保鲜食用，其余很大一部分要用柴火烟熏成腊肉。因为腌制腊肉是在腊月进行，故名腊肉。本案例采集自贵州省罗甸县，肉块长条形，半肥瘦，呈黄褐色，重约1.5公斤，长35厘米，宽5厘米，厚7厘米。

布依族腌制腊肉，是从杀年猪当天或次日就开始的。腌制腊肉的主要食材是割好的猪肉，每块约1.5—2公斤。辅料是精盐和花椒、胡椒、八角、砂仁、草果等香料粉。做法是：（1）将肉放在锅里，用盐和香料一块一块揉搓，按1公斤肉6钱盐的比例与香料拌匀，再喷以适量白酒，置于大锅、大盆或缸里腌三天左右，使之入味。（2）用尖刀刺穿肉块一端，用竹篾从刺穿的小孔穿过，打结，挂在垂吊于火坑上方的炕架上，晾干表面水分。（3）在炕架下方的火坑烧柴火烟熏，最好用松柏生叶烟熏，加甘蔗渣、橘子皮等，烟火不断，连续烟熏十天左右，直至肉块表面变成黄褐色，且有冒油、滴油的感觉即可。熏好的腊肉从炕架上卸下来，挂到通风处。因其熏干了水分，盐分和香料又透味，故而不易腐烂变质，常温下可保存几个月。

腊肉的食用方法多样，一般先烧皮、洗净、煮熟或蒸熟，然后切片装盘。瘦肉红润,肥肉透亮,美味可口,还有烟熏后的特殊香味,切片后可直接食用,也可下火锅热吃或与蔬菜配炒。腊菜(燎过的青菜苔)炒腊肉、折耳根(鱼腥草)炒腊肉等,是很受欢迎的美味佳肴。

布依族同胞腌制腊肉多为春节食用。在布依族聚居的地区,尤其是农村或山区,现在仍广泛制作腊肉。这些地方有通透的屋顶、传统的火坑和足够的柴火,便于熏制。用传统方法慢熏的腊肉,透盐入味,香味特殊,颇受布依族及宾客的喜爱。贵客到家,腊肉招待,表示主人的热情和客人的尊贵。

如今布依族住房结构改变,砖混结构的房屋不便熏制腊肉,因而,在农村或特定场所熏制的腊肉,更成为馈赠亲友的佳品。有了冰箱冰柜这些冷冻设备,腊肉可洗净、包裹(用保鲜袋)后,再冷冻保存,随时取出烹饪食用。用腊肉烹饪的菜肴时常出现在布依族特色餐馆里,颇受食客欢迎。

图片来源
图一至图四　黄元碧　摄影

图二　布依族腊肉熏制场景图

图三　布依族腊肉煮熟切片装盘图

图四　布依族腊肉食用情境图

布依族腊肠

图一 布依族腊肠主图1（多节成串）

腊肠，是经过熏制的香肠，布依语叫做"让肠"。腊肠、腊肉、血豆腐是贵州布依族杀年猪后必做的春节传统食品。其制作一般是与腌制腊肉同步进行，一起熏制，所以也叫腊肠。本案例采集自贵州省长顺县，圆柱状，被捆扎成长18厘米的小段，可盘曲、悬挂。

制作腊肠的食材是少量肥肉和瘦肉块，辅料是花椒、胡椒、八角、茴香、草果、芫荽、砂姜粉等舂成的香料。农历腊月二十日以后逢单杀年猪，取猪的瘦肉和少量肥肉，切成细片，适当加盐，与准备好的香料拌匀，灌入清理干净的猪小肠中，针扎破肠子放气，每隔20厘米左右用线捆扎一次，使之呈串联的许多小段，便于盘曲或吊挂在炕架上熏制。也可挂在灶台上方，利用烧柴火做饭时冒出的火烟将其熏制，15—20天后颜色变成黑褐色（瘦肉部分）间杂黄褐色（肥肉部分）即可。熏好后悬挂在通风处，贵客到家，方便招待。煮熟或蒸熟，切片装盘即可食用，也可下火锅热吃。

贵州的布依族普遍都有腌制腊肉、制作腊肠的传统习俗。杀一头年猪一般二三百斤，短时间内吃不完，将部分用来熏制腊肉、香肠，肥瘦合理搭配，加盐和香料熏干，不易腐烂变质，既改善口味，又可延长贮存时间。挂在通风处，常温下可保存好几个月。客人到家，随时取下洗净煮食，十分方便，切片装盘也十分美观。腊肠是布依族待客的佳肴，也是馈赠亲友的美味而实惠的最佳礼品。

图片来源
图一、图二、图五　黄元碧　摄影
图三、图四　毛朝江　制图

图二　布依族腊肠主图2（单节）

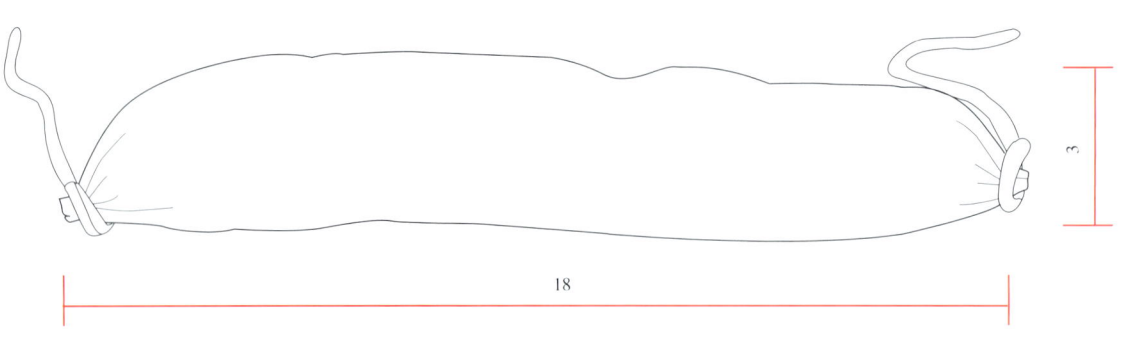

图三　布依族腊肠尺寸图（单位：cm）

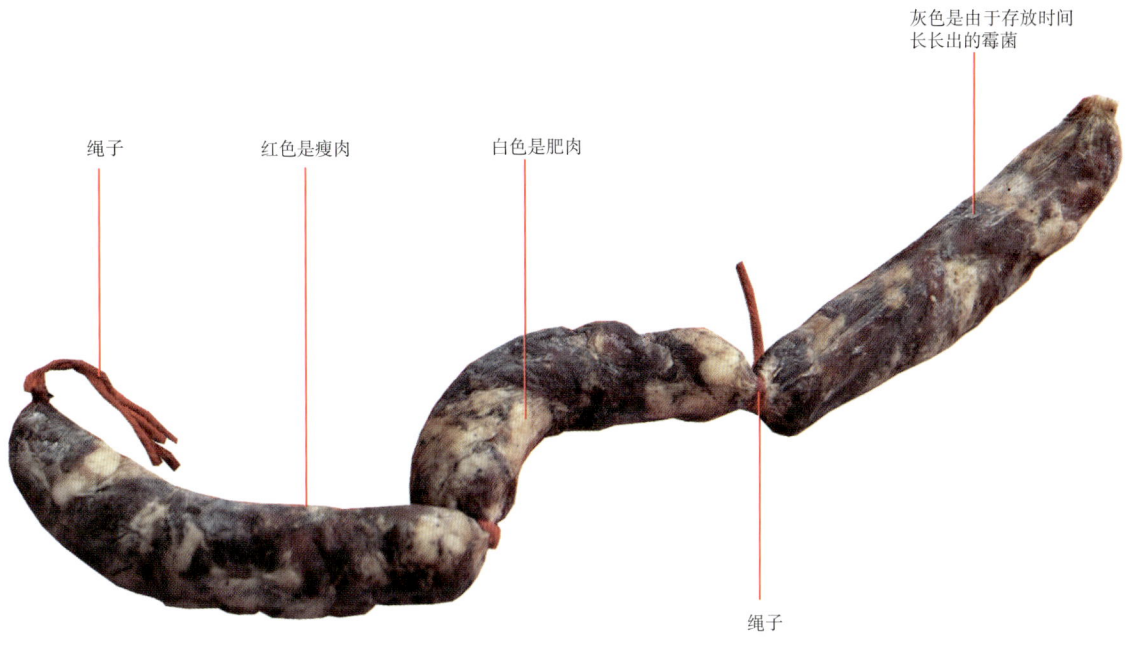

图四　布依族腊肠分析图

图五　布依族腊肠蒸熟切片装盘图

布依族血豆腐

图一　布依族血豆腐主图

　　血豆腐与腊肉、腊肠一样，是布依族必不可少的春节传统食品。它是用杀年猪时取得的新鲜猪血，与嫩豆腐、精盐、肥肉末、香料等搅拌均匀，捏成团，再烟熏而成。本案例采集自贵州省长顺县，熏干起皱，呈半球形，直径8厘米，高5厘米，被烟熏成黑色，黑里透红。

　　制作血豆腐的食材主要是嫩豆腐、猪血、肥肉末。嫩豆腐过去要自己泡黄豆、磨豆汁，再用酸汤点成。如今可以买现成的新鲜嫩豆腐，省掉做豆腐的工序。做血豆腐的辅料有精盐、五香面。制作方法是：杀年猪时预留一部分新鲜猪血，取适量与嫩豆腐、肥肉末、精盐、五香面拌匀，待豆腐颜色由白变红（或粉红），捏成比拳头稍大的圆球状，用洗净的青菜叶包裹，再放到火塘上方的炕架上，略盖麻布或纸壳，用柴火慢慢熏制一两周，试捏球体，感觉其表面硬而整体有弹性即可。血豆腐的吃法多样，一般是将表面包裹的菜叶去掉，洗净，与腊肉、香肠一起煮熟或蒸熟，切片装盘直接食用。切开的血豆腐，边缘黑而内部粉红，有豆腐、腊肉、香肠及香料的混合香味，十分刺激食欲。血豆腐也可下火锅，或切成细条油炸下酒，或切成小片与其他菜同炒。

　　贵州境内布依族制作和食用血豆腐，历史悠久。血豆腐软绵油香，有嚼头，深受布依族同胞喜爱，是布依族春节待客的佳肴之一。因所用猪血和肥肉末要求绝对新鲜、干净，熏制太干则不好吃，熏不干则在常温下不易保存，因此，一般是少量制作自己食用或馈赠亲友。

图片来源
图一、图三至图五　黄元碧　摄影
图二　毛朝江　摄影

肥肉末　　　嫩豆腐　　　猪血

图二　布依族血豆腐主要食材图

图三　布依族血豆腐内部剖面图

图四　布依族血豆腐煮熟切片图

图五　布依族血豆腐水煮场景图

布依族豆豉颗

图一　布依族豆豉颗主图

豆豉，在布依语里有个很好听的名字——"玛瑙"，是"烂豆豆""臭豆豆"的意思，指烂熟而有特殊香味的豆豆，它是布依族传统饮食及调味品之一。本案例采集自贵州省贵阳市花溪区，这里是布依族聚居的贵阳市郊区。豆豉颗是指将黄豆泡软、煮熟、发酵，晾晒而成的较干的颗粒。采集时为半干状态，表面微微起皱，呈黄褐色，香味浓而独特，晒干即可。

制作豆豉的食材是黄豆，辅料是辣子面、生姜、大蒜、花椒、八角、茴香等，工具是铁锅、甑子、坛子、簸箕等。传统制作方法是：（1）将泡软的黄豆放甑子里蒸熟；（2）将蒸熟的黄豆放至温热，装进布袋，再将布袋放进背篼，加谷草或者旧衣物等保温，遇冷可适当放火边烤，保持一定温度，让它发酵；（3）将发酵后散发香味的熟黄豆倒簸箕里摊晾，然后拌上舂细的姜米、辣子面、花椒面、大蒜、八角、茴香面等，用坛子装好、盖好，三五天后就成了可食用的豆豉；（4）将发酵好的豆豉拿出来晾晒，晒干后就成了豆豉颗。既能保持其香味，又易于保存。豆豉中含有丰富的蛋白质、脂肪及钙、磷、铁等多种人体所需的营养物质，营养价值较高。豆豉是发酵制作的豆制品，本身较容易消化，还含有较高的纳豆激酶，可改善胃肠道菌群、溶解血栓、帮助消化、降低血压、延缓衰老等，具有一定的保健功效，一般人群均可食用，尤其适合血栓患者。

豆豉颗吃法多样，可以干炒，也可以配其他菜炒。最常见的吃法是豆豉炒油渣。炒回锅肉、蕨菜炒肉等，放一点豆豉颗，味道也极佳。

布依族爱做豆豉、吃豆豉，与布依族的农耕特点有关。除了大米、包谷，布依族还喜爱种植黄豆，这是做豆豉的丰富食材。布依族过年都要杀年猪，熬猪油剩下的油渣较多，单吃太油腻，味道也不好。用豆豉炒油渣，就可以合理利用油渣，使其变得油香味美，较多的油渣也能逐渐吃完。这也是布依族巧妙利用食材的成功范例。如今用豆豉烹制的菜肴不断推陈出新，开发的豆豉产品也深受大众喜爱，既满足人们食用豆豉的喜好，又能给布依族同胞创造经济收入。

图片来源
图一至图三　黄元碧　摄影

图二　布依族豆豉颗晾晒图

图三　布依族豆豉颗装盘效果图

布依族贺房糍粑

图一　布依族贺房糍粑主图

糍粑，布依语叫做"毫席"，是布依族非常喜爱和珍视的糯食之一。布依族过年、婚丧、贺房等，都少不了要打糍粑，不仅食用，还用作贺礼。本案例采集自贵州省惠水县三都镇平地村，系该村某村民举办贺房庆典时其亲戚送来的贺礼之一，因此叫做"贺房糍粑"。布依语又叫"毫梁"，意思是从房梁上撒下的粑粑。

贺房糍粑的制作和食用由来已久，过去布依族居住的房屋多为木质结构，用大根的木柱子作房梁，房梁立起、框架搭起，主体工程就算完成了，再用一些木板或竹编将四周围起来，最后平整地面就可以居住了。每当房梁立好，都要举行传统的庆典，以庆祝建房顺利、告慰祖宗。庆典的一个重要环节是将亲友送来的糍粑切成小块（有的本身就捏成圆形小块带来），有方有圆，拿到房梁上往下抛撒，众人哄抢以示喜庆，场面十分热闹。这一习俗称为"撒梁粑"。如今布依族新建房屋已改为砖混结构，虽不再像过去那样需要立房梁，但也要宴请宾客，到房屋高处"撒梁粑"，在大门口挂红色绸缎和土布匹，营造热闹、吉祥的氛围。

贺房糍粑有三种，第一种是"大粑粑"，直径较大，约50厘米，用品红在白色的粑粑表面绘出红色花卉图案或一些吉利字样，放在斗状木制礼品盒的表层，与礼金和绑在礼品木盒架上的猪肉、猪腿、毛毯等礼品一起挑到主家，摆到八仙桌上敬祖；第二种是"小粑粑"，直径较小，约12厘米，

第三章　布依族传统餐饮

131

写着"恭喜发财""荣华富贵""福禄寿喜"等吉利字样，摆在礼品盒中大粑粑的四角，到主家后贡在神龛上，祭家神；第三种是"微型粑粑"，即梁粑，比小粑粑还小许多，圆的直径5厘米，点些小红点，方的长4厘米、宽2.5厘米、高2厘米，与糖果、橘子等食物混合，装满斗状的木制礼品盒，垫高、突出大粑粑，也有幸福美满的寓意。粑粑挑到主家，在堂屋敬过祖宗后，要把大的切成小块的梁粑，与糖果、橘子、零钱等混匀，拿到房屋高处抛洒，鼓励众人哄抢，抢得越热闹越好。

贺房糍粑的制作和使用，使糍粑的用途远远超出了食用的范围，更多地赋予了布依族传统的礼俗色彩和宗教色彩，成为独具特色的礼俗及祭拜用品。为增加喜庆气氛，布依族贺房除了请客、"撒梁粑"，还会邀约亲友及随行歌手对歌。糍粑承载着布依族丰富的民俗文化，包括婚俗文化。

图片来源
图一、图三、图四　陈玉平　摄影
图二　毛朝江　制图

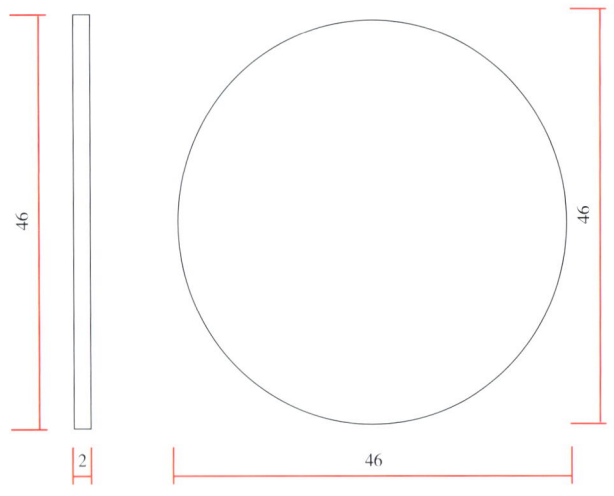

图二　布依族贺房大糍粑尺寸图（单位：cm）

图三　布依族贺房大糍粑

图四　布依族贺房小糍粑（梁粑）

布依族油团粑

图一　布依族油团粑主图

　　油团粑，是布依族正月三十过"了年"的传统食品。"了年"，布依族语叫做"席那"，意思是"结束的时候"，过了这一天，过年就真正结束了，又要忙于春耕了。贵州省六枝特区、镇宁县、关岭县一带的布依族有做油团粑过"了年"的习俗，因此过"了年"也称为油团粑节。本案例采集自贵州省六枝特区。油团粑是将鸡蛋大的粑团翻炒、压扁而成，呈扁平的饼状，色泽油亮金黄。

　　制作油团粑的主要原料是糯米和菜油，还有黄豆、红薯、春芹等。做法是将筛簸好的糯米浸泡一夜，滤干，用石碓舂成细面，取出加一定比例的大米面、玉米面、黄豆面、春芹，与黄花水（一种野生的香粑花煮出的水）、菜油和匀，捏成鸡蛋大小的粑团，入油锅慢慢翻炒、压扁。烧油锅的火力要适中，不宜过大过小，大了皮焦成黑锅巴，坚硬难嚼；小了炒不熟，夹生了更不好吃。炒油团要有耐心，经常翻搅，随着热力向内渗透的程度，逐渐将团粑压扁，直到炒成金黄色，里外熟透，才出锅冷却，放入土坛，封盖保存。上好的油团粑色鲜味美，具有软、香、酥、甜等特点，封存百天也不腐不坏，可单独食用，也可通过烧、蒸、炸，配其他佐料食用，味道更佳。

　　制作和食用油团粑的习俗，在六枝特区

的布依族山寨已有600年的历史了。

现在制作和食用油团粑仍然是布依族的一种风俗习惯。每年正月三十，家家户户都要做油团粑过传统的节日"了年"，也叫"过小年"。油团节一般都要做上百斤油团粑，翻炒完成出锅的第一锅，要用来祭祖、敬牛。布依族的农耕生产离不开牛的耕犁，人和牛都一样勤劳辛苦，所以既要祭祖也要敬牛，意味着春节农闲的结束和春耕农忙的开始。油团节也是儿女送吃穿礼物报恩敬老的节日，因此也叫"敬老节"、"团圆节"。

图片来源

图一、图二　陈玉平　摄影

1.油团粑食材——糯米面、黄豆面、玉米面、大米面等

2.包油团粑

3.捏成团待炒的油团粑

4.边炒边压的油团粑

5.炒黄的油团粑

图二　布依族油团粑制作流程图

布依族荷叶粑

图一 布依族荷叶粑主图

荷叶粑，布依语叫做"毫哎"，是布依族过传统节日"七月半"必备的食品。本案例采集自贵州省罗甸县，是用当地盛产的芭蕉叶将打浆又滤干的"吊浆粑"加馅包制而成，外观呈扁平的长方形，长40厘米，宽10厘米。因常常把两个粑团并列包裹捆扎，蒸熟压平，两两相连酷似褡裢，因此也叫褡裢粑。

制作褡裢粑的主要食材是糯米，辅料是芝麻、红糖、紫叶（一种多年生草本植物），工具有水磨、布袋、簸箕、铁锅、甑子等。制作步骤主要有：（1）将糯米浸泡几小时，泡软至手可捻碎；（2）用水磨将泡软的糯米磨成米浆；（3）将米浆装入布袋，架在木架上滴干水分，沉淀下来的淀粉团叫做吊浆粑；（4）将吊浆粑倒入簸箕，捏碎，与紫叶捣出的汁水和匀，揪成小团，像包大汤圆似的将备好的红糖芝麻馅包入团中；（5）包了馅的粑团放到洗净的芭蕉叶上，包裹两层，然后撕下芭蕉叶细条将其捆扎起来。包裹的芭蕉叶如果较短，就只包单个，将两头叶子末端对称折叠，捆扎起来；芭蕉叶如果较长，一次就可包两个，包裹后像叠被子似的将两头末端的叶子向内对折，再捏住捆扎；（6）包好的荷叶粑整齐码放在甑子里蒸熟，然后启锅、冷却、解开、摊晾在簸箕里，用木制饭撬或饭瓢背面将其抹平，使它们呈扁平的长方形，既好看，又便于包装。荷叶粑的吃法多样，蒸熟两天之内可直接剥开食用，三天以上的需用火烤或油煎，都软绵适度，香甜可口。

荷叶粑集糯食的软、芝麻的香、红糖的

甜于一体，美味可口、营养丰富，特别是用紫叶水和面，有一种独特的香味，深受布依族甚至族外亲友的喜爱。但因制作工序较复杂、包装材料特殊，一般家庭平时是不做的，一定要等到农历七月初七，即"七月半"那天才能吃得上，并用来馈赠亲友。如今，罗甸、望谟及镇宁等地出现了专门制作和出售荷叶粑的家庭作坊，技术、设备不断改进，口感和产量也得到提高，已发展成为传统美食的特色产业，产品远销省内外，供不应求。

图片来源
图一、图五　黄元碧　摄影
图二、图三　毛朝江　制图
图四　毛朝江　摄影

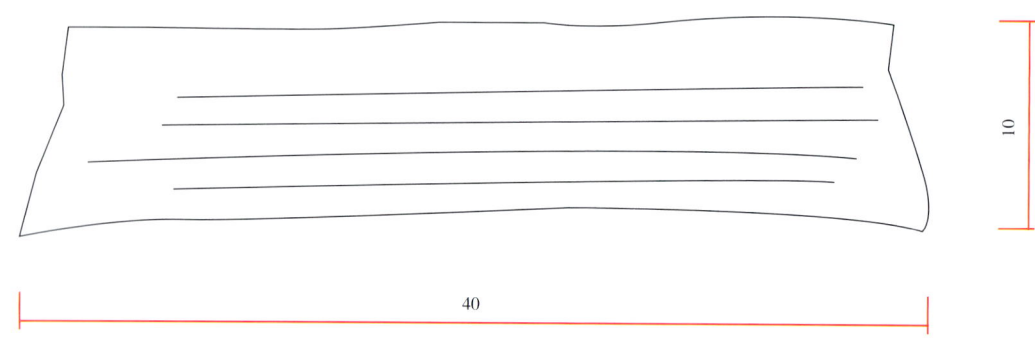

图二　布依族荷叶粑外部尺寸图（单位：cm）

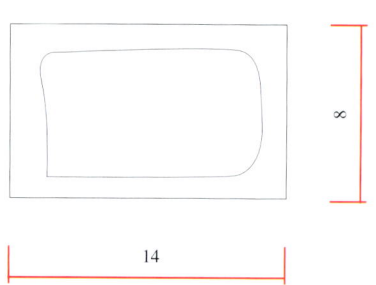

图三　布依族荷叶粑内部尺寸图（单位：cm）

图四　布依族荷叶粑主要食材图

图五　布依族荷叶粑组合图

布依族枕头粽

图一 布依族枕头粽主图

枕头粽，布依语叫做"毫房"，俗称粽粑，是贵州省望谟、罗甸、册亨等县布依族过春节必备的节日食品。本案例采集自贵州省望谟县，是用宽大的长条形粽粑叶将糯米包成长方体，再折叠叶子末端，分节捆扎而成。长约15厘米，宽约8厘米，高约4厘米，重约100—300克，外观长而扁，形似小枕头，因此也叫"枕头粽"或"枕头粑"。

制作枕头粽，主要食材是糯米，加猪油、猪肉、油渣、豆类、香料等辅料，包成不同风味的品种，根据所加内容，大体上可分为肉粽、灰粽、豆粽、白粽等。其中灰粽最具特色，它的首道工序是加草灰，即选用优质糯米，用苏麻（芝麻）杆和糯谷稻草烧成灰，与糯米混合、拌匀、揉搓，使灰末附着在糯米上，再将多余的草灰用簸箕簸掉，然后再加食盐、草果、茴香等香料拌好的新鲜猪肉块，或加煮熟的豆类，再用粽粑叶包成枕头状。枕头粽食材和制作方法大体上与三角粽相似，但包装的叶子不同，包出来的形状不同，食用的节日也不同。

枕头粽一般用于春节祭祖和馈赠亲友。年三十祭祖，八仙桌上要整齐、对称地码放几堆枕头粽（5个/堆），再用红色糯米饭团点缀其上。初二以后，嫁出去的女儿带糍粑、酒、糖、猪肉、公鸡等礼物回娘家拜年，家族每家一份。得到拜年礼品的家族亲戚不能只收不送，要礼尚往来，粽粑便是最好的回赠礼物。枕头粽的食用方法多样，煮熟一两天以内的可直接剥开食用；几天以后变硬的，可连叶子一起埋在火坑热灰里加热，或架在火钳上放在火边烤，起壳后剥开食用；剥开叶子，切片再火烤或油煎，也很美味。

食用枕头粽有益于身体健康。包枕头粽所用的粽粑叶是布依族喜爱种植的一种植物叶，煮后能产生特别的香味，令煮熟的粽粑香气四溢，又具有解毒、防腐功能，常温下晾挂也不易霉变。捆扎粽子的稻草也十分环保健康。用稻草灰簸过的糯米包成的灰粽，因其具有弱碱性，食后易消化，更惹人喜爱。

图片来源
图一、图四、图五　陈玉平　摄影
图二、图三　毛朝江　制图

图二　布依族枕头粽材料分析图

图三　布依族枕头粽制作线描图

第三章　布依族传统餐饮

图四　布依族枕头粽制作示意图

图五　布依族枕头粽出锅场景图

布依族花糯米饭

图一　布依族花糯米饭主图

　　糯米饭，布依语叫做"毫曩"，是用上好的糯米，用植物染料滤水或烫出有色汁水浸泡染色，再蒸熟而成。花糯米饭是罗甸布依族过传统节日三月十三（或清明节）的节日食品。一般有黑、黄、紫三种基本色，有的还有红、绿、白色，倒进簸箕混合，五颜六色，香味扑鼻，因此叫"花糯米饭"或"五色饭"。本案例采集自贵州省罗甸县龙坪镇莲花村。

　　制作花糯米饭，主要采用嫩枫香叶、紫叶、染饭花这三种纯天然的植物染料，分别做成黑、紫、黄三色糯米饭。将嫩枫香叶舂碎，泡出来的黑褐色汁水浸泡糯米（浸泡一天，至手能捻碎），蒸熟的糯米即呈黑色；将紫叶（一种家生草本植物）的茎、叶用开水煮出紫色汁水，浸泡糯米几小时，蒸熟的糯米即呈紫色；用染饭花（一种开小黄花的野生灌木）的花枝在沸水里煮出黄色汁水，浸泡糯米几小时，蒸熟的糯米即呈黄色。将蒸好的这三色糯米饭倒入簸箕，用筷子搅拌，既美观好看，又天然清香，刺激食欲，还富有营养，深受布依族同胞喜爱。

　　有的采用朱木削成片泡出水汁，浸泡糯米，蒸熟的糯米呈红色；用生姜叶舂碎泡出水汁，浸泡糯米，蒸熟后呈绿色；或者什么都不加，做成白色糯米饭，与上述三色糯米饭搅拌，色彩更丰富。但因朱木不太容易采集到，而姜叶汁水染出来的绿又不够鲜艳、醒目，后来就较少做红色、绿色的糯米饭了。而嫩枫香叶、紫叶、染饭花这三种纯天然的植物染料在布依族居住地比较容易获得，制作方法也比较简单，因此黑、黄、紫三色糯米饭经久不衰，广泛制作。

花糯米饭蒸好后，一般先倒入竹编簸箕，放在八仙桌上。或者把簸箕放在八仙桌旁边的小桌上，用碗装满花糯米饭，点香敬祖宗，然后才能食用。花糯米饭的吃法多样，蒸好后用碗装或用粑粑叶兜着即可食用，清香甘甜；冷却后用蒜叶、香菜炒食，味道更香浓；晒干后先焖，然后加鸡蛋、蒜泥、香芹等炒食，别有一番风味。

贵州省罗甸、望谟、关岭、镇宁等县和云南省罗平县的布依族至今仍保留着制作花糯米饭祭祖的传统习俗。

罗甸县布依族的一些寨子在清明节，多数寨子则在农历三月十三做花糯米饭，先在家祭祖，再上坟祭亲。农历三月正是枫香叶生长茂盛的季节，经典的黑色糯米饭就是用不老不嫩的枫香叶舂碎、滤水、泡米而染成的，因此布依语把过"三月十三"叫做"哽卖绕"或"哽散额"。"哽"是"吃"的意思，"卖绕"即"枫香叶"，"散额"是"三月"的意思，译为"枫叶节"或"三月节"。节日那天，亲戚间互相邀请或互相赠送花糯米饭。用宽大的粽粑叶将一斤左右的花糯米饭包成正方形，用稻草芯捆扎成"田"字形，既便于携带，又透气保鲜。

望谟县与罗甸县相邻，布依族习俗基本相同，但制作花糯米饭过节的时间是在农历三月三，过节那天，布依族人还要穿着传统的民族服饰。

图片来源
图一至图四　黄元碧　摄影

图二　布依族花糯米饭晾晒图

图三 布依族花糯米饭团图

图四 布依族花糯米饭传统分食示意图

布依族二合饭

图一 布依族二合饭主图

布依语把大米饭叫做"毫号",把包谷饭叫做"毫歹"。"二合饭"则叫做"毫歹同揉",意思就是将大米、包谷混合,是当地布依族喜爱的一种特色主食,黄白相间,软硬适度,清香可口。本案例采集自贵州省罗甸县龙坪镇。

制作二合饭的食材是大米和包谷面。炊厨用具是布依族传统的大铁锅、木甑子、筲箕和盆等。包谷面过去是在石磨上推,簸箕接住,再用竹筛筛出细面。后来改用机器打,虽然快速方便,但蒸出来的包谷面口感不及传统石磨推的。二合饭的做法是:1.先用适量冷水和匀包谷面,蒸熟备用;2.在大铁锅里放小半锅水,煮沸,将淘净的大米倒入锅里继续煮,边煮边搅拌;3.煮至半熟,舀出来倒进竹编筲箕滤掉米汤;4.将半熟的米饭和蒸过的包谷面一并倒进竹编簸箕,用筷子及锅铲搅拌均匀,再扒入木甑,继续蒸至熟透即可食用。

二合饭吃法简单,一般作为主食,趁热与菜肴配吃。冷却后也可加鸡蛋、肉丝、酸辣菜等,做成各种炒饭,美味可口。过去布依族制作二合饭是为了节约大米,同时改善纯包谷饭的口感而作的改进,可以说是"无奈之举"。居住在山区的布依族同胞,因为山区地多田少,以种植包谷为主，大米种得少，产量小，交通又不方便，没条件净吃大米饭，而净吃包谷饭口感又差，于是尝试将包谷面或包谷沙与大米饭混蒸。蒸出来的二合饭既有大米的爽滑，又有包谷的清香，口感极佳，营养全面，很受欢迎。

二合饭的成功制作，是布依族对传统饮食技术巧妙改进的成功案例之一。如今物资丰富、交通便利，布依族同胞完全有条件净吃大米饭，但二合饭黄白相间、清香美味，依然深受布依族同胞的喜爱。因其清香美味，黄的像黄金，白的似白银，象征着财富，所以还有极好的彩头，逐渐成为大众喜爱的美食。在罗甸一带的集市上时常有"石磨包谷饭"售卖，售价低廉，经济实惠、美味可口。一些餐馆、酒楼，订制布依族二合饭作为特色主食，也颇受欢迎。二合饭既能保持布依族的饮食传统，彰显布依族饮食文化特色，又能增加经营者的经济收入，具有一定的开发潜力。

图片来源
图一至图五　黄元碧　摄影

半熟的大米

磨碎蒸过的玉米面

图二　布依族二合饭食材图

把玉米磨碎

筛出粉末，只留碎玉米粒

图三　布依族二合饭食材玉米面制作流程图

图四　布依族二合饭制作流程图

图五　布依族二合饭蒸煮状态图

布依族陶酒缸

图一 布依族陶酒缸主图

酒缸，布依语叫做"应捞"，是布依族酿酒时用来接酒的容器。布依族热情好客，几乎每家都会酿酒，家中随时都备有自酿的米酒或包谷酒，布依语叫做"捞然"，俗称"土酒"，作为招待客人的必备之物。客人到家，哪怕菜肴再丰盛，没有酒，都是对客人的不敬，主家会感到非常不好意思。本案例采集自贵州省惠水县，收藏于该县好花红乡辉岩村的"中华布依第一堂屋"民俗博物馆。

该酒缸是用陶土烧制，铁锈红色。从侧面看，呈削掉半截的椭圆形；俯视其口部、底部呈圆形。口部较大，直径44厘米，底部较小，直径25厘米，高60厘米。布依族烤酒时将它放在灶边，接住从酒甑的酒槽流淌出来的酒水。为了防止酒蒸汽挥发，会在酒槽上搭一块干净的白布。酒接好后待其冷却，又分装到口部较小，较为密闭的酒坛，加盖保存。

酒缸、酒坛都是用陶土烧制而成，其化学性质稳定，装酒不易因化学反应而产生有害物质，用其接酒，安全、卫生；酒缸口部较宽，便于接住酒水不易洒落，也便于舀出分装到其他密闭容器；缸体略鼓，可增加贮存容积；底部略小，较窄的地面也能放得下，一般是夹在灶台与厨房墙壁的空隙里，平稳直立。这些都体现了布依族的生活智慧和劳动智慧。如今酒产品层出不穷，布依族同胞的收入和生活水平也得到提高，待客可以用中高档的瓶装酒，但传统的自酿散酒不仅经济实惠，而且因其不加任何香精及添加剂，有益于健康，仍然受到布依族同胞的喜爱，"喝土酒"在布依族中依然常见，尤其是农村办酒席，酒的用量较大，用土酒待客，既传统又实惠。

图片来源
图一、图五　陈玉平　摄影
图二至图四　毛朝江　制图

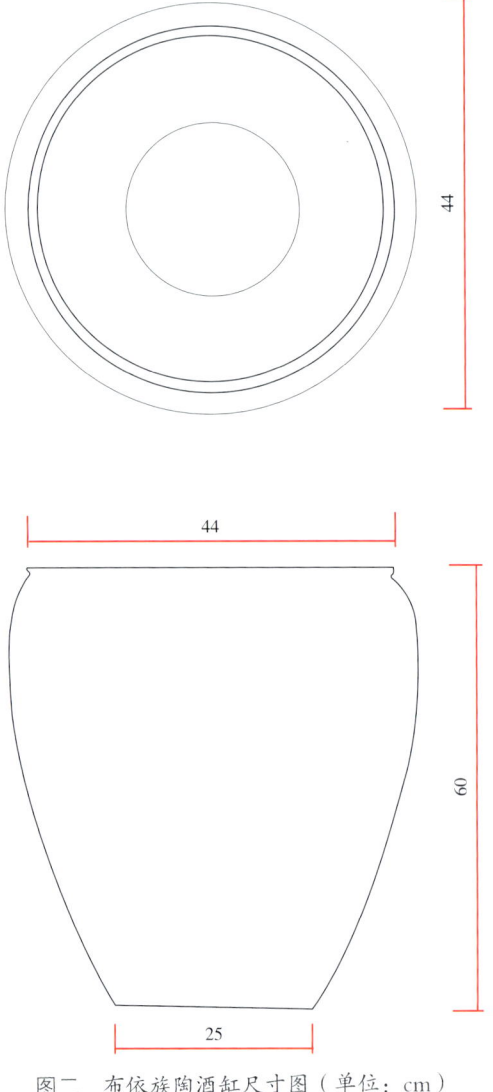

图二　布依族陶酒缸尺寸图（单位：cm）

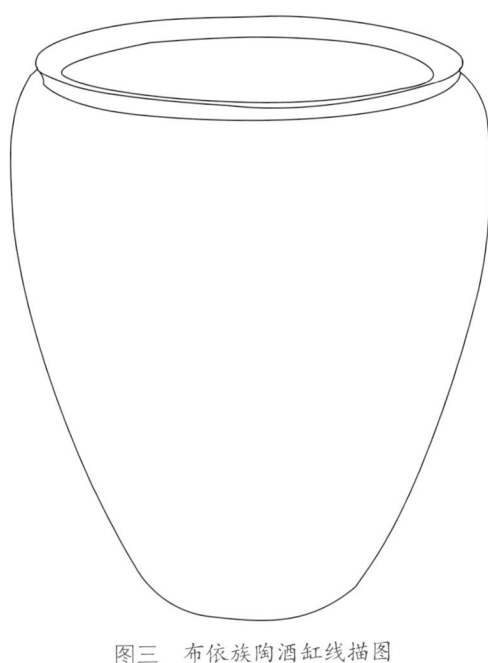

图三　布依族陶酒缸线描图

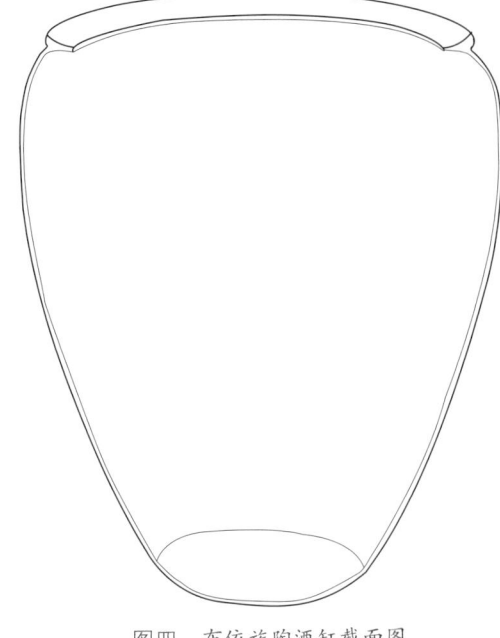

图四　布依族陶酒缸截面图

图五　布依族陶酒缸黑白图

布依族陶酒罐（酒坛）

图一　布依族陶酒罐（酒坛）主图

陶酒罐是布依族传统的盛（储）酒器具之一，布依语叫"哦冬"，意寓肚大能装，敦实庄重。陶酒罐按容量规格主要分为大、中、小三种，小型罐可盛（储）酒约5斤，中型罐约10斤，大型罐约20斤。本案例"哦冬"陶酒罐采集自镇宁县布依族地区，为中型罐，可装酒约10斤，高约23厘米，钵肚直径约18厘米，罐底直径约12厘米，罐口直径约5厘米，圆形罐口某处外卷延伸形成罐嘴，长约2厘米。陶酒罐提手置于罐颈与罐身中上部间，呈弧形连接状，亦为陶土材质，罐身中部以下饰以窄幅圆圈纹饰。

陶酒罐一般由罐钵体及木塞盖子组成。罐钵体用陶土烧制而成，罐钵体分为钵肚、罐颈、提手、罐口、罐嘴五部分。陶酒罐制作主要由布依族民间工艺人完成。选取优质黏土为胎，经过手捏、轮制、模塑等方法加工成型后放入高温窑中烧制，成品罐钵体呈土黄偏青绿色，钵体内外均光滑圆润。盖子用木质材料根据罐口大小削制而成，木塞初次使用时，需要先浸于水中，被水浸润后的木塞盖子具有良好的密封性。

陶酒罐上的提手设计，方便在宴席等人多场合移动盛酒。陶土化学性质稳定，陶酒罐略透气又不渗漏，储酒时可以保证酒的品质不发生改变，甚至随着时间的推移，所储之酒会更香更纯。由于陶酒罐既可以作为移动的盛酒工具，又可以作为储酒的理想器具，一直以来，是布依族人喜爱的主要盛（储）酒具。目前轻便的铁制及塑料等各种材质的壶、桶、罐器具大量进入布依族人的生活，也广泛用作盛（储）酒具。但由于陶酒罐在原酒陈酿过程中有很好的催陈效果，现今仍然为布依族人所喜爱，在布依族人的日常生活中发挥着重要作用。

图片来源

图一、图五　王朝举　摄影
图二至图四　毛朝江　制图

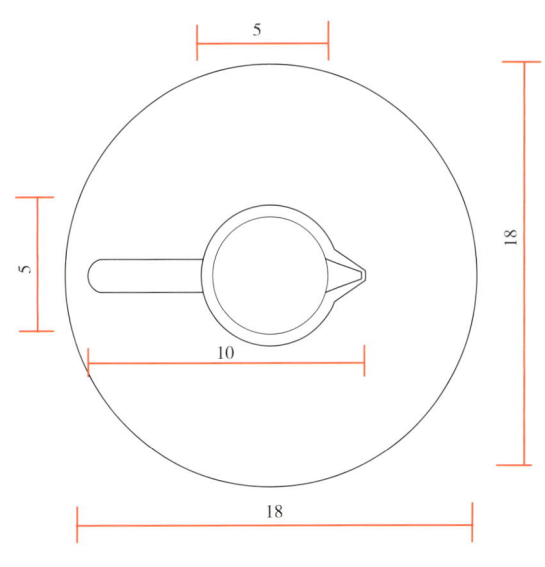
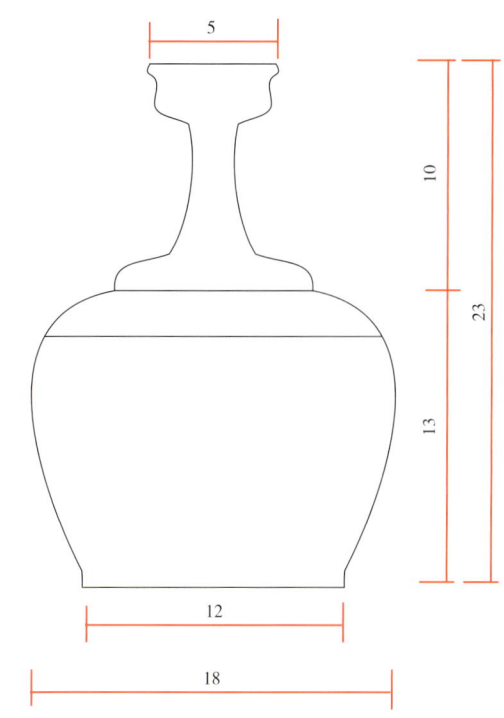

图二　布依族陶酒罐（酒坛）尺寸图（单位：cm）

图三　布依族陶酒罐（酒坛）线描图

- 壶口
- 壶嘴（方便倒酒）
- 壶颈（细小，为了防止酒漏气）
- 壶耳（方便人们拿酒壶）
- 壶身（饱满，空间更大）
- 壶底（微微向里凹，地面凹凸不会影响壶的平稳）

图四　布依族陶酒罐（酒坛）结构名称图

图五　布依族陶酒罐（酒坛）底面图

布依族木碗柜

图一 布依族木碗柜主图

木碗柜是布依族人过去喜爱的木质家具之一，一般是为新人结婚而制作的厨房用具，用来放置碗筷及食物。家境较好的人家制作的碗柜比较讲究，可用好几十年。本案例采集自贵州省惠水县，应为晚清或民国时期的物件，收藏于该县好花红乡辉岩村的"中华布依第一村"民俗博物馆。

该碗柜系全实木打造，较陈旧，外形呈长方体，高145厘米，宽104厘米，厚52厘米。上半部高40厘米。除了背面，其余几面都漆黑色油漆，前面上部空着，两侧和背面相应位置由木雕圆柱、方条等距竖状排列，围成框架结构，镶雕花。下半部高85厘米，四条腿高约20厘米；两侧和后壁封闭，前面双开门，门高77厘米，宽47厘米，门上各刻一个大椭圆形，椭圆里雕

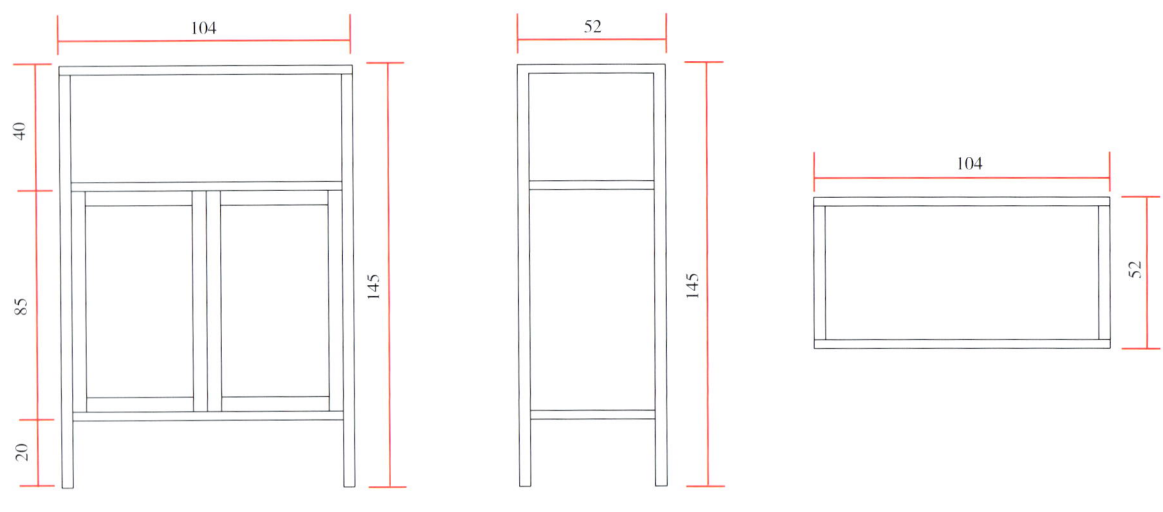

图二 布依族木碗柜三视、尺寸图（单位：cm）

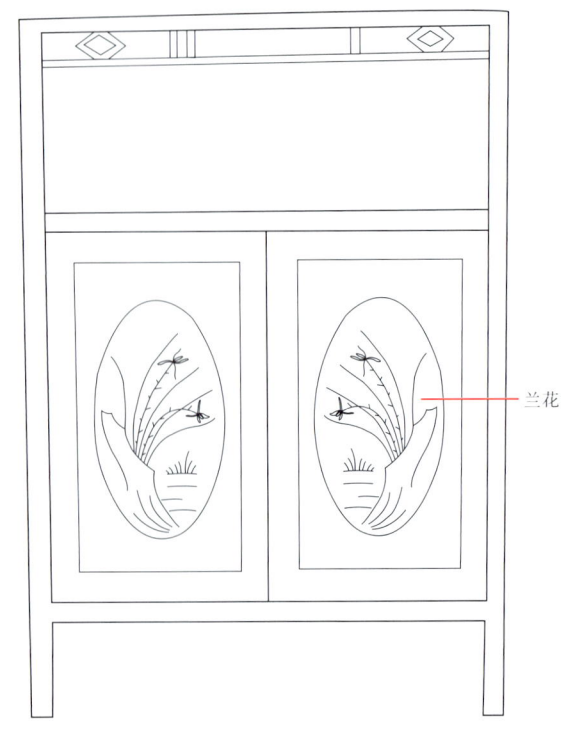

图三 布依族木碗柜图案分析图

刻相似却不完全对称的兰花图案。

该碗柜上半部采用通透设计，较好地解决了存放食物需要的通风、降温问题，这在没有冰箱的年代非常重要。下半部采用封闭设计，双门开合，便于放置碗筷并防止蚊虫钻爬；门上雕刻兰花图案，避免单调，折射出主人较好的家境和高雅的情趣。这种造型设计的碗柜在过去来说是比较讲究的，也是不多见的，只有经济条件较好的人家才有，其与布依族依山傍水的传统居住环境极其协调。

布依族居住环境发生了变化，注入了许多现代的元素，加之木材资源稀缺，这种传统的雕花木碗柜已逐渐淡出人们的视野，留给布依族同胞的是深刻的记忆和强烈的亲切感。如今新型碗柜已被布依族同胞接受和使用。

图片来源

图一 黄元碧 摄影
图二至图五 毛朝江 制图

图四　布依族木碗柜制作示意图

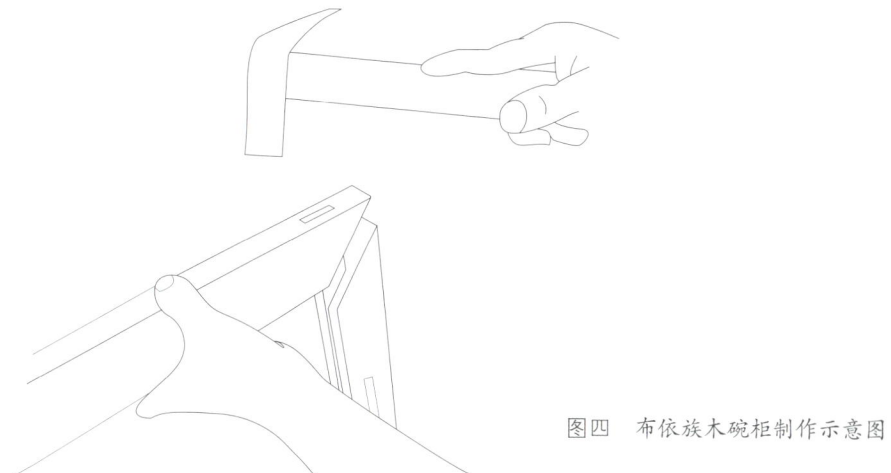

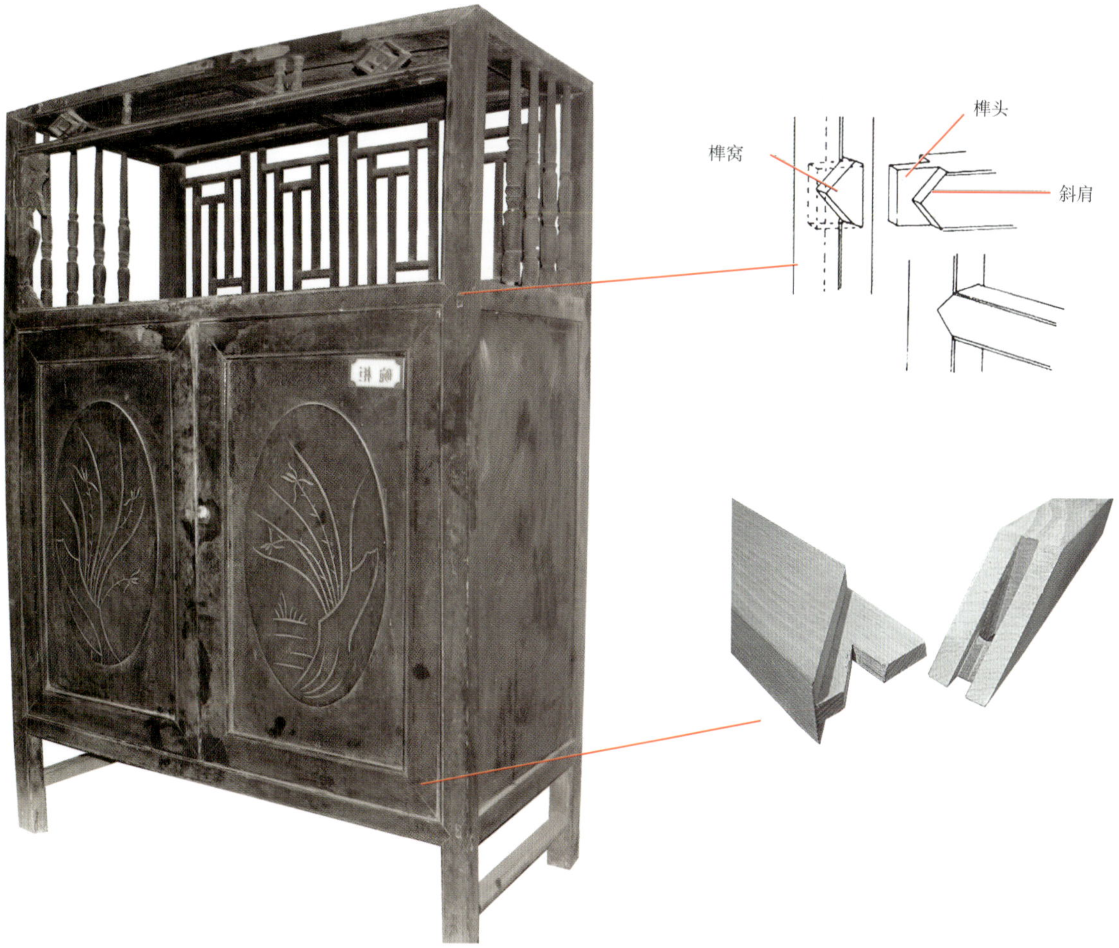

图五　布依族木碗柜榫卯结构分析图

第三章　布依族传统餐饮

155

布依族竹编碗筷箩

图一 布依族竹编碗筷箩主图

竹编碗筷箩，是布依族采用竹编工艺制作的专门用来放置碗筷的用具，简称"碗筷箩"。本案例采集自贵州省惠水县，收藏于该县好花红乡辉岩村的"中华第一堂屋"民俗博物馆。

该碗筷箩由扁平的竹篾编织而成。部分较宽的竹篾横向排列，另一些较窄的竹篾与之斜向交叉，编成网眼较大的竹箩，围成接近长方体的通透的空间，长（高）55厘米，宽40厘米，厚度上下略有不同，上部厚35厘米，下部厚25厘米。向外的一侧上半部有个椭圆形的开口，碗筷由此放入或取出。口部作收口处理，多编了几圈带皮细竹篾，使得上半部伸出而增加厚度，使用方便且结实耐用。使用时用断绳拴住该箩的后上部，挂在柱子上，洗净的碗倒扣在里面，水分很快滴干或蒸发掉。在与口部相对的内壁，附着一个编织得较

图四 布依族竹编饭笼内部结构图

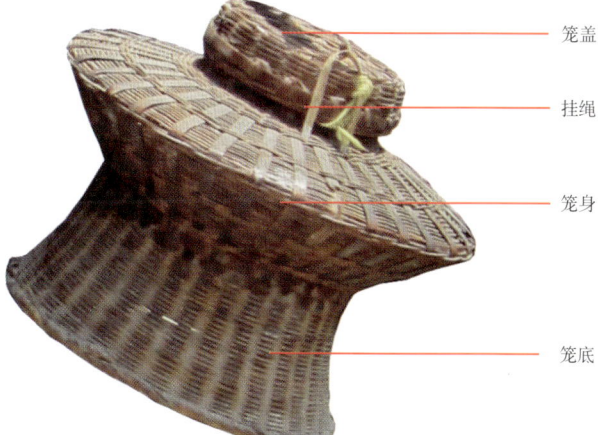

笼盖
挂绳
笼身
笼底

图五 布依族竹编饭笼结构名称图

图六 布依族竹编饭笼使用情境图

第三章 布依族传统餐饮

布依族豆腐箱

图一　布依族豆腐箱主图

　　豆腐箱是用于制作豆腐的专门工具。本案例采集自贵州省长顺县，是当地布依族人沿用至今的重要日常生活用具。豆腐箱用材主要取自杉木等优质木料。由一块带沟纹的正方形底板和侧面四块长方形的带有沟纹、打有通孔的木板组合而成，形状为长方体，上加一块木板盖子。豆腐包箱内沟纹横竖相交，组合成小正方形格子，格子大小决定豆腐块大小，可通过调节沟纹多少决定豆腐块数。豆腐箱在制作豆腐最后一道工序时使用。使用时先在箱内铺好过滤纱布，然后将豆腐的半成品——豆腐滤花倒入其中，再用过滤纱布将豆腐滤花完全包裹，盖上木盖子，在木盖上用重物施压，将豆腐滤花压成豆腐块，压榨过程中，豆腐滤花中的水通过过滤纱布从四侧木板通孔中流出，受压的豆腐滤花缩水后在带有沟纹的木板中形成整块固体状豆腐成品。其后将加上盖子的豆腐箱整体翻转，盖子在最下方，取掉豆腐箱及过滤纱布，用刀按固状豆腐表面上的沟纹切块，块状豆腐即制作完毕。

　　长顺布依族地区的豆腐大多是"酸汤豆腐"，这是贵州及很多地方民众喜爱的豆腐制品，口感、味道远优于"石膏豆腐"。块状豆腐的半成品——豆腐滤花的制作关键是用化学反应的方法将大豆磨成的煮沸浆体凝固，原理是使用食用无害且吸附性能良好的两种固化剂使煮沸的大豆浆体凝固。一种是氯化钙，主要化学成分为$CaCl_2$，俗称氯石灰；另一种是碳酸钙，主要化学成分为$CaCO_2$，俗称石灰石。使用固化剂主要成分为氯化钙的酸水制成的豆腐俗称"酸汤豆腐"，使用固化剂主要成分为碳酸钙的原料制成的豆腐俗称"石膏豆腐"，两种豆腐外观色泽看似相近，区别在于品尝时，"酸汤豆腐"比"石膏豆腐"口感好，要嫩很多，有股豆子的清香，没有石灰的异味。

豆腐箱现在还在贵州广大布依族及邻近民族地区使用，原因在于这种工具制出的豆腐可以保持源自豆子的纯正味道，远优于金属或塑胶等材质模具制出的豆腐。

图片来源
图一、图三　陈玉平　摄影
图二、图四、图五　毛朝江　制图

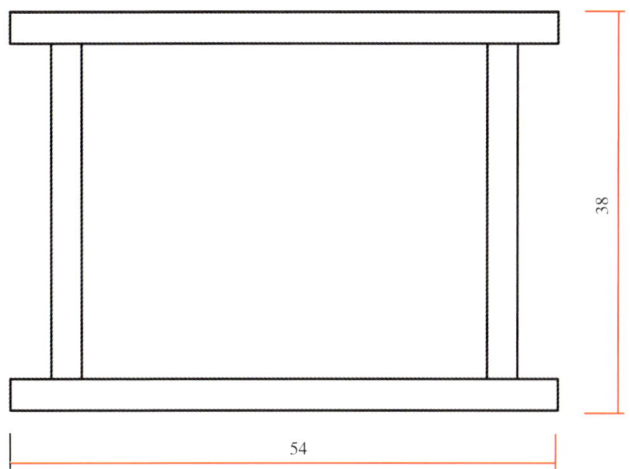

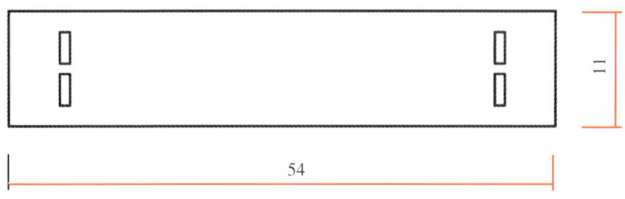

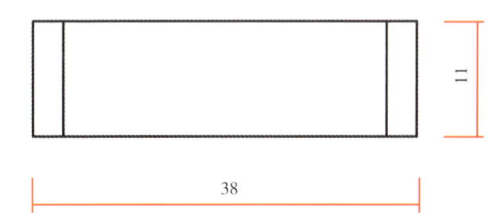

图二　布依族豆腐箱三视、尺寸图（单位：cm）

图三　布依族豆腐箱模子和盖子示意图

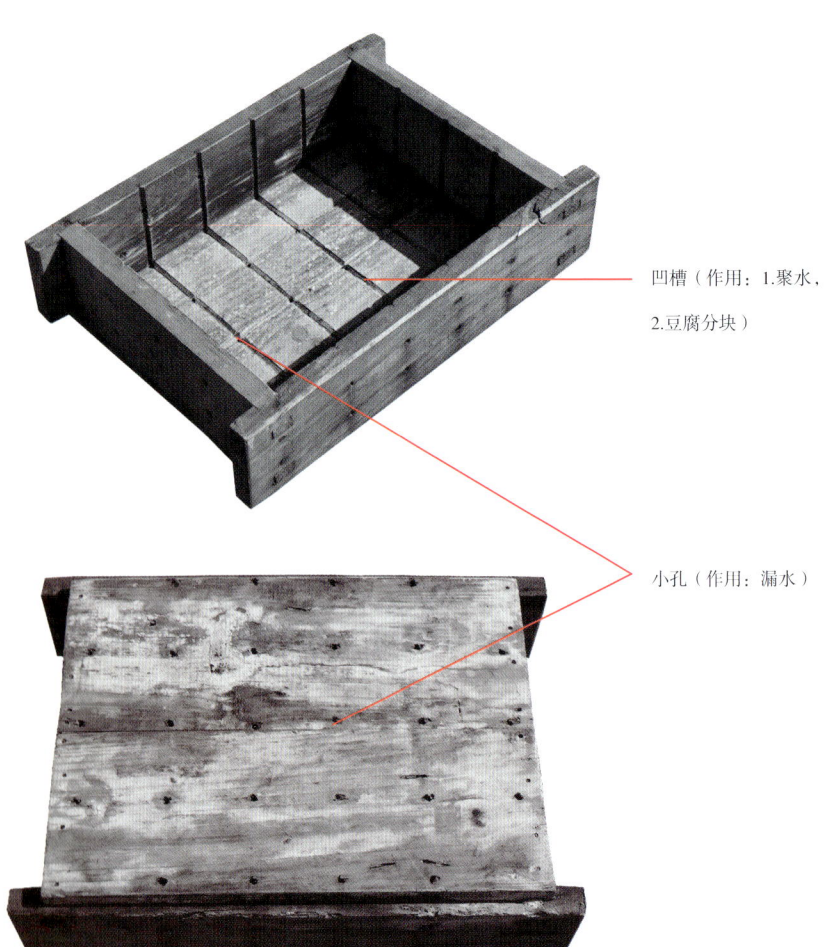

凹槽（作用：1.聚水，2.豆腐分块）

小孔（作用：漏水）

模子底部

图四 布依族豆腐箱解析图

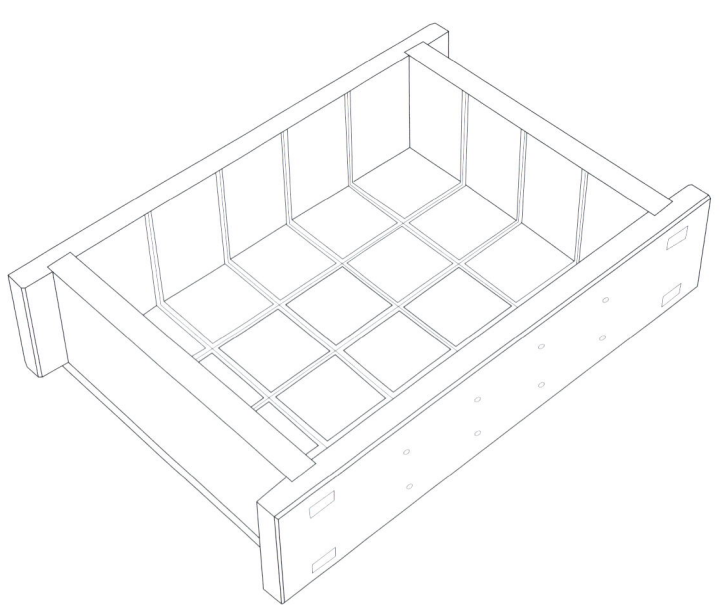

图五 布依族豆腐箱线描图

布依族饭甑

图一　布依族饭甑主图

饭甑是罗甸布依族地区常见的蒸食炊具之一，主要用于蒸饭。饭甑主要分为甑桶、甑盖、甑桶内置底垫三部分。饭甑分大、中、小型，小型蒸饭可供三五个成人食用，中型可供十来人食用，大型可供数十人食用。

制作饭甑工序繁杂，首先是选材，利用优质杉木为原材料，木质软易吸水分、无味，可保证所蒸食品保留原味。其次按照长短需求将木材锯砍成段，加工制成大小厚薄一致的光滑木块——瓦子。瓦子的多少由所做甑子的大小决定，瓦子连接处的侧面钻两到三个孔，加入木钉，起紧固和连接作用。最后，甑桶外围用竹篾条固定，中上部一圈，中下部一圈，分两圈箍紧（小的饭甑一般只在中部箍一圈）甑桶。甑盖选用优质杉木或者用竹篾条编织制作，大小根据甑桶尺寸而定。甑桶内置底垫一般采用竹篾条编织制作。

饭甑蒸饭过程大致如下：将浸泡过的大米放入铁锅内煮一会后，用锅铲将几颗米粒舀起来，用手指轻轻揉捏一下米粒，感觉整颗米粒在手指上酥软地散开，且无粘沾感。接下来把米汤滤掉，再将半生半熟的饭粒倒入内置底垫覆以透气良好的薄棉纱布的甑桶里蒸，待有很大的蒸汽自甑盖四周冒出之时，米饭就蒸好了。

今天，电饭锅等现代家用电器因其操

作方便快捷，已广泛用于加工米饭或蒸煮食物，但饭甑依然在罗甸布依族人民的日常生活中扮演重要角色，尤其是置办婚丧事宴请宾客时，人们热衷于用饭甑做饭，一方面根据所需米饭量可以灵活选用大小合适的饭甑加工制作，另一方面由于饭甑在反复加热的过程中有独到的功能，例如对米饭或者部分菜品反复加热后还能保持原有口感。

图片来源

图一、图五、图六　黄元碧　摄影

图二至图四　毛朝江　制图

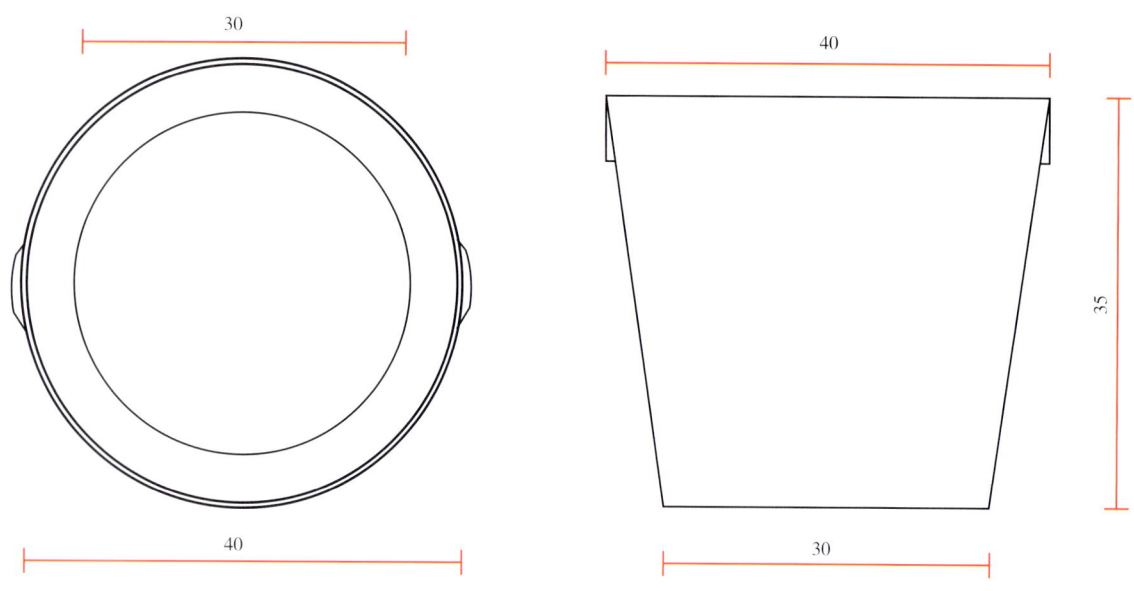

图二　布依族饭甑尺寸图（单位：cm）

图三　布依族饭甑解析图

图四　布依族饭甑制作示意图

图五　布依族饭甑使用效果示意图（蒸玉米饭）

图六　布依族饭甑使用情境图

布依族土酒甑

图一　布依族土酒甑主图

目前流行于贵州省罗甸县的土酒甑也叫木酒甑，是布依族人最为古老的酿酒器具，历史悠久，沿用至今。木酒甑主要用杉木等优质木料制成。主体部分为无底无顶（盖）的一个大圆形桶，一般而言圆形桶上口径略大于下口径，由厚薄一致的多片木板围箍而成，木板间连接处钻孔嵌入木钉。桶身外围辅以铁丝或竹篾条围箍加固。圆桶内，经圆桶中心以约30度的倾斜度横架一块木槽，木槽高端紧贴圆桶内壁固定，木槽低端穿透桶身作圆形或方形喷嘴状向外延伸30—50厘米，喷嘴跟桶身的连接处作密封处理，酿酒时多裹以大片状竹笋壳，用作出酒导管。

布依族地区木酒甑酿酒又有天锅酒之说。使用木酒甑酿酒过程大致如下：先在柴火灶上架上一铁锅，铁锅中放入发酵好的制酒粮食，再将木酒甑置于铁锅之上，酒甑和铁锅连接处用湿润的棉制土布（布依族民众自己手工生产的棉质布料）垫于其间，再用米糠加少许水覆盖外露的连接处垫布，保证最好的密封性；在木酒甑之上又置一铁锅，两者连接处用棉制土布垫于其间，酿酒过程中产生的蒸汽会浸湿棉布，使其成为上好的密封材料；开始生旺火加热前要先往木酒甑上的铁锅加满冷水，随着柴火温度的升高，制酒粮食经煮沸加热后释放大量蒸汽，蒸汽遇上木酒甑上盛满冷水的低温铁锅底后液化落入木槽，汇集后通过喷嘴流出木酒甑，这就是纯天然的布依米酒成品了。木酒甑上铁锅内的冷水在锅底热气作用下温度也会不断提高，温度达到一定程度的时候需要往锅里添加冷水进行降温。如果铁锅的温度跟受热制酒粮食产生的蒸汽温差不合适的话，会影响喷嘴处的出酒量甚至酒的品质，这完全是酿酒师根据个人经验制作，所以不同的酿酒师采用的工艺一模一样，但光凭对木酒甑下铁锅内的水温温度把握控制不同，而导致米酒品质与出酒量有较大差异是常见的事情。

传统木酒甑酿出的米酒酒精度不高，大约25°，甘甜醇和，品之难忘，耐人寻味，深受布依族人喜爱。在旅游业蓬勃发展的今天，品尝布依米酒成了游客朋友们到布依族村寨旅游的一项重要内容。

图片来源

图一、图五至图八　黄元碧　摄影

图二至图四　毛朝江　制图

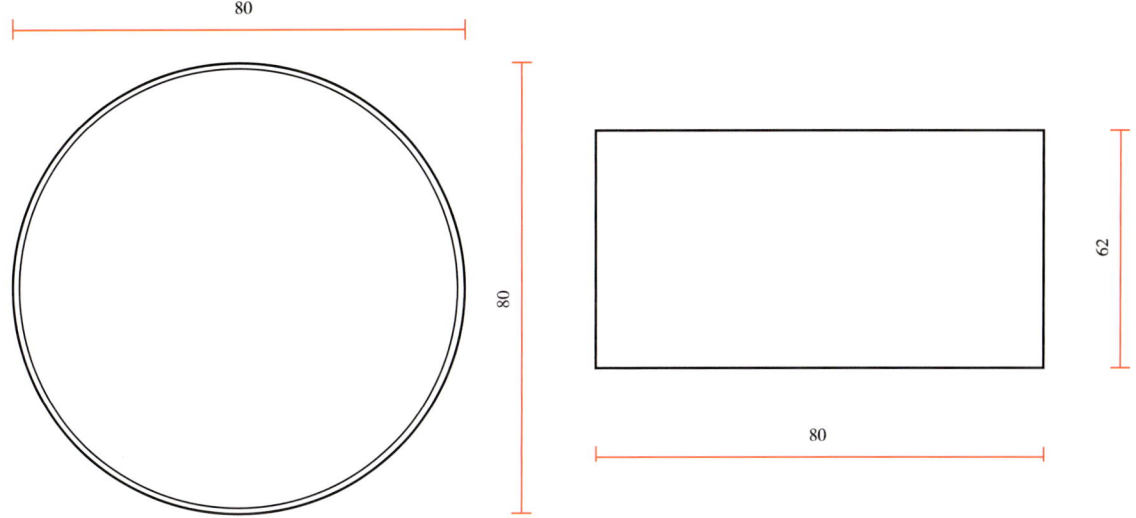

图二　罗甸土酒甑尺寸图（单位：cm）

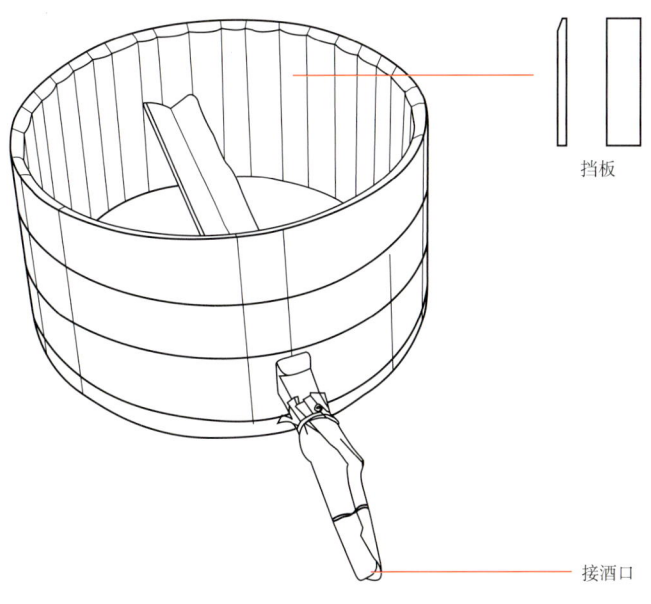

图三　布依族土酒甑解析图

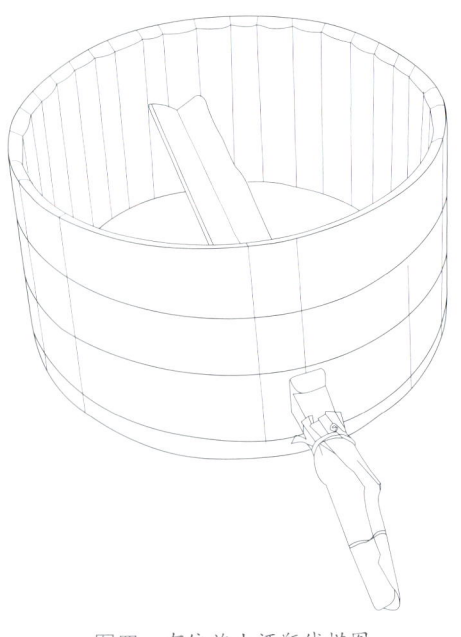

图四　布依族土酒甑线描图

图五　布依族土酒甑架天锅示意图

图六　布依族土酒甑上灶预热示意图

图七 布依族土灶烤酒场景图

图八 布依族土酒甑酒槽出酒示意图

布依族擂钵

图一 布依族擂钵主图

擂钵是布依族人进行食品加工的一种重要工具，主要有单槽擂钵及双槽擂钵两种，常见的是单槽擂钵。擂钵用于捣磨物品成粉碎状，比如捣磨辣椒粉、黄豆面等。布依族地区缺乏现代研磨机器，就地取材，使用木、石、陶和铜器制作擂钵，实为方便生活的创举。

擂钵由擂棒和钵体组成。擂棒和钵体的材质均选用木、石、陶和铜器等，常见的主要是石料材质。布依族工匠选用一整块石头，根据一定尺寸，使用专门的凿造钢铁工具进行凿造打磨，完成时，一般外形像个大型的手端杯，呈深碗状，有端手，从钵口到钵底，呈明显的倒圆锥体形状，方便研磨物品。尺寸有多种，一般大的，有30—40厘米高，钵口直径约40厘米；也有比较小的，高约10厘米，钵口直径8—10厘米。内壁有很多条由钵底向钵口呈发射状的纹路，纹路作粗糙状设计是为了在捣磨过程中增加摩擦力，研磨实物更省力，但随着使用时间的加长，纹路的粗糙状往往会稍微模糊或消失。

用现代机器研磨，易使食品有少许铁器味道或各种异味，石制或木制擂钵捣磨的食品保持了很好的原味口感。比如贵州省关岭布依族苗族自治县断桥镇，以木制擂钵捣磨的柴火烤制辣椒，其味醇正、喷香扑鼻、香辣可口，誉满贵州。擂钵捣磨食品的诸多优势及特点使得擂钵在布依族和各族人群中作为重要的日用杂具代代相传。

图例一为贵州省镇宁布依族苗族自治县地区布依族人使用的石制单槽擂钵，尺寸规格为：钵体高约30厘米，钵口内壁直径约17厘米，钵体内壁深约20厘米，端手高约22厘米，端手宽约3.5厘米。擂棒为铁器材质，长40厘米，直径为3厘米。

图例七为贵州省镇宁布依族苗族自治县高荡村布依族人使用的石制双槽擂钵，尺寸规格为：钵体长约34厘米，钵体高约18厘米，钵口内壁直径约14厘米，钵体宽约19厘米，钵体内壁深约15厘米。擂棒为木柄石锤材质，石锤直径约10厘米，木柄长约92厘米。

图片来源
图一、图四、图七　王朝举　摄影
图二、图三、图五、图六　毛朝江　制图

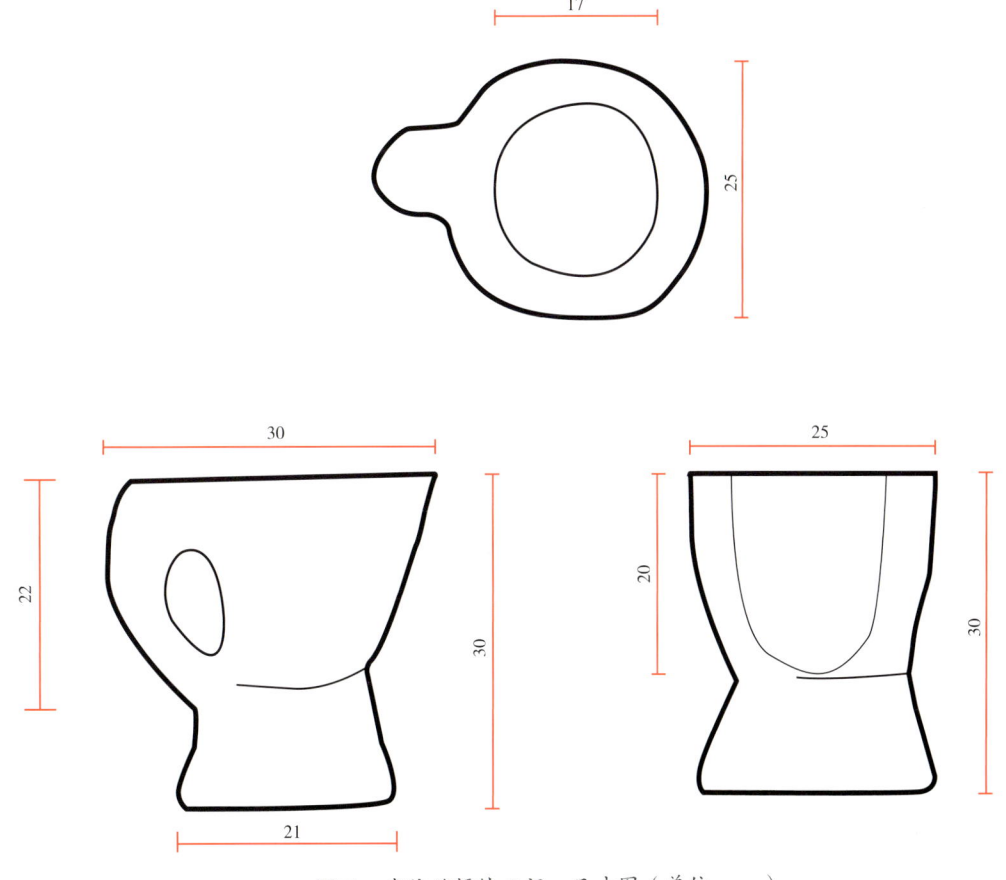

图二　布依族擂钵三视、尺寸图（单位：cm）

图三 布依族擂钵解析图

图四 布依族单槽擂钵分解图

图五 布依族擂钵制作示意图

图六 布依族擂钵使用情境图

图七 布依族石质双槽擂钵示意图

第三章 布依族传统餐饮

175

布依族圆形木粑槽

图一 布依族圆形木粑槽主图

粑槽，布依语叫做"端"，是布依族传统的打粑粑（糍粑）的工具。每逢春节，布依族家家户户都要打粑粑，有的地方在"六月六"、七月半等传统节日也打，办红白喜事更离不开粑粑，因此，粑槽是布依族必不可少的生活用具。

本案例采集自云南省罗平县长底布依族乡民族文化陈列室。粑槽呈圆钵状，高约40厘米，口径约50厘米，底部有连体落地底座，底座包括直径约30厘米的底盘和延伸出来约20厘米的横轴。这种圆形木粑槽是用粗大的树桩横向锯断，凿一圆窝，槽口宽大呈圆形，越往下越窄，曲线流畅，如同一个大摇钵。使用时将蒸熟的糯米饭倒进槽内，手握木粑棒上下舂打。同时脚踩底座伸出的轴，可防止粑槽受冲击而移动。糯米饭舂匀后，妇女们将舂匀的粑粑捏出来，根据需要捏成一定大小的粑团，再在簸箕里摊成扁圆形的粑粑。

云南省罗平县生活的数万名布依族同胞，他们的语言和生活习俗与贵州的布依族非常相似，过节和办喜事也有打粑粑的习俗。但是他们使用的圆钵状木粑槽却与贵州的长方形木粑槽不同。长方形木粑槽一般是用1米多长、直径50厘米左右的木材，从一侧凿挖一个长方形的槽，将槽底和四壁削平，洗净后在里面打糍粑，比较适合两人交替舂打。

云南省罗平县圆形木粑槽的设计，是对多伊河一带丰富的木材资源合理利用的成功案例。利用砍树留下的大而重的树桩，凿成口部宽大的粑槽，带一个较重的连体底座，再加上底部延伸出来的轴，可脚踩固定，舂打粑粑时粑槽不易移动，使舂打动作更加准确、高效,且一人也能操作。老树桩更加耐冲击,在这种粑槽里打粑粑,不易产生木屑,更加卫生环保。

图片来源

图一　黄元碧　摄影
图二至图五　胡晓斐　制图

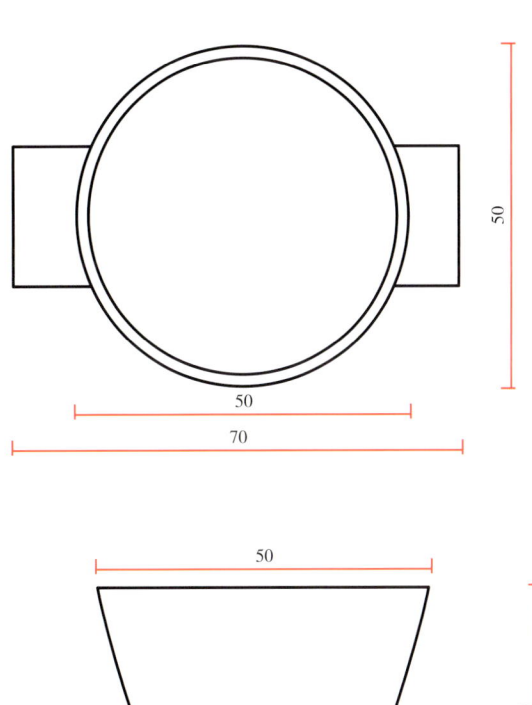

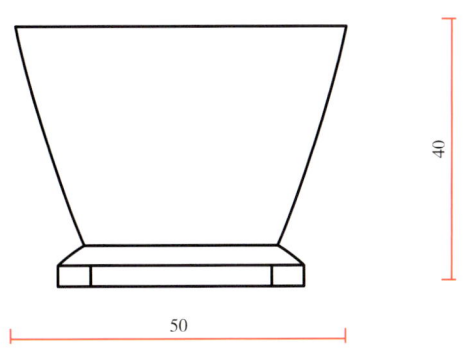

图二　布依族圆形木粑槽三视、尺寸图(单位:cm)

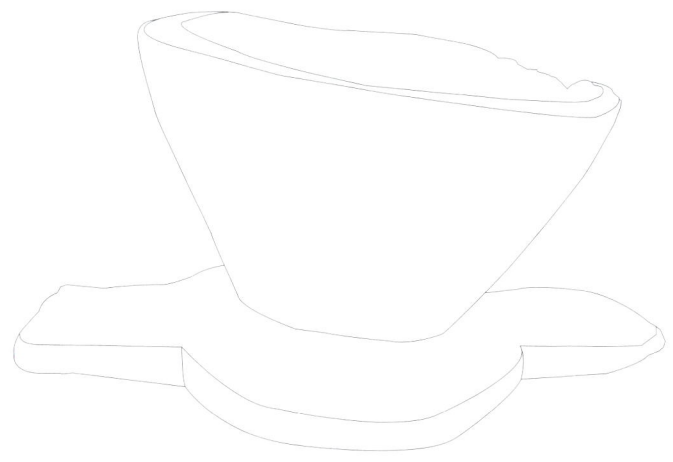

图三　布依族圆形木粑槽线描图

图四　布依族圆形木粑槽效果示意图

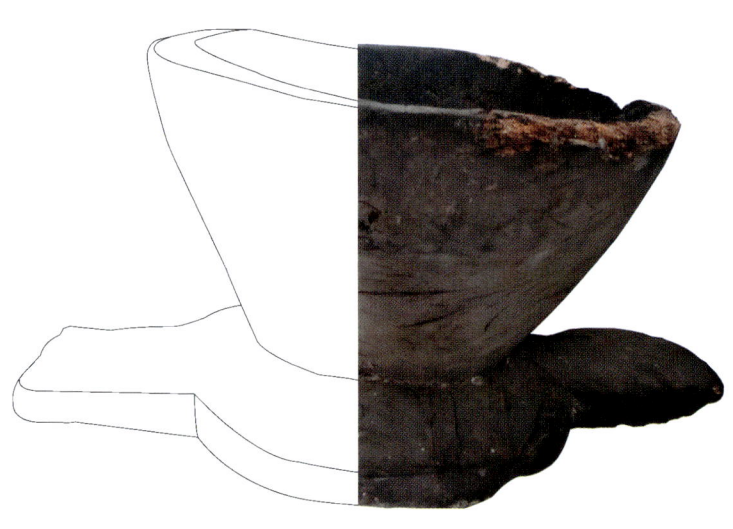

图五　布依族圆形木粑槽虚实对比图

布依族竹菜筒

图一　布依族竹菜筒主图

竹菜筒是布依族人在农作生活中的智慧小发明，是一种便捷的小型盛菜容器。竹菜筒作为布依族人盛菜主要工具的出现，不是偶然的，而是人们在多年的农耕生产生活中根据自然环境条件，结合生活经验创造发明的。上山下田劳作是布依族人生产内容的主要部分，山区人们耕作的很多田地均离村落很远，为了解决按时用餐问题，带食物上山劳作便是常有的事。此时，轻便易携带、透气性良好的竹菜筒便应运而生。

竹菜筒的制作简单易行，材料均来源于布依族人生活地区随手可得的竹子。挑选好一截竹子（最好是斑竹，口径大似饭碗，竹壁厚实），准备好锯子、麻线等材料便可加工。首先将一段竹子锯下，留下带有竹节的另一端，竹节那一端就是竹菜筒的天然底子了，即如开口的圆柱形杯子，再在其开口处做出两相对应的"耳"，用烧红的小铁棒将两耳从上至下穿孔，如此竹菜筒的主体部分便完成了。接下来是制作盖子，用较薄的木板，根据竹菜筒直径大小量身定做出圆形且有耳的盖子，同样将耳穿孔，确保与竹筒的两耳在同一直线上，用一根较牢固的麻线将上下连接起来，这样一个简易的盛菜工具便做成了。

竹菜筒虽然是小物件，可在布依族人的生产生活中占有重要的地位，深受布依族人的热爱和欢迎，缘于其独到的设计优势：一是竹子本身具有一定的透气性，在湿热的布依族生活地区用于保存食物，食物不易变质；二是竹子轻便价廉，比起使用金属质地的容器，携带省力方便，经济实惠；三是竹子作容器盛放食物，在保持食物本来的味道、避免异味的产生方面远远优于金属质地的容器。因此，制作简单、经济实惠、绿色环保的竹菜筒将永远陪伴着布依族的农耕文化生活。

本例为贵州省镇宁布依族苗族自治县地区布依族人使用的竹菜筒。尺寸规格为：直径约10厘米，高约13厘米，内壁深度约12厘米。

图片来源
图一、图三　黄元碧　摄影
图二、图四、图五　毛朝江　制图

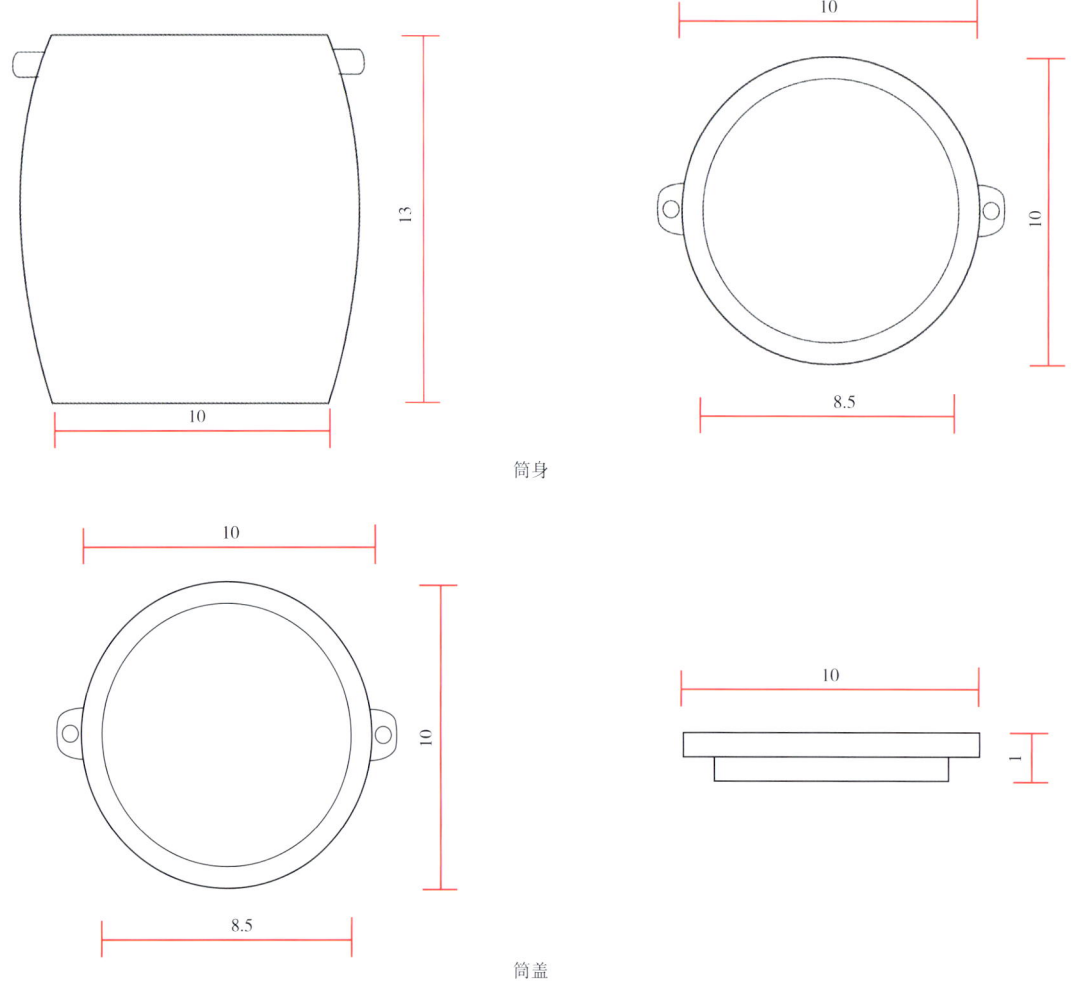

图二　布依族竹菜筒尺寸图（单位：cm）

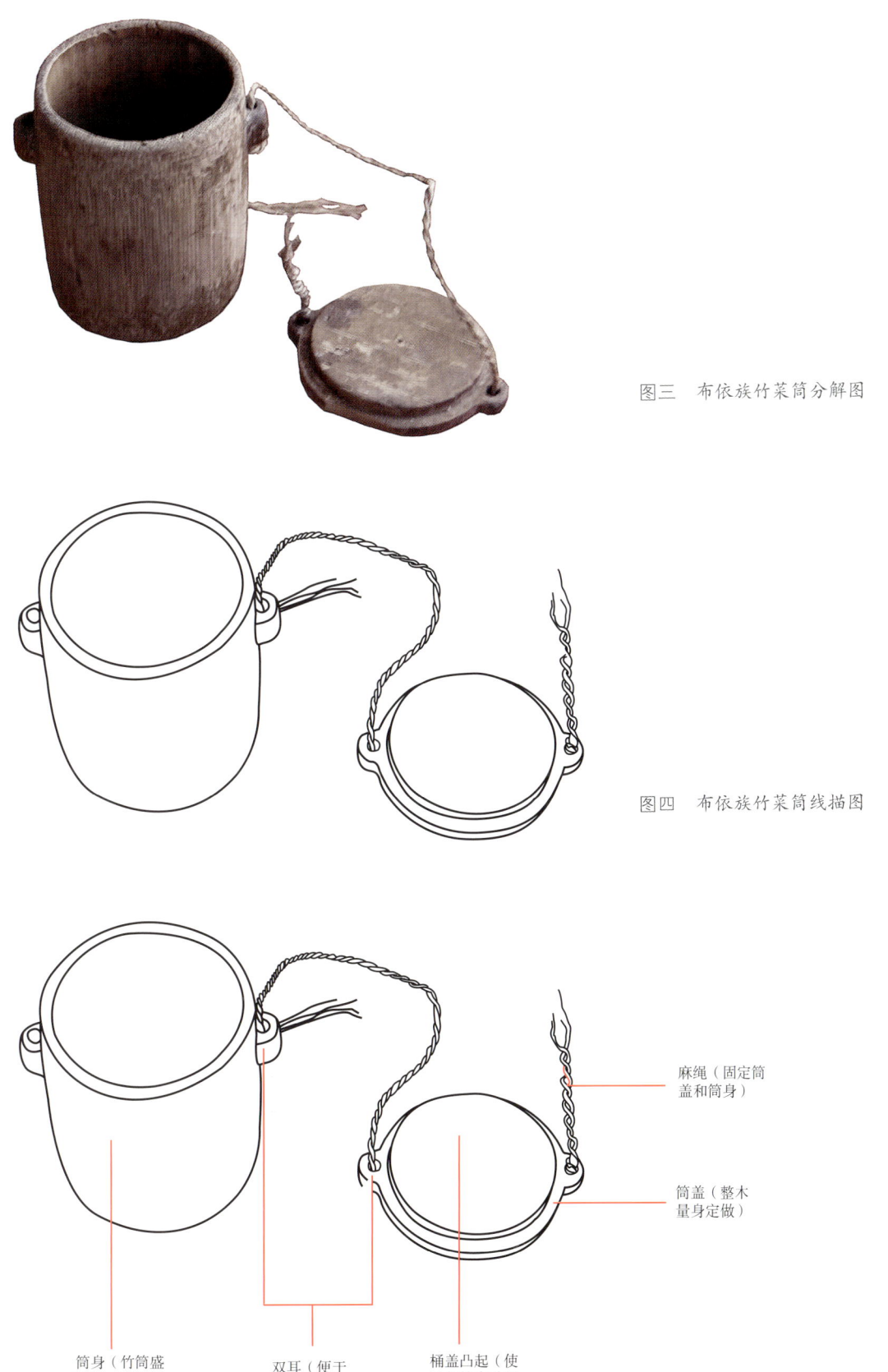

图三 布依族竹菜筒分解图

图四 布依族竹菜筒线描图

麻绳（固定筒盖和筒身）

筒盖（整木量身定做）

筒身（竹筒盛菜有一定的保温效果）

双耳（便于麻绳穿过）

桶盖凸起（使之与筒身盖得更严实）

图五 布依族竹菜筒工艺分析图

第三章 布依族传统餐饮

181

布依族葫芦水壶

图一 布依族葫芦水壶主图

葫芦水壶是镇宁布依族苗族自治县山区布依族人的日常容器之一，尤其在铁质及塑料制品容器出现前广为使用。由于其特殊的植物纤维构造既可以防水渗漏，又没有异味，因此布依族人上山下田劳作时喜欢选其作为盛水容器。此外，葫芦水壶除了主要用于盛装水外，还可以短时间用于临时装酒。

制作葫芦水壶需要选择生长期尽可能长的葫芦，最好是第一批次所结的葫芦，成长到藤株自然干枯，葫芦表面呈浅黄色，种子饱满可以作为种子的。这样的葫芦才厚实不容易破损。葫芦摘下来后放到自然通风处，避光阴晾到里面的瓜心干枯，用手摇动时可听到其种子撞击葫芦内壁的响声。阴晾好的葫芦用小刀或刻刀之类从瓜蒂处开始小心挖成一个圆洞（壶嘴），大小由使用者根据便于往里灌装水及便于加塞密封而定。圆洞（壶嘴）挖好后，再用棍状或钩状形工具伸入葫芦内壁一点一点慢慢地掏挖，取出丝状枯干瓜瓤物及种子，掏挖的过程需小心进行，不能太用力，否则容易凿破葫芦。挖空后用水浸泡三五天的时间，一来可以去除异

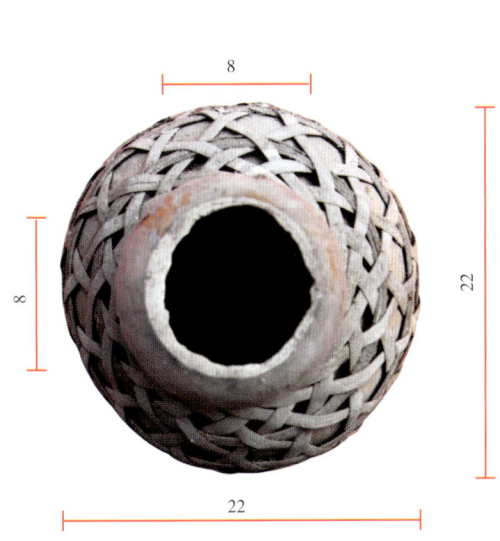 

图二　布依族葫芦水壶视角、尺寸图（单位:cm）

味，另一方面葫芦内壁的植物纤维经水浸泡后，均匀膨胀互相填充空隙，增强防渗水效果。再用竹条在葫芦体表面中下底部作网格编造，最底部作圆圈设计，如此既可以保护葫芦体，也可解决圆形底葫芦放在地面摇晃不平稳的问题。最后，再配置一个和壶口一样大小的软木塞，或者用稻草编造裹以棉布或防水油纸的壶口塞子。至此，葫芦水壶制作完成。

葫芦水壶除了具有充当盛装容器的实用价值外，由于其独特精美的形制，现又被很多布依族及其他少数民族开发为深受游客喜欢的旅游工艺品，对于发展旅游，增强民众经济创收能力发挥着积极的作用。

图片来源
　图一　王朝举　摄影
　图二、图三、图五　毛朝江　制图
　图四　毛朝江　摄影

图三　布依族葫芦水壶线描图

葫芦　　　　　　　　　　　　　　晒干的葫芦

图四　布依族葫芦水壶材料图

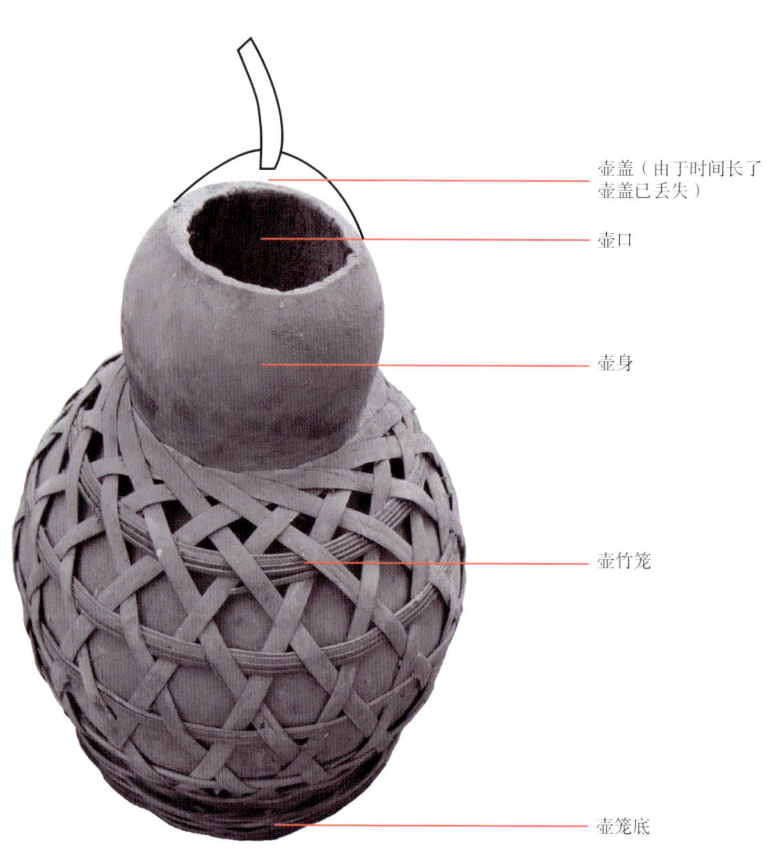

壶盖（由于时间长了壶盖已丢失）
壶口
壶身
壶竹笼
壶笼底

图五　布依族葫芦水壶解析图

布依族葫芦瓢

图一　布依族葫芦瓢主图1

葫芦瓢，是用老而硬的葫芦剖开制作而成的日常生活用具。本案例采集自贵州省贵阳市花溪区镇山布依族村生态博物馆。两个等大，黄褐色，细颈大肚，长26厘米，最宽处18厘米，深9厘米。

葫芦，为葫芦科葫芦属一年生蔓性草本植物，幼嫩时叫做瓠瓜。瓠瓜幼果青绿色，味清淡，品质柔嫩，煮食、炒食均可，是布依族喜爱的瓜果蔬菜之一。葫芦一般种植在房前屋后，用竹竿搭成架子，让瓠瓜藤蔓攀爬，开花结果时垂吊在架子上，幼嫩时割下烹食。个较大、形状端正的，则可让其继续生长，直至发黄、变硬，用来制作葫芦瓢及漏瓢。制作时选好葫芦后割下，不必让葫芦晒得太干，用锯子沿中轴纵向锯开，掏空里面的种子和瓜瓤，洗净，即成为水瓢。烧红较粗的铁钎，在水瓢上烙满直径几毫米的小孔，即成为漏瓢。水瓢、漏瓢各有用处，前者用于舀水及其他液体的取用，后者则用于滤掉汤汁捞取固体食物。一舀一漏，功能配套齐全。

用葫芦制作水瓢及漏瓢，是布依族由来已久的传统，与布依族的种植习惯有关。葫芦易栽种，生长快、产量高，栽上几株即可爬满庭院的瓜架，既遮阴凉快，又能食用果实。个大、好看的则选作水瓢、漏瓢的材料。这种材料成本低廉，容易获得，且具有纯天然、性质稳定、轻便和耐高温等特点，深受布依族同胞喜爱，过去普遍使用。如今随着城镇化建设的推进，布依族同胞在房前屋后种植葫芦的条件受到限制，塑料水瓢、铝制漏瓢等新产品的出现和普及，使葫芦水瓢及漏瓢难觅踪迹。

图片来源
图一、图二　陈玉平　黄元碧　摄影
图三至图六　毛朝江　制图

图二　布依族葫芦漏瓢主图2

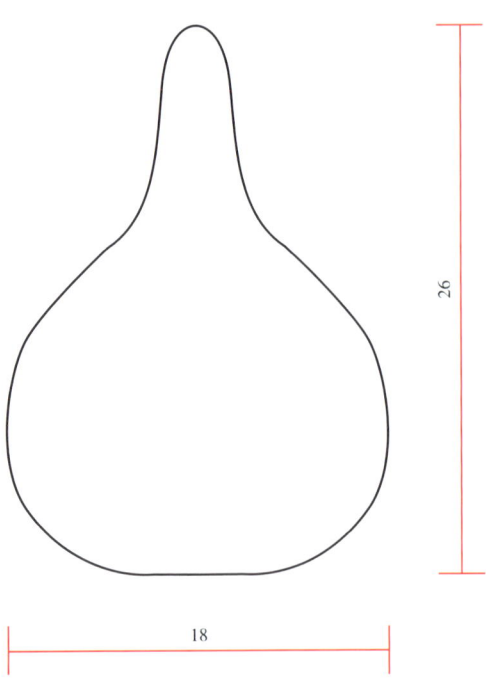

图三　布依族葫芦瓢尺寸图（单位：cm）

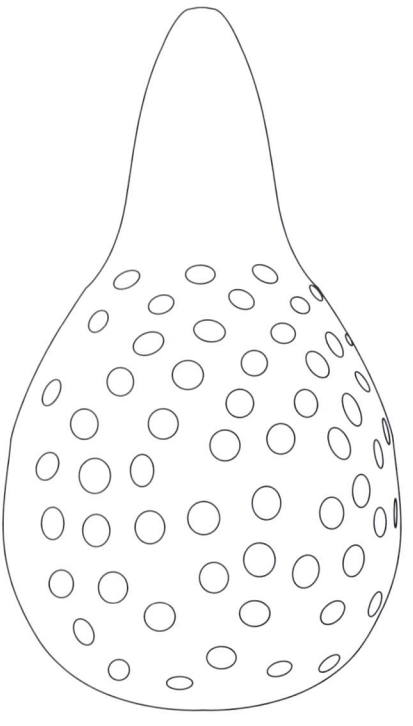

图四　布依族葫芦漏瓢线描图

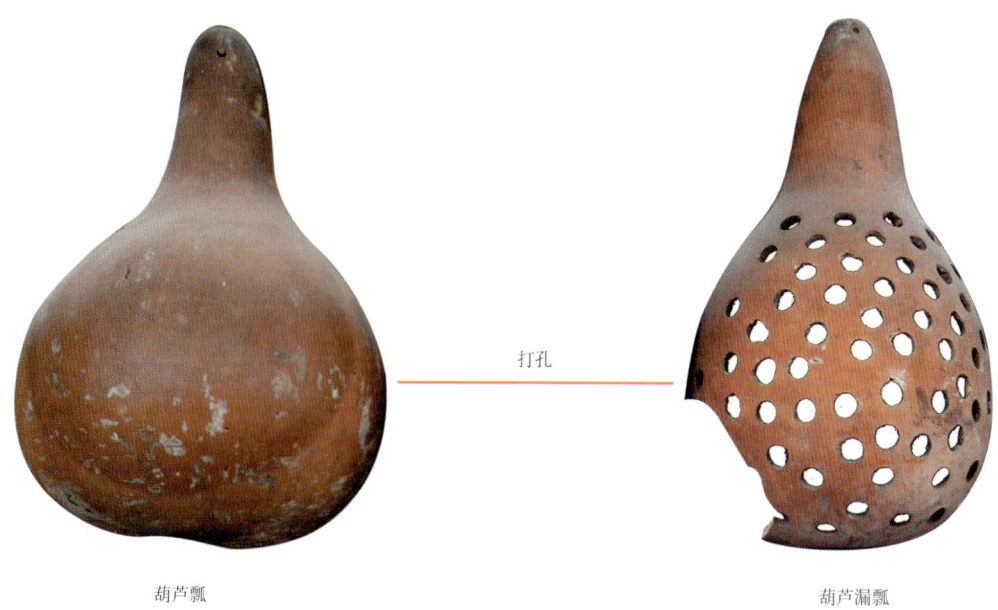

葫芦瓢　　　　　　打孔　　　　　　葫芦漏瓢

图五　布依族葫芦漏瓢制作流程图

（时间太长，葫芦漏瓢材质脆，碎了一块）

图六　布依族葫芦漏瓢破损分析图

第四章 布依族传统生活用具

布依族竹簸箕

图一 布依族竹簸箕主图

簸箕，布依语叫做"农"，较大的叫"农劳"，小点的叫"农呢"，是布依族的日常用具之一。大簸箕主要用于晾晒粮食、米面，小簸箕主要用于盛放糍粑、糯米饭等食品，还可用来盖甑子。

本案例采集自贵州省贵阳市花溪区董家堰，系该村布依族家庭使用的竹编器具。该簸箕呈扁圆形，自然陈旧呈褐色，直径40厘米。制作簸箕主要材料是竹子，工具是破竹用的篾刀。方法是：1.砍竹去叶，截成1—2米的小段；2.将截好的竹子破成宽窄、厚薄、长短等规格不同的竹篾；3.将一些不带皮的竹篾经纬交错，编成簸箕底，带皮的竹篾按一定规律编成簸箕背面的支架；4.将簸箕底与其背面的支架重叠，边缘合起来，用一根较宽的竹篾框起来，再用带皮的竹篾绕多圈编扎成一道立边。

该簸箕属于小簸箕，其宽底、立边的造型设计，适合盛放和晾晒食物。有的直径更大，适于晾晒粮食，既扩大面积，又阻拦食物撒落，背面有支架又增大了承重的力量。簸箕是布依族善于利用竹资源的成功案例之一。布依族居住地一般盛产竹子，聪明智慧的布依族人用竹子编织各种适用的生活用具。竹编用具有韧性好、耐高温等特点，深受布依族同胞青睐，至今仍在使用。簸箕盛放糍粑等食物后留下的印迹，还给人们提供了作画的灵感，用各种油彩在簸箕上作画，就成了簸箕画。簸箕画鲜艳夺目、富有民族特色，成了别具一格的竹编工艺品。

图片来源
图一、图五　黄元碧　摄影
图二至图四、图六　毛朝江　制图

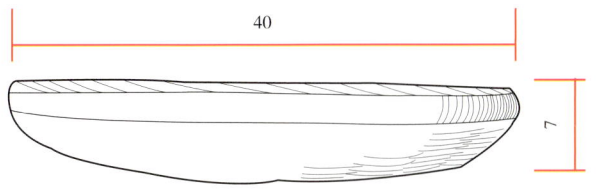
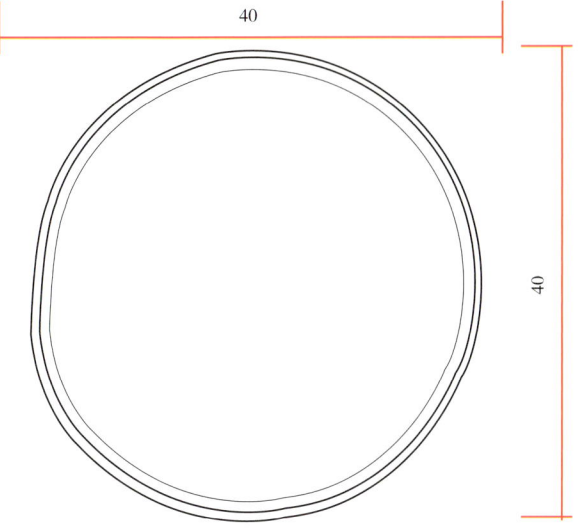

图二 布依族竹簸箕视角、尺寸图（单位：cm）

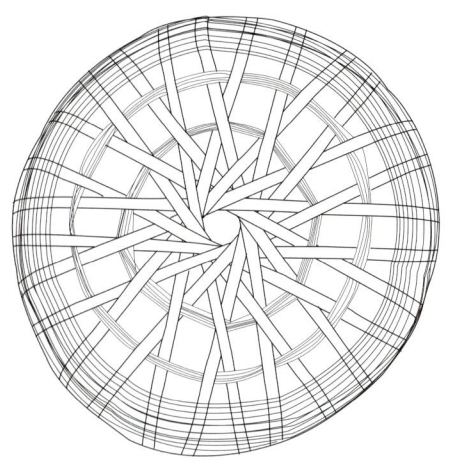

图三 布依族竹簸箕底面线描图

图四 布依族竹簸箕操作示意图

图五 布依族竹簸箕正面黑白图

图六 布依族竹簸箕手托效果图

第四章 布依族传统生活用具

布依族木提桶

图一　布依族木提桶主图

桶，布依语叫做"东"，是布依族的日常生活用具，过去一般都是木制，用来挑水，叫水桶。也有的用来挑粪，或作喂猪的工具，分别叫做粪桶、潲桶。本案例采集自贵州省惠水县，陈列于好花红乡辉岩村的"中华布依第一堂屋"民俗博物馆。

这种浅而宽、带耳的木桶，主要是用来盛装食物，如煮熟的鸡、肉块、香肠及装盘的菜肴等。该桶由一圈较矮的木板桶壁，加中间较高的提耳，用铁丝和竹篾紧箍而成，桶口和桶底呈长椭圆形，桶口略大，长55厘米，宽32厘米，桶壁高20厘米，总高43厘米。这种扁而宽的造型便于放在灶台上，也便于放置肉块、整只鸡等食物，一般是逢年过节要用大块食物敬祖时使用。用这种提桶来盛放和转移食物十分方便。吃不完的食物，包括炒好装盘的菜肴也可叠放进桶，挂起来避免老鼠、蟑螂等啃食和污染。

浅口木提桶还有不怕烫、不变形、不漏汤水等特点，它的设计和使用，较好地解决了食物盛放、转移、风干保存和预防食物污染的问题，可谓一物多用，在没有冰箱的年代，其作用更为明显，深受布依族同胞的喜爱。如今木材难得，布依族盛装和转移大块食物改用铝制大盆，贮存食物也改用电冰箱，这种提桶已逐渐少用，但它实用、节能、环保等特点仍值得留恋。

图片来源

图一　陈玉平　摄影

图二至图五　毛朝江　制图

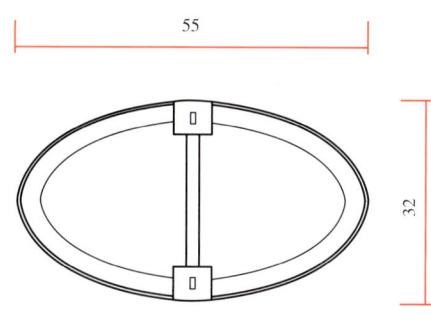

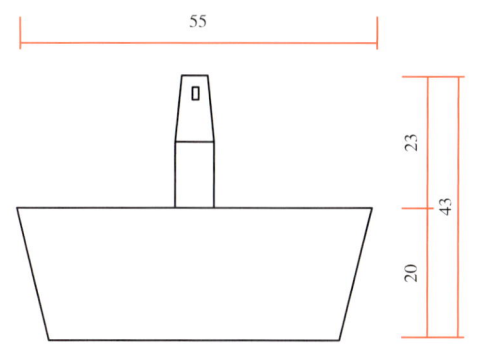
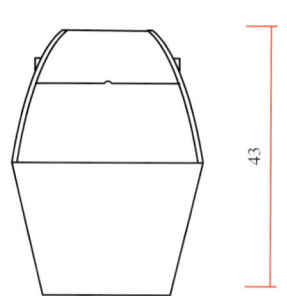

图二　布依族木提桶三视、尺寸图（单位：cm）

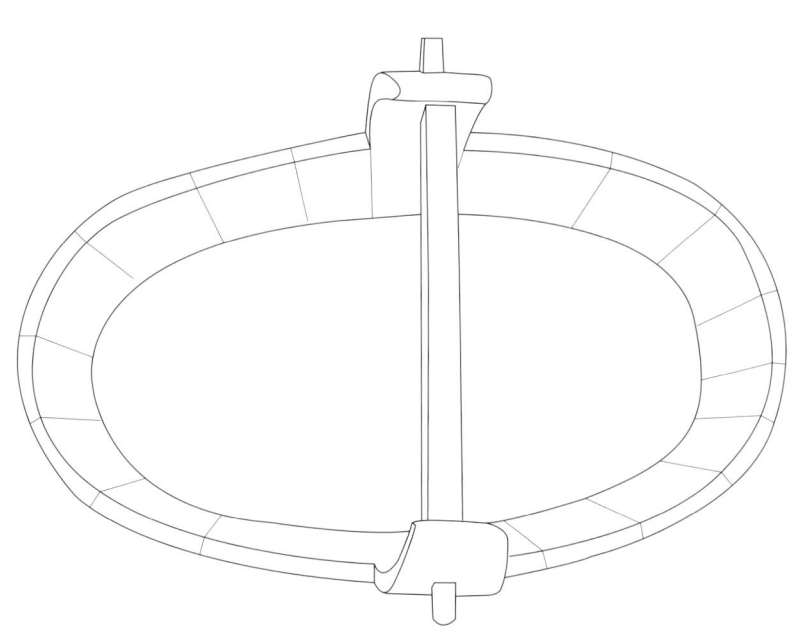

图三　布依族木提桶俯视线描图

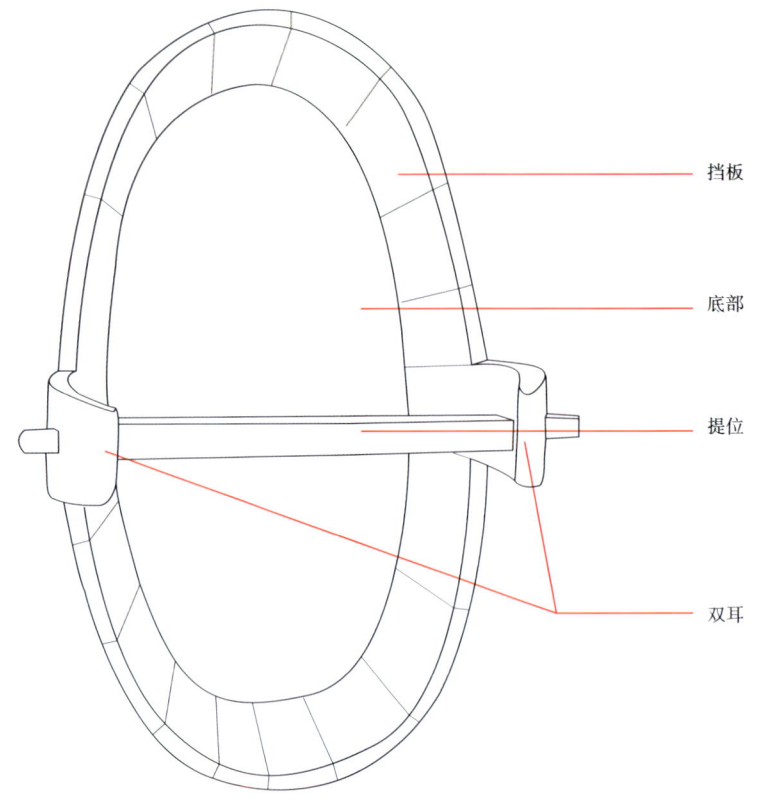

图四　布依族木提桶结构名称图

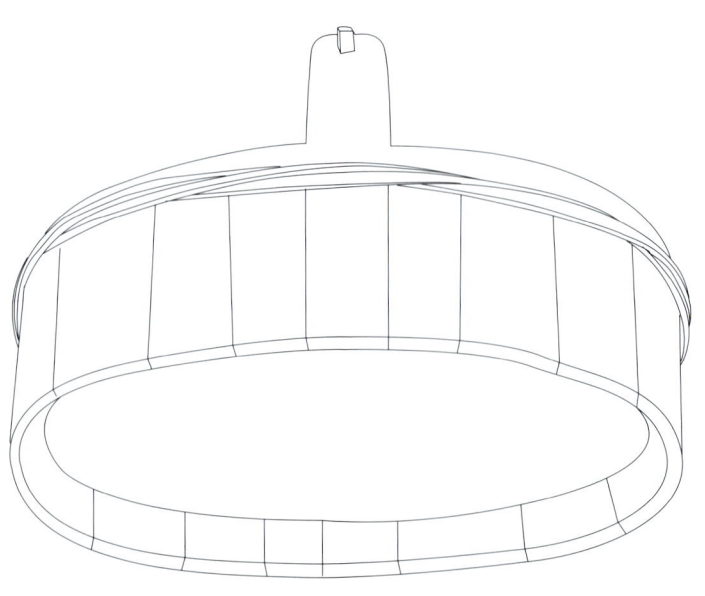

图五　布依族木提桶底部结构示意图

布依族竹提笼

图一 布依族竹提笼主图

　　竹提笼，是布依族日常使用的竹编用具之一，主要用来盛装一些较轻的食品，如糯米饭、糍粑等。本案例采集自贵州省惠水县，陈列于该县好花红乡辉岩村的"中华布依第一村"民俗博物馆。

　　该提笼用较扁的竹篾密集编制，纹路斜交叉，似辫子，美观实用。提笼开口朝上，长30厘米，宽30厘米，横截面接近于正方形，高20厘米，两侧中间用三根较宽较厚的带皮竹篾向上撑起，形成拱形提手。提手高17厘米，竹篾直穿底部而兜住底部。底部呈正方形，四边由较宽的带皮竹篾作支架，更加稳固，不易变形。

　　过去布依族住的房子大都是木楼，天花板是一根根木梁搭着木板，干货食品（如花生、葵花）或备用香料（如花椒、砂仁、八角）一般是装进这种提笼，再挂在横梁的钉子上，不仅能保持干燥，而且避免老鼠啃食。到较远的田间地头干活，也可以将食物装进提笼挂在扁担上，携带方便。盖上纱布，既透气，又防蚊虫叮爬。

　　竹提笼的造型简洁大方、简单实用，且

一物多用,深受布依族同胞的喜爱。尤其在农村,竹提篼、竹提篮等竹编用具非常实用,现在仍在广泛使用。

图片来源
图一、图四 陈玉平 摄影
图二、图三、图五 毛朝江 制图

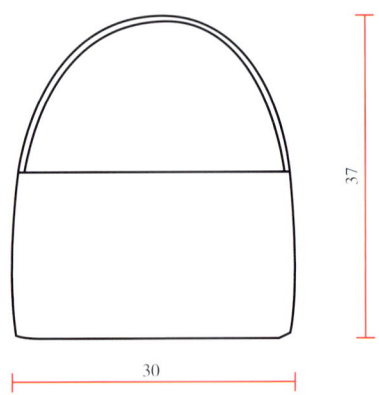
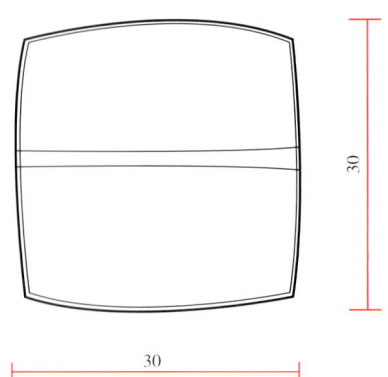

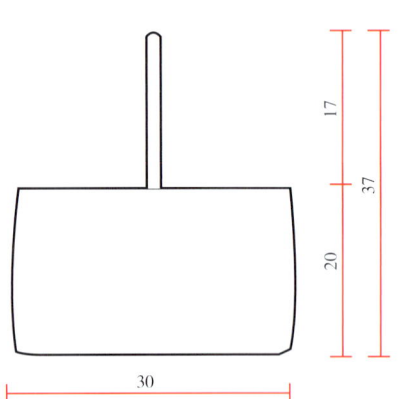

图二 布依族竹提篼三视、尺寸图(单位:cm)

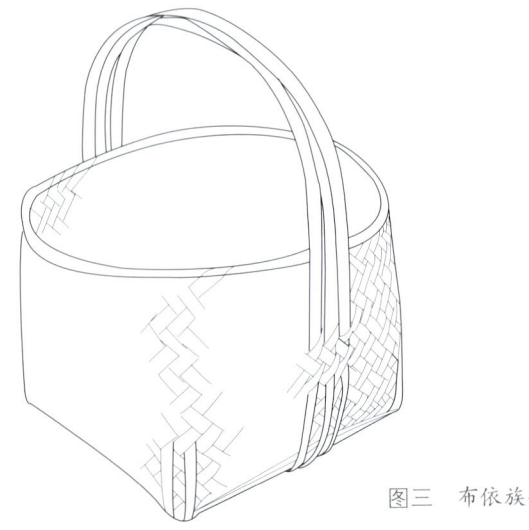

图三 布依族竹提篼线描图

图四 布依族竹提箢黑白图

图五 布依族竹提箢制作示意图

布依族储粮竹筒

图一　布依族储粮竹筒主图

竹筒，布依语叫做"莽"，储粮竹筒则叫"莽毫"，是布依族过去用来储存粮种的工具。本案例采集自贵州省贵阳市花溪镇山村布依族生态博物馆。长125厘米，直径14厘米，共3个竹节，每节肚腹有一长15—20厘米、宽10厘米的方空，内腔宽阔，竖挂于墙上，可储存粮种、菜种、葵花籽等。

制作储粮竹筒，采用的是贵州南部布依族居住地盛产的楠竹。楠竹是竹类中最粗壮的一种，适于生长在气候较热的河谷地带，幼嫩时是布依族爱吃的竹笋，长大的楠竹又是布依族人用来制作生产工具、日常用具的上好材料。将楠竹锯倒、晾干，剔除枝丫，取其下端粗壮部位，截取1米多长的小段，每段含3个竹节，每节靠上锯开长方形开口，使之现出阔大的空腔，可将粮种、菜种等放入其中。顶端穿铁丝，挂在墙上，既通风又防鼠害虫害。

储粮竹筒的设计和使用看似简单，却蕴含着布依族人的劳动智慧。布依族是勤劳的农耕民族，粮种、菜种是农业生产重要的物资，其安全保存是来年丰收的前提条件。布依族人把目光投向了自己居住地周围盛产的楠竹，取之加以利用，既节约投入成本，又能满足储存粮种、菜种需要通风透气、防止鼠害等要求。不同的种子还可分层储存，不易混淆。

图片来源

图一、图五　陈玉平　黄元碧　摄影
图二至图四　毛朝江　制图

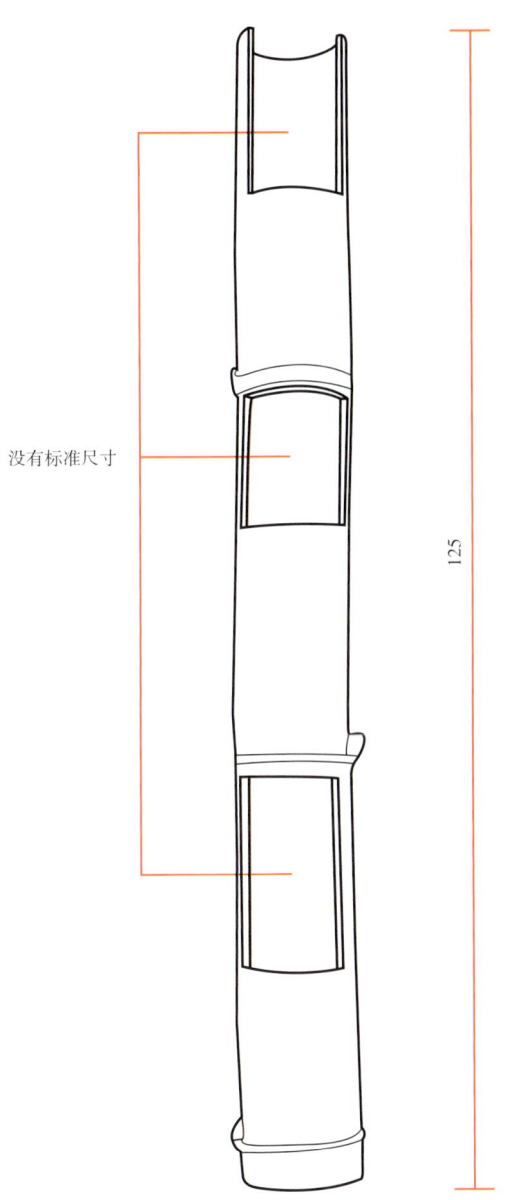

图二　布依族储粮竹筒尺寸图（单位：cm）

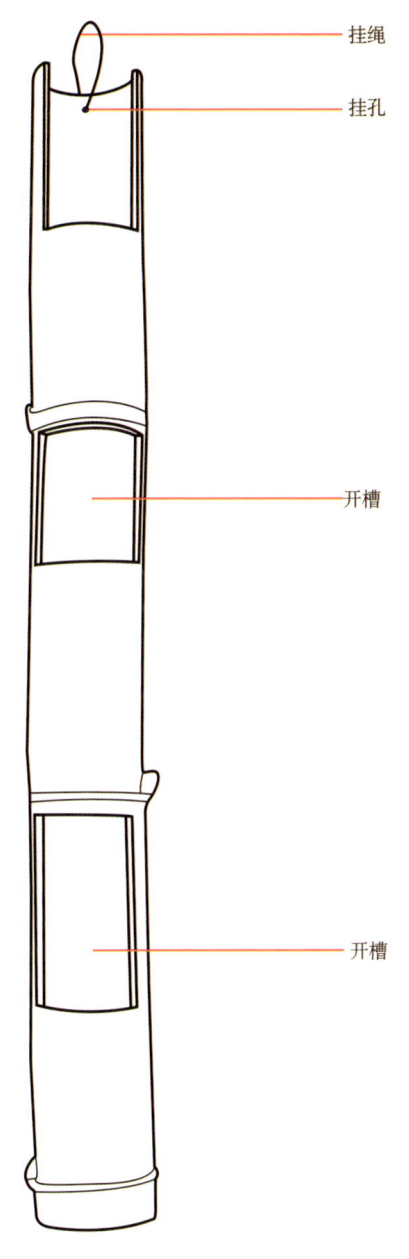

图三　布依族储粮竹筒结构名称图

楠竹　　　开槽加工　　　成品

图四　布依族储粮竹筒材料图

图五　布依族储粮竹筒使用情境图

布依族储粮葫芦

图一 布依族储粮葫芦主图

葫芦，布依语叫做"勒木"，储粮葫芦，是用干葫芦加工而成，用来储存粮种（或菜种）的一种日常用具。本案例采集自贵州省贵阳市花溪区镇山村，陈列于该村布依族生态博物馆。包括一段较长的"颈部"和长椭圆形的"腹部"，呈黄褐色，总长50厘米，最宽处16厘米。

制作储粮葫芦，首先是挑选又长又大的葫芦，让它自然生长、变干变硬，收割后在其颈部下方、较大的腹部处锯开一个长16厘米、宽11厘米的方孔，将内瓤掏空即可。使用时选一个"Z"字形的树枝作天然挂钩，一头挂在葫芦颈部，一头挂在垂吊在天花板的绳套上，使整个葫芦悬空，把要保存的粮种、菜种等植物种子，先用布或纸包好，再经过方孔塞进葫芦的腹部。这样保存种子，既通风干燥，又防老鼠偷食。通过其腹部的方孔取放种子，或者从"Z"字形的木质挂钩取下翻找种子，都很方便。

葫芦属于葫芦科葫芦属的一种植物，它是一年生爬藤植物，生命力强，生长快，易栽培，其果实在未成熟的时候可以作为蔬菜食用，煮汤或炒食都很美味，果实成熟后又可加工成各种容器，因而深受布依族同胞的喜爱。储粮葫芦与储粮竹筒有着异曲同工之妙，作用和效果相似，只是形状和材质不同，它们是最原始也最有效的储粮方式，也是农耕民族劳动智慧的体现。如今粮种、菜种的培育和储存条件大大改善，不再需要这些原始的储存方式，但储粮葫芦在布依族同胞的心中留下了深刻的记忆。用葫芦加工制作的各种工艺品，仍然深受大众喜爱。

图片来源
图一、图三至图五　陈玉平　摄影
图二　毛朝江　制图

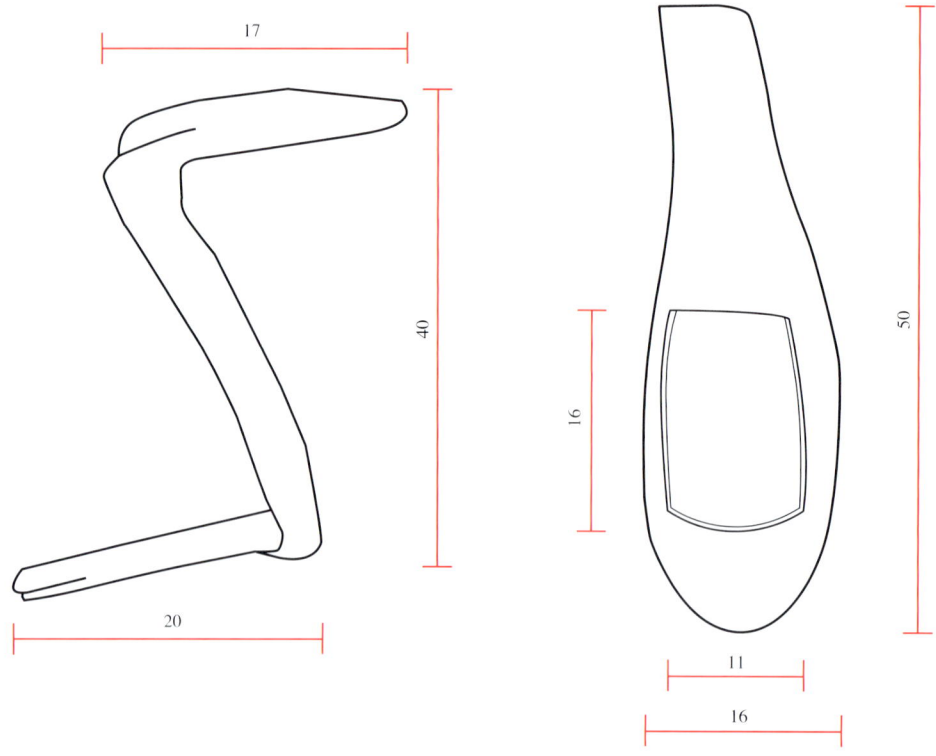

图二 布依族储粮葫芦及挂钩尺寸图（单位:cm）

图三 布依族储粮葫芦及挂钩示意图

图四 布依族"Z"字形木挂钩

图五 布依族储粮葫芦使用情境图

布依族木米缸

图一　布依族木米缸主图

　　米缸，布依语叫做"行毫"，是用来装米的容器。本案例采集自云南省罗平县鲁布革乡，陈列于腊者村非物质文化保护协会陈列室。该米缸实为大而深的木桶，由5道竹篾圈将等长的长条木板紧箍而成，高63厘米，深53厘米（桶底离地10厘米），口部直径50厘米，底部直径约35厘米，上大下小，呈微型喇叭状。有固定的木质桶底和活动的盖板。

　　制作这种米缸，材料主要是木材，加少量竹篾。具体做法是：先将木材加工成厚约2厘米的木板，裁成长63厘米、宽10厘米的长条状，另裁两块长73厘米，由上而下渐细、外宽内窄的木块；另用较厚（约3厘米）的木板加工成直径分别为35厘米、50厘米的圆形桶底和桶盖，将长条木板沿桶底围成桶身，两块较长的木块对称排列，夹在两边作提手，再用挽成圆圈的竹篾箍紧。五道竹篾圈大小不一，相应地上大下小，由下往上套，箍紧箍实。一般米缸还配有木质桶盖，使用时，将打好簸净的大米装入其中，盖严木盖，日常取用，非常方便。

布依族是勤劳的稻耕民族，收成的谷子晒干后一般保存于干燥、透气的木粮仓或竹囤箩，一般够一家人食用至来年新米成熟。由于谷子不易虫蛀，所以多以谷子的形式保存粮食。大多是用挑箩一挑一挑地拿去用水碾碾或机器打（去壳），簸净筛好后装入这种大而深的米缸，一缸能装一两挑谷子打成的大米，够吃较长时间，吃完再打。这样保存大米，既防潮防虫，又防尘防鼠，是一种卫生实用的巧妙设计。木材和竹篾在布依族依山傍水的居住地很容易获得，善于就地取材、物尽其用，也是布依族的一种劳动智慧。

图片来源

图一、图五　黄元碧　摄影
图二至图四　毛朝江　制图

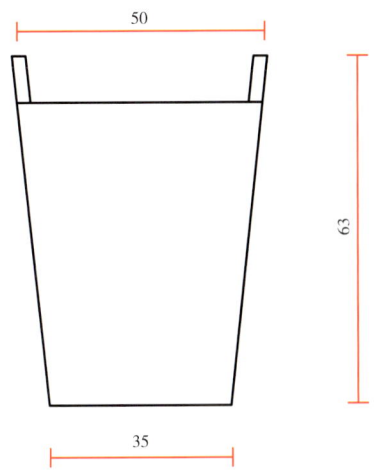

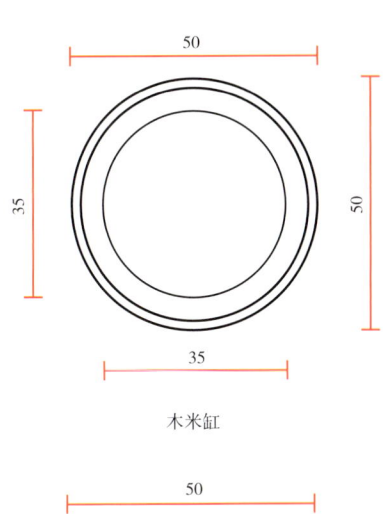

木米缸

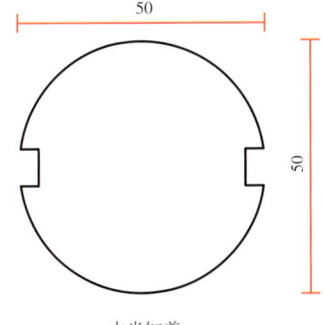

木米缸盖

图二　布依族木米缸尺寸图（单位：cm）

图三　布依族木米缸线描图

第四章　布依族传统生活用具

205

缺口和双耳的作用是互相扣住、固定盖子

图四　布依族木米缸结构功能分析图

图五　布依族木米缸内部结构示意图

布依族升和斗

图一 布依族斗主图1

"升"和"斗",都是布依族过去日常使用的量具,主要用于粮食和豆类的称量。本案例采集自贵州省贵阳市花溪区镇山布依族村生态博物馆。斗较大、升较小,全为木制,上大下小,向上开口,四周及底部封闭,横截面呈正方形,侧切面呈倒梯形。

制作升和斗,主要材料是木板,用木工常用的锯子、刨等工具即可制作。用一块正方形木板作底,用四块一样大的梯形木板作边,梯形的底长与底板的边长相等,这样的几块木板靠拢、钉牢即可。本案例的升,底边长15厘米、顶边长18厘米、高12厘米;斗底边长30厘米、顶边长40厘米、高20厘米。斗比升大得多,在斗的中间加个木板横隔,便于手提。在缺少称量用具的年代,打了多少粮食,都用斗数和升数来计量。邻里间互相借粮食,一般也不用秤来称,用升或斗来量就行了。借得少时用升,借得多时用斗,借多少还多少。

布依族利用居住山区容易获得的木料,加工制作成升和斗,给称量或借还粮食带了方便。如今称量用具越来越多,越来越精确,这种木制的升和斗已很少使用,不过它已深深地留在了布依人的记忆之中。

图片来源
图一、图二　陈玉平　黄元碧　摄影
图三至图五　毛朝江　制图

图二　布依族升主图2

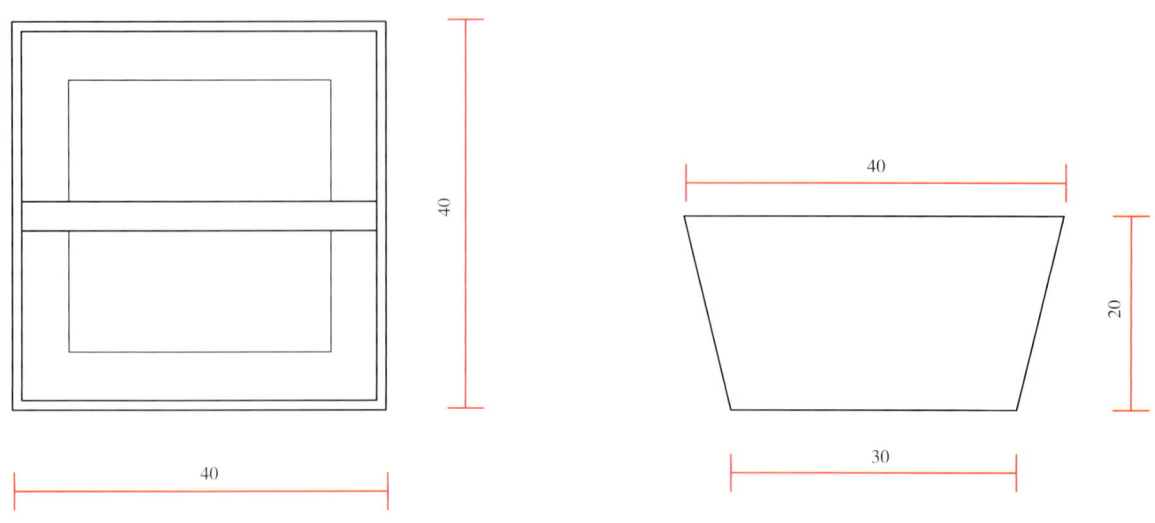

图三　布依族斗尺寸图（单位：cm）

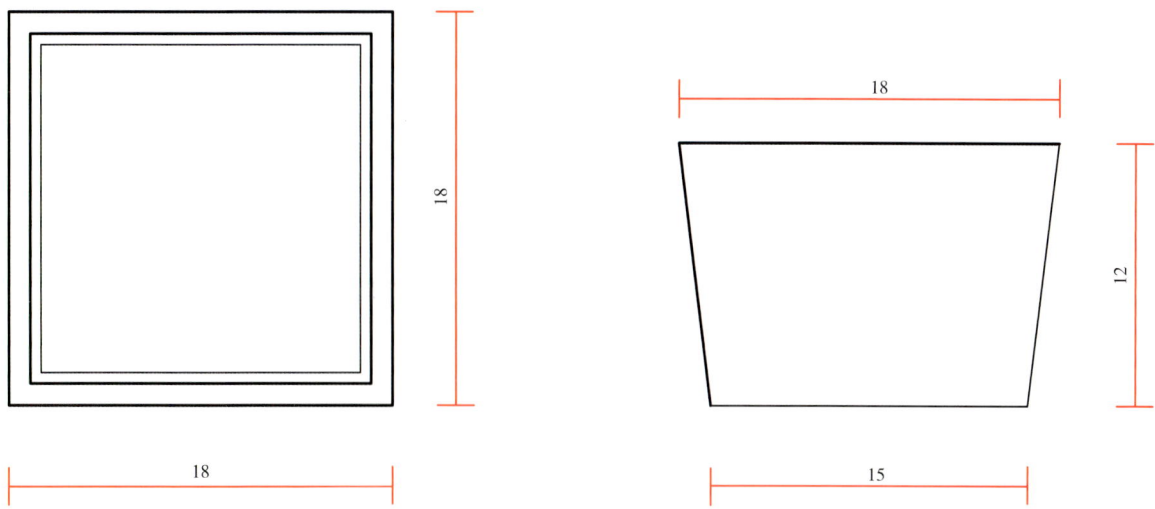

图四　布依族升尺寸图（单位：cm）

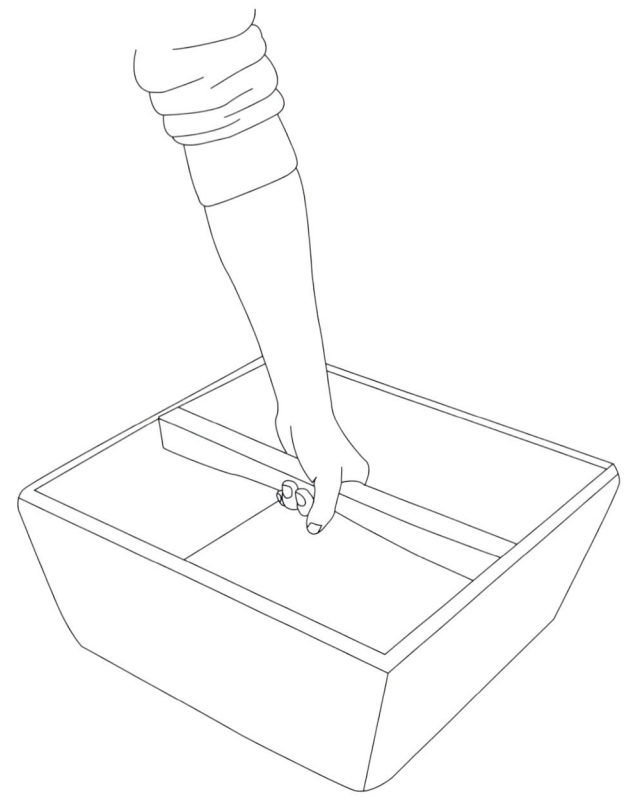

图五　布依族手提斗操作示意图

布依族木马椅

图一 布依族木马椅主图

木马椅，布依语叫做"当嘎"，是布依族用来给婴儿坐着玩耍的日常用具，即婴儿座椅。本案例采集自贵州省惠水县，收藏于该县好花红乡辉岩村的"中华第一堂屋"民俗博物馆。

该木马椅用实木打造，外形呈长方体，三层框架结构，呈褐色，具有结构巧妙、安全舒适、结实耐用等特点。后柱略高，58厘米；前柱略低，54厘米；横截面呈正方形，边长42厘米，这种方正的框架结构与布依族的木楼建筑十分和谐，且通透舒适，也便于在四周搭些包被保护婴儿。该椅由木板隔成三层，第一层隔板完整，离地面约5厘米，作为婴儿的脚踏板，避免了脚直接踩地的冰凉不舒服。第二层是婴儿的座位，仅后半部有横隔板，前半部留空，便于婴儿伸腿活动，搁腿的部位向后凹陷成弧形，能使婴儿腿部更加舒适；婴儿坐的位置抠一直径约5厘米的小孔，可及时漏掉婴儿大小便，避免被大小便浸泡带来的不适；第二层以一段短绳穿一支圆竹筒，再与第三层前中部相连，可避免婴儿滑落或卡进座椅。第三层即最上层，在方形横板的中央挖一直径20厘米的圆孔，比婴儿胸径略大，便于婴儿活动身体，或坐或站灵活自如。四角立柱之间还可以牵绳子拴一些小玩具，便于婴儿拨弄玩耍，增加坐木马椅的趣味性。

木马椅能在保证婴儿安全的前提下让婴儿独坐、玩耍，大大减轻了大人的负担，使大人能腾出手轻松吃饭或做其他的家务，吃饭、干家务和看护小孩得到很好的兼顾。木马椅的制作和使用，充分体现了布依族人的生活智慧和劳动智慧。木马椅的舒适性和耐用性是其他材质的婴儿座椅所不及的。

图片来源
图一　陈玉平　摄影
图二至图五　毛朝江　制图

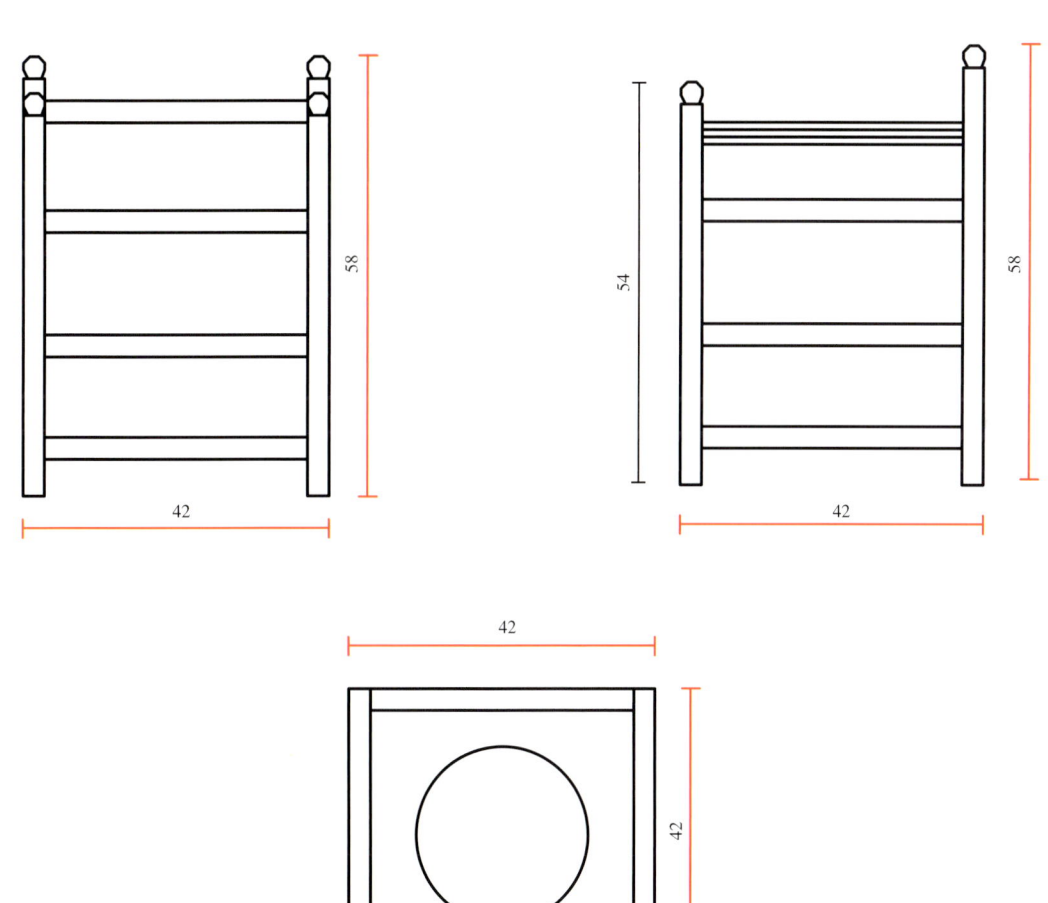

图二　布依族木马椅三视、尺寸图（单位：cm）

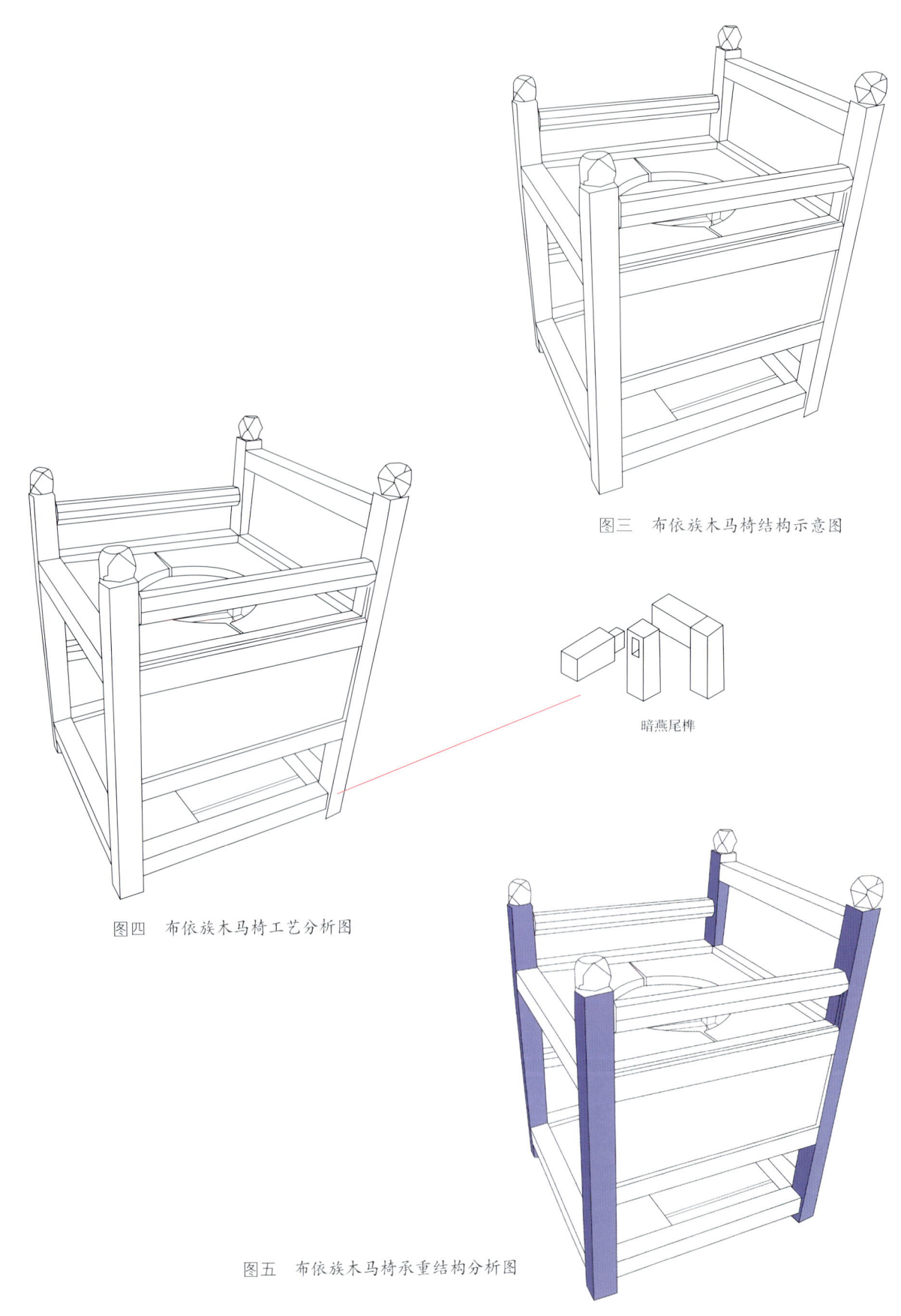

图三 布依族木马椅结构示意图

暗燕尾榫

图四 布依族木马椅工艺分析图

图五 布依族木马椅承重结构分析图

布依族木雕盆架

图一 布依族木雕盆架主图

盆，布依语念bén。盆架，布依语叫"架盆"（近音），意思就是"放盆的架子"。本案例采集自贵州省平塘县克度镇，是当地一户布依族人家的祖传家具，木质框架结构，部分雕花，陈色古旧，为晚清至民国期间的物件，高145厘米，宽43厘米，厚40厘米。

该盆架用一根145厘米×2.5厘米×2厘米、三根83厘米×2厘米×2厘米的方条作基本的直立支柱，四脚距地面5厘米处，用两根33厘米×2厘米×2厘米、两根12厘米×2.5厘米×2厘米的方条契合连接，在下部形成一个长方形小方框；方框中部与一根47厘米×3厘米×2.5厘米的方条横向相连，横条穿过方框的部分较薄，伸出方框的一段较粗，末端与地面接触；另有一根等粗、高53厘米的立柱与之垂直相连。盆架中部左侧有一个40厘米×17厘米×14.5厘米的长方形木盒，刚好被四根立柱托住并固定，便于装入洗漱用具、化妆用品。木盒配一木盖，木盖分两截，一截固定，占1/3，另一截以活叶与之相连，占2/3，可活动开启，便于放置和取用东西。木盒下方有一层等大的通透空间，适于放置一些小物件。木盒右侧是由一些2.5厘米粗的方条横竖如井字相连，末端接竖立的吊脚，形成框架式的托盘，便于放置脸盆。托架中平行的两根横条与一根90厘米×2.5厘米×2厘米的吊脚立柱相连，撑起盆架的靠背。靠背上部横向连接的部分镶一道5厘米高的镂空菱形雕花，雕花下方镶两个小方块夹一面小方镜，便于洗漱时照镜子，洗漱后晾毛巾。脸盆装水洗脸时平放在盆架的托架上，不用时可以竖着穿过托架下方立柱间的空隙，放进托架下方中央的空腔，斜靠四周立柱，由下部的方框及横条托底。

过去布依族结婚，家具不多，但一架木床、一对木箱、一对木柜、一个盆架，这些常常是少不了的。根据条件请木工打制，或到集市上买。盆架有简单的，也有讲究的，本案例属于比较讲究的一种，其结构复杂、构思巧妙、做工精细，既美观大方，又稳固实用。如今木料难得，而塑料、铝合金盆架更容易购买获得，木质盆架已不多见，如本案例这么讲究的雕花盆架更难见到，它代表了一定时期布依族婚俗文化中的家具特色。

图片来源
图一、图三至图五　毛朝江　摄影
图二、图六、图七　毛朝江　制图

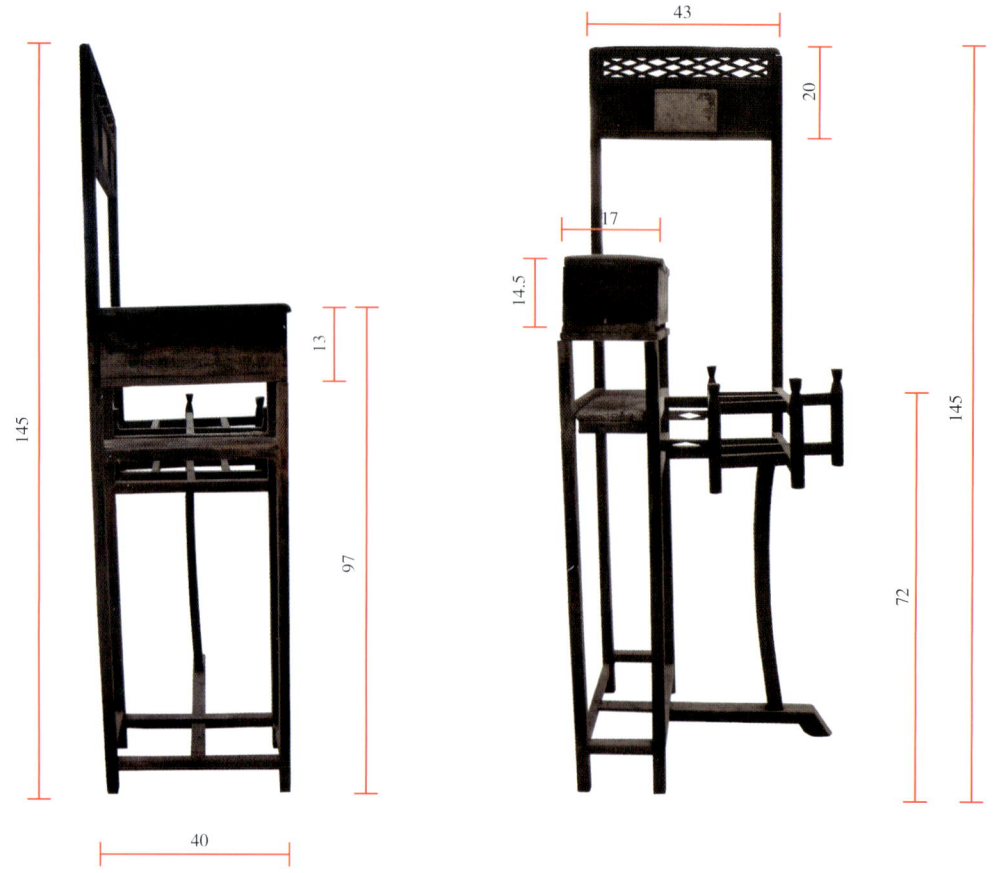

图二　布依族木雕盆架尺寸图（单位：cm）

图三　布依族木雕盆架用法示意图1

图四　布依族木雕盆架用法示意图2

图五　布依族木雕盆架雕花

第四章　布依族传统生活用具

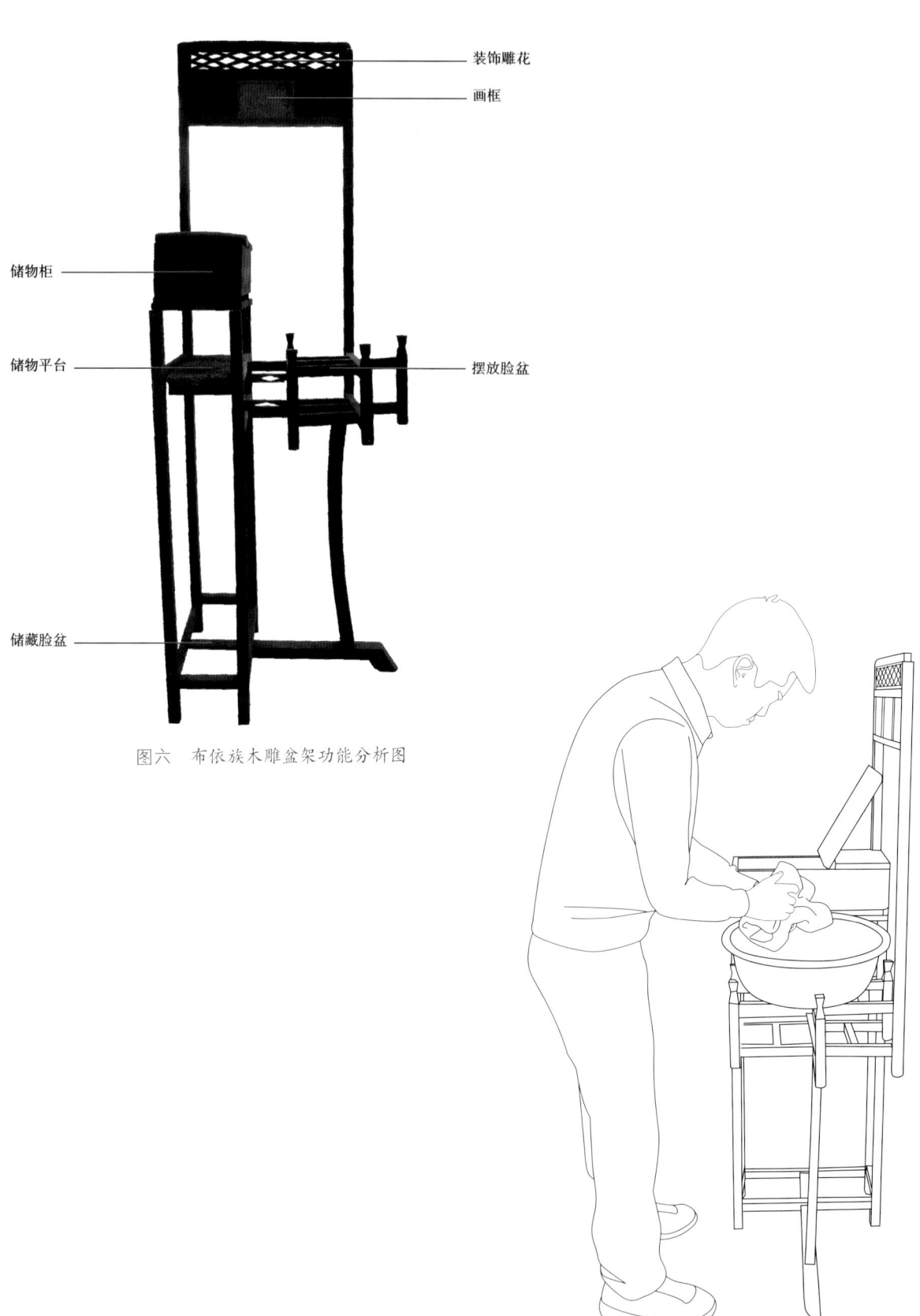

图六　布依族木雕盆架功能分析图

图七　布依族木雕盆架使用情境图

布依族八仙桌

图一 布依族八仙桌主图

八仙桌,布依语叫做"雄劳",指桌面较宽的大方桌,四边长度相等,呈正方形,每边可坐二人,四边围坐八人(犹如八仙),故民间雅称八仙桌。八仙桌是布依族日常使用的家具之一,家家必备,摆放在堂屋正对大门的神龛(家神)下方,靠墙,正对大门口,主要用于节日祭祖和日常摆放食品。本案例采集自贵阳市花溪区镇山村布依山寨生态博物馆。实木制作,桌面宽大,四腿直立,桌面下方四腿之间有木雕条块、花团连接,上油漆,呈黑褐色,宽、高均为85厘米。

制作这种八仙桌,基本步骤是:1. 将大块木料分解成小块的木板和木方,并加工、拼接成所需形状和尺寸:四块梯形,为下底长85厘米、上底长55厘米、高15厘米、厚2厘米的梯形;一个正方形,边长为55厘米。2. 将正方形木板居中,四块梯形围在其四周,拼成一张大桌面。3. 将木方加工成长方体的桌腿,上端稍粗、下端稍细,横截面平均边长5厘米。再加工一些比桌腿稍细的方条,雕刻四朵"牡丹"、八朵"祥云"、八朵"角

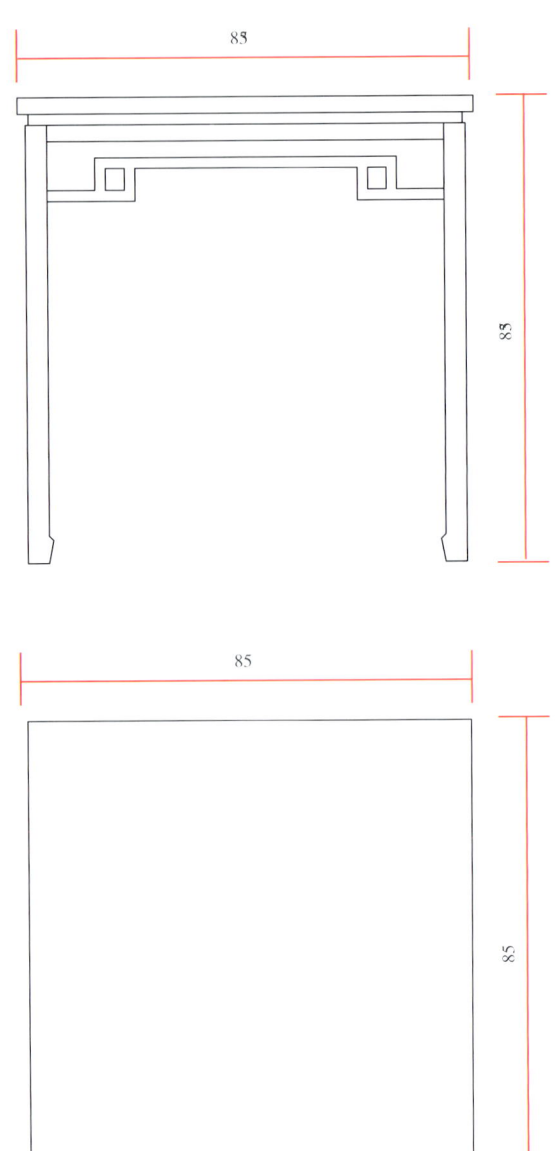

图二 布依族八仙桌视角、尺寸图（单位：cm）

花"的木雕花团。4.将桌面和桌腿契合，并用加工好的方条拼成一定的几何图形，再将桌腿连接起来。与桌面平行的中间一段横向方条较长，与桌面间的缝隙每面镶一朵"牡丹"和两朵"祥云"木雕花团。5.桌腿上部与横向方条交接处下方镶木雕角花，两两垂直，使之连成整体。这样的设计效果是桌面宽大，便于摆放较多较大的食物，桌腿较粗且有木雕连接，既稳固又美观。

如今，布依人家还保持使用八仙桌的传统。八仙桌的使用也是很讲究的，比如主要用来摆放食物，亲戚送来的礼物中，食物要尽早摆到八仙桌上，点上香，请家神和八仙来享用。其他物品不能随便摆放，尤其不能摆放裤子、鞋袜等下身穿着的东西。在桌上放东西也只能小心轻放，不放东西时桌面尽量保持清洁，除了卫生，还表示对家神和八仙的尊敬。

图片来源
图一　陈玉平　黄元碧　摄影
图二至图五　毛朝江　制图

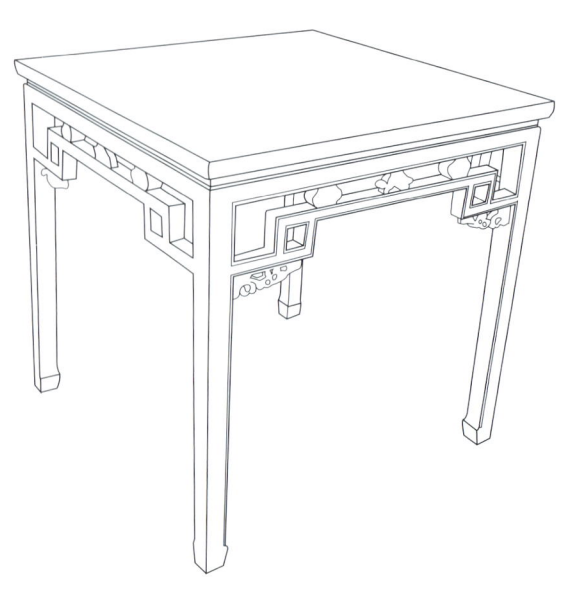

图三　布依族八仙桌线描图

图四　布依族八仙桌雕花示意图

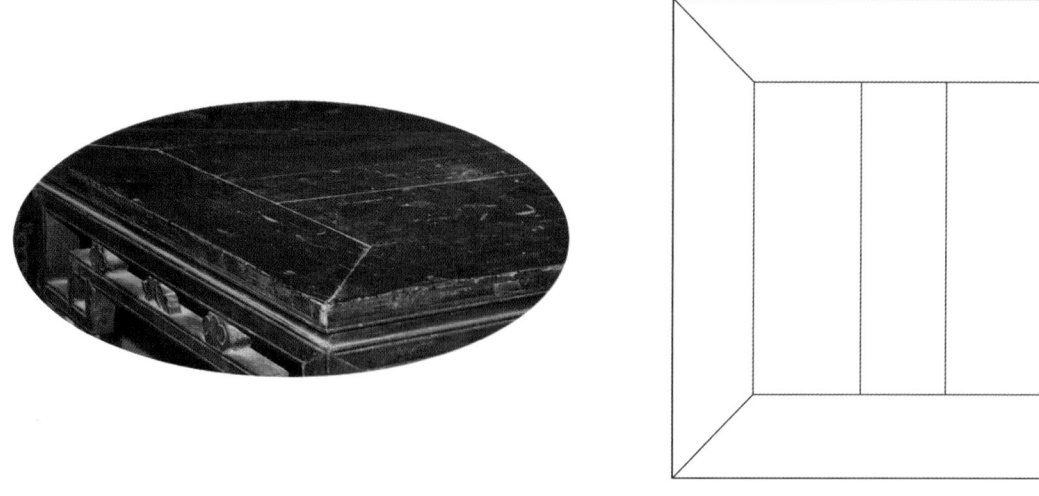

桌面木板的结构

图五　布依族八仙桌桌面结构分析图

布依族架子床及帐帘

图一 布依族架子床及帐帘主图

床，布依语叫做"祥"（近音）；架子床因有高大的支架而得名，一般比较宽大，因此又叫做"祥劳"（大床），是布依族青年男女结婚用的婚床。本案例采集自贵州省贵阳市花溪区镇山布依族村生态博物馆，制作于20世纪七八十年代，长210厘米，宽140厘米，高45厘米，支架高135厘米，总高180厘米。

这样的架子床，一般是由男方家负责制作，与箱子、柜子等家具一起，备好木料，请木匠到家里打制。先取四根长180厘米、边长10余厘米的木方进行加工，使其下段50厘米为边长10厘米的方柱；中段60厘米加工成粗细不一的圆柱，好像三个花瓶叠加在一起；上部至顶端又加工成粗细均匀的圆柱。另用几块木方和若干短木柱，加工成床沿内侧和两头围栏式的床挡，与四角的床柱连接，再与顶端横竖连接的支架连成一个整体。使用时罩上蚊帐，里面就成了相对独立而隐秘的空间，如同一个小房子。冬天罩上较厚的黑色土布蚊帐，又能起到保温作用。蚊帐上端固定，前面可开可合，向两边撩开时呈"八"字形，用帐钩向两边床柱钩挂。帐顶门楣处横挂绣花帐帘，绣花卉、蝴蝶图案，镶格子土布花边。前面和床挡部位还对称地挂一些花包，起到很好的装饰作用。夏天一般罩白色纱布蚊帐，既通风又隔离蚊虫，使人免遭叮咬。

布依族架子床，有复杂的也有简单的。复杂的雕龙刻凤，配踏板和床头柜，与明清时期许多中式卧具相似。本案例是较为普遍的简约款式，更加突出实用功能。因为布依族大多生活在南方依山傍水的河谷地带，这些环境夏季多蚊虫，因此，驱赶蚊虫是其卧具必须考虑的重要功能。布依族利用所居住的山区较容易获得的木材，加工制作成架子床，根据不同季节，罩上厚薄不同、缝合不同的蚊帐，既美观又实用，而且有支架和围栏保护，蚊帐不易被睡者因翻身挂到而打开，隔离蚊虫效果更好。深色土布蚊帐、绣花门帘及花包装饰，更使架子床显得素雅而秀美，与布依族居住环境十分协调，更能体现布依族简朴、恬静而含蓄的性格特点。

图片来源
图一、图三至图六　陈玉平　摄影
图二　毛朝江　制图

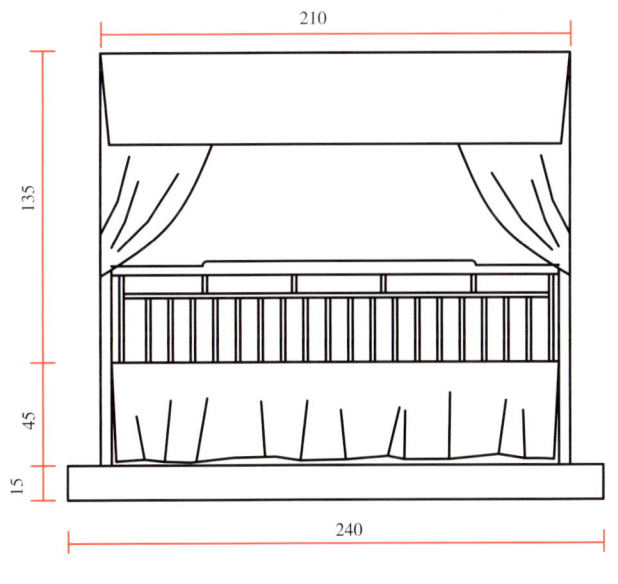
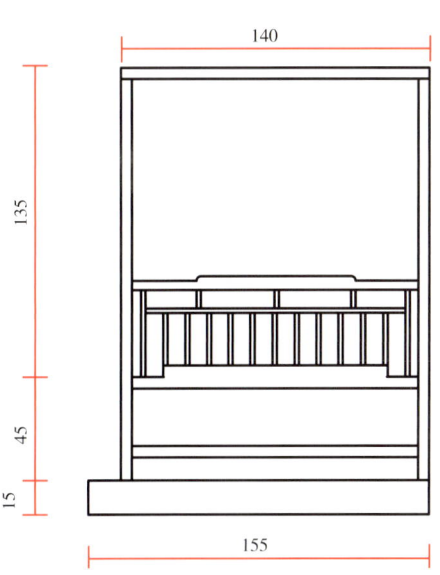

图二　布依族架子床及帐帘尺寸图（单位：cm）

图三 布依族架子床及帐帘正面图

图四 布依族架子床及帐帘侧面图

图五　布依族架子床关上蚊帐效果示意图

图六　布依族架子床关上蚊帐正面图

223

惠水布依族礼品架

图一　惠水布依族礼品架主图

在贵州省惠水县一带，礼品架简称"合"（贵州惠水县方言叫法，应为取百年好"合"之雅意），是布依族人进行礼尚往来，尤其是结婚礼仪（红喜事）的一种重要工具，有时也用于丧事礼仪（白喜事）。按其形状可分为长方形和正方形两种。

本案例为贵州省惠水县布依族地区用于红喜事时的合，尺寸规格为：合架上部宽约20厘米，合架下部底架宽约75厘米，高约80厘米，合架左右（前后）正方形木板边长约为12厘米，其中圆孔直径约8厘米；合箱长约69厘米，宽约69厘米，高约10厘米；合杆长约213厘米，直径约3厘米。

贵州省惠水县布依族地区，闹新房等红喜事时，合箱主要用于装置钱、水果、糯米粑、爆竹、糖果等吉祥如意礼品，同时在合杆悬挂一只猪脚或合架顶端平放猪脚。使用于丧事（白喜事）时，合箱则装上祭祀菜品、爆竹、酒、白纸等。合使用时，都是两人一前一后，抬起合杆两端行走。

合由合架、合箱和合杆三部分组成。传统合架主要选用榆木等优质木料制成，结构多采用榫卯形制（为更加牢固，部分主要承重节点辅以铁钉加固），合架包括平底架和立挂架两部分。平底架由四根长方体木条以榫卯构成，其作用是支撑合箱；立挂架则由八根长方体木条构成，其中四根木条成双对立与平底架两对边相连接，并在同一水平线上，长度一样，主要是两侧固定合箱，这四根木条上端又由四根一样大小的长方体木条和两块打开圆孔的正方体木板相互连接而成，在空间中形如一个两端有圆孔相通的平摆的长方体，两圆孔用于悬挂合杆，抬起整个合体。合箱是一个用木板制成的无盖的长方形或正方形箱子，其形状取决于合架中的平底架，合箱就固定在合架的平底架和立挂架中，用于集装礼物。合杆是用一根笔直的木料（也有用竹竿）制成的圆柱体杆子，人抬合时合杆两端分别落在两人的肩膀上。合在制成之后都要涂染上一层红色油漆，既起保护木料作用，亦有吉祥寓意。

合作为惠水县布依族地区礼仪文化的一个重要载体，是人们生活中不可或缺的日常用具，即便是如今现代礼仪形式中也少不了其身影，它将作为布依文化的一个元素不断得到继承和发扬。

图片来源

图一、图四、图五　陈玉平　摄影
图二、图三、图六　毛朝江　制图

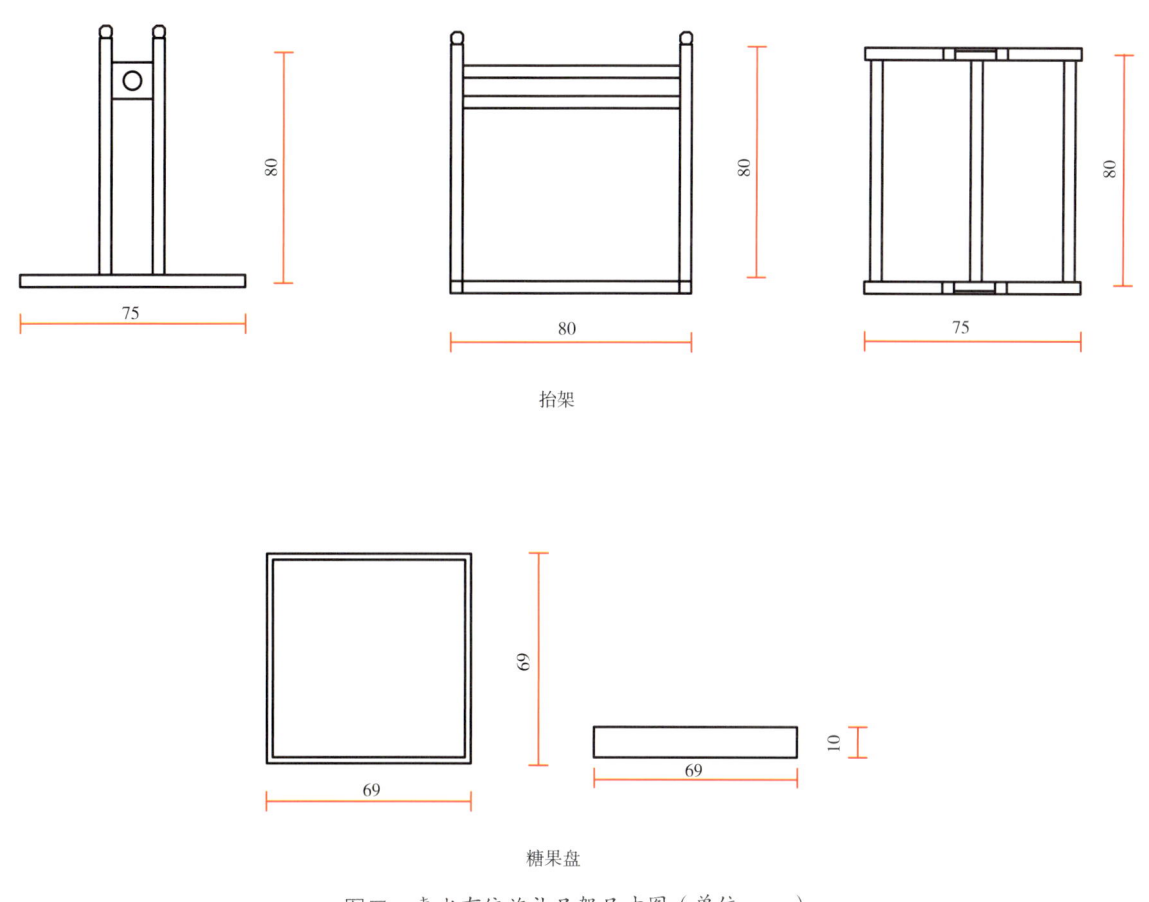

图二　惠水布依族礼品架尺寸图（单位：cm）

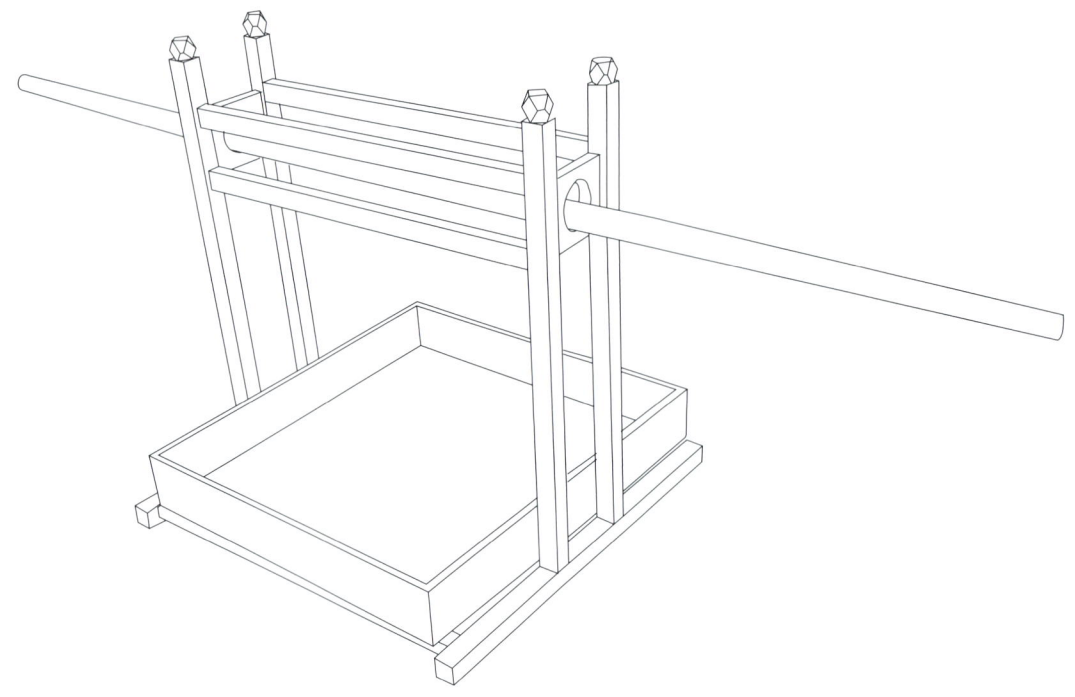

图三　惠水布依族礼品架线描图

图四　惠水布依族礼品架盛食物图

图五　惠水布依族礼品架分解图

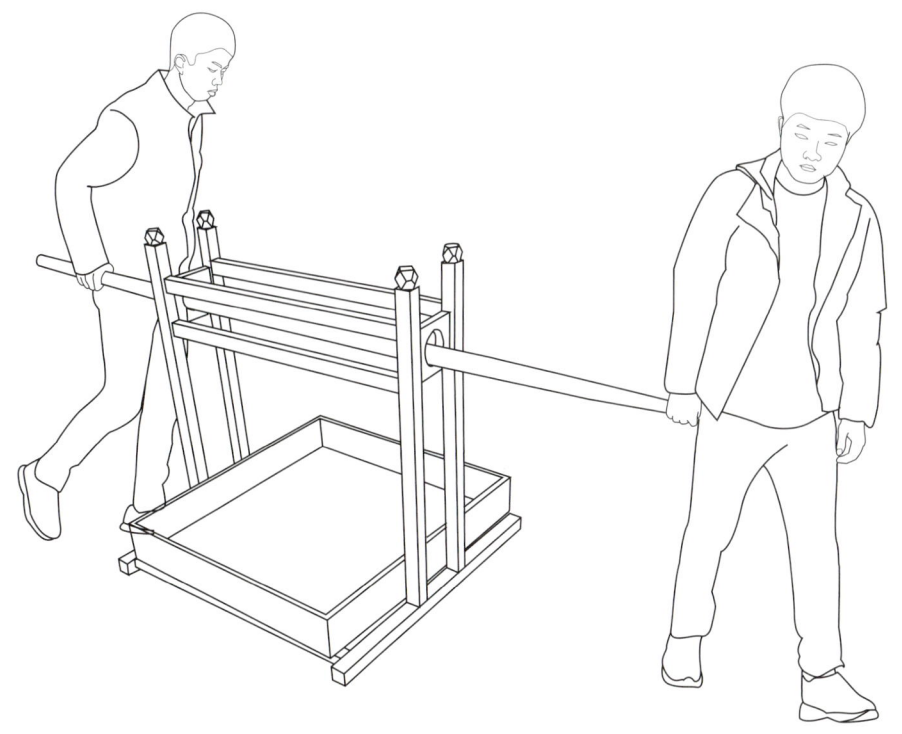

图六　惠水布依族礼品架使用情境图

第四章　布依族传统生活用具

平塘克度布依族细篾斗笠

图一 平塘克度布依族细篾斗笠主图1（正面）

斗笠，又名笠帽、箬笠，是人们重要的防雨防晒用具。贵州省平塘县克度细篾斗笠是当地布依族人就地取材，利用当地盛产的特别种类竹子制作而成，历史久远，一直被沿用至今。平塘克度细篾斗笠，当地人又称之为"斗篷"。整体外观呈类似山状的圆形大饼，有尖顶和圆顶两种形制。斗篷主要由竹片、塑料纸（或者油纸、竹叶）和一条细绳构成。罩头部分是竹片编成的一个直径约20厘米左右的圆圈，略成椭圆形，其下面两端系着约50厘米长的细绳。

制作平塘克度细篾斗笠是一项独特的手工技巧，其编制过程大致如下：先用竹条编制各种条纹类似于簸箕形状的一个圆，其中间部分分为各种条纹，互相交错编织；然后在编好的第一层的竹条上铺上一层塑料纸，又重复第一层的编造过程在塑料纸上盖上用竹条编好的竹顶，顶部略突呈尖形，恰似小山形状；之后又用编好的小竹笼固定山状斗笠里面的最高处，连接处均用竹条编接，确保牢固；最后用一根细绳系住竹笼对应的两端，戴的时候用细绳系住脖子，防止斗篷掉落。斗篷的类型多样，颜色条纹各不相同，编制的效果因人而异，各具特色，具有不同的美感。一般而言，防雨用的斗笠编造由上下两层竹编组成，中间夹以塑料纸等防水材料；防晒的斗笠不加防水材料，有时甚至只编造一层竹材，以实现轻便透气的效果。

平塘克度细篾斗笠手工制作新颖、美观，兼具防晒、透气、隔热、防雨、耐用等多种功能，现在依然是当地人的重要防雨防晒用具，也成为游客到贵州旅游时竞相购买的竹编工艺品。

图片来源
图一、图二、图五、图六　黄元碧　摄影
图三、图四　毛朝江　制图

图二　平塘克度布依族细篾斗笠主图2（背面）

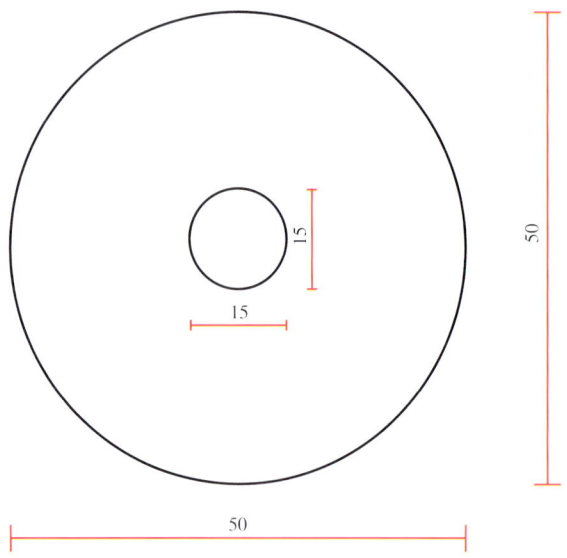
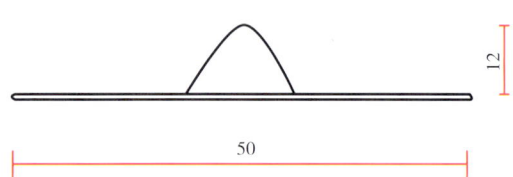

图三　平塘克度布依族细篾斗笠尺寸图（单位：cm）

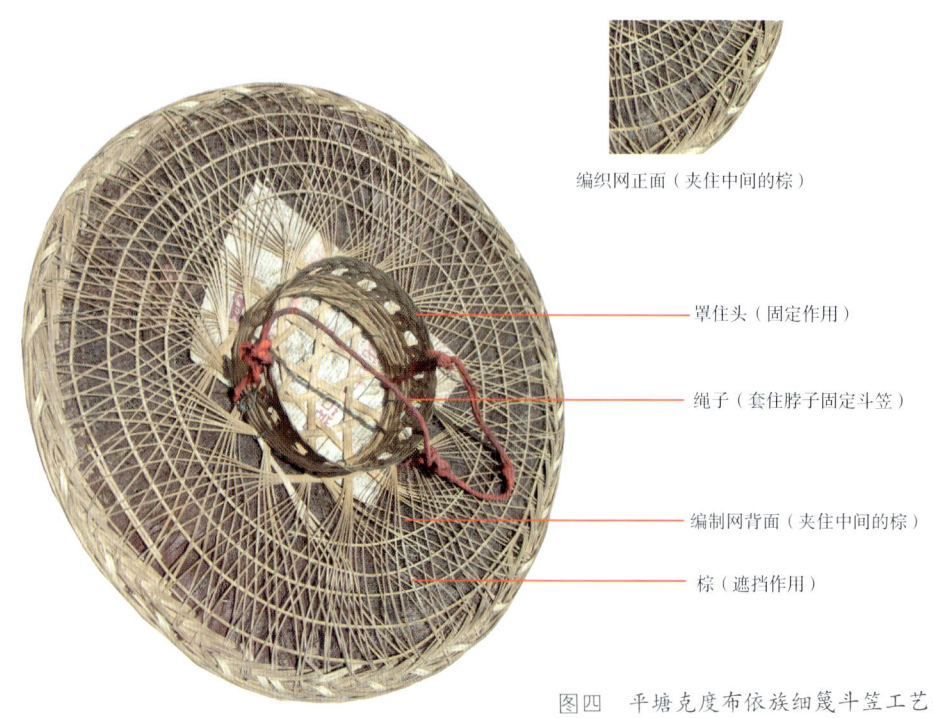

编织网正面（夹住中间的棕）

罩住头（固定作用）

绳子（套住脖子固定斗笠）

编制网背面（夹住中间的棕）

棕（遮挡作用）

图四　平塘克度布依族细篾斗笠工艺分析图

图五　平塘克度布依族细篾斗笠佩戴效果示意图

图六　平塘克度布依族细篾斗笠对比图

第四章　布依族传统生活用具

布依族藤椅

图一　布依族藤椅主图

布依族选择依山傍水的地方居住，如此得天独厚的居住环境非常适于竹科植物的生长，竹林资源丰富，布依族人除了食用其嫩竹笋外，发挥聪明才智，就地取材，选用上好的竹材编制藤椅。由于藤椅入座舒适，大气上档次，经久耐用，质轻易移，深受布依族人的欢迎，家中必备几把藤椅，特别是家中年长者尤喜坐藤椅。

藤椅类型较多，有藤凳、藤圈椅、藤太师椅等。但藤椅的基本编制过程都比较相似，主要分成两个重要步骤，一是做骨架，多选用几根尺寸合适的竹子拼架，也可以使用藤木制作。二是编织，即用细小的竹条进行编织。编织手法很多，主要有：一挑一编法，斜纹编法，回字形编法，梯形编法，三角孔编法，菊底编法，圆口编织法，六角孔编法和双重三角形编法。藤椅的编制，最后收口很关键，不仅起到美观的作用，更是使编制的藤椅能坚固耐用。收口编法也有多种，最常用的是在收口处加入内、外两竹框，夹着编物，可以利用藤皮、细藤心来做收编。

藤椅在布依族人生活中扮演了重要的坐具角色。制作材质竹子获取方便，成本低廉，藤椅作为布依族人的主要坐具之一广泛流传。

本案例为贵州省镇宁布依族苗族自治县布依族人使用的藤椅。尺寸规格为：椅子座部宽约40厘米，座面高约36厘米，左右前扶手高约50厘米，靠背高约25厘米。

图片来源

图一　王朝举　摄影

图二至图五　毛朝江　制图

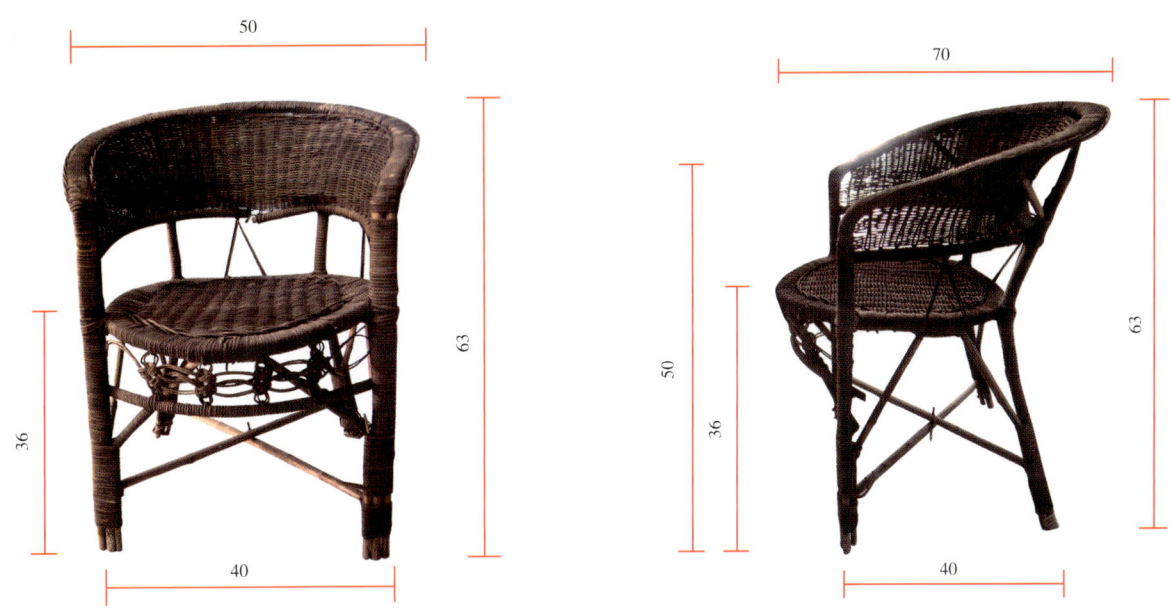

图二　布依族藤椅尺寸图（单位：cm）

花纹　　　　　　　　　　　花纹排列组合

图三　布依族藤椅纹样效果示意图

— 靠背
— 坐垫
— 藤子编花
— 竹子骨架
— 藤子包裹

图四　布依族藤椅解析图

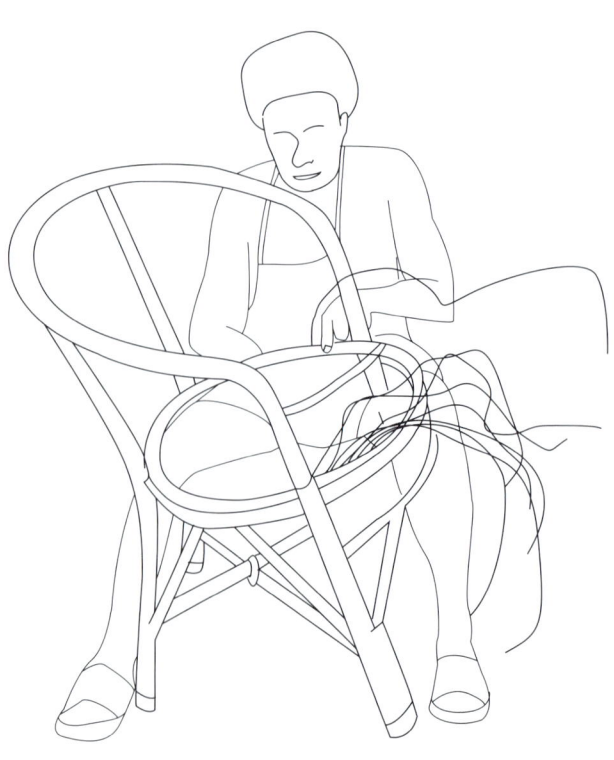

图五　布依族藤椅制作示意图

布依族草凳

图一　布依族草凳主图

　　草凳是以谷草（稻草）为原料，用传统编制工艺手工编织的一种坐具，也就是草凳子或草墩，是布依族重要的日用杂具之一。布依族属农耕稻作民族，布依族人民在漫长的农耕文化中不断总结经验，就地取材，用各种常见材料制作生活用具，既丰富了日常用具种类，也方便了生活。草凳由于采用的材料谷草（稻草）成本低廉，更换方便，使用舒适，在布依族的生活中一直沿用至今。

　　草凳制作大致流程：精选稻草，由手工编织而成，广泛使用"三股草编法"，即先选用适量稻草编做草绳，草绳作"U"形半环状，留出直径为5—7寸的环状部分作为草凳扣（提手），"U"形开口处两端的草合捻后分为三股，编的同时不停加草。依据草凳需要的高矮程度决定两条边之间的宽度。确定了宽度就可以分别编两边的"辫子"，同时中间的"辫子"也同步进行，整个编织进度以草毡的形式慢慢延展，最后从草毡尾端开始卷成圆柱形草墩。草墩的每一两圈都用穿上绳子的竹针缝一遍，使其紧密结合成一个整体，再用木槌在卷好的草凳表面捶打一番，利于草凳平整、结实、舒适，不易歪斜。草凳侧面像耳朵似的环是为方便手提准备的提手。草凳样式多样，有圆形、腰鼓形等。草凳的主要特点是透气性好，保暖防热，冬暖夏凉，老少皆宜。

布依族人有时还给草凳子增加了保健作用。会在草凳内掺杂菊花、鱼腥草、双花、蒲公英、白芍、香附子、大血藤、益母草、车前草、皂角刺、首乌等中药材，这些中药材对附件炎、盆腔炎、月经不调，以及肛肠疾病中的肛周湿疹、痔疮、肛裂等均有一定保健治疗作用，有冬暖、夏凉、透气排湿、按摩臀部的功能。长期以草凳为座凳，预防和减少了上述多种疾病，有利于身体健康。

靠山吃山，靠水吃水，这是布依族人文化调适性的表现。在布依族地区，谷草家家都有，是不必花钱的原料。布依族人充分发挥自己的聪明才智，采用谷草（稻草）制作的草凳沿用至今，在农村布依族生活中扮演重要角色。

本案例为贵州省镇宁布依族苗族自治县高荡村布依族人使用的圆柱形草凳，尺寸规格为：高约20厘米，直径约25厘米。

图片来源
图一、图四、图五　王朝举　摄影
图二、图三　毛朝江　制图

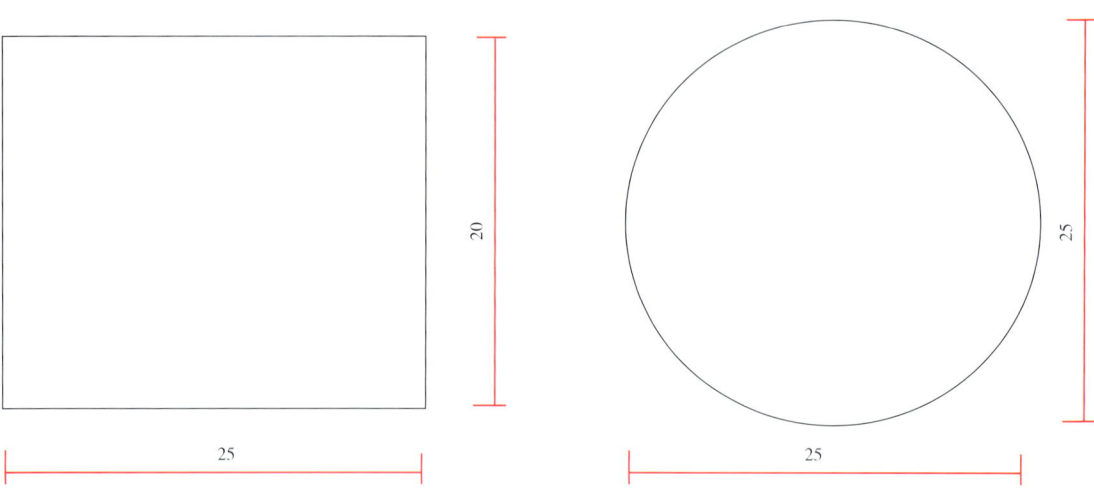

图二　布依族草凳视角、尺寸图（单位：cm）

图三　布依族草凳线描图

图四 布依族草凳制作示意图

图五 布依族草凳携带示意图

布依族铜鼓

图一 布依族铜鼓主图

铜鼓,是少数民族地区的打击乐器。本案例采集自贵州省兴仁县屯脚镇。全部铜铸,鼓面直径约50厘米,高约30厘米。鼓腔镂空,无底面。鼓面和鼓身常刻上精致的花纹图案。铜鼓按不同形制和类型分为:万家坝型、石寨山型、冷水冲型、遵义型、麻江型、北流型、灵山型、西盟型。少数民族贵族曾以拥有铜鼓的多寡作为权力高低的象征。铜鼓一般用于祭祀、婚庆、节日等。

铜鼓制作工艺考究,主要以铜为主,辅以锡、铝合金等铸造。铜鼓分为面、胸、腰、足、耳五部分,浑然一体。鼓身上部称胸,中部称腰,下部称足,腰间两侧各有一对铜铸鼓耳。铜鼓形状、大小各不相同,鼓面常铸有太阳纹、翎眼纹、云纹、乳钉纹、栉纹等纹饰。铜鼓的花纹,反映出对自然现象的崇拜、对雨水的渴望,以及对图腾的崇拜。少数民族把铜鼓当做乐器,跳舞时将铜鼓吊挂起来,一人敲击鼓面,一人用木桶围住鼓底,以增加铜鼓共鸣。大家围着铜鼓,随着鼓点节奏起舞。

敲击铜鼓伴随歌舞,常常与祈年禳灾等

宗教祭祀活动密切相关。在远古时代，生产力水平低下，中国南方少数民族常以"俗信妖巫，击铜鼓以祈祷"驱邪祈福。这种宗教祭祀活动在西南边远山区，尤其是长江两岸及两广一带特别盛行。

图片来源

图一、图二、图四至图六　孙婕　摄影
图三　毛朝江　制图

图二　布依族铜鼓透视图

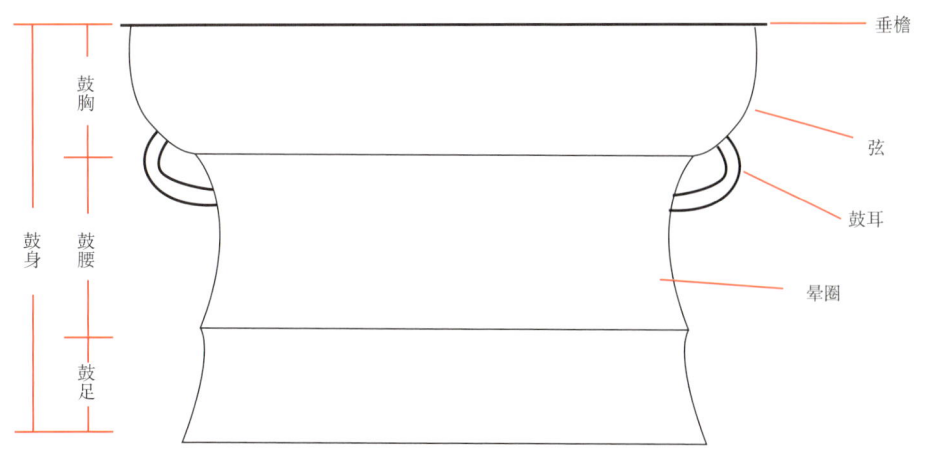

图三　布依族铜鼓结构名称图

图四　布依族铜鼓和铜鼓架

图五　布依族铜鼓敲打示意图

图六　布依族铜鼓使用情境图

布依族低音胡

图一 布依族低音胡主图

低音胡是一种音量较大、音域较宽的低音拉弦乐器。本案例采集自贵州省镇宁布依族苗族自治县，收藏于该县民族文化陈列室。

该低音胡是在二胡的基础上吸取其他拉弦乐器的特点创制而成。琴箱的面板与背板内面为中间部位及周边厚、中心与周边之间形成渐薄曲面的形状。琴箱两边的面板上部制成凹槽，使面板形成上窄下宽的不对称六边形。

低音胡有两条琴弦，琴筒横置，琴杆插入琴筒一侧。琴筒木制，蒙以蟒皮、马皮或羊皮，蒙皮方法和定音鼓相同，可以调节张紧度。弓子和提琴弓相同，不仅能拉奏，还可以拨弦弹奏。

低音胡的定弦比二胡低一个八度（比板胡低两个八度）。它的声音浑厚、低沉，善于表现低沉、哀婉等情绪。定弦为c、g、d、a，演奏方法和大提琴相同，能衬托各种民族乐器。既能独奏，也能合奏，是一种独具艺术魅力的低音民族弓弦乐器。

图片来源
图一、图三至图五　陈玉平　摄影
图二　毛朝江　制图

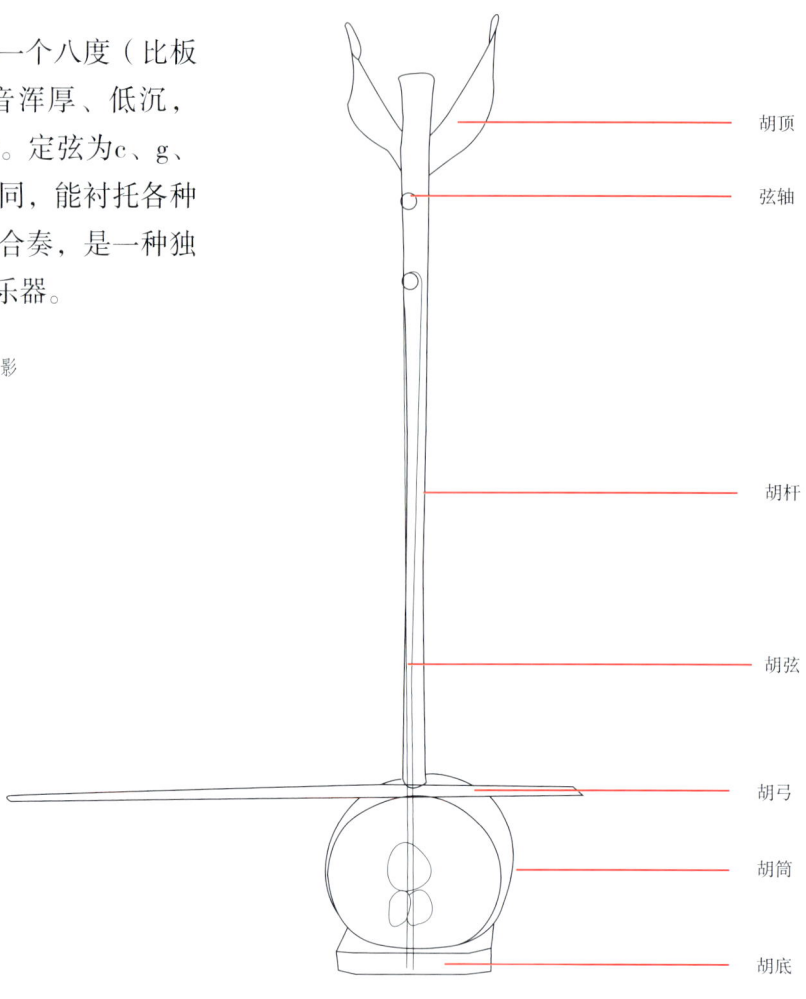

图二　布依族低音胡结构名称图

图三　布依族低音胡顶端装饰图

图四　布依族低音胡单人演奏示意图

图五　布依族低音胡组合演奏情境图

第四章　布依族传统生活用具

243

布依族勒尤

图一　布依族勒尤主图

勒尤是布依语，布依语的"勒"即为唢呐，意为追、选择之意；"尤"即为情人之意。因而布依语的"勒尤"即为"选择（或寻找）情人的小唢呐"。民间也称"勒尤"为小唢呐。本案例采集自贵州省镇宁布依族苗族自治县，收藏于该县民族文化陈列室。

勒尤为木制管身，全长在30—45厘米之间，正面有五六个开音孔，管身上端插有侵子，侵子上面放有特制的虫哨，管身下端装有竹管制作的共鸣筒。虫哨常用槐树或橄榄树上的昆虫茧制成。剪去昆虫茧两头，取出虫蛹，经桐油浸泡，待收缩后取出晾干，稍加修剪即可使用。它与蚕丝绕缚的茧质量不相上下，具有经久耐用、不易破裂变形、发音柔和等优点。勒尤能发出a、c1、d1、e1、g1、a16个音，音域为一个八度。发音优美，好似双簧管的音色，具有浓郁的乡土色彩。演奏技巧和唢呐相仿，运用循环换气法达到曲调的圆润流畅、细腻动听。

勒尤是布依族独特的乐器，采用虫茧制作哨子，发出的音色独特，既明亮又稍显柔和，听之有一种思念而缠柔之感。在合奏中时隐时现，适用于领奏和独奏。

图片来源
图一　孙婕　摄影
图二至图五　毛朝江　制图

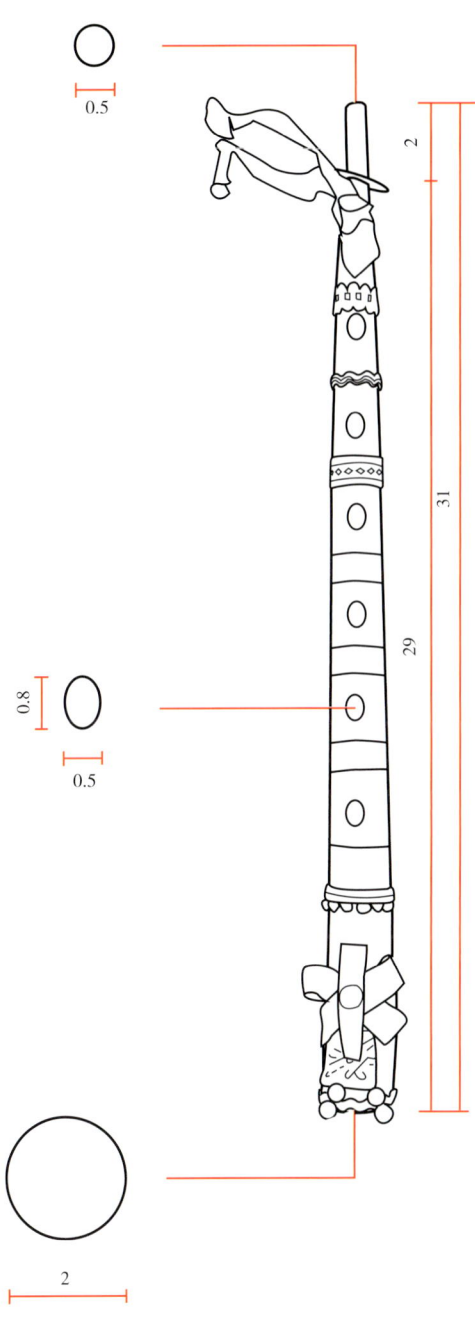

图二　布依族勒尤尺寸图（单位：cm）

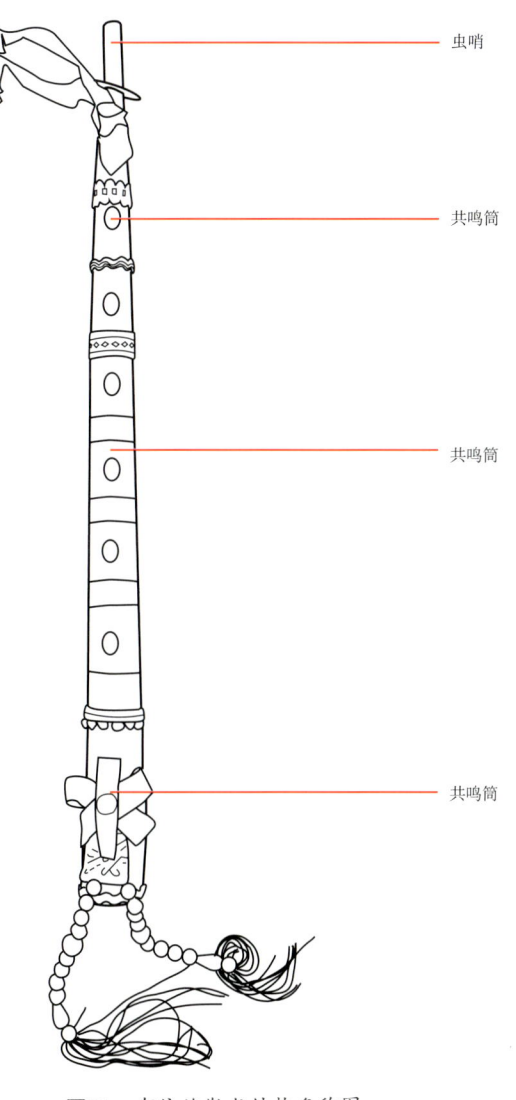

图三　布依族勒尤结构名称图

第四章　布依族传统生活用具

245

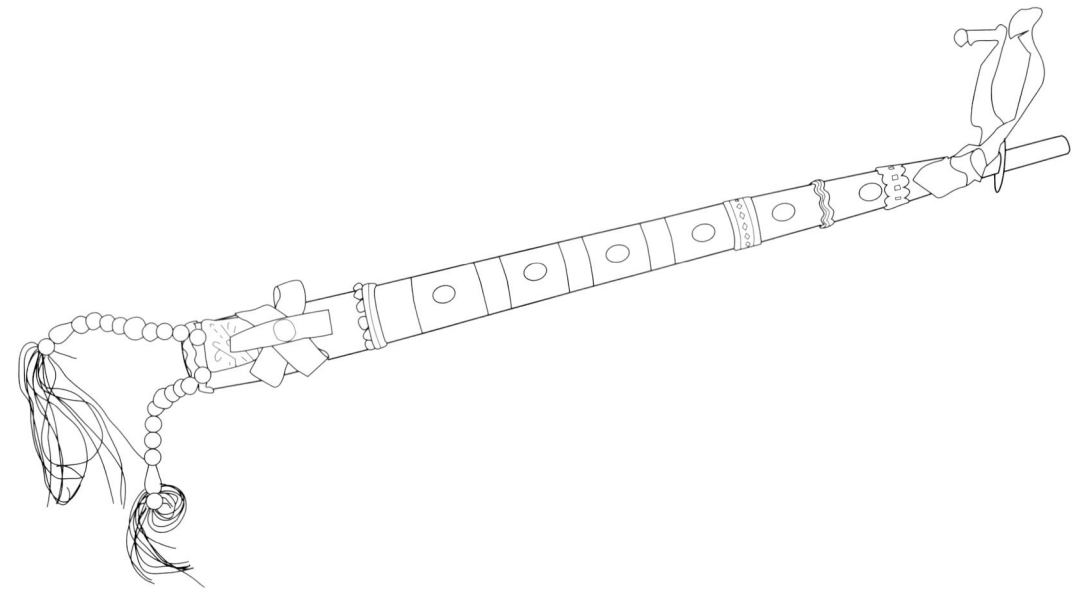

图四　布依族勒尤线描图

图五　布依族勒尤演奏示意图

镇宁布依族四弦胡

图一 镇宁布依族四弦胡主图

四弦胡流行于贵州省镇宁、普定县一代布依族聚居地区。当地居民多在农闲劳动之余自拉自唱自娱，并常为民间歌曲伴奏，是当地布依族情歌的主要伴奏乐器。本案例采集自贵州省镇宁布依族苗族自治县，收藏于该县民族文化陈列室。

布依族的四弦胡用竹筒和木材精制而成。选取一个竹筒，用篾条制一个圆形箍把蛇皮箍紧。在离圆箍三指处打穿一个眼孔，将胡干插在眼孔上。胡干的另一头钻有四个小圆孔，四根调声把各缠绕着一根弦一直拉到竹筒通过蛇皮到下部边缘固定。蛇皮上安一个锯形小木卡子。四根弦压在小卡上，用马尾毛分成两股，分别通过一、二弦和三、四弦之间。一、三弦是高音组，二、四弦是低音组。

演奏时将琴筒置于左腿上,左手扶持琴杆,用食指、中指、无名指、小指按弦,右手执弓,弓毛分别置于一、二弦和三、四弦之间拉奏,弓向内推压时,一、三弦同时发音;弓向外靠拉时,二、四两弦同时发音。四弦胡的定弦为:a、e1、a1、e2,音域a—a2,有两个八度。发音响亮,音色浑厚,音量较大。由于每组的两弦为八度音程关系,所以四弦胡的发音始终是发八度双音。可用于独奏、合奏或伴奏。

图片来源
图一　孙婕　摄影
图二至图五　毛朝江　制图

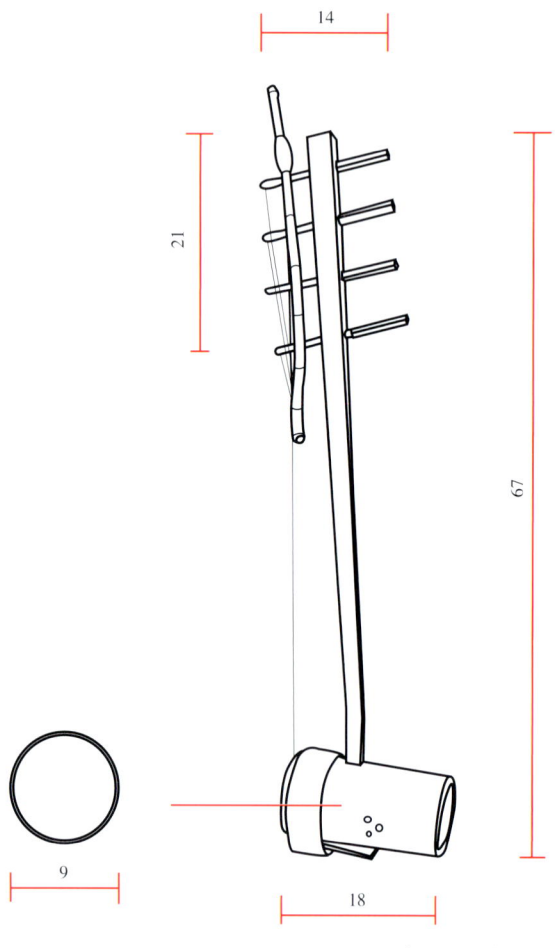

图二　镇宁布依族四弦胡尺寸图(单位:cm)

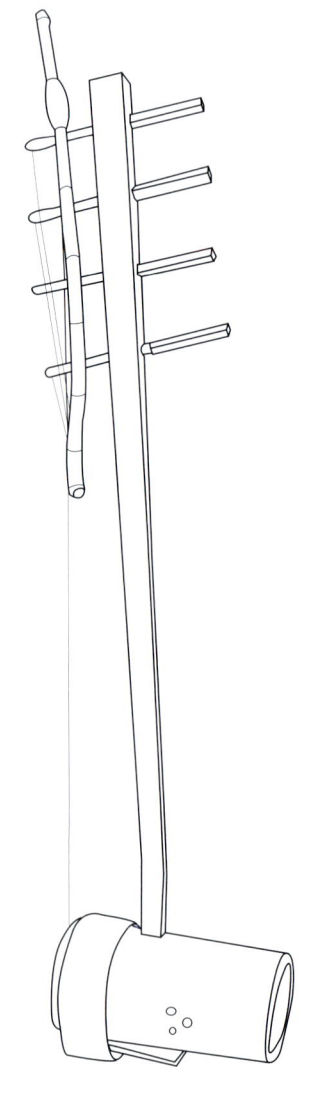

图三　镇宁布依族四弦胡线描图

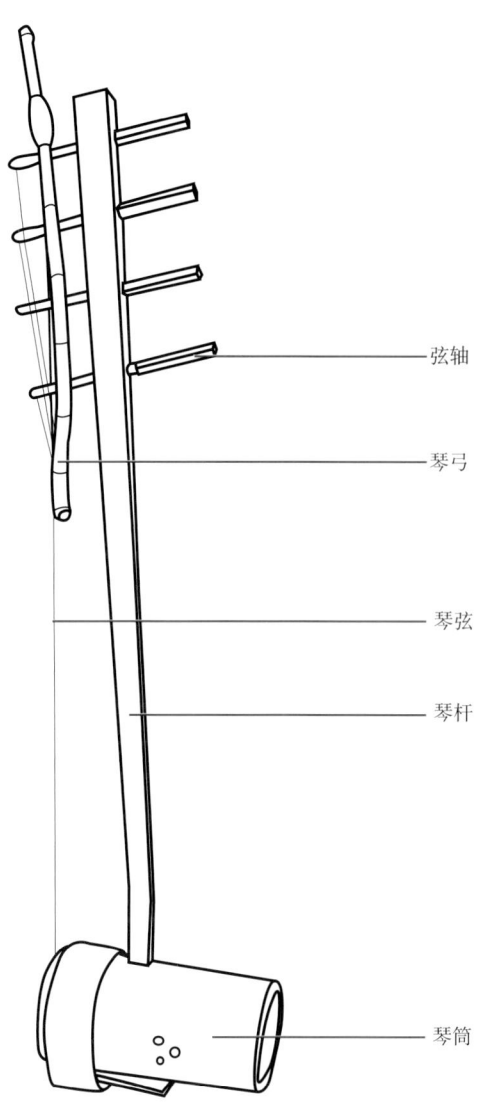

图四 镇宁布依族四弦胡结构名称图

图五 镇宁布依族四弦胡演奏示意图

249

布依族唢呐

图一 布依族唢呐主图

　　布依族唢呐的管身共有八个孔，分别由右手的食指、中指、无名指、小指，以及左手的大拇指、食指、中指、无名指来按（惯用手不同者可换左右），以控制音高。由嘴巴含住芦苇制的哨子（也称簧片），用力吹气使之振动发声，再经过木头管身以及金属碗的振动及扩音发出声音。

　　本案例采集自贵州省镇宁布依族苗族自治县，收藏于该县民族文化陈列室。唢呐的最大特色，在于其能以嘴巴控制哨子作出音量、音高、音色等各种变化，以及各种技巧的运用，这使唢呐较难控制音准，对音色的变化也较难把握，也使得唢呐成为表现力丰富的乐器。调整哨子的技巧，也由此成为唢呐演奏者必备的重要技能，除了哨子状况的好坏会影响省力与否及音准之外，不同曲目的音色表达也对哨子有不同的要求。

　　布依族唢呐艺术历史悠久，布依族结合本民族的社会生活、心理素质和欣赏习惯，逐步对唢呐乐器的吹奏形式加以改造，使其几乎具有所有管乐演奏的技巧，甚至能模仿人的唱腔、鸟的鸣叫等，形成了具有本民族特色的艺术形式。

图片来源

图一　孙婕　摄影

图二至图五　毛朝江　制图

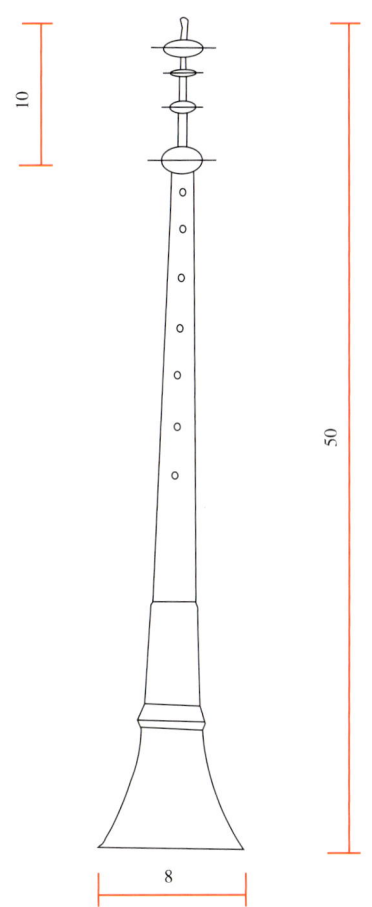

图二　布依族唢呐尺寸图（单位：cm）

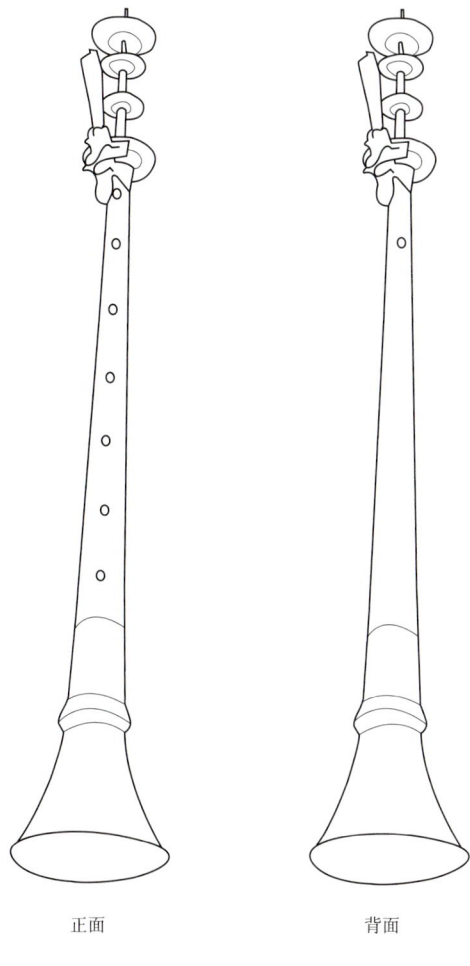

正面　　　　　背面

图三　布依族唢呐线描图

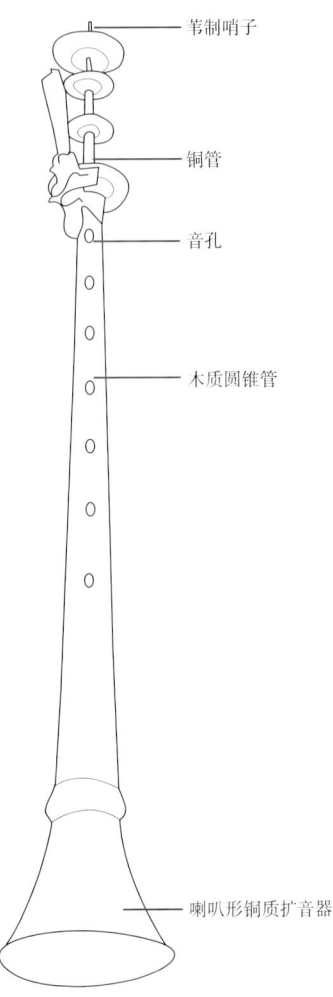

图四　布依族唢呐结构名称图

图五　布依族唢呐演奏示意图

布依族月琴

图一　布依族月琴主图1（正面）

布依族月琴，有的地区称弦子，扁圆形琴箱的称库竹，棱形琴箱的称八角琴。琴颈较窄而短，弦轴短小，共鸣箱较大。多使用花梨木、核桃木、桐木制作，在选择时讲究木料软硬搭配。本案例采集自贵州省镇宁布依族苗族自治县，收藏于该县民族文化陈列室。

布依族月琴常选取梧桐木制作音箱，琴箱圆形，直径30—50厘米，在面板两侧各开两条竖向音孔。设三弦九品，琴弦用丝弦、尼龙弦或尼龙缠钢丝弦，以钢丝尼龙弦的效果最好。内弦和中弦定为四度，中弦和外弦为五度。琴柄上端饰以云纹或其他雕饰。音色悦耳、动听，高音清脆、中音明亮、低音丰满。月琴吸收了柳琴、琵琶等乐器的弹、拨、撮等技巧，演奏时左手按弦，右手用手指弹奏。

月琴外表装饰华丽，有的在面板上雕龙刻凤，有的雕刻植物图案及各种镂空的图案花纹，还有的镶嵌六边形闪闪发光的镜子。精品月琴则在面板上装饰银片、铜片，在琴上拴有一串响铃，使月琴成为精美的民间工艺品。月琴既是布依族举办歌舞活动时必备的伴奏乐器，也是小伙子拨动少女心扉的特殊工具。月琴音色清脆悦耳，轻轻弹动，恰如丝丝细雨；急促拨弄，犹如万马奔腾。小伙子们常用优美的琴声吸引自己心爱的人。

图片来源
图一、图二　孙婕　摄影
图三至图六　毛朝江　制图

图二 布依族月琴主图2（背面）

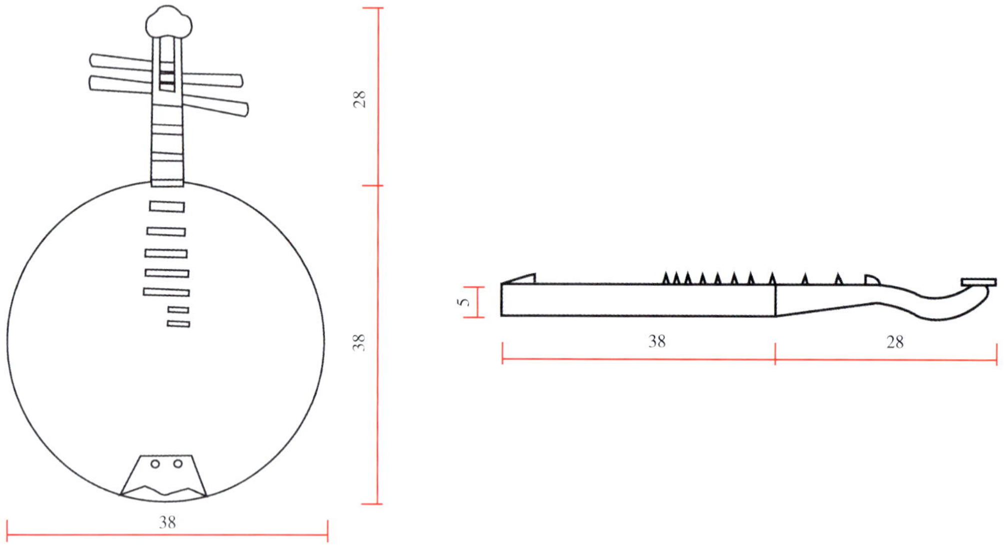

图三 布依族月琴尺寸图（单位：cm）

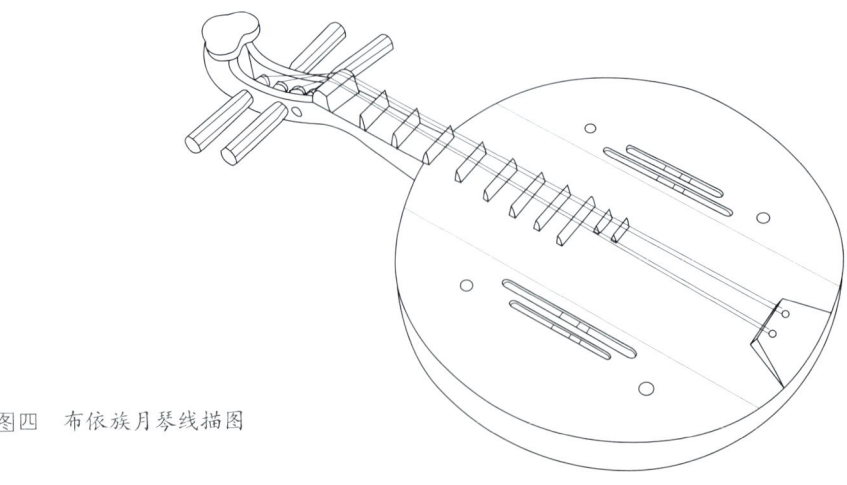

图四 布依族月琴线描图

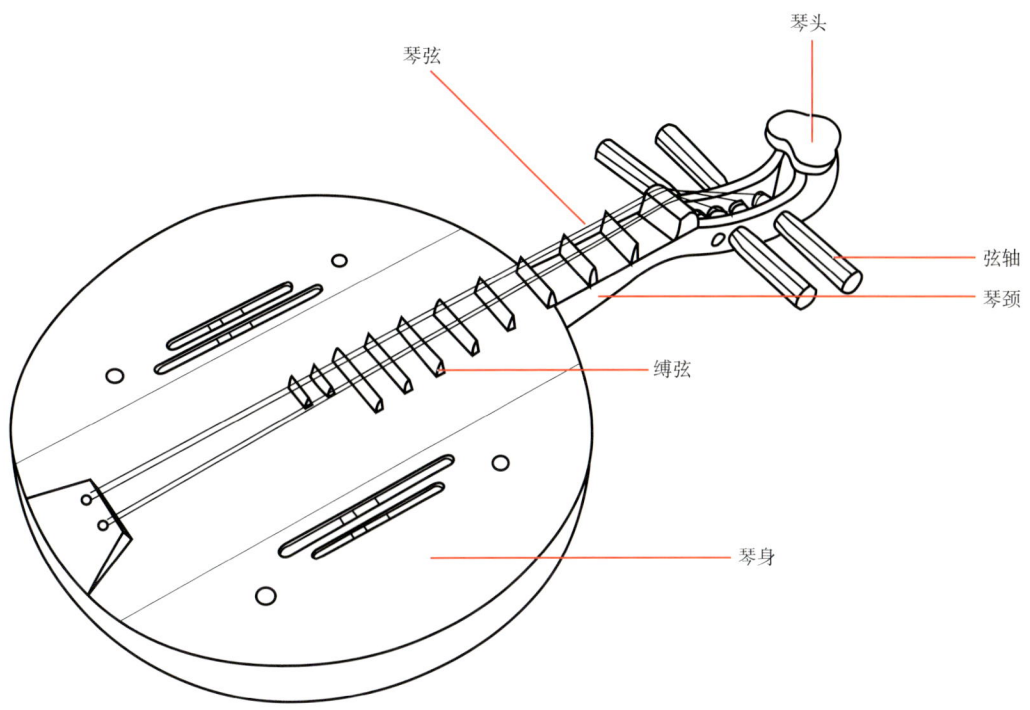

图五　布依族月琴结构名称图

图六　布依族月琴弹奏示意图

布依族长号

图一　布依族长号主图

长号又称长鸣、铜角、招军、马吹、喇叭等，是唇振气鸣乐器，布依语称莽列。流行于中国各地，尤以广西、云南、贵州、新疆等省、区最为盛行。在中国古代，基本上呈喇叭类型吹管的气鸣乐器都通称为角，起初是用牛角吹奏，而后改用竹、木、皮革、铜等材料制作，长号逐渐由古代的角衍变而来。

本案例采集自贵州省镇宁布依族苗族自治县，收藏于该县民族文化陈列室。该长号通体用薄铜片制作，管体全长130厘米左右。由上、中、下三节铜管组成，上节为嘴节，顶端有锅底形号嘴，中节为伸缩节，下节为喇叭节。管体可伸可缩，不使用时，上、中两节可缩进喇叭节内，携带和保存十分方便。演奏时，上、中两节拉出，右手伸直托住管身，左手握住上节，管体稍倾向左侧，嘴贴号嘴吹气发声，声音低沉、浑厚，音量洪大。

长号一般不单独吹奏，常与布依族的打击乐器（鼓、锣、铛）、唢呐配合使用，是布依族八音（即八仙）乐队的低音乐器，所奏乐曲均为八音曲牌。长号是布依族生活中每逢婚丧嫁娶和喜庆节日等场合中必不可少的乐器，在布依族传统节日里，必须同时奏响几十支长号，声音洪亮，场面壮观。

图片来源
图一　陈玉平　王朝举　摄影
图二至图四　马晓婷　制图

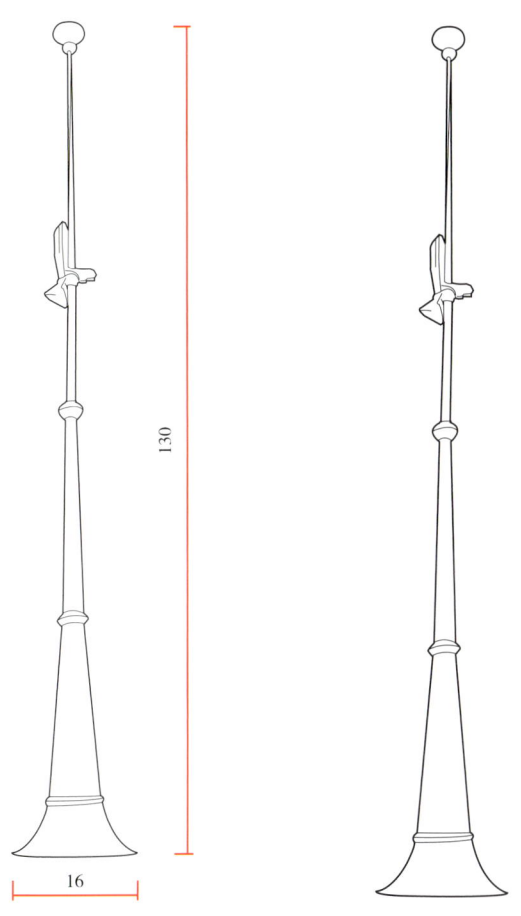

图二 布依族长号尺寸图（单位：cm） 图三 布依族长号线描图

图四 布依族长号操作示意图

第四章 布依族传统生活用具

布依族姊妹箫

图一　布依族姊妹箫主图1（正面）

姊妹箫是一种直吹单簧类乐器，主要流行于贵州省布依族地区。布依语称"力勒喂念"。由于在演奏时两人各奏一只音高相同的箫，或将两支音高相同的箫捆在一起演奏，故称姊妹箫。本案例采集自贵州省镇宁布依族苗族自治县，收藏于该县民族文化陈列室。

姊妹箫在演奏时管身竖置，双手握箫，将箫头的哨放在口里，箫尾伸向胸前，箫与吹奏者之口成45度角，左手放在箫身上部音孔位进行吹奏，用大拇指按箫背的高音孔（颤音孔），另外四个指头依次按双管音孔。右手拇指和小指持箫，中间三个指头依次按双管音孔，手指关节和肌肉自然放松，轻盈演奏。箫管上端置于唇间，气流从进气孔道进入，冲击发音孔边棱，振动管内空气柱，同时发出同度的双音。音域为c1—g2，达十二度。也有两管筒音不同的姊妹箫，一般相距四度，左管筒音为宫，称姊箫；右管筒音为徵，称妹箫，两管齐奏称姊妹箫。

姊妹箫发音轻柔抒情，高音明亮，低音柔和。常用于独奏，也可合奏或为民歌伴奏，乐曲多为唢呐曲牌，有《迎亲调》、《接客调》、《离娘调》（出嫁时吹奏）等。姊妹箫是布依族青年男女恋爱时离不开的吹奏乐器，常以箫声传情达意，曲调优美委婉，情意绵绵。

图片来源
图一、图二　孙婕　摄影
图三至图五　毛朝江　制图

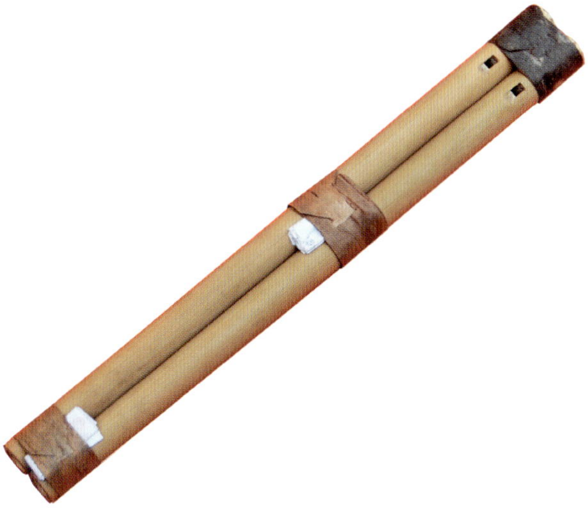

图二　布依族姊妹箫主图2（背面）

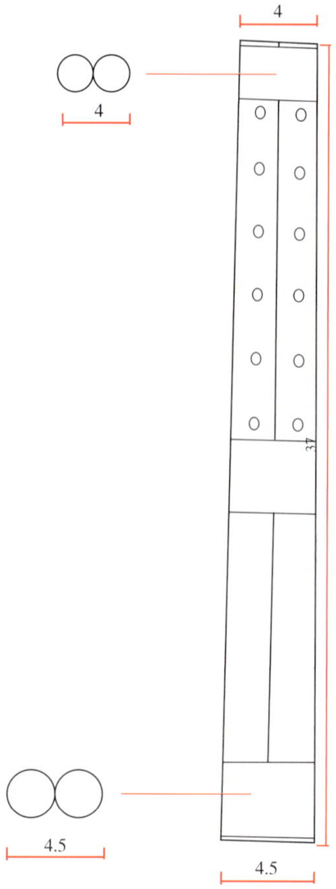

图三　布依族姊妹箫尺寸图（单位：cm）

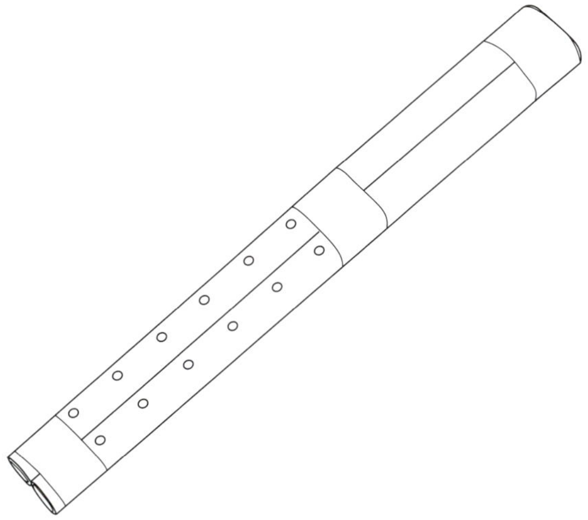

图四　布依族姊妹箫线描图

图五　布依族姊妹箫演奏示意图

布依族四弦葫芦琴

图一　布依族四弦葫芦琴主图

葫芦琴是布依族传统的拉奏乐器之一。本案例采集自贵州省贵阳市花溪区镇山村，陈列于该村布依族生态博物馆。

该琴全长约75厘米。琴筒长约25厘米，采用天然生长的整个葫芦，或取大的一端制作而成。葫芦断面蒙杉松或梧桐木板。琴筒的两侧分别开有音孔。琴杆木质，常用黄杨、麻栗或枇杷等木料制作，长约50厘米，琴杆上端刻有花纹或雕刻成弦箱。弦轴用较坚实的木质做成。弦有丝弦、金属弦两种，不设千斤。张四条弦，常为四或五度定弦。用马尾弓拉奏。

葫芦琴的音质圆滑、柔和，音色圆浑略带沙沙声。它没有自己单独的演奏乐曲，是布依戏、八音坐唱伴奏中最具民族特色的乐器之一。在乐队中与牛骨胡配成"公母琴"（葫芦琴为"公琴"，牛骨胡为"母琴"）。

图片来源
图一　陈玉平　摄影
图二至图四　毛朝江　制图

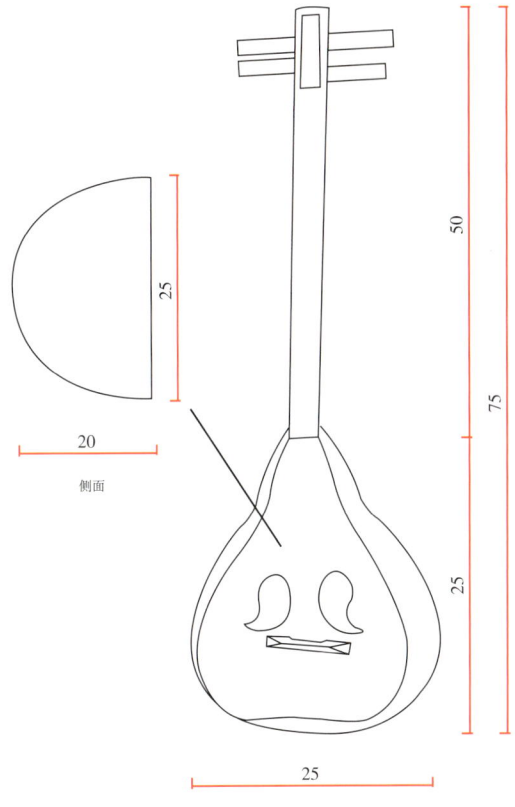

图二 布依族四弦葫芦琴尺寸图（单位：cm）

图三 布依族四弦葫芦琴结构名称图

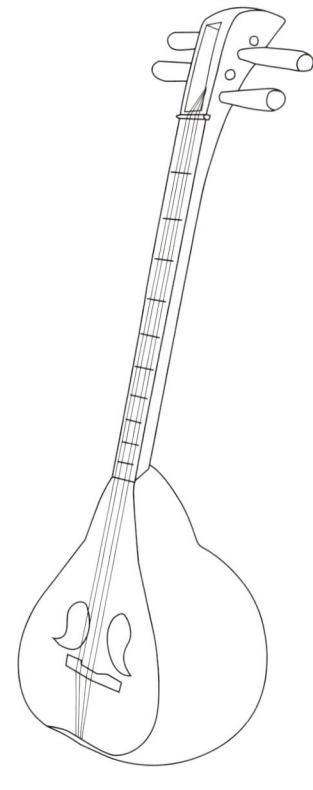

图四 布依族四弦葫芦琴线描图

第四章 布依族传统生活用具

261

布依族羊角胡琴

图一 布依族羊角胡琴主图

羊角胡琴是布依族传统拉奏乐器之一。本案例采集自贵州省贵阳市花溪区镇山村,陈列于该村布依族生态博物馆。琴体全长60—70厘米。琴头、琴杆用一块硬木制作,多使用红木或花梨木。顶端琴头有平顶、弯月形,或雕刻以龙头为装饰。琴杆上端横置二轴,弦轴用红木或黄杨木制成,呈圆锥形或纺锤形。琴杆较长,多为圆柱形,琴杆中部设丝弦千斤。琴筒(共鸣筒)用半圆形羊角制作而成,前口蒙以蛇皮薄板,在半圆形的羊角上端,分别开有由前后两个音孔组成的圆形状音窗。羊角胡琴常用高粱秸秆、火柴签、抽掉笔芯的铅笔或者竹子等材料制作琴马。用马尾弓在两弦间拉奏。

演奏时采用坐姿,将琴筒置于左腿上,左手持琴按弦,右手执马尾弓夹于两弦间拉奏。定弦采用五度定弦法,即内外弦相隔纯五度,一般为内弦定d1,外弦定a1。其演奏手法十分丰富,左手有揉弦、颤音、拨弦等,右手有顿弓、跳弓、颤弓、抛弓等。

图片来源
图一、图三　陈玉平　摄影
图二、图四、图五　毛朝江　制图

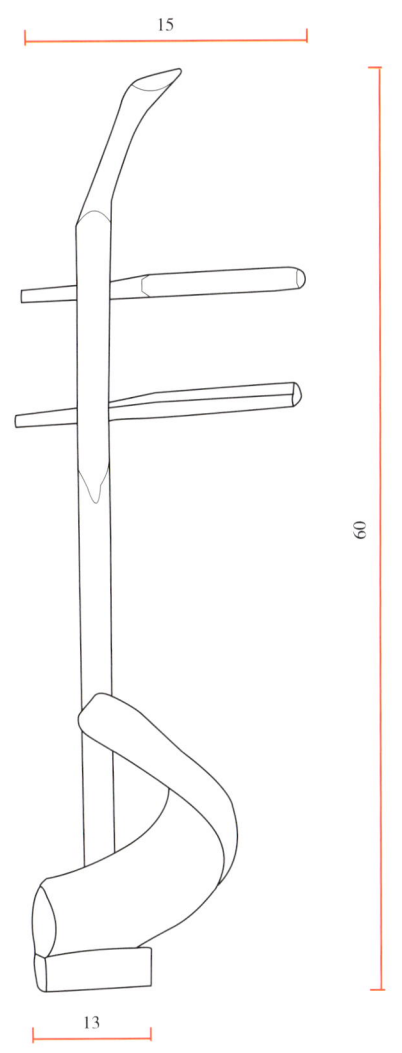

图二　布依族羊角胡琴尺寸图(单位:cm)

图三　布依族羊角胡琴(左右一对)示意图

第四章　布依族传统生活用具

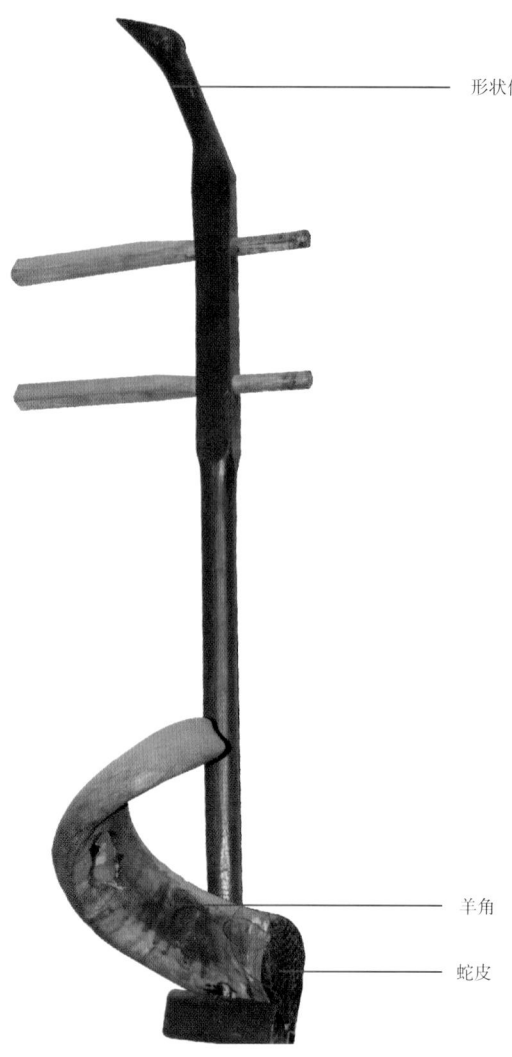

图四 布依族羊角胡琴解析图

形状似羊腿

羊角

蛇皮

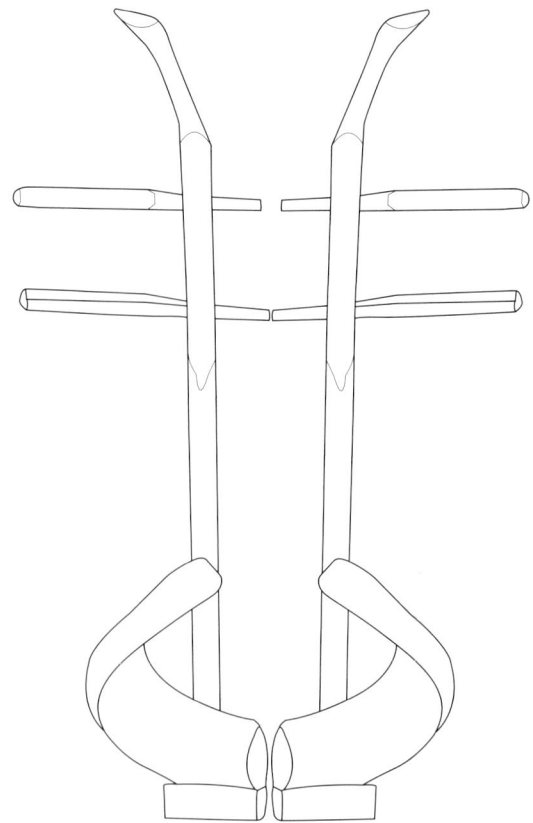

图五 布依族羊角胡琴线描图

第五章 布依族传统生产工具

布依族铡刀

图一　布依族铡刀主图

在交通不便的广大布依族农村地区，马是布依族人生活中最主要的运输工具，基本上每家每户都要养一匹马，精心喂养马是布依族人生活中的一项重要任务和内容。在地势高低不平、不便牧马的山区，人工辅助投喂草料是布依族人养马的主要喂食方式。为便于马高效率的进食，需要把长的草料用刀切割成5厘米左右的长度。于是布依族人在长期的喂马过程中制作了专门用于切割草料的刀具——铡刀，其切割速度快，切口齐整，利于保证草料的新鲜度。

本案例采集自贵州省镇宁布依族苗族自治县高荡村。布依族人使用的铡刀由两部分组成：一块中间挖槽的长方形木料（一般是榆木），一把带有短柄的生铁刀（铸铁材质），此刀的刀尖部位插入槽里固定，刀尖反方向的位置装上木柄把手，可以紧握把手作上下垂直活动。给马铡草料的时候，可以一人操作，也可以两人操作，一人把草料平铺到木铡板上，另一人握住刀柄用力垂直向下切斩，草就齐刷刷地切断了，操作简单，效率高。

铡刀属于布依族人日常生活中的传统用具，工作原理十分简单。

如今，随着广大布依族地区交通越来越方便，交通运输工具趋于多元化，如摩托车的使用等，马作为重要交通工具的角色地位开始弱化，铡刀的使用日益减少，但作为体现布依族民族生活生产文化中的一部分，铡刀的价值不应被忽视。

图片来源
图一、图四　王朝举　摄影
图二、图三、图五　毛朝江　制图

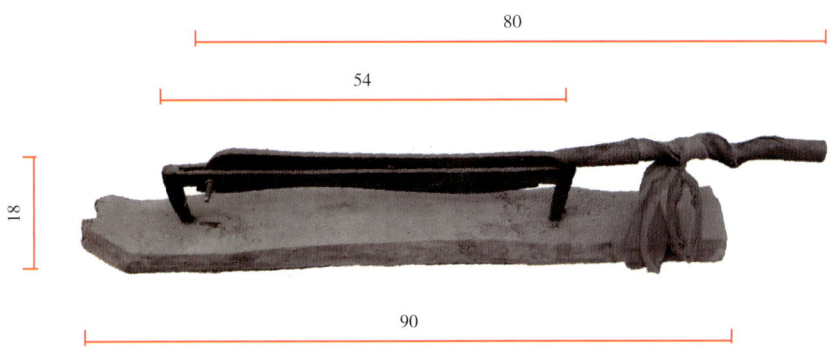

图二　布依族铡刀尺寸图（单位：cm）

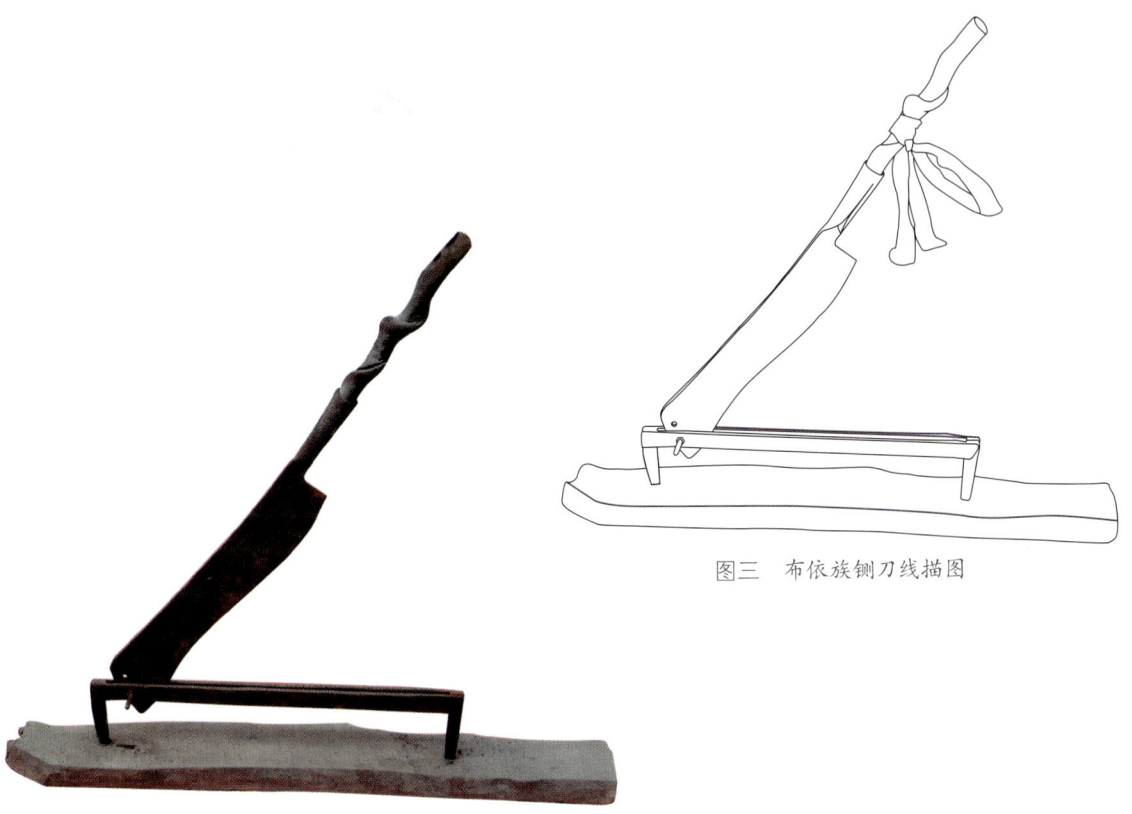

图三　布依族铡刀线描图

图四　布依族铡刀打开示意图

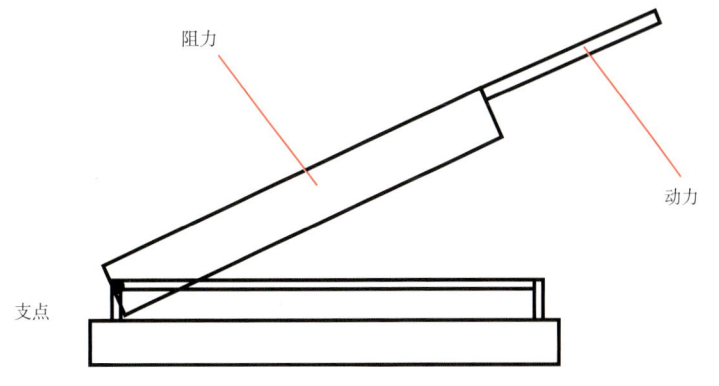

图五　布依族铡刀杠杆原理示意图

第五章　布依族传统生产工具

267

布依族碾布架

图一　布依族碾布架主图

　　碾布架是一种专门用来将布匹碾平整光滑的设备。

　　碾布石包括碾石和垫石。垫石为一块边长约80厘米、厚约20厘米的正方形石板。碾石为一雕刻好的、呈"V"形的石板，石板厚度约20厘米、宽约80厘米。使用时，"V"口朝上。其底部稍凸且刻有10条平行小槽，以增加摩擦，防止碾石在滚动时滑落下来。

　　碾布是一项很讲究技巧的工艺。具体操作过程是：将布匹平整裹在一实心的圆形木筒上，将其放在垫石上，再将碾石架在上面。两手分别扶住"V"形碾石的两耳，使劲，让碾石来回摆动。碾石约重250千克，开始摆动时须很大力气，之后，通过惯性，稍加用力即可保持匀速运动，达到碾布的效果。

　　碾布是传统纺织工艺中的一道程序。染好布，上了胶，最后就是碾布了。

　　目前，在望谟县西北角的坎边乡一带，少数村寨还在使用这项工艺，拉院村一户人家碾布技艺高超，望谟县城及邻县的人们都慕名前去碾布。

图片来源
图一、图二、图五、图六　黄镇邦　摄影
图三、图四　毛朝江　制图

图二 布依族碾布垫石和碾石图

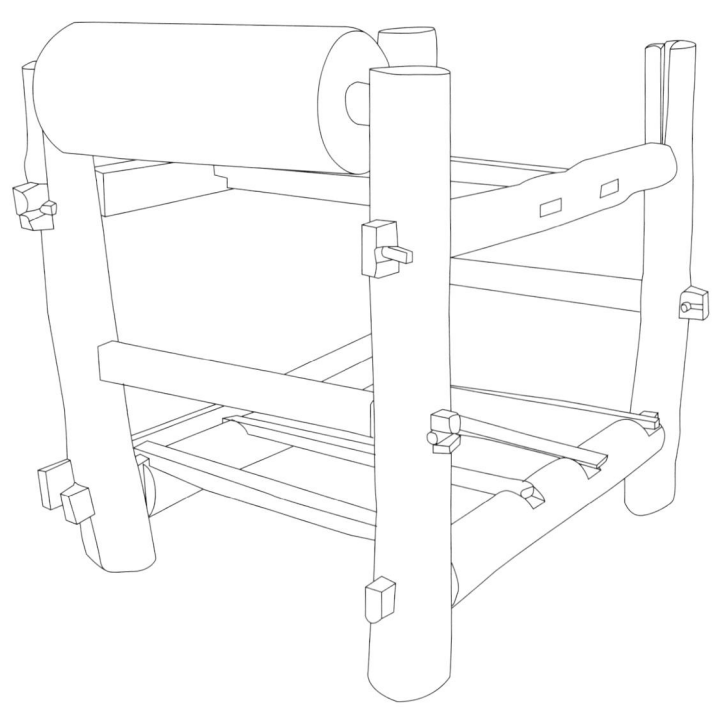

图三 布依族碾布架线描图

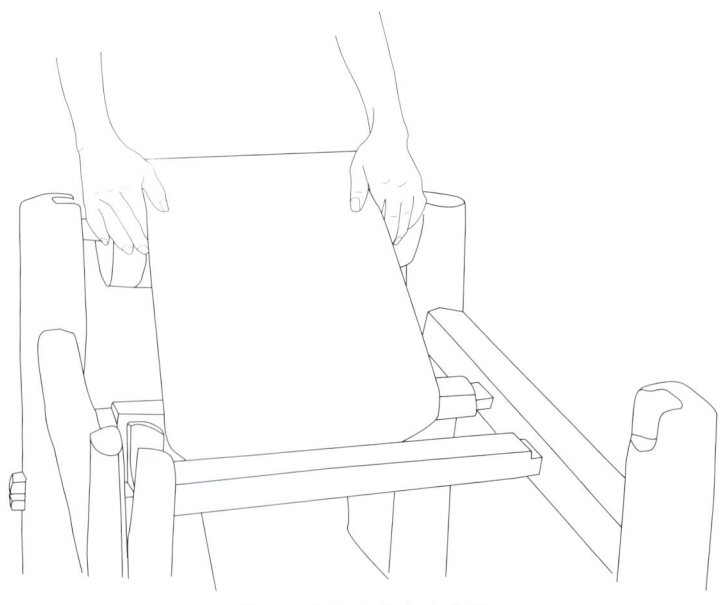

图四　布依族裹布示意图

图五　布依族染布缸图

图六　布依族碾出的布

布依族水磨机

图一　布依族水磨机主图

水磨机是一种以水作为动力来打磨的设备。

水磨机包括水叶、推杆、磨石、小水槽四大部分。水叶中轴一头套上一根方形木头，方形木头的另一端插上一圆形木棍。水叶中轴、方形木头、圆形木棍三者构成两个直角。圆形木棍穿过推杆一端，推杆的另一端垂直插上一根木头，木头垂直靠在搓衣板形的磨石上面，该木头朝下的一端就可以套上需要打磨的材料。小水槽不断滴水，确保打磨过程不干燥。

水磨机的运动原理是：水冲水叶，水叶就顺时针转动，水叶中轴也就转动起来了，方形木头随之转动，带动推杆来回运动，所要打磨的材料就来回在搓衣板上运动，达到打磨的目的。

布依族有浓郁的祖先崇拜意识，每逢佳节，都要祭拜祖先，香火是祭拜活动中必不可少的东西。因此，布依族地区流行制香工艺。制香的材料因地制宜，枫香木就是常用的制香材料。枫香木就是利用上述方式来打磨的，通过水磨机把枫香木磨成粉末状，晒干，再按适当比例加水，将晒干的枫香木粉末与当地一种具有黏性的树叶粉末一起搅拌，然后将已经削好的细竹木条泡在水中片刻，取出后将调配好的木屑洒在上面，用压板轻轻地压，反复滚动，即可制成香支。

图片来源
图一、图五　黄镇邦　摄影
图二至图四、图六　毛朝江　制图

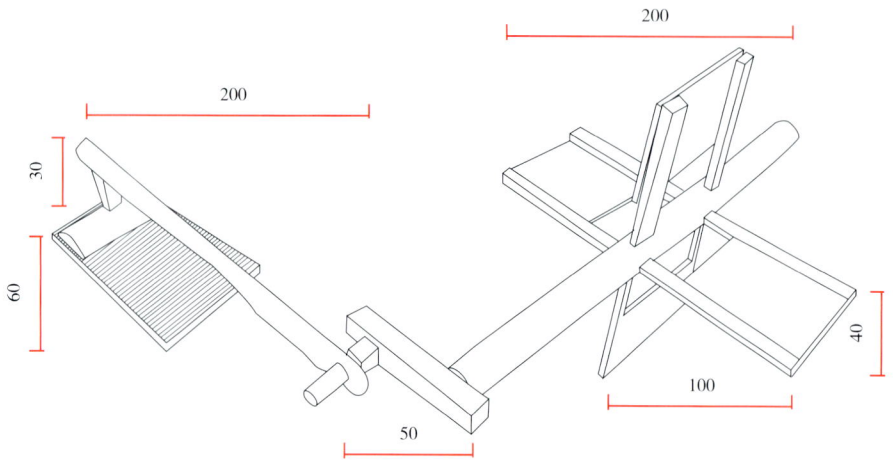

图二　布依族水磨机尺寸图（单位：cm）

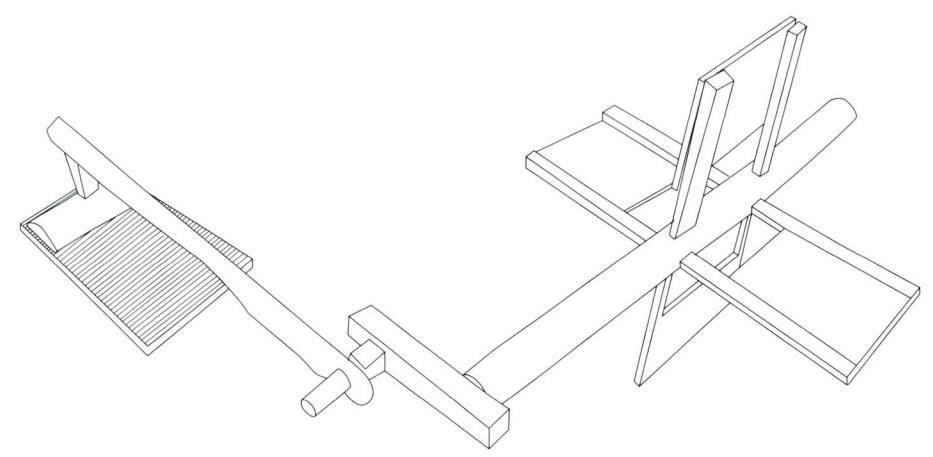

图三　布依族水磨机线描图

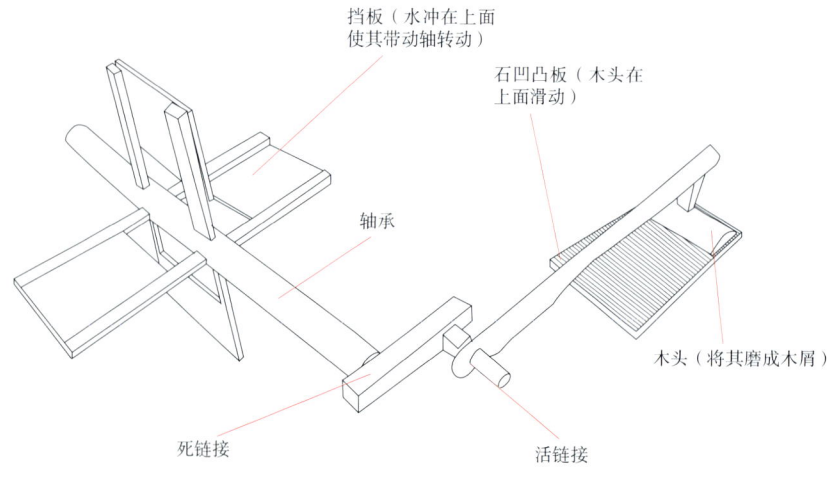

图四　布依族水磨机解析图

图五　布依族水磨机磨出木屑图

图六　晒干的木屑制作香支图

第五章　布依族传统生产工具

273

布依族挖锄

图一　布依族挖锄主图

挖锄是一种松土、挖土工具。

挖锄由铁制的锄刃及木柄组成，从外形上看，像一个阿拉伯数字"7"。如图所示，木柄长113厘米，锄刃长27厘米。锄刃留孔，是专为插锄柄留的，孔呈不规则的半圆形。用两块木栓固定木柄，一块呈槽状，倒扣在半圆形的直径上，另一块木栓呈扁平状，一头大，一头小，由外向里插。插栓之前，在木柄上裹一些布块，使柄不轻易脱落。柄的长短不固定，有长有短，但长的会比较方便，这样干活的时候就不必太过于弯腰了。

挖锄锄刃厚，结实，旱地的土质比较坚硬，开垦新的旱地或一年一度的翻土种植，都离不开挖锄。挖锄的用处极多，挖土、挖沟、挖坑等都可以使用。西南地区多山，旱地多在斜坡地带，种植甘蔗、玉米、高粱、谷子、旱稻等，人们都要使用挖锄。贵州很多地方是喀斯特地貌，寸土寸金，人们要充分利用石缝中的土地种植农作物，更离不开挖锄。

自古以来，挖锄与人们的生产生活关系十分密切。在新石器时代，人们就已经发明了用石头做的锄头，用来从事农作物种植。铁产生后，铁制农具大量产生，大家又改用铁锄了。由于铁锄使用历史悠久，谚语、故事、歌谣中广泛存在"挖锄"一词，人们赋予它许多象征意义。过去，农民还自称"拿挖锄的人"。

图片来源
图一　黄镇邦　摄影
图二至图五　毛朝江　制图

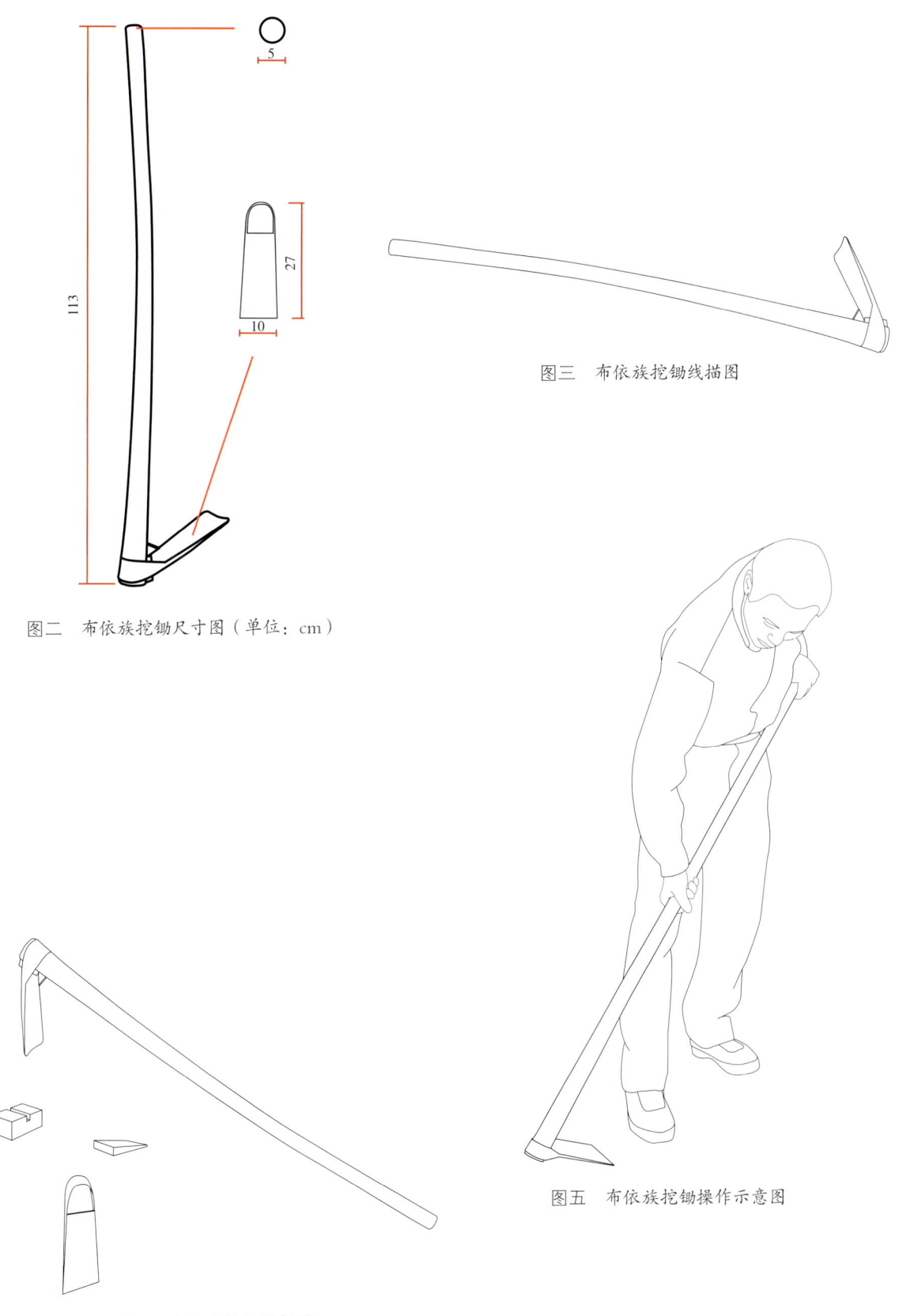

图二 布依族挖锄尺寸图（单位：cm）

图三 布依族挖锄线描图

图四 布依族挖锄解析图

图五 布依族挖锄操作示意图

第五章 布依族传统生产工具

布依族踩锹

图一　布依族踩锹主图

　　踩锹是一种挖土工具。由手柄、杆、踩片及锹口组成。

　　锹口为铁制品，形如犁田用的铧口。锹口长28厘米，宽14厘米。手柄长47厘米。杆与手柄垂直，两者构成一个"丁"字形。锹口到柄之间长100厘米，杆的右侧插上一根木片，木片长10厘米，供踩踏。使用时，将踩锹立于胸前，两手紧握手柄，右脚踩在踩片上，手、脚同时使力。

　　踩锹使用历史悠久，战国至汉就有一种叫铁锸的挖土工具，踩锹就是在锸的基础上改进而成的。因为多了一个踩片，增加了踩踏的力度，挖土效率大大提高。踩锹的用途很多，一般用于铲比较疏松的泥土，烧砖、挖煤等都可以用上它。

图片来源
图一、图三　黄镇邦　摄影
图二、图四、图五　毛朝江　制图

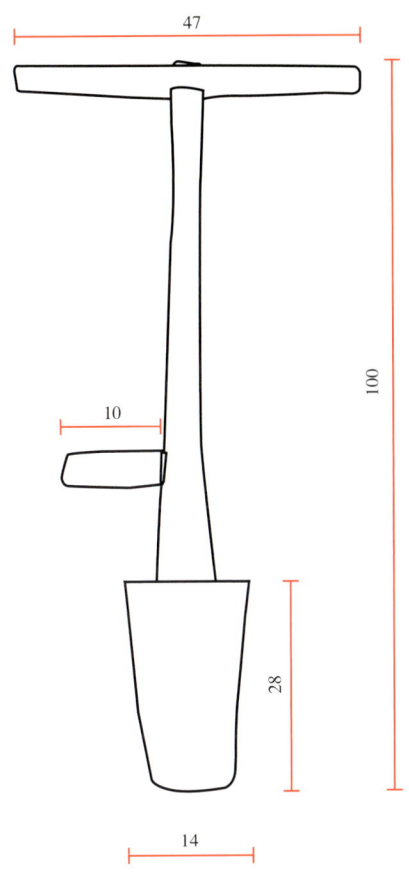

图二　布依族踩锹尺寸图（单位：cm）

图三　布依族踩锹背面图

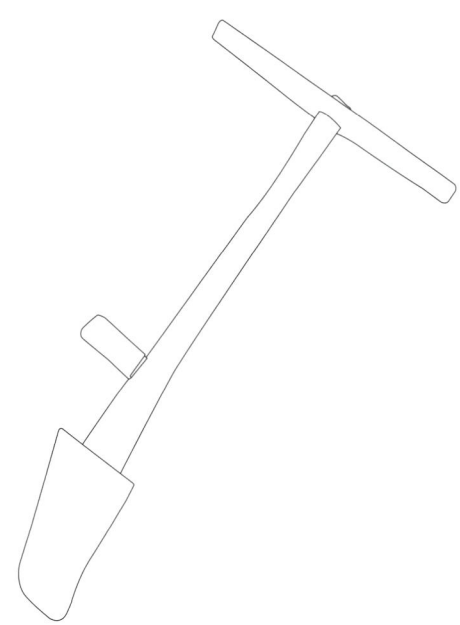

图四　布依族踩锹线描图

图五　布依族踩锹操作示意图

第五章　布依族传统生产工具

277

布依族薅锄

图一　布依族薅锄主图

薅锄是一种常用的农具。

薅锄由铁制的锄刃及木柄构成，锄刃呈不规则的等腰三角形，顶角部分为弯曲的带孔短柄，为增加柄的长度，人们将削好的长棍插入其中。如图所示，锄口宽11厘米，柄长130厘米。

薅锄轻巧，适合于薅秧。薅秧时，既要疏松土壤、除草，又要有选择地保护秧苗，动作要求轻巧。薅锄灵活性大，可以满足这些操作需要。薅锄又有大小之分，小薅锄体积小，柄短，更适合于薅行距比较小的谷子、棉花、白菜等农作物。在石缝中点种农作物，也需要使用小薅锄。大薅锄适合于薅玉米、甘蔗等行距比较宽而且根部不容易被损伤的农作物。

薅锄的用途比较广。在农村，农忙季节，经常是大人小孩一起上田劳作，小薅锄小巧玲珑，是孩子们首选的劳动工具。薅锄锄刃面积宽，而且轻便，人们也常用它来刨土、搅拌泥浆等。由于它与人的日常生活关系密切，人们甚至给不同形状的薅锄取不同的名称。

图片来源

图一　黄镇邦　摄影

图二至图五　毛朝江　制图

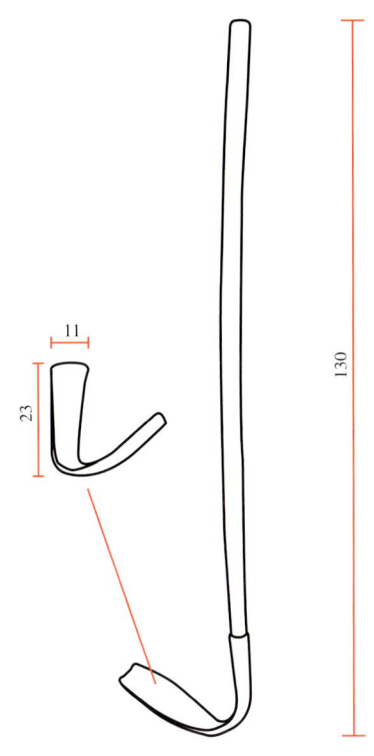

图二 布依族薅锄尺寸图（单位：cm）

图三 布依族薅锄线描图

图四 布依族薅锄解析图

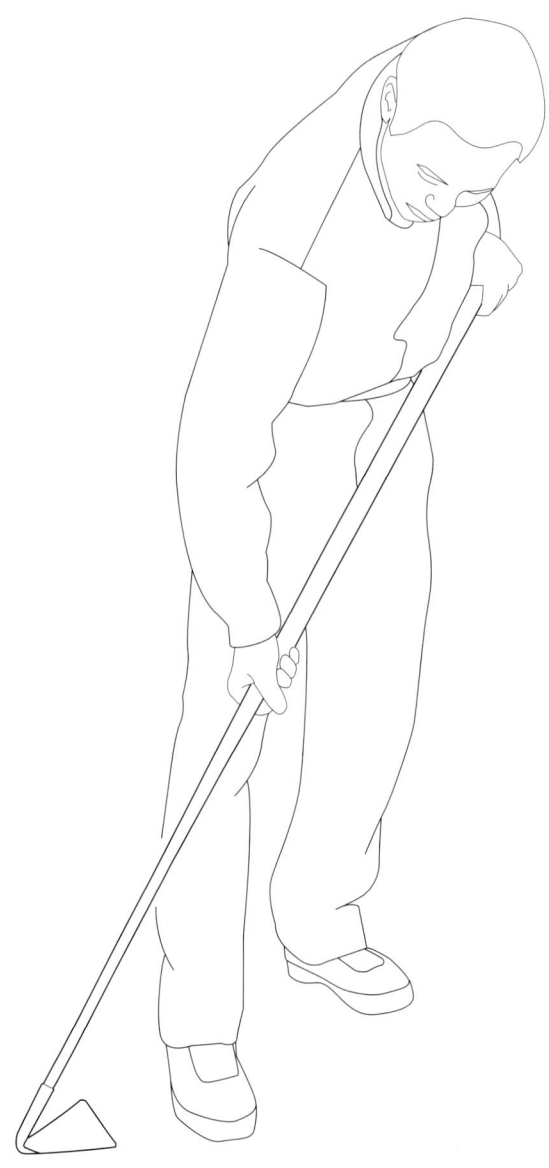

图五 布依族薅锄操作示意图

第五章 布依族传统生产工具

279

布依族耙子

图一　布依族耙子主图

　　耙子是一种常用的农具。本案例为望谟县一带的耙子。

　　耙子大致呈等腰梯形，上底为扶手，下底为横轴。横轴前方两端各有一个木柄，拉耙的绳子就套在柄上。轴下方是耙齿，一般为7根。耙腰高度约为120厘米。耙田时，握住扶手两头，耙身后倾，这样，既可以让耙齿着土深度加大，又省力。耙齿通常用比较坚韧的木材制成，以保证其经久耐用。

　　耙土既能疏松土壤，还可以提高土壤温度、保蓄水分，它的作用是很大的。早春保墒、犁耕后、播种前都使用耙子。布依族依山傍水而居，多水田，常以牛拉耙。长期使用耙，人们赋予耙许多象征意义，如布依语谜语有"七兄弟稳稳当当坐在长凳上，你猜猜是啥？"其谜底就是"耙"，这里，人们将耙轴比喻为长凳，七根耙齿比喻为七兄弟。

图片来源
图一　黄镇邦　摄影
图二至图五　古慧婕　制图

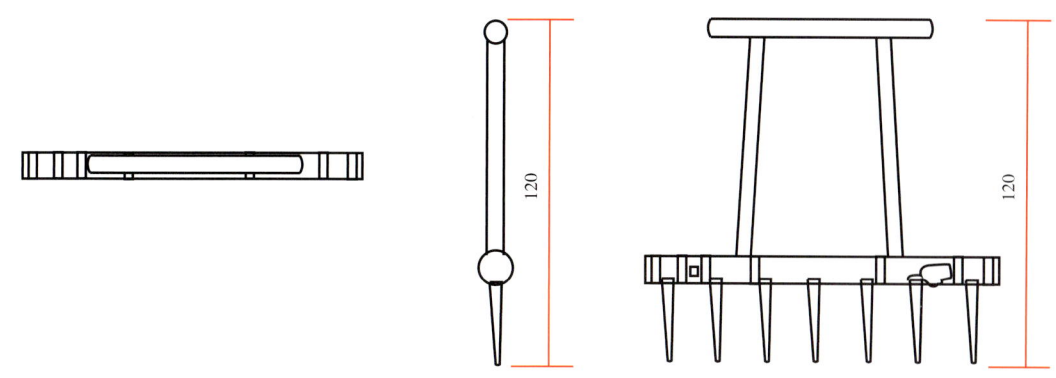

图二　布依族耙子三视、尺寸图（单位：cm）

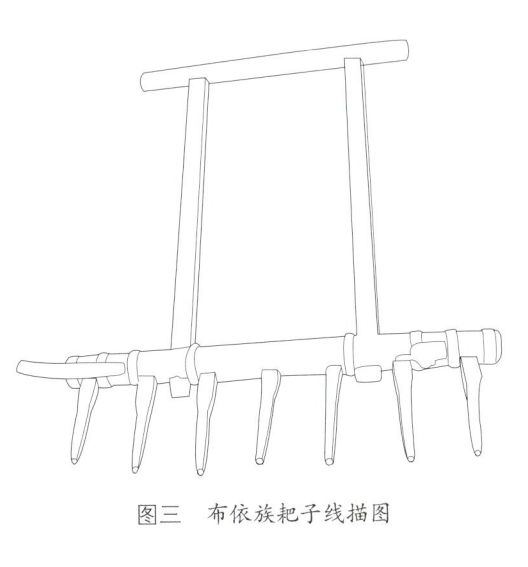

图三　布依族耙子线描图

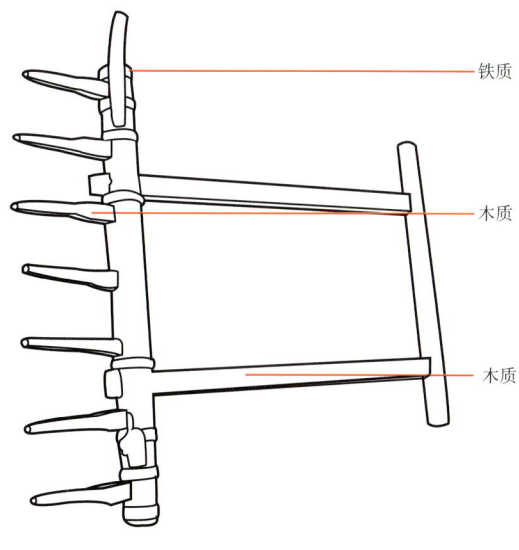

图四　布依族耙子材质分析图

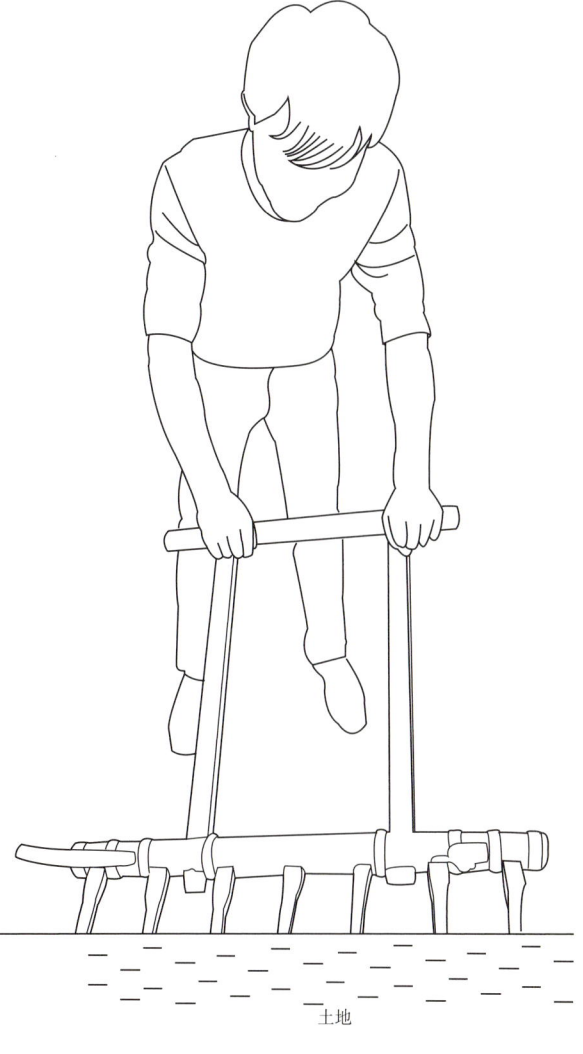

图五　布依族耙子操作示意图

第五章　布依族传统生产工具

布依族连枷

图一　布依族连枷主图

连枷是一种常见的去壳脱粒工具，由两根长度不等的木棍组成，长的一根为130厘米，短的一根为118厘米。木棍一端，距其顶端4厘米处各削好一个沟，用麻绳或其他棉线捆好两根木棍并使二者连接起来，两根棍子之间的距离大约为20厘米。

连枷材料一般为富有韧性的实木。连枷的工作原理是：敲杆绕轴转动，使籽粒在外力冲击下与外壳剥离而脱出。连枷的物理学原理，就是通过增加动力臂来达到省力的效果。

宋朝楼璹的《耕织图》中画了用连枷脱粒的场面，并附诗云："连枷拍拍稻铺场，打落将来风里扬，芒头秕谷齐扬去，粒粒珍珠著斗量。"南宋著名诗人范成大《四时田园杂兴》一诗中也有生动的描绘："新筑场泥镜面平，家家打稻趁霜晴，笑歌声里轻雷动，一夜连枷响到明。"连枷轻巧实用，今南北方仍有部分地区在使用。

每到秋天，家家户户收割各种豆类，如黄豆、饭豆等，此时，连枷就派上用场了；人们也用连枷来捶打已经晒干的谷物、小麦、豆子、芝麻等。

图片来源
图一　黄镇邦　摄影
图二至图六　毛朝江　制图

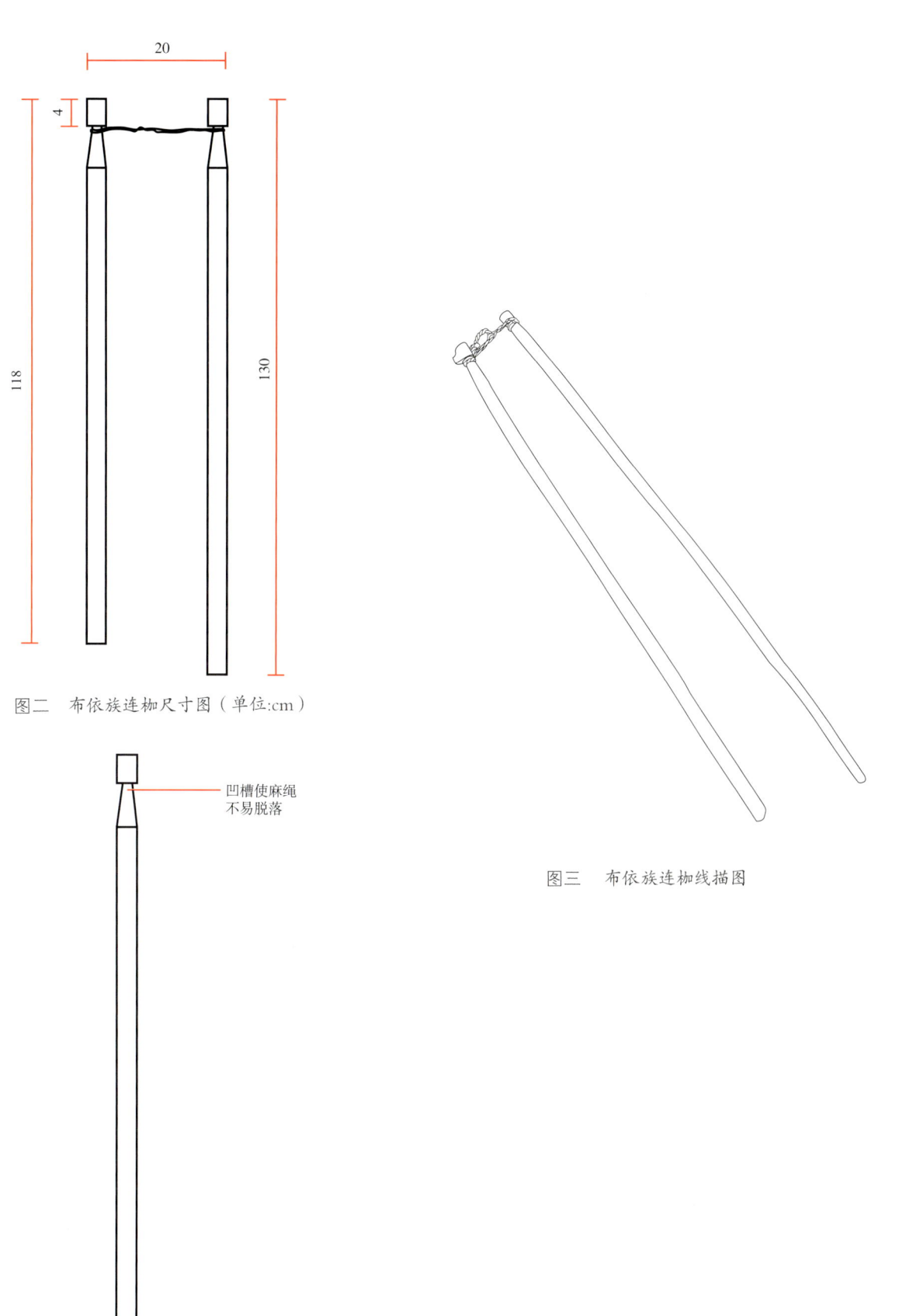

图二 布依族连枷尺寸图（单位:cm）

图三 布依族连枷线描图

图四 布依族连枷工艺分析图

第五章 布依族传统生产工具

图五　布依族连枷操作示意图

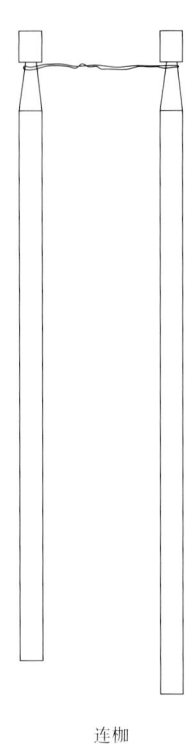

连枷

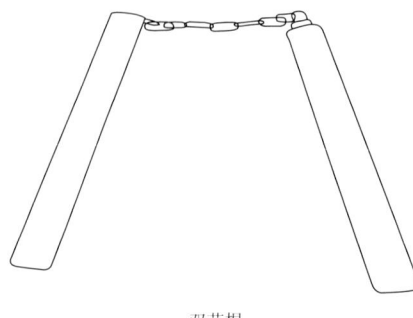

双节棍

图六　布依族连枷与双节棍对比图

布依族木马

图一 布依族木马主图

木马，是木工常用的一种支架。

木马由两根交叉着的粗木棍外加一根细木棍组合而成，细木棍一端穿插在粗木棍的交叉点上。细木棍另一端落地，其落地点与粗木棍的两个落地点形成一个等腰三角形。如图所示，粗木棍长度为90厘米，细木棍长度为106厘米，交叉点往上一截长度为32厘米，上开口长度为40厘米，下开口长度为62厘米。

木马被广泛使用于百姓的日常生活中，割锯木头、檩条等，都需要木马作为支架。木马既可以单个使用，也可以组合使用。当所锯的木头较长，就要成对使用木马，两支木马相对而置。当所锯的木头较短，就可以使用单个木马，将所需锯掉的一端朝外，适当用手扶或脚踩里面一端，使其稳定，便于操作。

木马结构简单，而且易于搬动。布依语俗称其"马脚"，不少寨子至今还保留这种支架。

图片来源

图一　黄镇邦　摄影
图二至图五　毛朝江　制图

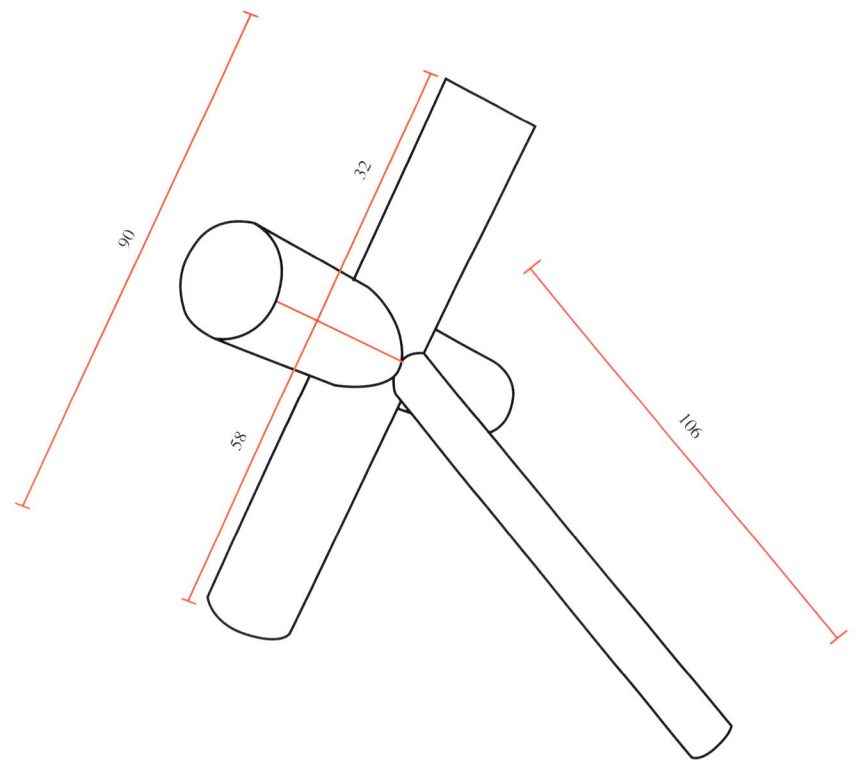

图二　布依族木马尺寸图（单位：cm）

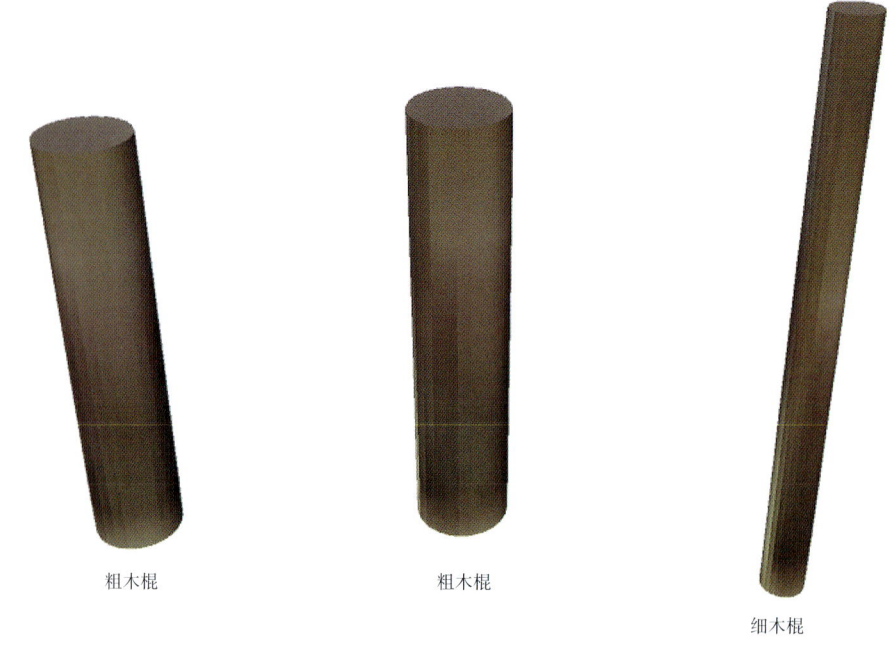

粗木棍　　　粗木棍　　　细木棍

图三　布依族木马解析图

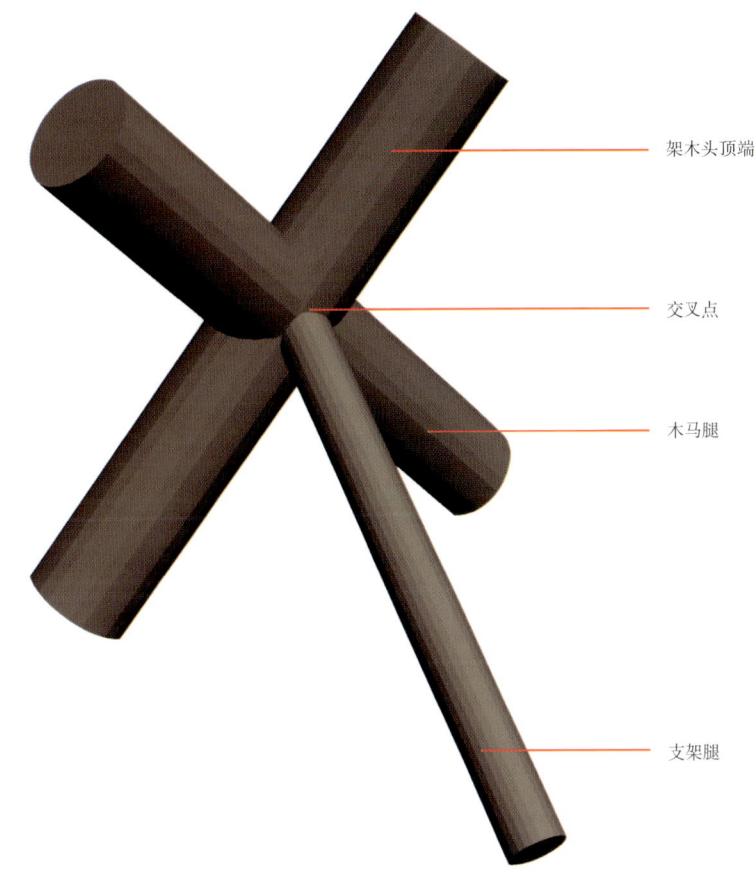

图四　布依族木马结构名称图

架木头顶端

交叉点

木马腿

支架腿

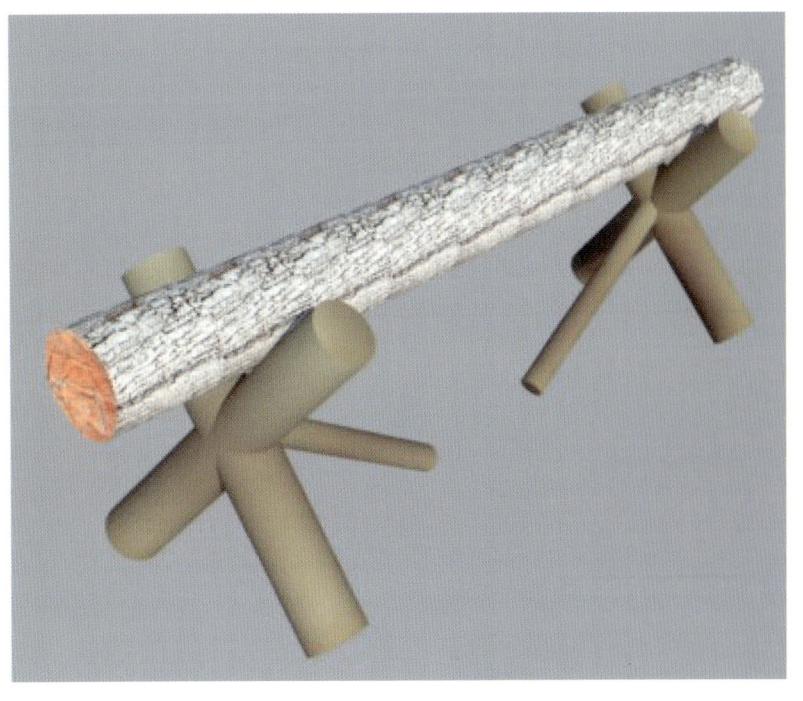

图五　布依族木马使用情境图

第五章　布依族传统生产工具

布依族木钻

图一　布依族木钻主图

木钻是木工钻木打孔常用的工具。其结构十分简单，由一根横轴和一根纵轴交叉而成。纵轴垂直穿过横轴中央，并穿过横轴下方一块两端宽、中间窄的厚木块。整个木钻高66厘米，横轴长50厘米，厚木板长23厘米，高6厘米、两端宽9厘米、中间宽5厘米。两侧被挖成弧形。纵轴下端插有一根9厘米的钢钻，并有铁箍扣住钢钻与纵轴连接处，起固定作用。纵轴上端留有一孔，一根绳子穿过该孔，绳子两头分别套住横轴两端。绳索每边长43厘米。

钻孔时，将钢钻垂直立于目标处，两手分别握住横轴两端，上下运动，纵轴就来回旋转，钢钻随之运动，达到穿孔目的。由于厚木块具有一定的重量，运动起来惯性较大，通过这个惯性，钻孔就省力。

在电钻还未产生之前，木钻是木工最常用的工具。现在，电钻几乎全部代替了木钻。

图片来源
图一　黄镇邦　摄影
图二至图五　古慧婕　制图

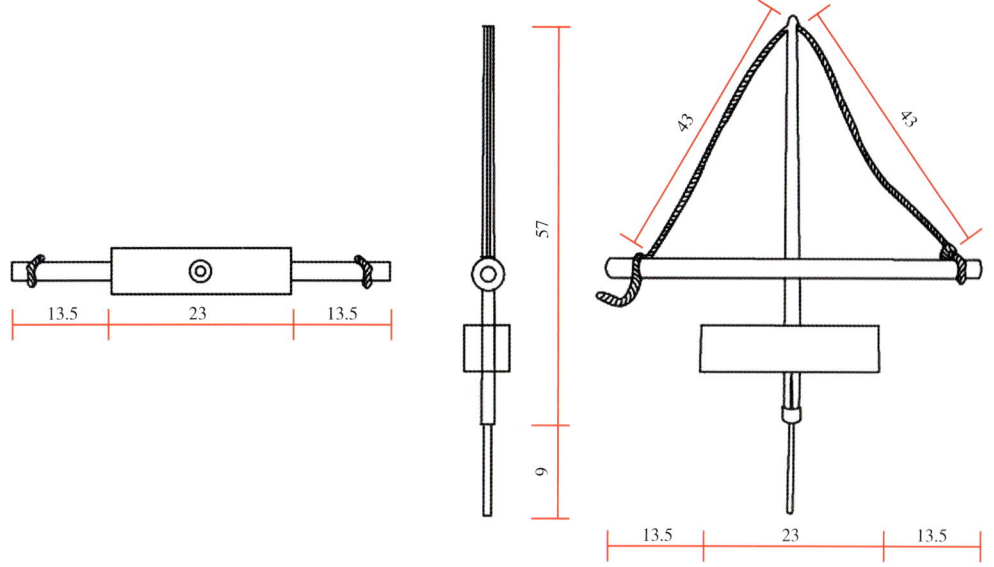

图二　布依族木钻三视、尺寸图（单位：cm）

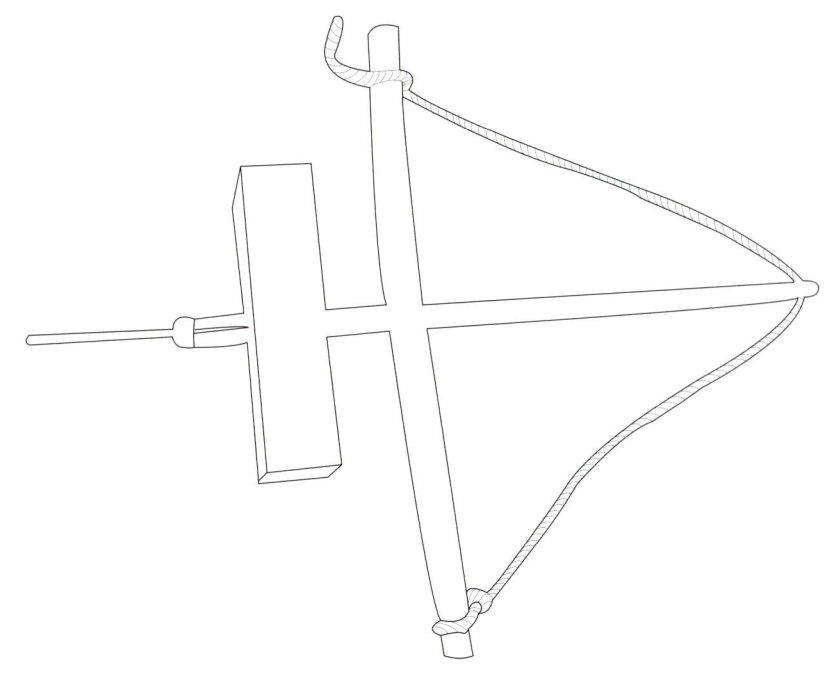

图三　布依族木钻线描图

第五章　布依族传统生产工具

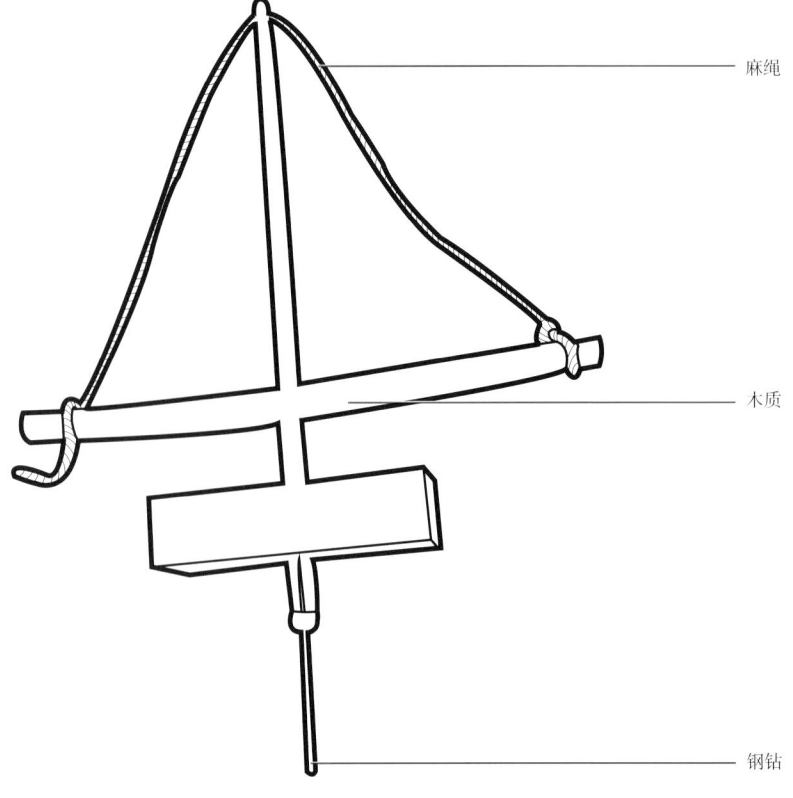

图四　布依族木钻解析图

麻绳

木质

钢钻

图五　布依族木钻操作示意图

布依族石碓

图一 布依族石碓主图

石碓又称石臼，是一种砸、捣、研磨药材、食品等的生产工具。由石臼、大杠杆及舂头组成，有的还有扶手架和拨米棍。舂头一般为铁制，装在大杠杆上，对准石臼窝。

如图所示，大杠杆长约3米，其中，短端长1.3米，长端长1.7米。

舂稻谷时，手扶扶手架，一只脚踩在大杠杆短的一端，使舂头上下起落，轧在石臼窝里。用拨米棍翻动所舂的稻谷，不久，米就全部脱壳。石碓的用处很多，可以用来舂各种谷物、辣椒等。为了省力，一些地方还别出心裁，发明了水碓。

在电气化运用于生产生活之前，石碓是人类生活的必需品。石碓曾被当作人类定居点的标志。过去，天还未亮，山寨就响起了富有节奏的舂米声。如今，广大农村都使用了打米机，石碓逐渐被淘汰。在我国农村广大地区，虽然人们已经不再使用石碓，许多石碓还静静地躺在农户的屋檐下，这些被淘汰的石碓仍旧被完好保存着，成为许多人美好的怀旧对象。

图片来源
图一、图四 黄镇邦 摄影
图二、图三 胡晓斐 制图

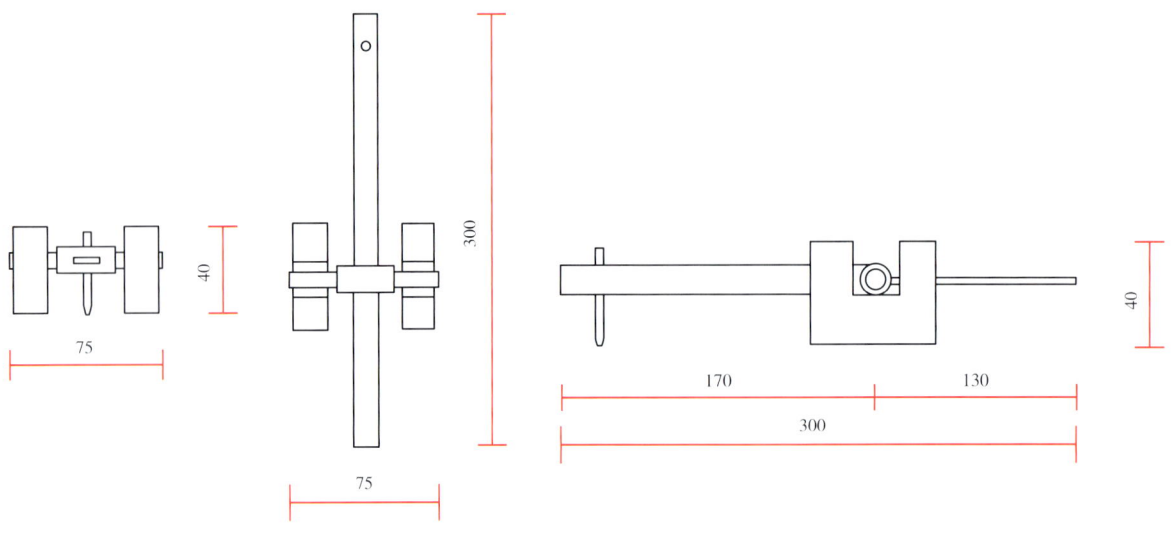

图二　布依族石碓三视、尺寸图（单位：cm）

图三　布依族石碓效果图

图四　布依族石碓使用情境图

布依族大石磨

图一　布依族大石磨主图

石磨，布依语叫做"令甘"，俗称磨子，是布依族常用的碾磨工具。石磨一般有两种，一种是个体较大、齿纹较粗，用于碾碎晒干的玉米；另一种个体较小、齿纹较细，制作豆腐时用于碾磨用水泡软的黄豆。本案例采集自惠水县好花红乡辉岩村"中华布依第一堂屋"民俗陈列馆，是推碾玉米的大石磨。

该石磨由磨盘、磨架、磨把三部分组成。磨盘圆形，直径45厘米，上下两块，上下磨盘厚度不同，上盘厚33厘米，下盘厚18厘米。中央以木轴固定，边缘扣合。下盘固定在边长90厘米的正方形的木质磨架中央，上下盘面接触面刻着许多平行而斜向排列的纹路，借助上下磨盘之间转动时产生的摩擦力而将落入其中的玉米碾碎。上盘一侧镶一根长30厘米的木质磨柄，磨柄由一立柱与木质磨把相连。磨把是石磨的动力传动装置，呈"T"字形，纵向长把与磨柄相连，横向磨把是使用者手握的位置，双手握住这个位置向前推，同时一腿前倾、弯曲，另一腿向后蹬直，就能将石磨推转。反复推动，从上盘中央漏斗漏下的玉米就能被碾碎，壳肉分离，洒落在磨架上，从磨架开口的一侧用小刷可以很方便地扫出来碾碎的玉米，再用筛子筛选，把包谷沙、包谷面、玉米壳几部分

第五章　布依族传统生产工具

分离出来。包谷面或包谷沙供人食用，玉米壳用来喂猪。

大石磨在20世纪七八十年代的贵州布依族山区很常见。山区多种包谷，每个寨子都有大石磨，一般是几家人共用一个，大家也协调使用，很方便，基本能满足生活需要。在粉碎机出现之前，大石磨的作用非常大。如今有了粉碎机，喂猪的玉米用粉碎机打碎，具有速度快、颗粒粗细均匀的优点，但还是用大石磨碾碎的玉米面、包谷沙做的包谷饭、"二合饭"口感要好得多。石磨包谷饭（二合饭）依然是布依族喜爱的传统特色主食。

图片来源

图一、图六　黄元碧　摄影
图二至图五　毛朝江　制图

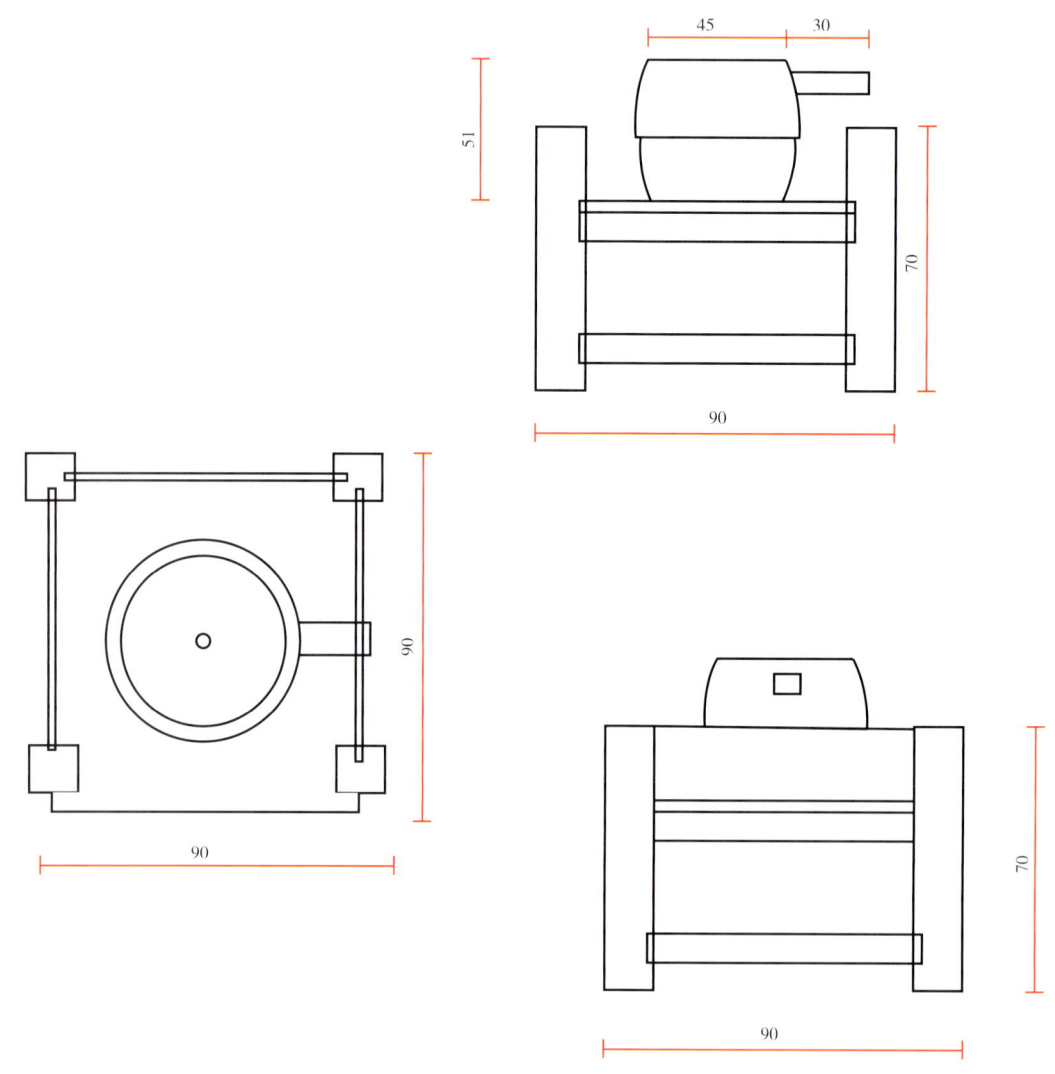

图二　布依族大石磨三视、尺寸图（单位：cm）

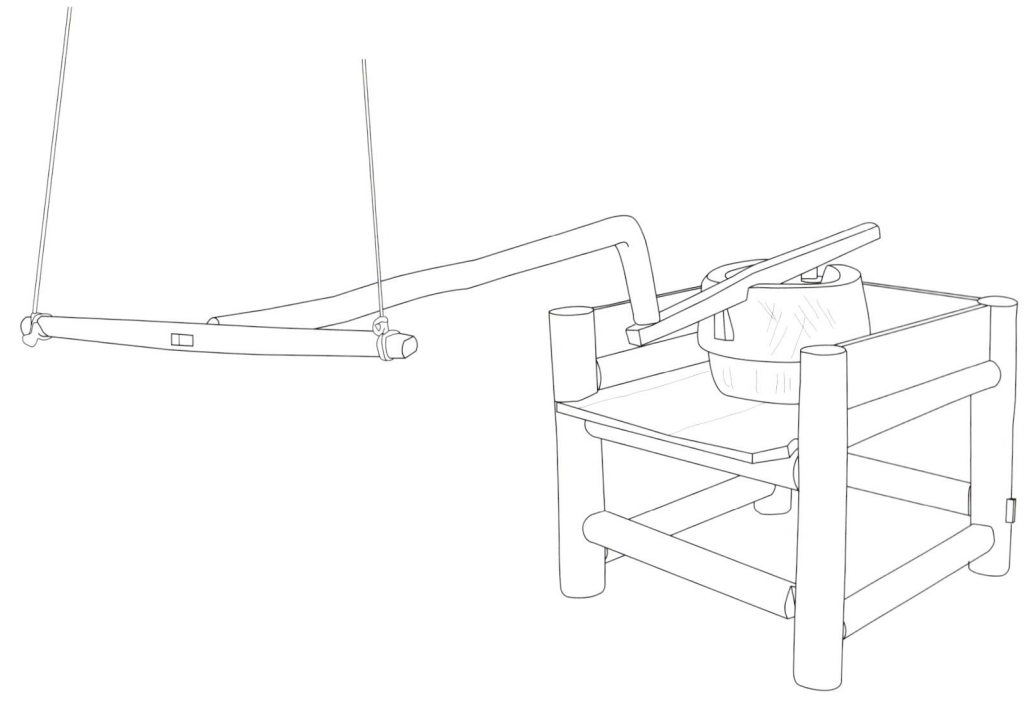

图三　布依族大石磨线描图

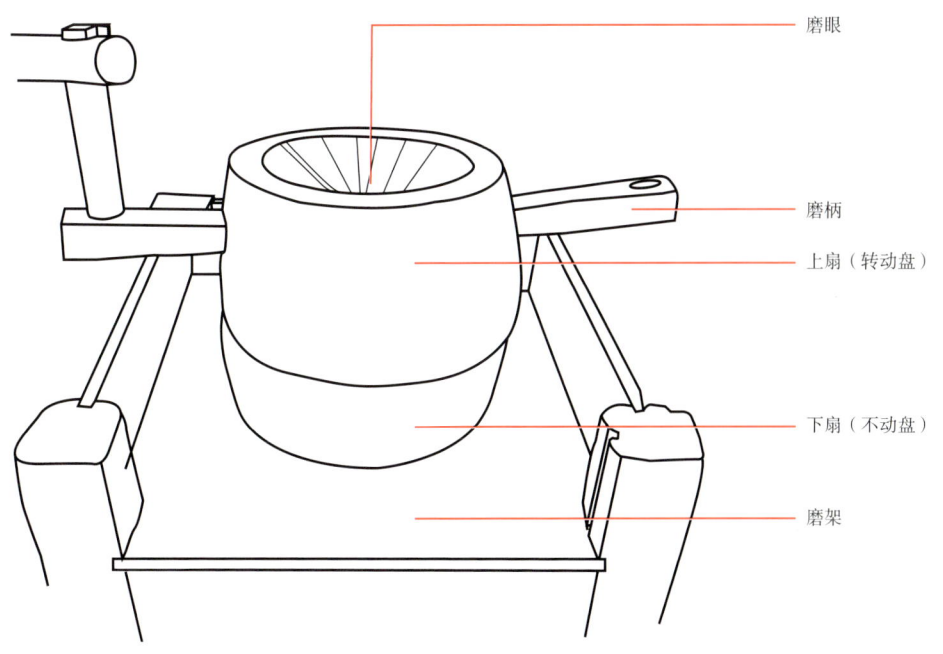

图四　布依族大石磨结构名称图

图五　布依族大石磨操作示意图

图六　布依族小石磨

布依族水碾

图一　布依族水碾主图

水碾是一种用水作为动力的碾米设备。分上下两个部分：上边有滚石，碾槽；下边为水叶。水叶为木制，中轴伸出地面，在中轴上套一横木。滚石为一圆形的雕凿好的石块，由里向外逐渐变薄，圆心留孔，插轴。滚石的轴与横木套在一起。碾槽为石槽。

简易的水碾，即水叶内置型水碾，水直接冲击下方的水叶，使中轴顺时针旋转，横木随之转动。滚石在横木的推动之下顺时针滚动。水叶外置型水碾则相对复杂，其水叶是外置的，其中轴的末端置于内室，并且中轴有齿轮。带动横木的中轴下方是一平置的木圆盘，圆盘上规则地插着削好的木棍，作为圆盘的齿。木圆盘的中轴从带动横木的中轴中穿过。圆盘的齿与水叶的齿呈90°交叉。水冲击外面的水叶，水叶顺时针旋转，内室的齿轮也顺时针旋转。在水叶齿轮的带动之下，木圆盘也顺时针旋转，横木中轴就转动起来了。

将已经晾干的谷子均匀地倒到槽里，滚石周而复始在石槽内碾过，谷壳就被碾破，谷粒从中分离出来。约莫碾压2小时，谷壳就被碾成了细软的谷糠。

经过水碾碾出的谷糠比电动碾米机碾出的要精细得多，是农村用来喂猪的上好饲料。

图片来源

图一、图四　黄镇邦　摄影
图二、图三　毛朝江　制图

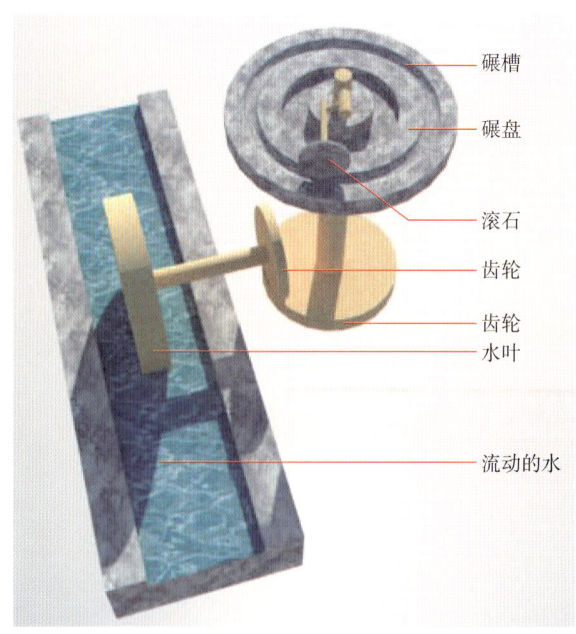

图二　布依族水碾结构名称图

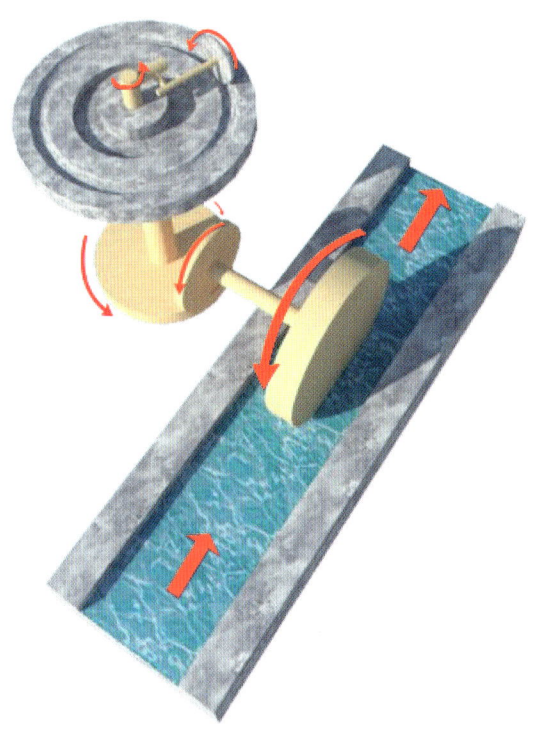

图三　布依族水碾动力传输分析图

图四　布依族水碾动力来源水叶实物图

布依族风簸

图一　布依族风簸主图

　　风簸是布依族地区传统的粮食加工工具，又称为"风车"。本案例采集自贵州省贵阳市花溪区，木质结构，高约160厘米，长约180厘米，宽约60厘米，一端圆形腹腔内装有摇扇，由人力通过摇柄操纵。谷粒晒干后用风簸除去秕谷；用水碾或者石碓将谷米加工脱粒后，再用风簸除去粮食外皮及灰屑，簸出米来。

　　风簸为半自动机械，利用叶片高速旋转产生风的原理进行工作。它由鼓风部、风道、进料漏斗、三个出料口组成。鼓风部为一圆柱腔，柱腔两边有进风口，转动轴上安装四块叶片，转动轴的一端为弯曲的转动手柄。风道为方形，一端与鼓风部相通，一端通往外部。风道下面为分别往左和往右的箕形出料口。顶部的进料口为方形锥体漏斗。进料漏斗底部装有手动开关，装料时起到防漏作用，运转时可控制进料速度。

　　使用时，先往漏斗倒入粮食，快速转动风轮，启动进料开关，粮食下落过程中，风轮产生的气流使粮食和秕壳或糠壳等进入不同的出料口。粮食较重，落入第一出料口；

秕壳、杂草、灰尘之类较轻，落入第二、第三出料口。

风簸内部构造比较复杂，但布依族地区的木匠多能制作。风簸造价较高，一些村寨全村只有几架，收获季节，轮流使用。现在布依族农村普遍使用电动机械，一种"电风簸"——电动风车正在农村悄然兴起，"电风簸"由内置电动机产生风力，能够满足对小麦、玉米、稻谷等农产品的扬灰除壳等功能，功率不大，体积不大，一个人就能操作，深受布依族同胞欢迎，传统的木风簸已很少制作和使用。

图片来源
图一、图二、图四　陈玉平　摄影
图三　毛朝江　制图

图二　布依族风簸透视图

图三 布依族风簸线描图

放入谷物

开始使用

将扇出来的谷物往外挪

图四 布依族风簸使用示意图

布依族挑箩

图一　布依族挑箩主图

挑箩是一种竹篾编制的筐式盛物器具，有大眼箩和小眼箩之分。如图所示为大眼箩，主要用来装玉米棒、南瓜、茄子等体积大的农产品。挑箩一般是两只箩筐加一根扁担组成。

箩筐口为圆形，底部为正方形，筐口直径57厘米，筐高52厘米。扁担长157厘米，宽6.5厘米。扁担两头各有一个小孔，插上小木栓，以防箩筐从扁担上滑落。由于受到扁担挤压，箩筐的筐口发生变形，呈长方形。

编织箩筐的竹篾材料为楠竹或青竹。扁担的木料为富有韧性的木材，如岩桑等。箩筐在我国大部分地区都有使用，尤其以西南地区为盛。贵州盛产竹子，竹编工艺比较发达，编织箩筐就是其中一项。几乎家家户户都有大小不同的箩筐，每到收割季节，这些箩筐就发挥了它的最大功能。

图片来源

图一、图四　黄镇邦　摄影

图二、图三、图五　马晓婷　制图

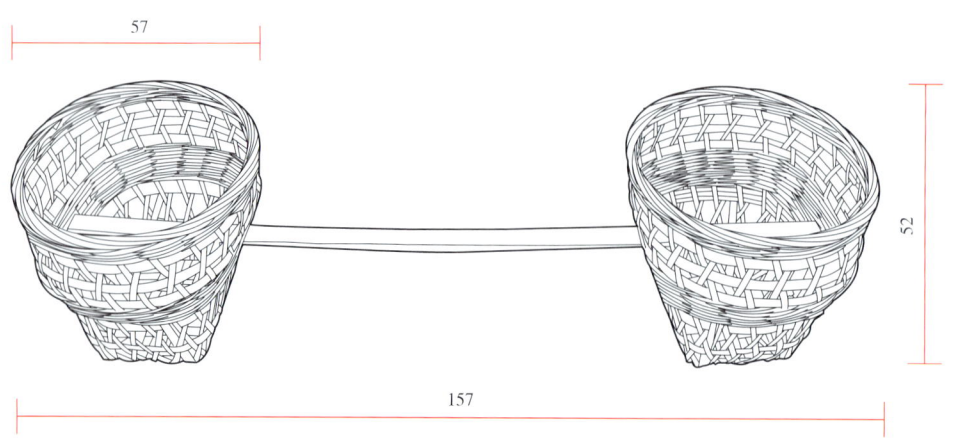

图二　布依族挑箩尺寸图（单位：cm）

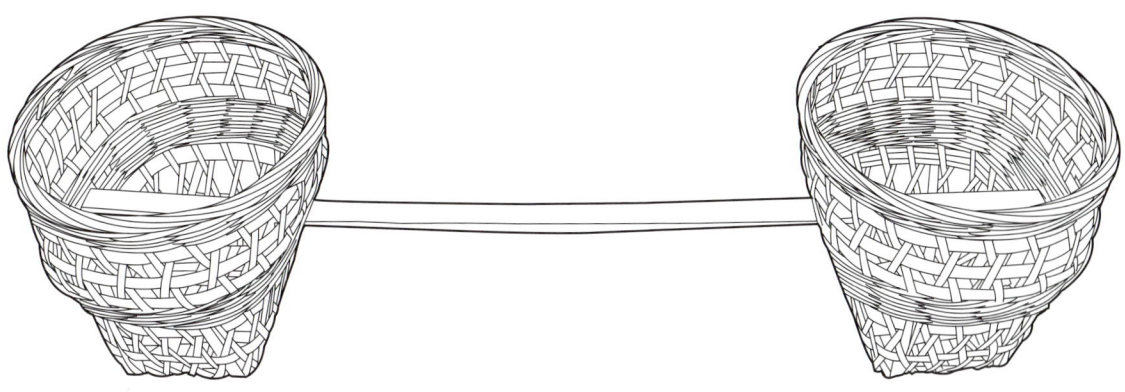

图三 布依族挑箩线描图

图四 布依族挑箩效果图

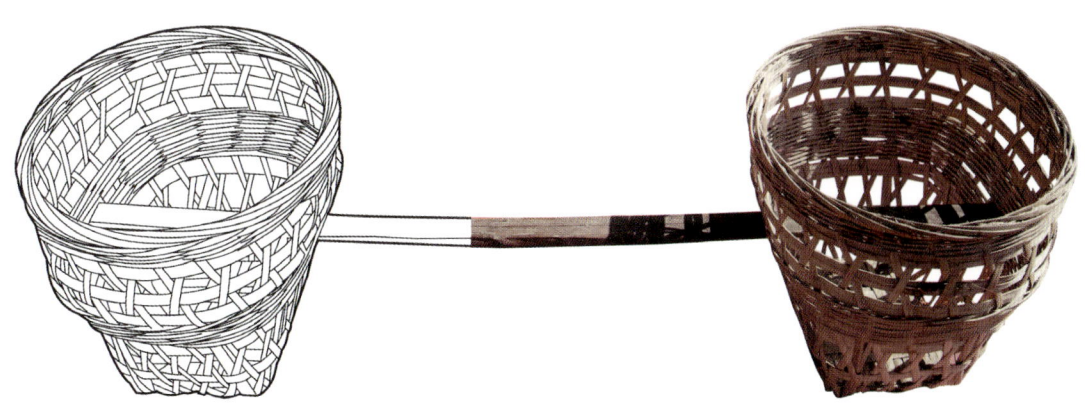

图五 布依族挑箩虚实对比图

布依族倒须笼

图一　布依族倒须笼主图

倒须笼是一种捕鱼工具。其形式多种多样，常见的有半开半闭式及两头封闭式两种。

半开半闭式。一边开口，另一边封闭。笼身长70厘米，开口约宽35厘米，笼尾封闭。开口由外向内逐渐变小，深度约30厘米。笼内是一个直径约25厘米的小空间。

这种形式的倒须笼一般使用于水流比较急的河滩之中。具体做法是：在河滩中垒砌一简易石坝，坝中间留空，将倒须笼置于其中。在笼口周围塞一些树叶，为隐蔽起见，在笼身上盖少许带叶树枝。同样方式也可以用于静水捕鱼。

两头封闭式。这种倒须笼的腹部有一开口，通过在其内部搁置一些食物引诱鱼儿，鱼儿一旦进入笼内，就难以出笼。这种倒须笼一般用于静水处捕鱼。

总之，倒须笼捕鱼的原理是设置陷阱，让鱼儿进入。孩子们最喜欢用倒须笼捕鱼，过去，捕鱼是改善水边人家生活的一种办法，几乎家家户户都有倒须笼。

制作倒须笼的材料为竹篾，青竹、吊竹等竹类均可。

图片来源
图一、图六　王朝举　摄影
图二至图五　毛朝江　制图

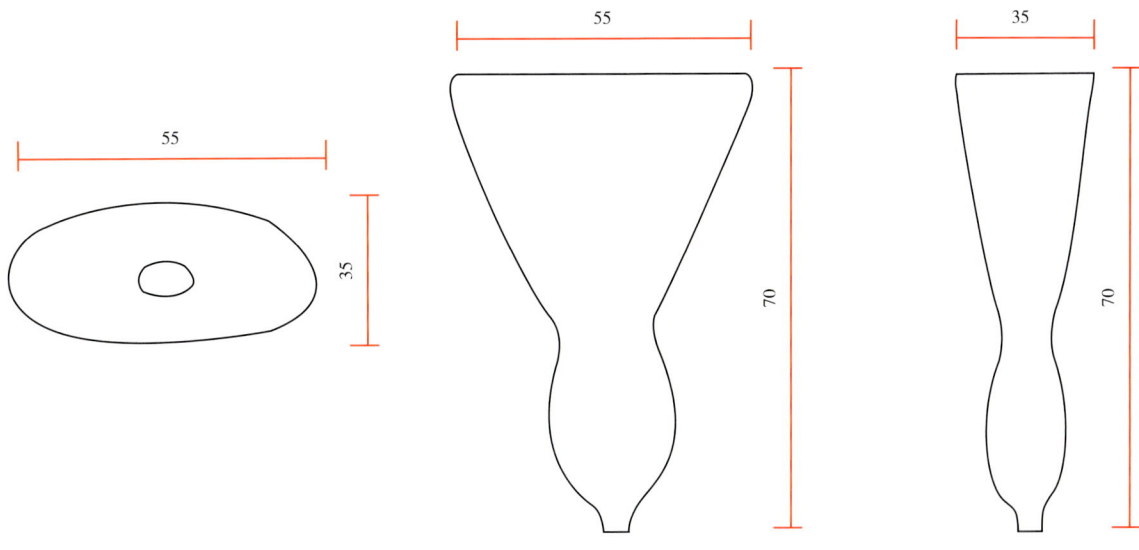

图二　布依族倒须笼三视、尺寸图（单位：cm）

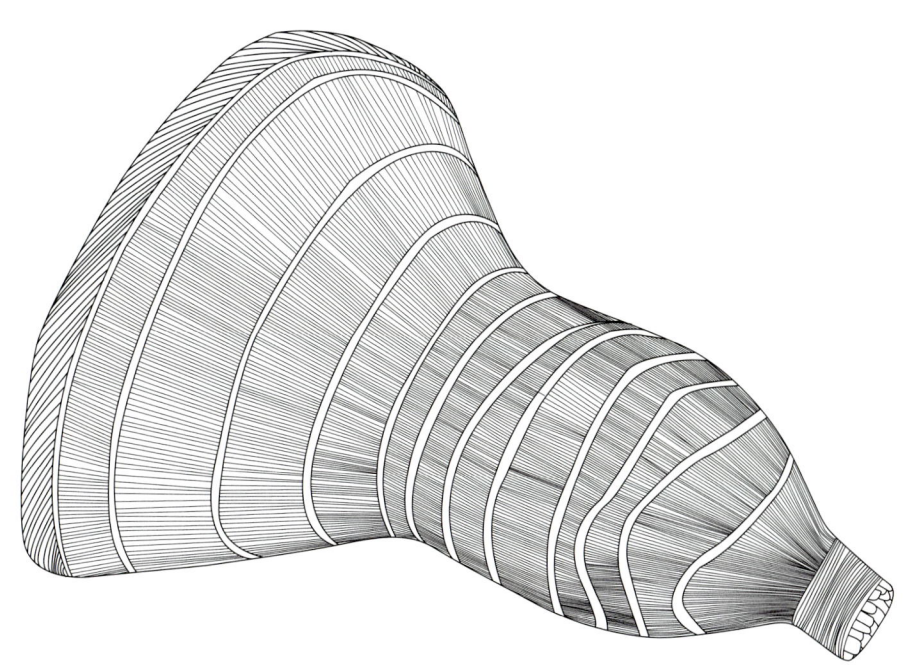

图三　布依族倒须笼线描图

第五章　布依族传统生产工具

305

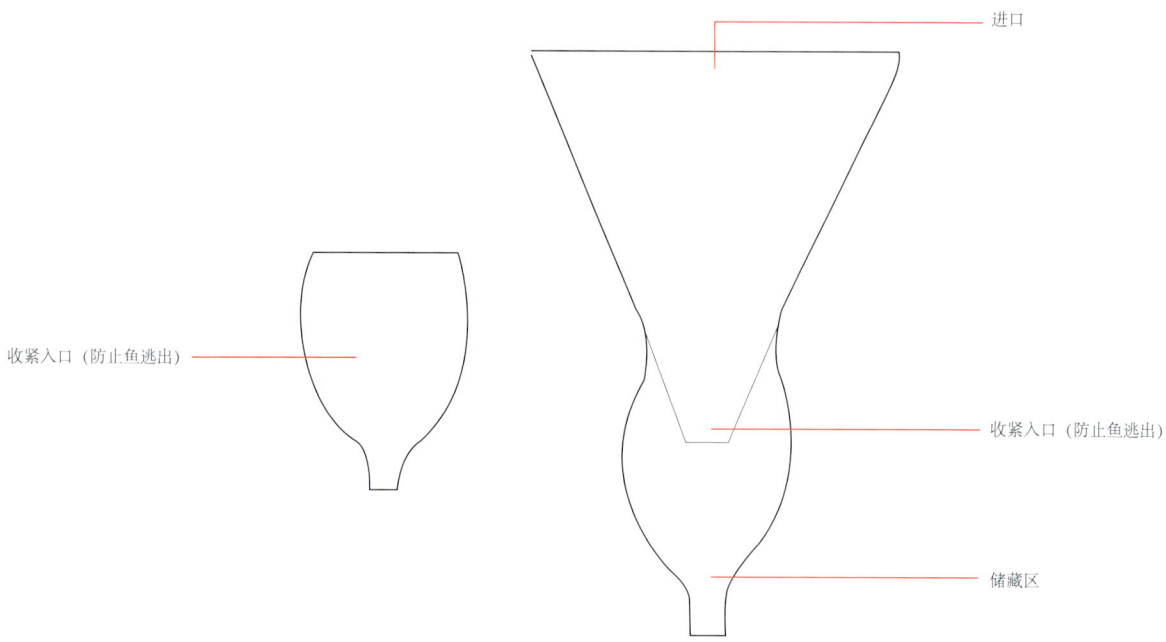

图四　布依族倒须笼解析图

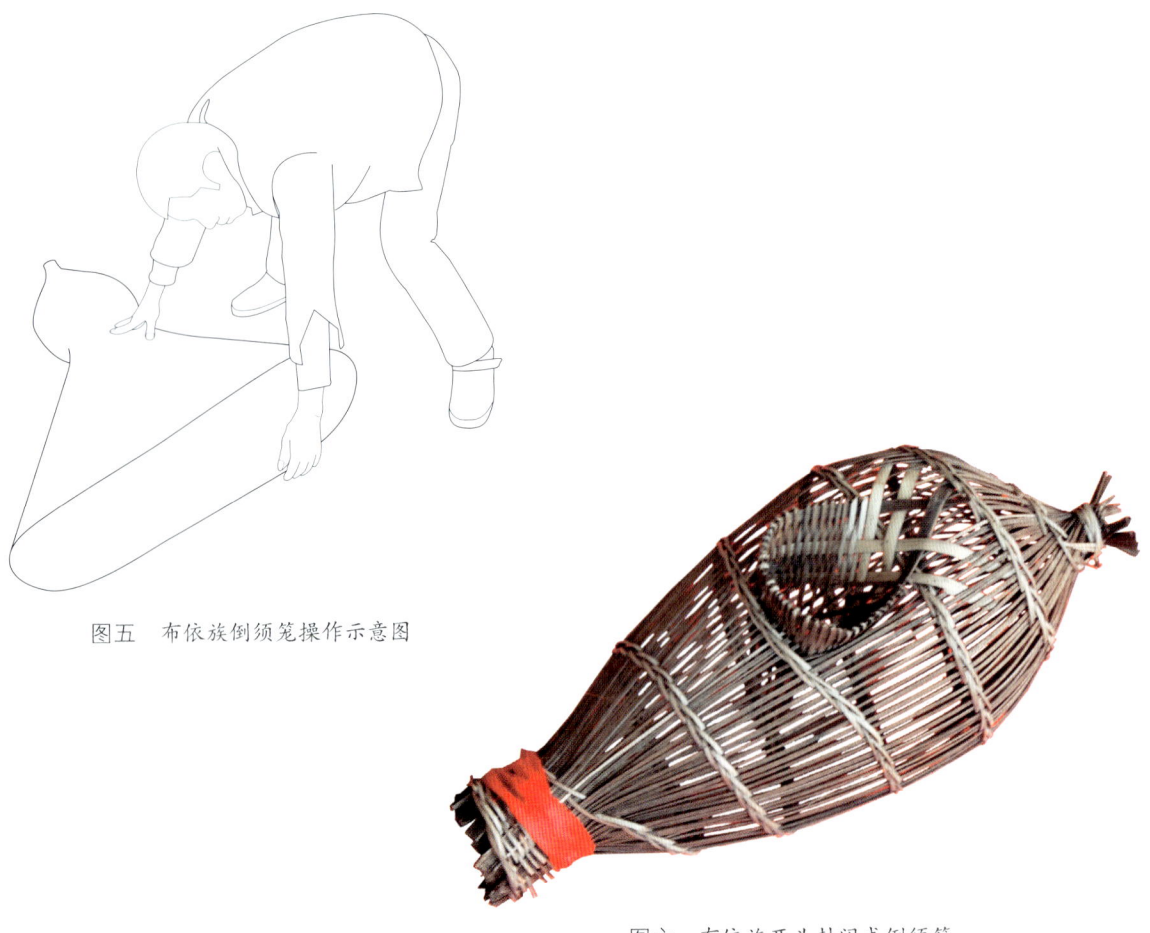

图五　布依族倒须笼操作示意图

图六　布依族两头封闭式倒须笼

布依族柴刀及刀夹

图一　布依族柴刀与刀夹主图

柴刀是一种常用砍柴工具。本案例采集自贵州省镇宁布依族自治县民族文化陈列室。柴刀由刀身、刀柄构成。刀的长度为33厘米，宽7厘米；刀柄长10厘米，刀柄直径为3厘米。

这种柴刀适用于劈柴或砍下比较小的树枝。刀尖是弯的，换上长柄就变为薅刀，可以用来除草等。夏末秋初，人们通常忙于将桐子树下的杂草砍平，为拣桐子果做好准备，这时候，就需要这种长柄弯刀。

刀夹为一不规则的半圆形木夹，中间凿一个长方形刀孔。刀夹长16厘米，宽7厘米，与刀孔相垂直。刀夹两边各凿一个小孔，方便穿系索用。系索为各种绳，一端已经打成固定的留孔疙瘩。系索长短因人而定，能够绕住腰部一圈即可。

过去人们经常上树砍柴，柴刀和刀夹是必不可少的，有了刀夹，可大大提高爬树的灵活性和安全系数。

图片来源
图一、图三、图四　陈玉平　王朝举　摄影
图二、图五、图六　毛朝江　制图

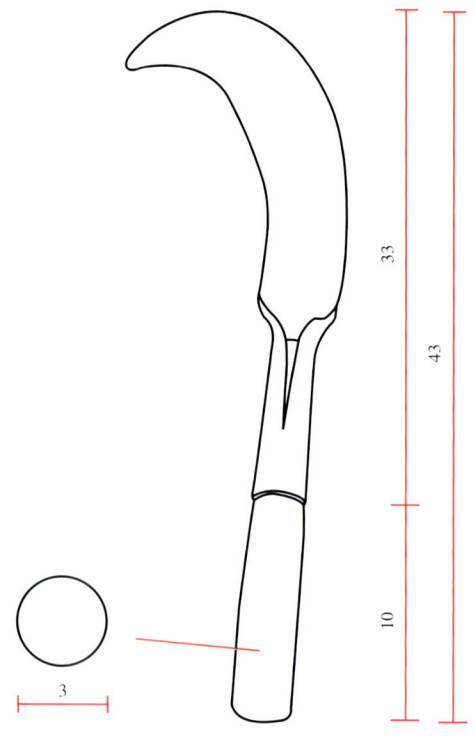
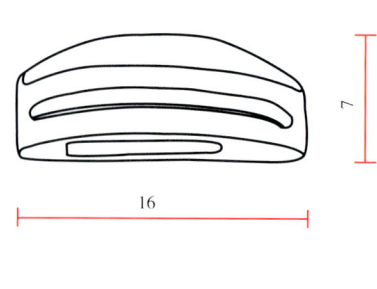

图二　布依族柴刀与刀夹尺寸图（单位：cm）

图三　布依族柴刀示意图

图四　布依族刀夹示意图

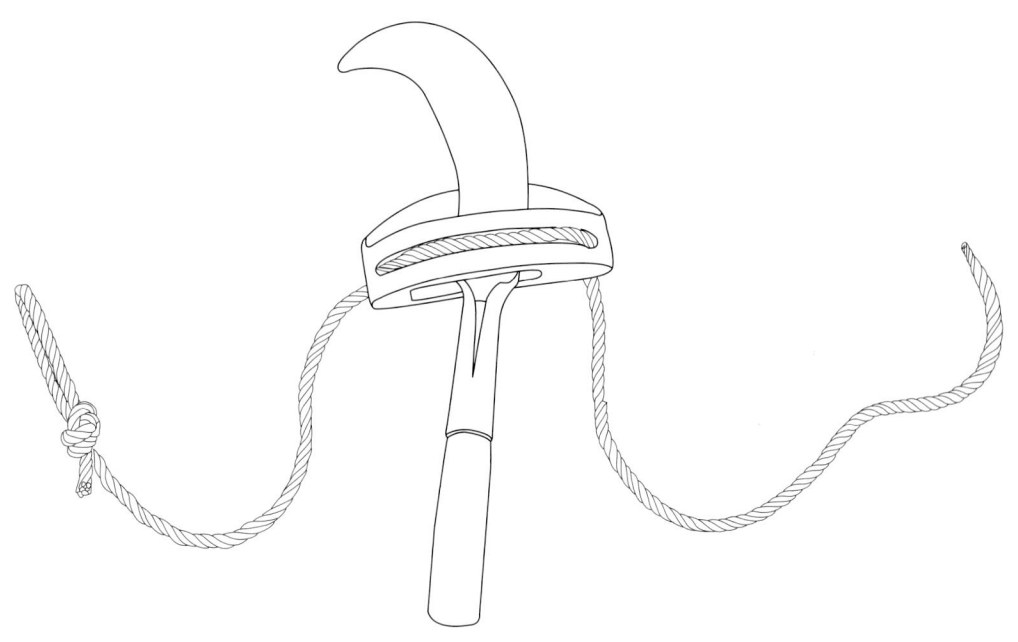

图五 布依族柴刀与刀夹线描图

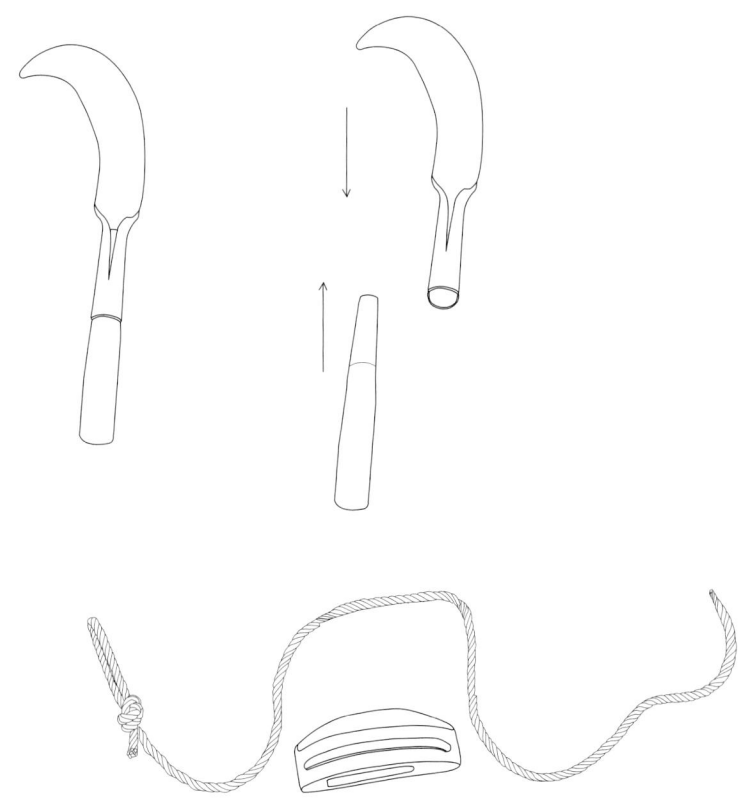

图六 布依族柴刀与刀夹解析图

第五章 布依族传统生产工具

布依族框锯

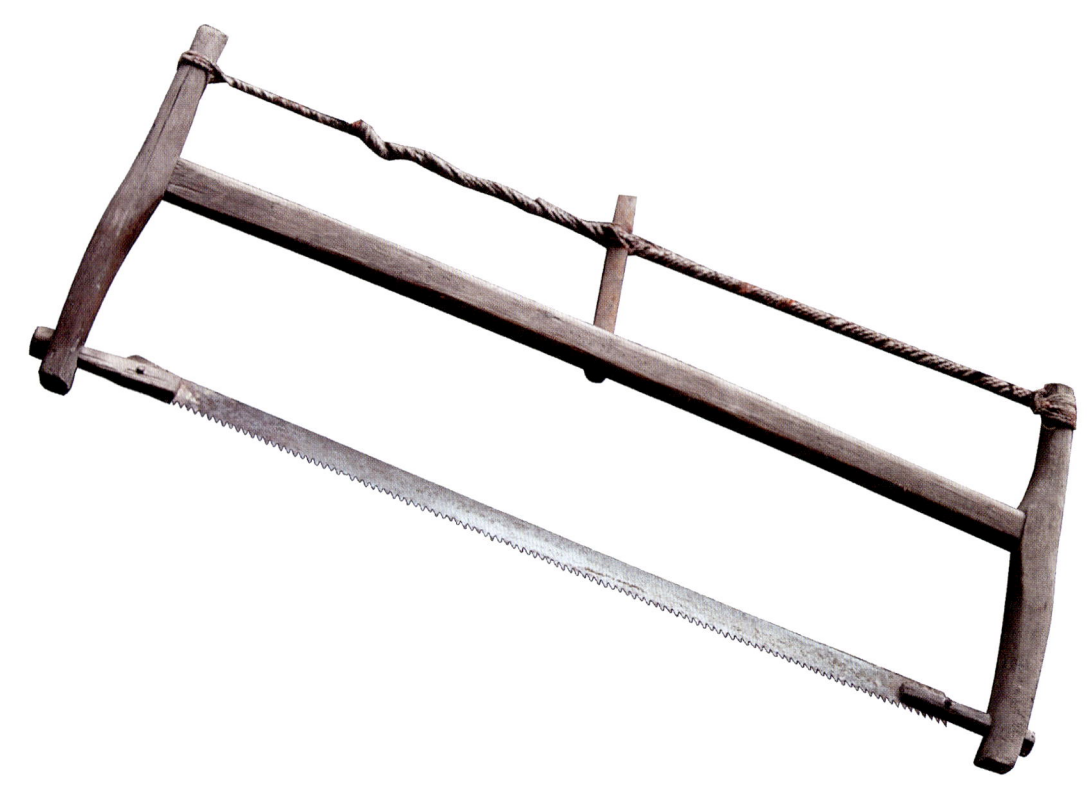

图一 布依族框锯主图

框锯，顾名思义是一种具有边框的锯子。锯子主要由一根木质中轴、绞绳和锯片组成，中轴两端分别套上一根等长的木棍。绞绳两端固定在木棍的上端，木棍的下端为可以活动的旋钮，锯条两端接在旋钮上。绞绳一旦绞紧，锯片随之绷紧，这时框锯就可以使用了。根据实际需要，框锯分为大、中、小三种类型。大锯常用于锯方子，中锯用于锯橡皮，小锯一般用于制作桌椅等木工活儿。

如图所示为一把中锯，锯的长度为70厘米，宽为27.5厘米，锯条长度为53厘米。这种锯子体积小，单个人就可以使用。横向锯料的时候，锯木者可以站立在木料的左后方，左手将木头按住，左脚使劲踏住木头，右手紧握中轴下方的锯柄。为防止起锯时锯口摆动，左大拇指轻轻贴于木料，抵住锯齿，轻拉，待锯齿入木再加大力度。纵向锯料时，把木料置于板凳上，以左脚踩稳。用右手握锯，以小指和无名指将锯钮夹紧。起锯时可用左手大拇指指引锯齿，待齿入木，即可用左手压锯背，提升锯身运动速度。左脚始终紧踏木料，防止木料粘锯而起。

图片来源

图一　黄镇邦　摄影
图二至图五　毛朝江　制图

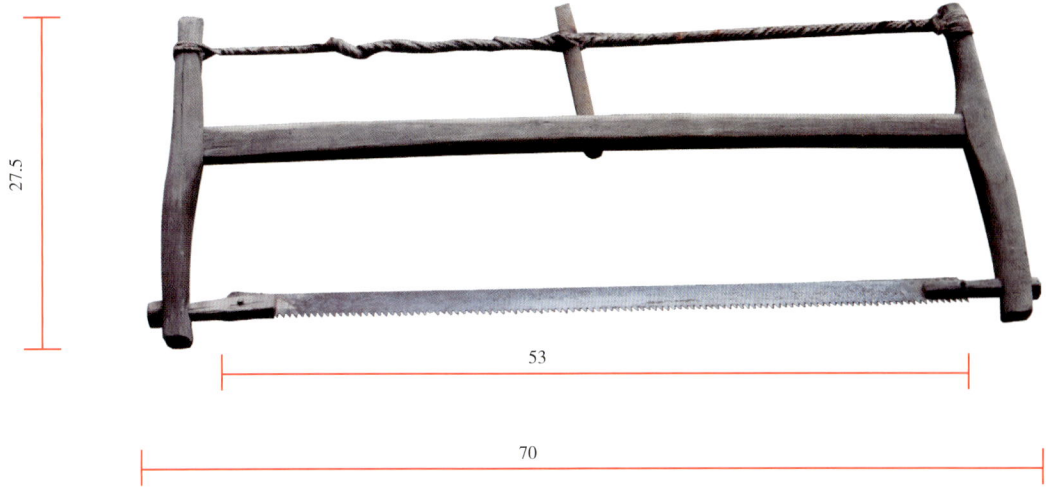

图二 布依族框锯尺寸图(单位:cm)

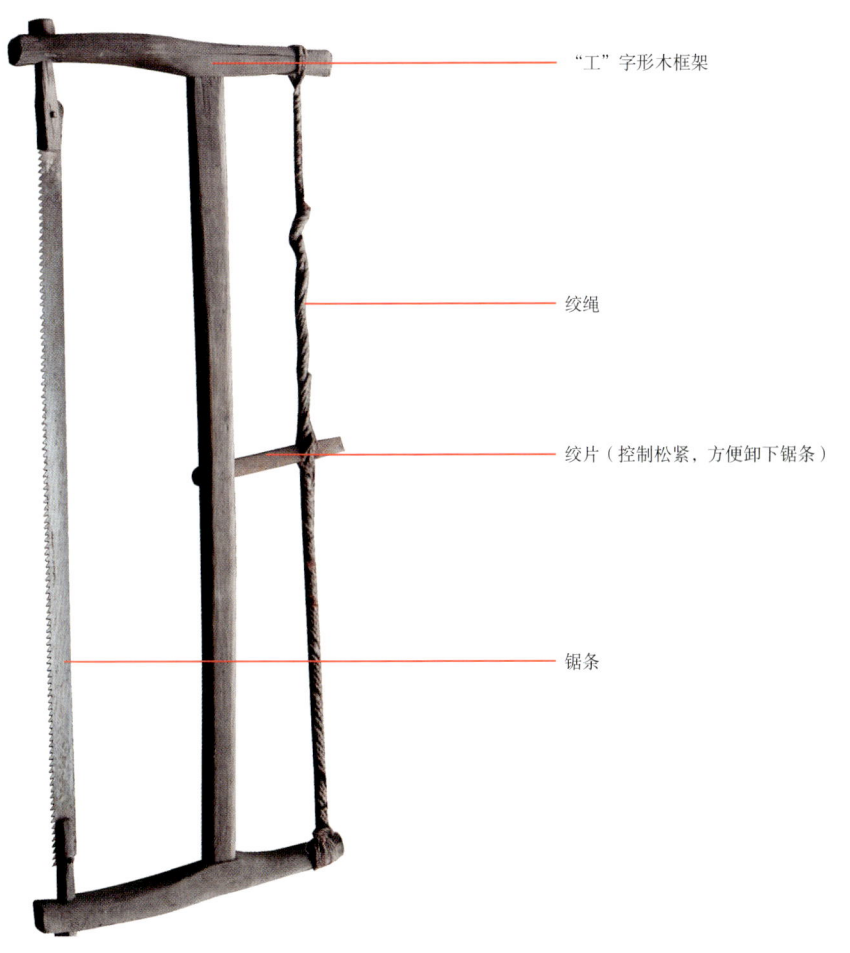

图三 布依族框锯结构名称图

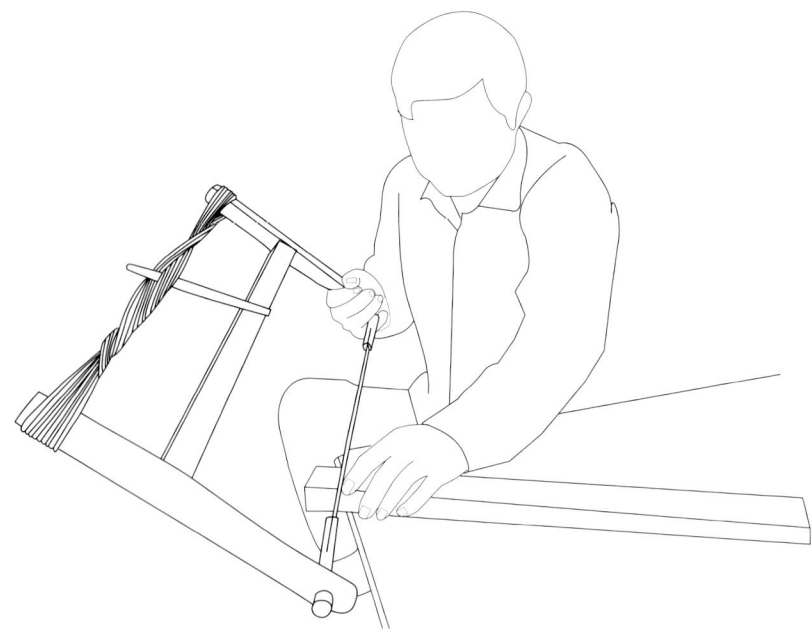

图四　布依族框锯操作示意图

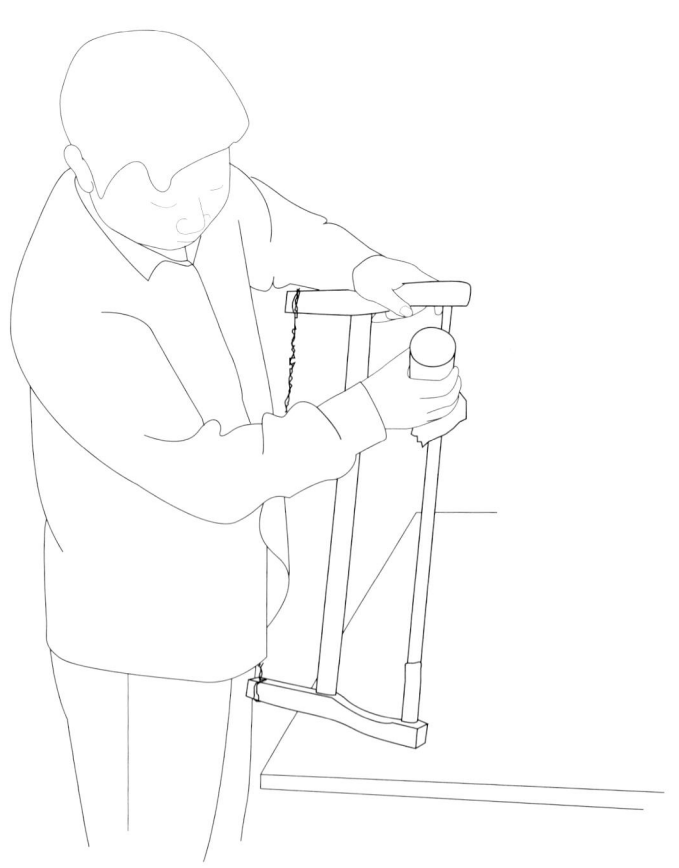

图五　布依族框锯上油保养示意图

布依族脚踏纺车

图一　布依族脚踏纺车主图

脚踏纺车是布依族过去常用的纺麻工具，因其动力来自脚踏的木柄而得名。本案例采集自云南省罗平县长底布依族乡，陈列于该乡民族文化陈列室。是根据已损毁的原物尺寸复制的双锭纺车，主要由转轮、摇柄和支架等部分组成。

该纺车为木质结构，支架底座是粗大的木方契合而成的十字架，纵轴长130厘米，横轴54厘米，底座一端支起高103厘米的立柱，立柱中部支起转轮，上部支起吊臂，吊臂上嵌入两根木锭。转轮由两组十字形的木板构成，用葛藤做网状连接，一端固定在立柱上，一端与脚踏的木柄连接。转轮上的藤网又与吊臂之间由皮带相连。底座另一端支起与转轮相连的摇柄，脚踏摇柄转动转轮，再由皮带传动到吊臂上的木锭，使木锭转动起来，牵引麻丝绞成麻线。使用时，在纺车旁边配一张高脚木方凳，使用者坐在高凳上，面向纺车，脚踏摇柄，双手则将事先浸泡、洗净、晒干的散麻丝不断续进吊臂上的两根木锭，借助木锭的转动将麻丝"绩条成紧"，纺成麻线。纺麻时"绩条成紧"的效果,与纺花时手握"棉筒"(粗棉条)"牵引渐长"截然不同。

布依族是具有农耕传统的民族,自种棉花和麻,自己纺织土布(棉布)和麻布。纺麻车主要用于将麻丝纺成麻线,再加工成麻绳、麻布等。麻布是过去常用的包装袋,主要用于包装和运输粮食,韧性好,又透气。因其精细程度要求不高,但用量较大,需要提高产量,所以纺麻时在动力方面进行了改进,不像纺棉花那样用手摇,改用脚踏摇柄传递动力,将双手从动力系统中解放出来,手脚并用,纺麻效率大为提高。

脚踏纺车是我国古代纺织机械史上的一项重要发明,它的发明在东汉以前,是从纺丝的缫车演变而来。布依族能根据农耕传统和生活需要制作和使用纺麻车,且不断改进,可见其接受先进文化和技术的能力很强,充分体现了布依族的劳动智慧。如今包装材料种类繁多,农村产业结构变化,布依族已不需要像先辈那样种麻纺麻,这种纺车已难觅踪迹,但它在布依族的生产历史中留下了不可磨灭的烙印。

图片来源
图一、图五　黄元碧　摄影
图二至图四、图六　毛朝江　制图

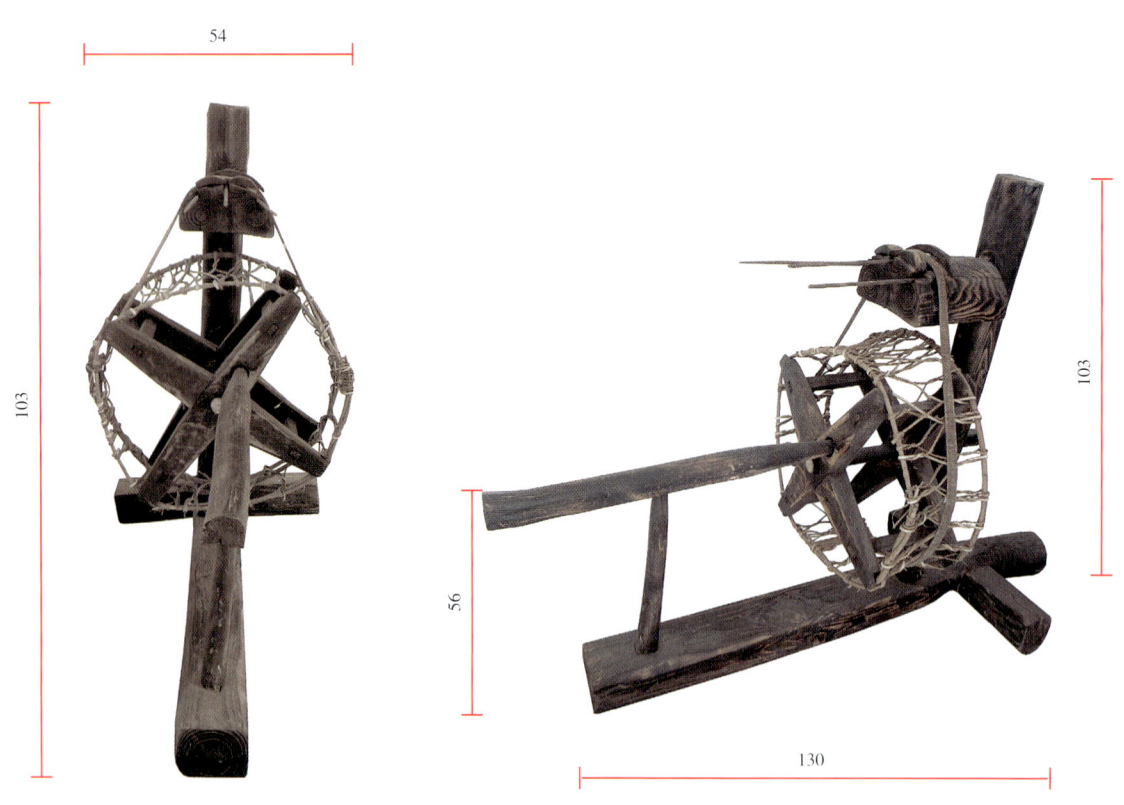

图二　布依族脚踏纺车尺寸图(单位:cm)

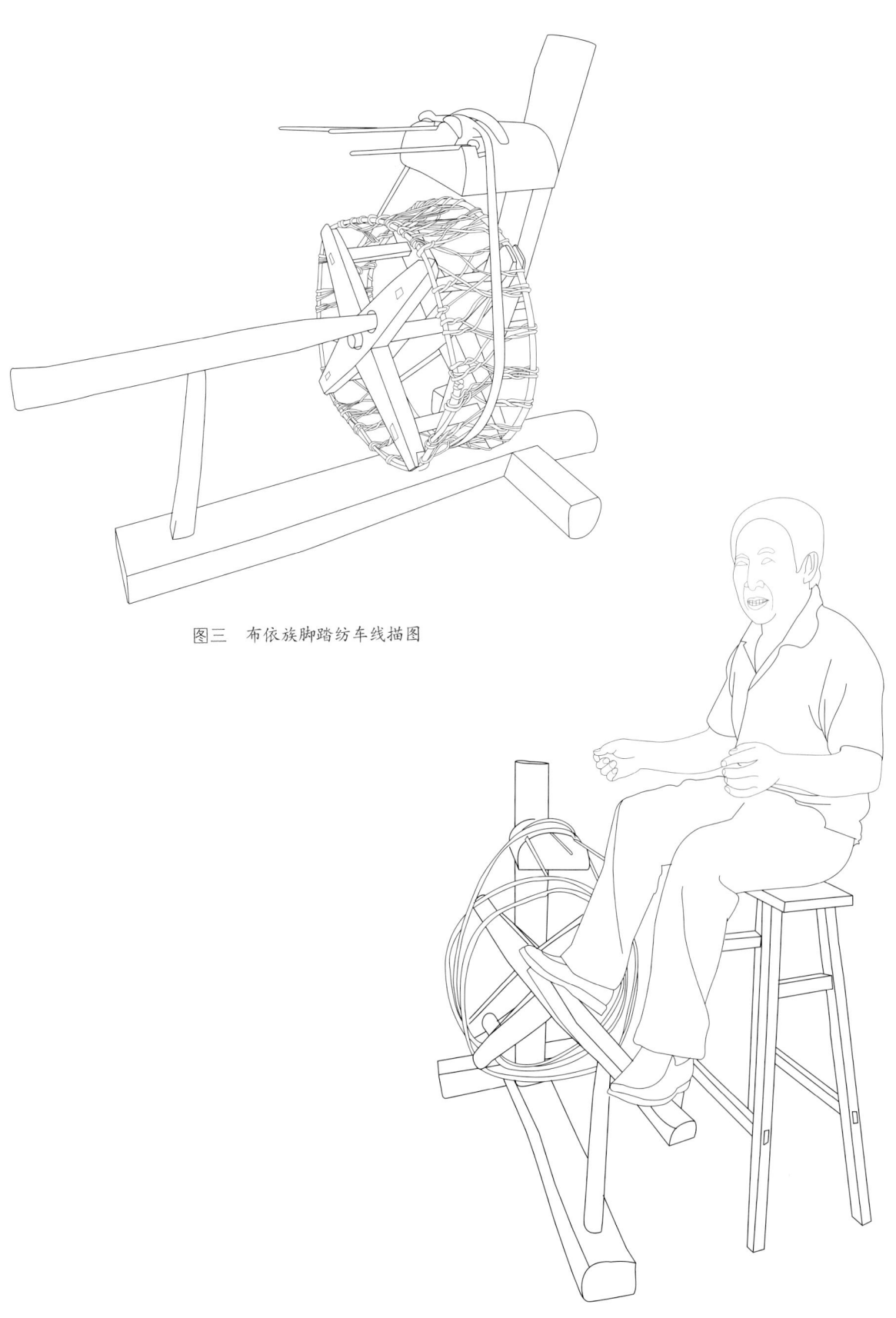

图三 布依族脚踏纺车线描图

图四 布依族脚踏纺车使用示意图

图五　布依族脚踏纺车凳

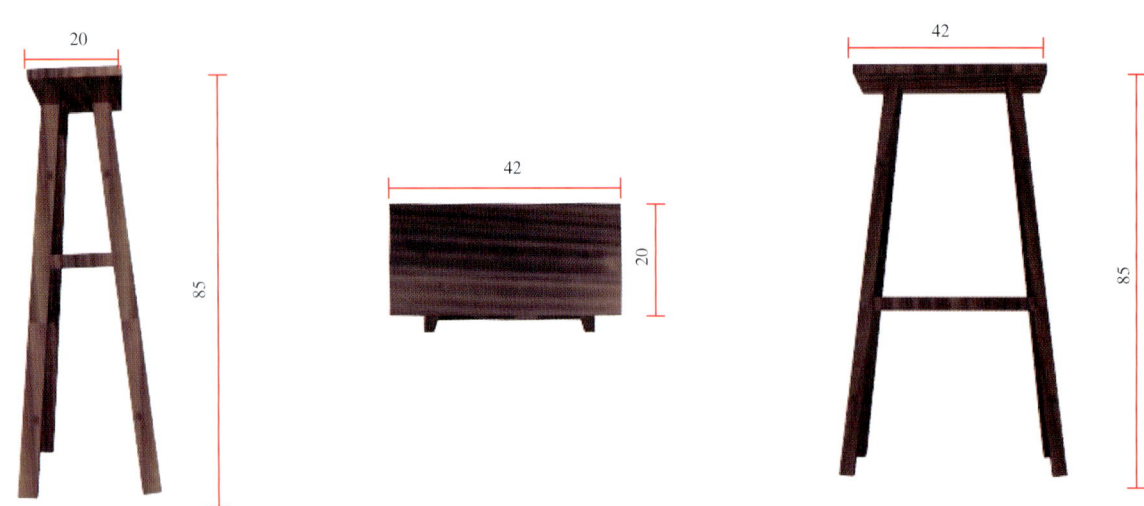

图六　布依族脚踏纺车凳三视、尺寸图（单位：cm）

布依族纺纱车

图一　布依族纺纱车主图

纺纱，布依语叫做"帅鲁"，是把纱线从线圈导到竹筒上缠成纺锤状线团的过程，为进入下一环节做准备。这是土布纺织过程中继纺花、挽纱之后的一个重要环节，这个环节所用的工具主要是纺纱车以及竹筒。因为是采用手摇的方式获得动力，因此纺纱车也叫做手摇纺车。本案例采集自贵州省惠水县，木质结构。

纺纱车由支架、转轮、摇柄等部分组成。支架是用较宽较厚的木方嵌合而成，底座宽大平稳，前后各有一根粗大的立柱，镶在长方形木框底座中间位置，高约70厘米，长、宽约50厘米。转轮由6块宽约10厘米、长约40厘米的长方形木板，从中间穿孔，用一根直径约3厘米的木轴将它们穿成两组相距约40厘米的"米"字形"骨架"，固定在支架两根立柱之间的中部，与一根弯曲呈"Z"形的铁质摇柄相连。两组"米"字形"骨架"末端以麻绳连接，绷成绳网，悬空离地约10厘米。转轮与支架之间的连接是活动的，导纱时将转轮取下，将线圈套在转轮的绳网上后再装上转轮。在支架上方的转轴上套一支直径约1厘米、长约20厘米的竹筒，用一些木纤将其固定，将线头缠在竹筒外侧，通过摇柄的转动，就可以把浆洗、晒干甚至染好色的纱线从线圈导到纺车上方的竹筒上，成为一个个纺锤状线团。这种线团将用于下一流程——牵纱，即套到分纱器上牵成一定长度和宽度的线排，再安装到织布机上织出布来。

纺纱车和织布机是配套的纺织工具，过去几乎是家家必备，特别是农村，农活或家务劳动之余，妇女们都要挤出时间来纺纱织布。纺纱织布的技艺也是衡量布依族妇女是否手巧能干的标准，因此，他们常常是互帮互学、精益求精。从单一的白色土布到柳条布、花椒布、黑白格子、蓝白格子到彩色格子布等，充分展现了她们的聪明智慧。布依族土布系纯棉制品，具有吸汗、透气等特点，且越使用越柔软，因此深受布依族同胞喜爱，它们是布依族姑娘必备的嫁妆，也是布依族赠送亲友的佳品。或许，这正是纺车仍然使用，土布越织越好的主要原因，布依族人还能从这些民族纺织品中获得一定的经济效益。

图片来源
图一　黄元碧　摄影
图二至图五　胡晓斐　制图

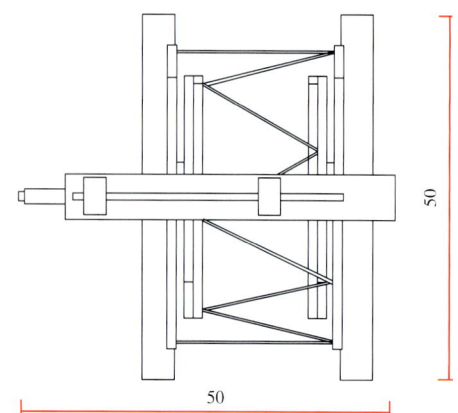
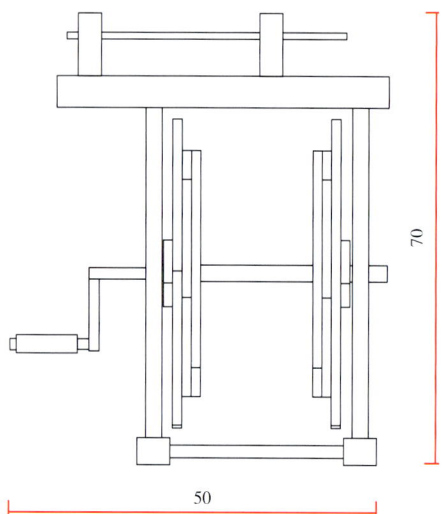
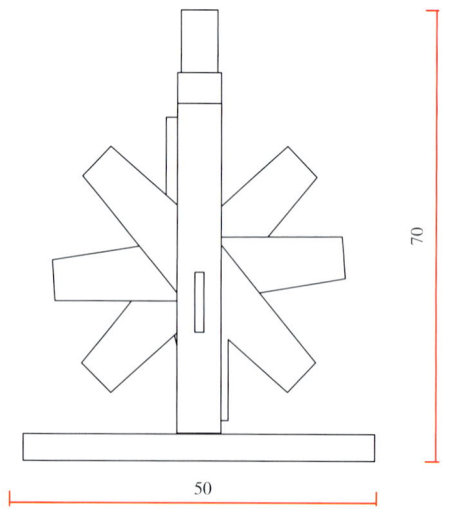

图二　布依族纺纱车尺寸图（单位：cm）

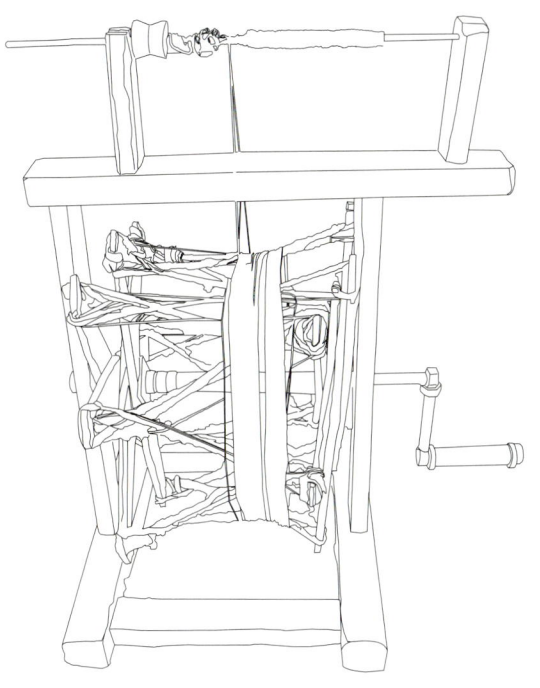

图三 布依族纺纱车线描图

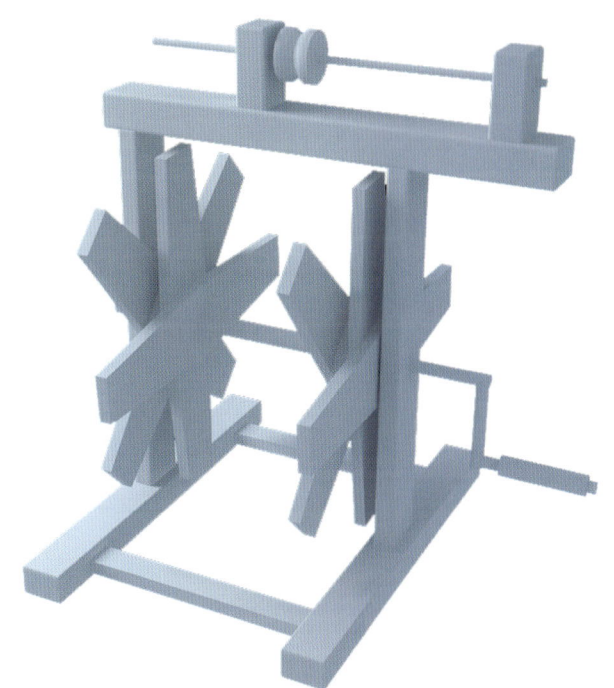

图四 布依族纺纱车效果示意图

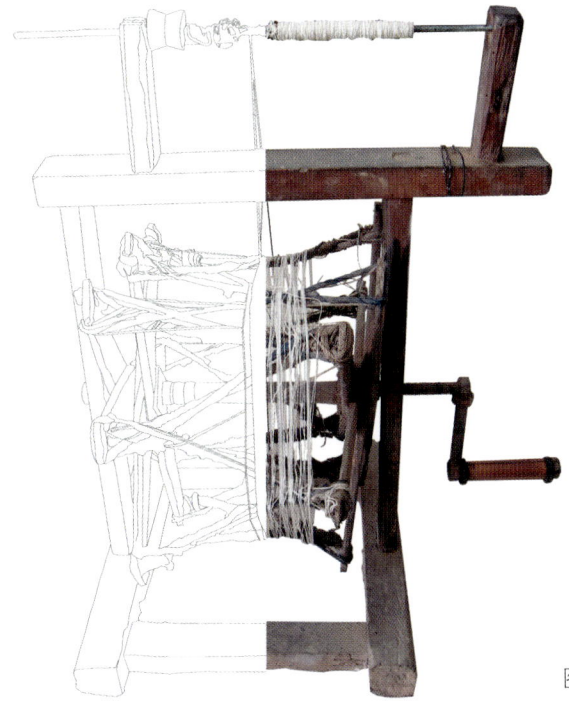

图五 布依族纺纱车虚实对比图

布依族织布机

图一　布依族织布机主图

织布机，布依语叫做"祥若"，是布依族织布的重要工具。织布，布依语叫做"当若"，是土布制作四道工序的最后一道。土布制作是布依族的传统手工纺织工艺，上机织布是其最后一道工序，织出的土布根据其条纹、花色，可加工制作服饰、床单及桌布、门帘、枕套等生活用品。本案例采集自贵州省贵阳市镇山村，陈列于该村布依族生态博物馆。该织布机为全实木制作，未上漆，自然陈旧，呈黑褐色，约有百年历史，总长150厘米，宽85厘米，高148厘米。

布依族织布机是较为古老的有梭织布机，木质框架结构：用粗大（直径12厘米）的圆柱在四角作立柱，前端立柱高45厘米，后端立柱高148厘米；两侧用长150厘米、宽8厘米、高约10厘米的长方体方条在前立柱顶端和后立柱45厘米处纵向水平连接，又各用一根长110厘米、宽5厘米、高7厘米的方条将前后立柱在距地面13厘米处水平连接，前后立柱又各用一根长60厘米、宽高均为5厘米的木方横向水平连接。后上方又有横竖相连的方条，形成一个宽大而稳固的支架。线轴横架在后上方，梳好排好的棉线从后往前穿过中部吊臂的线闸，牵到前面织布人胸前的横轴上。织布时，织布者端坐在织布机前搭在两侧支架的木板上，双脚轮换踩踏板，控制上下两层经纱的分合，同时，双手根据经纱的分合，轮流左右丢梭、接梭，进行纬纱编织，接着拉动筘架线闸，将纬纱扎紧，以保证布的密度和平整。织出一定长度，需调整卷轴和经纱架子，将织好的部分卷曲起来，同时放下相同长度的经纱，继续编织。布依族织布机一般有两个踏板，也有的有四个踏板。织纯色或双色简单花纹土布用两个踏板，织多色复杂花纹则用四个踏板。织布者根据花纹的需要，严格按排线规律换踩踏板，并左右丢接不同颜色的纬线梭子，左右手顺势拉紧线闸，不得弄错。

布依族妇女大都擅长纺织，织布机是她们利用闲暇创造价值的重要工具。布依族过去主要过着男耕女织的田园生活，在男婚女嫁中要考察南方犁田的技能和女方织布的技艺，有"选婿看犁田，择妻看织布"之说。在传统的布依族村寨，几乎家家都有纺织工具和染缸设备。设备不齐的，邻里间可相互借用；排线梳布时也互相帮忙。布依族妇女织布的悟性很好，能根据自己的需求来设置棉线的长短和颜色的排序。制作的土布，一般宽40—50厘米，长100多米。布依族纺织的土布，除了纯色白布，还有条纹布、格子布、花椒布、人字布等近20种。白布主要用于做鞋底、孝帕和口袋等，格子布及其他复杂花纹的布，则用于缝制床单、枕套、服饰、挂包、头帕、围腰、门帘、桌布等床上用品、衣着及日常生活用品。这些土布制品美观大方，做成的床单、枕套等简洁素雅，又透气吸汗，深受布依族同胞喜爱，常常作为馈赠亲友的礼品。过去只是少量制作和出售，如今出现了专门从事土布制作及其产品销售的民族企业，销路很好。

图片来源

图一、图六、图七　黄元碧　摄影
图二至图五　毛朝江　制图

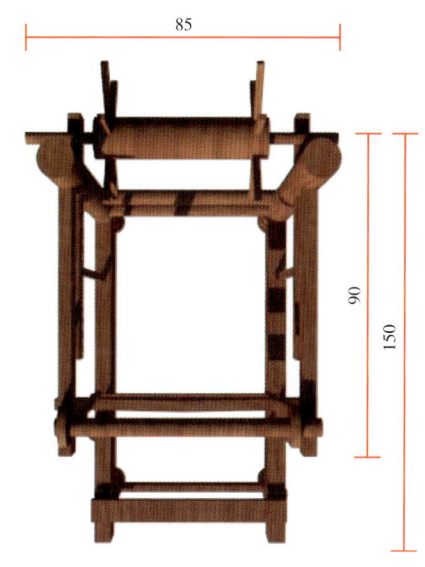

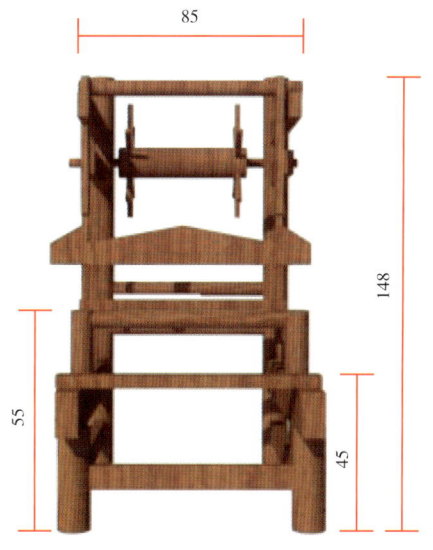

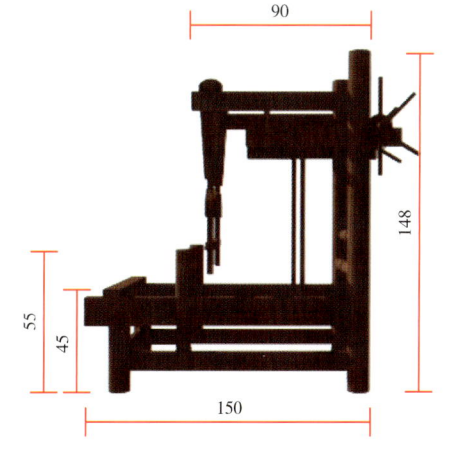

图二　布依族织布机三视、尺寸图（单位：cm）

第五章　布依族传统生产工具

图三　布依族织布机结构示意图

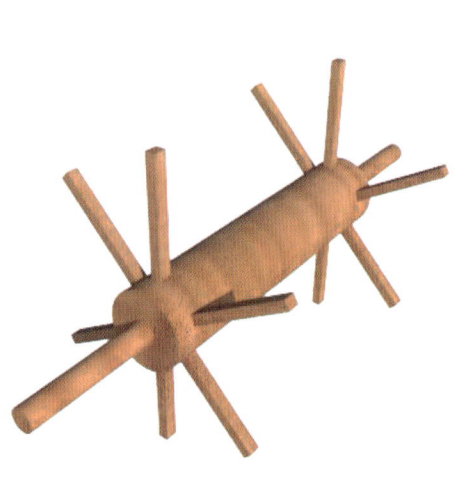

图四　布依族织布机构件解析图

图五 布依族织布机结构分解图

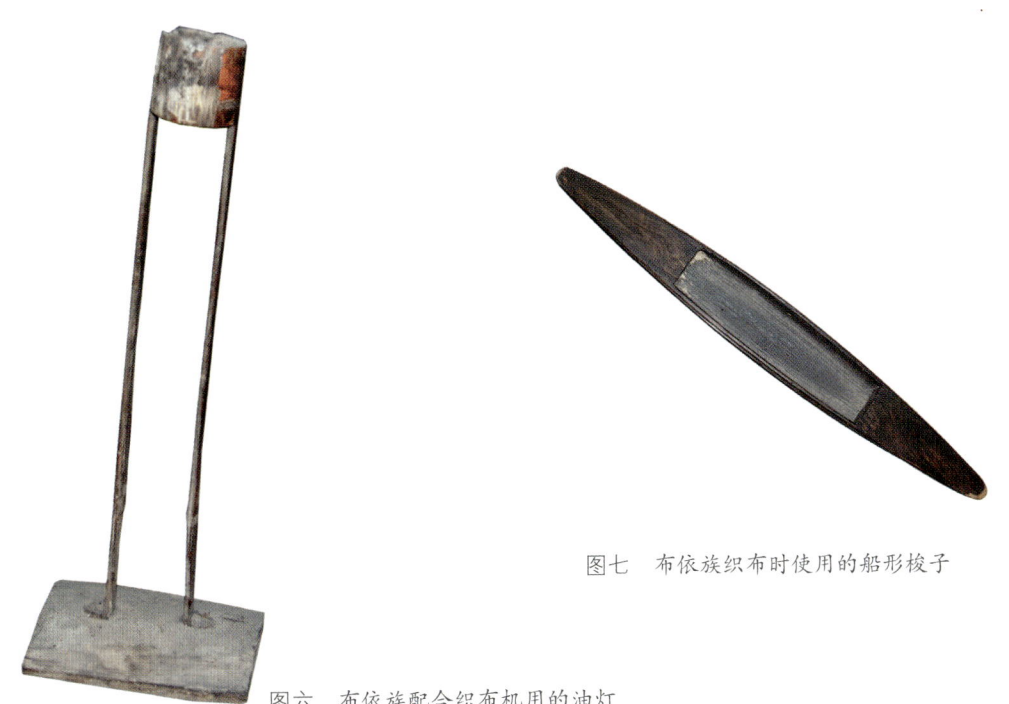

图七 布依族织布时使用的船形梭子

图六 布依族配合织布机用的油灯

第五章 布依族传统生产工具

第六章 布依族传统手工艺

布依族彩缎绣花口水兜

图一　布依族彩缎绣花口水兜主图

口水兜，也叫围嘴，是戴在婴儿颈部，垂至胸前，保护衣物的用具。本案例采集自贵州省贵阳市花溪区镇山布依族村生态博物馆。用多色绸缎绣片拼接而成，长36厘米，上部展开，外径20厘米，内径7厘米，中段瘦小，宽12厘米，下摆外展，最宽处24厘米，整体如同一朵带叶和柄的向日葵。

该口水兜主要分三部分：上部是由花瓣状的小绣片围成的一个中空大花朵，中部是支撑在"花朵"下方的"花轴"，下部是一块较宽的扇形绣片，如同宽大的叶子。几部分均采用平绣、布贴绣工艺制作，上部是在天蓝、藏蓝、粉红、玫红等颜色的小片绸缎上绣花卉图案，形成7片形状、大小、图案不同的小绣片，再将这些绣片按规律排列组合，天蓝色的一片在前下方居中，其余6片两两对称，围成一个内直径7厘米的小圆圈，用黑色棉布绲边，缝合固定，状如一朵盛开的向日葵；中部形似长柱状，一块较大的红底花卉绣片居中，黑色棉布绲边，上下稍大、中间略小，曲线自然优美；下部是一块较大的扇形绣片，黑色土布作底，浅紫色绸缎剪成云朵图案，绣花卉，再用锁绣工艺将其镶到黑色基布上，扇面弧线自然，与中部自然拼接，线条流畅，两侧外展的尖角，使其更美观，并适度扩大保护的面积。

绣花口水兜的设计，充分考虑了婴儿哺乳期容易吐奶、流口水（唾液）、食物洒落等特点，在保证实用功能的前提下，又充分体现了它的美观。艳丽的色彩、美丽的图案本身就惹人喜爱，对儿童有较大的吸引力，各部又巧妙结合，形成具有可爱造型和实用功能的一种保护用具。各部的设计也充分体现了人性化的特点，如颈部中空部分，大小正好容纳婴儿的颈脖，并留少许活动的余地，使其更加舒适；颈部围成一圈的"花瓣"则刚好接住婴儿的吐奶、口水或散落食物，可及时擦拭，避免弄脏衣物或渗到颈部。颈后钉黑色布扣，便于佩戴和取下，既方便又灵活，还避免了钉其他扣子可能带来的冰凉感。一个小孩备多个口水兜，换洗口水兜减少了换洗婴儿衣服的次数，可以减轻母亲洗衣服的负担，同时也减少婴儿换洗衣服造成的哭闹，一举多得。

布依族妇女擅长刺绣技艺，刺绣做多了，会积攒不少边角废料，绣花口水兜的设计，很巧妙地利用了这些边角废料，绣制成的口水兜既实用又美观。这种绣花口水兜可以说是精美的艺术品，既是刺绣技艺的展现，又是伟大母爱的寄托和勤俭持家的体现，这种变废为宝的理念或许能给当今社会的人们一定的启示。如今市场上婴幼用品种类繁多，机器生产的口水兜也价廉物美，比比皆是，但如此精美华丽的手工刺绣口水兜很少见，成为传世不多的珍品。

图片来源
图一　陈玉平　黄元碧　摄影
图二至图六　毛朝江　制图

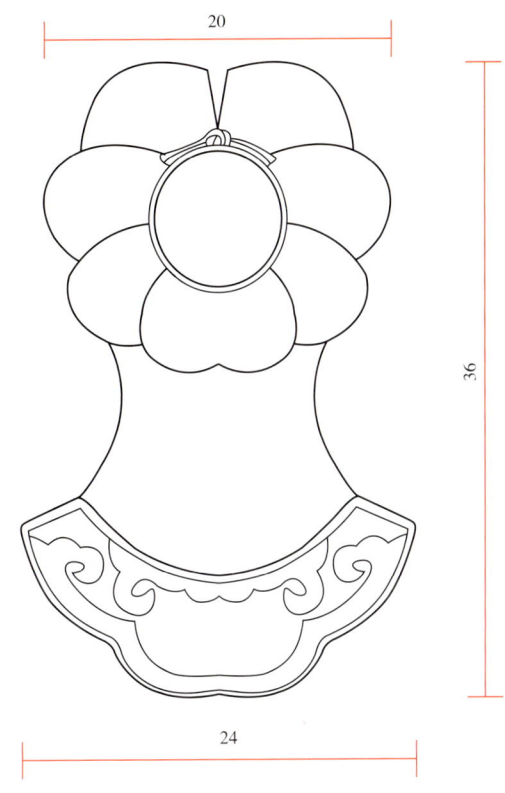

图二　布依族彩缎绣花口水兜尺寸图（单位：cm）

图三　布依族彩缎绣花口水兜顶部图案

图四　布依族彩缎绣花口水兜中部图案

图五　布依族彩缎绣花口水兜底部图案

图六　布依族彩缎绣花口水兜图案色彩分析图

布依族土布绣花口水兜

图一 布依族土布绣花口水兜主图1

口水兜,也叫围嘴,是戴在婴儿颈部,垂至胸前,保护衣物的用具。本案例采集自贵州省贵阳市花溪区镇山布依族村生态博物馆。主要用布依族自织自染的黑色土布,加少量绸片制作而成,长36厘米;上部外径20厘米,内径约8厘米;中部收小,宽约12厘米;下摆外展,宽25厘米。

该口水兜主要分两部分:上部用褐色土布剪成环状,加衬里,绲边,前宽后窄;后颈部断开,可钉布扣或按扣,灵活打开或扣合;前胸部加一块左右对称、用黑布作基布、用平绣技法绣花卉图案的绣片,用红线和金线以锁绣技法沿绣片边缘将其固定。中下部连成一体,呈较大的扇形,将宝蓝色绸缎剪成略小的扇形,绣花卉图案,再沿着该绣片边缘锁边,使其固定在黑色基布上,形成黑布框里镶精美绣片的布局,显得漂亮而雅致。扇面弧线自然流畅,两侧尖角外展,使其更加美观,且能扩大保护的面积。

处于哺乳期的婴儿具有容易吐奶、流口

水（唾液）、食物洒落等特点，若换洗衣服太频繁，大人太辛苦，婴儿也爱哭闹。过去物资匮乏，婴幼用品售卖不多，聪明的布依族妇女就自己动手，学习制作口水兜。在保证实用功能的前提下，尽量做得美观、雅致。一些普通的黑布和绸缎废料，经过她们的巧手，就变成了图案生动、布局合理、美观实用的口水兜。

口水兜的设计充分体现了人性化的特点，如颈部呈环状，中空部分正好容纳婴儿的颈脖，并留少许活动的余地，使其更加舒适；颈后断开，钉布扣或按扣，便于佩戴和取下，既方便又灵活。布依族妇女大多擅长刺绣，她们利用布依人家自织自染容易获得的黑色土布，加少许绸缎，绣成精美又实用的口水兜，既寄托了伟大的母爱，又展现了精湛的设计技巧和刺绣技法，也是她们减轻自己劳动负担的智慧体现。如今市场上婴幼用品丰富多彩，批量生产的口水兜更容易获得，布依族妇女可享用现代社会的物质成果，本案例这种精美的手工绣花口水兜已难再制作，它将作为传世不多的艺术珍品珍藏在布依人的记忆之中。

图片来源

图一、图二　陈玉平　摄影
图三至图六　毛朝江　制图

图二　布依族土布绣花口水兜主图2

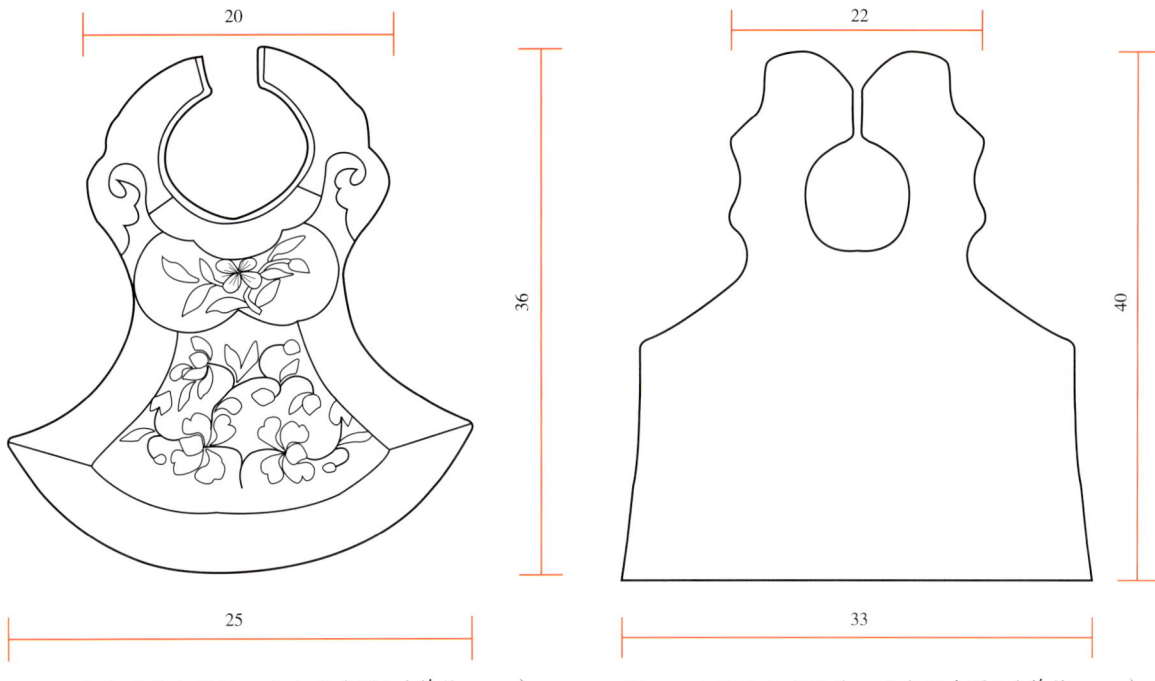

图三　布依族土布绣花口水兜尺寸图1（单位：cm）

图四　布依族土布绣花口水兜尺寸图2（单位：cm）

图五　布依族土布绣花口水兜图案分析图1

图六　布依族土布绣花口水兜图案分析图2

第六章　布依族传统手工艺

布依族十字绣背带

图一　布依族十字绣背带主图

　　背带，俗称背扇，布依语叫做"那"，是布依族背小孩的日常用具。根据其厚薄软硬程度，分为"那稳"（软背扇）、"那农"（硬背扇）两大类。前者较薄较软，用一层靛染的土布作衬里和带子，外缝绣花贴面，漂亮而轻巧，适合背较小的婴儿；后者则在衬里和贴面之间加多层重叠的棉布或少许棕叶，结实、温暖，也能背较大的小孩。本案例采集自贵州省荔波县，现收藏于贵州民族大学图书馆。

　　该背带主要以黑色棉质土布为底布，手工制作。上宽下窄，呈"T"字形，长95厘米，宽38厘米，下方拖一长尾。两侧缝宽带子，带子长78厘米，其根部宽10厘米，往另一端逐渐变窄。上半部镶多块白底黑线十字绣绣片，菱形图案。中部两侧各镶一条竖状的蓝底黑线平绣绣片作装饰。中部以黑、蓝色为主色调，以十字绣为主要技法，绣出白色图案，风格素雅，颇受布依族同胞喜爱。

　　使用时，先将小孩背到背上，再用背带齐肩包住小孩，使其只露头或露出半个头，再将背带两侧延伸出来的带子在大人胸前交叉，绕到后面，在背带尾部相扣，兜住小孩臀部、腿部，又绕回前面，在大人腹部拴活结。这样能使小孩在大人背后舒服地固定，既得到很好的保护，又能适当玩耍和休息。同时，大人可以腾出双手做家务或干轻微的农活，育儿、做事两不误。背带的设计很好地解决了布依族妇女劳动与育儿之间的矛盾，对当今育儿工具的设计仍有借鉴意义。

布依族有制作和使用背带的传统，也一直保留着"送背带"的习俗。第一个外孙出生后，外婆要在小孩出生后第三天、满月或另择吉日，邀约家族妇女郑重地送去早就准备好的漂亮背带、包被、衣物等礼物。小孩的父母和爷爷奶奶也要隆重地办酒请客，以示庆贺并接受外婆送来的背带和祝福。有的外婆送背带时还要带歌手，亲家会组织亲戚对歌，一方表达对小孩的祝福，另一方则表达对外婆的感谢。物质形式的背带还承载着布依族的民俗文化。

过去每床背带都是一针一线手工刺绣和缝制的，每床背带都是不可多得的艺术品。如今背带制作进入了机绣的时代，这种手工制作的十字绣背带已不多见。机绣使布依族背带的制作实现了产业化，效率不断提高，花样不断翻新，满足了布依族妇女对背带的需求，同时也让部分心灵手巧的布依族妇女从民族产业中获得经济利益。

图片来源
图一　黄元碧　摄影
图二至图四　毛朝江　制图

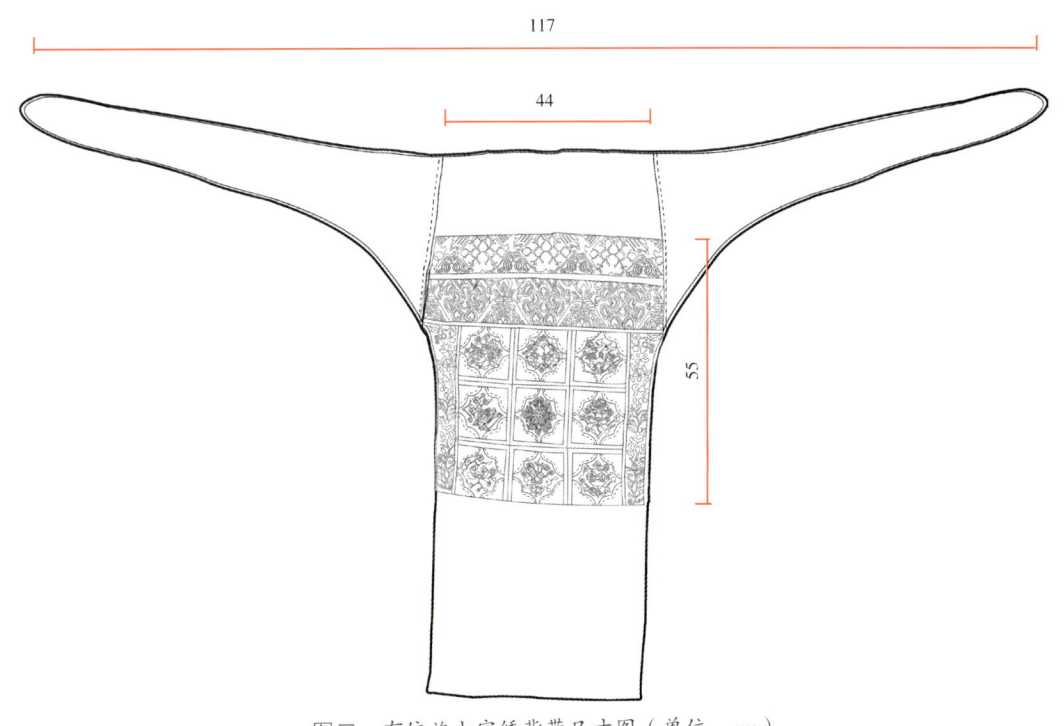

图二　布依族十字绣背带尺寸图（单位：cm）

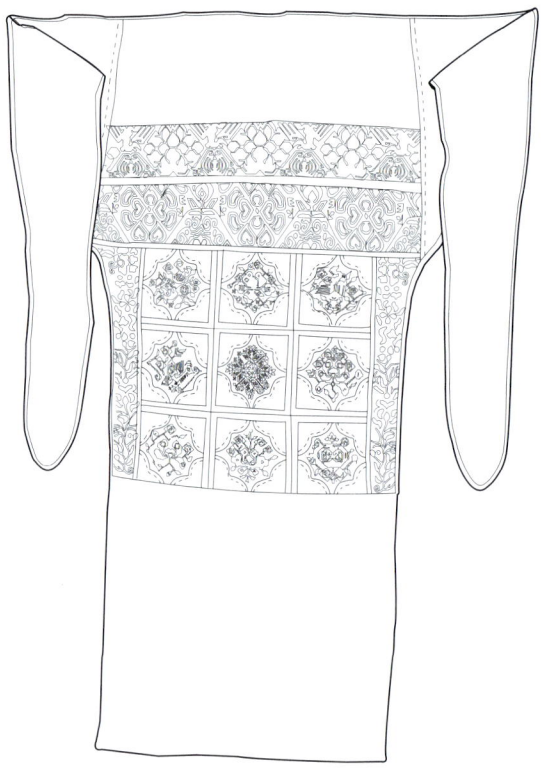

图三　布依族十字绣背带线描图

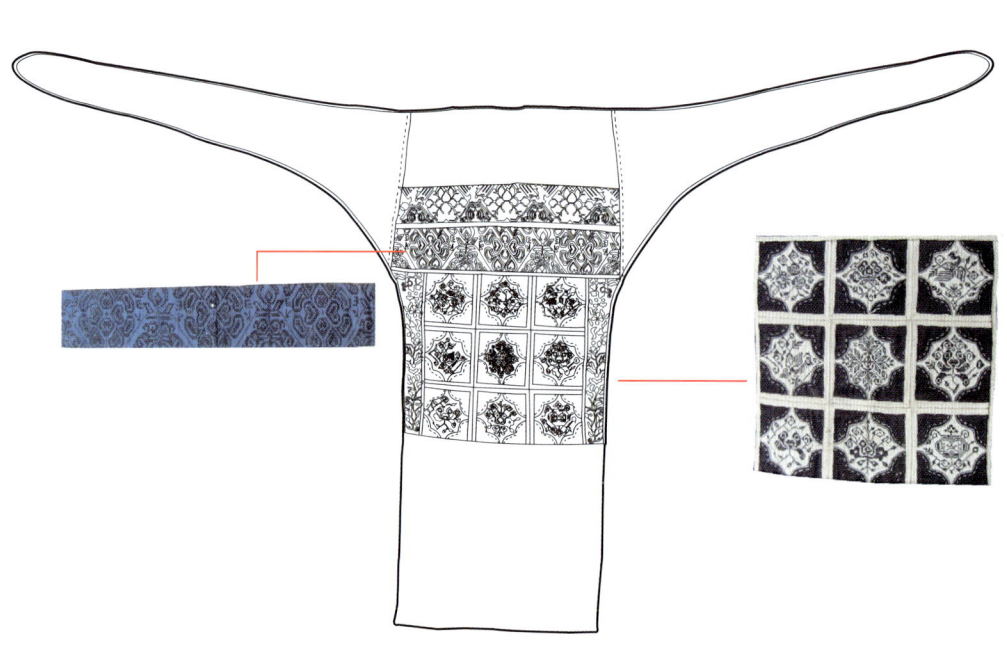

图四　布依族十字绣背带图案分析图

荔波布依族平绣石榴花鸟背带

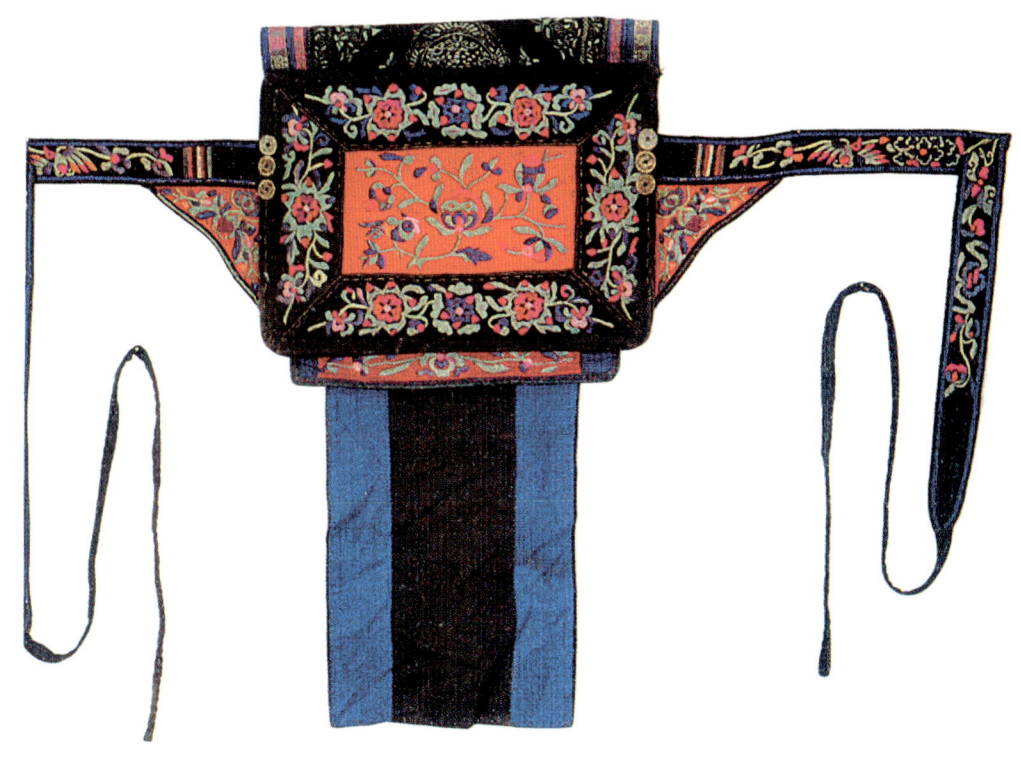

图一　荔波布依族平绣石榴花鸟背带主图

贵州省荔波县布依族平绣石榴花鸟背儿带，布依族简称"背带"，是布依族背婴幼儿的日常用具。一般为布依族民间艺人裁剪缝制。本案例采集自黔南州民族博物馆。

该背带通高80厘米，宽40厘米。背带由背带、背带尾、背带手等三部分组成。背带由左右对称、完成刺绣的各部件拼合并用棉布衬里而成。背带有刺绣的各部件为色布，衬以布壳，较厚，这样背孩子时，背带不致伤及婴儿肌肤。其中，背带由背带芯、上下左右对称的几何形四框拼接而成，整体呈横置长方形。背带芯的用料、色彩与四框、背带尾及背带手有一定反差，图案一般力求团圆、工整、大气，四框刺绣图案、色彩亦讲究对称、平稳。背带手对称，通常绣花卉等图案，末端连接两条软布系带，以便束系。沿背带上端沿口，拼接一块双面挑花刺绣图案的绣片，为婴幼儿熟睡时防风用，平时作背带饰物，增加背带动态感觉。在背带两侧边框上对称各钉三枚方孔"乾隆通宝"等铜钱，作避邪之用。背带尾为二至三层软布，背婴儿时兜住婴儿臀部，使婴儿不致掉落。

布依族背带制作过程较为复杂，工序烦琐。一般女子在婚前就开始准备，或是姑娘出嫁生小孩后由外家送来，或由夫家母亲先期准备。背带刺绣有平绣、剖线绣、马尾绣、绉绣、辫绣、打子绣、叠绣、贴花绣等。图案多为花卉、树木、鱼、鸟等吉祥图案，是布依族妇女手工技艺水平的集中表现，反映了布依族追求美好事物，祈求平安幸福生活的心里愿望。

图片来源

图一、图三、图六、图七　韦云彪　摄影
图二、图四、图五　古慧婕　制图

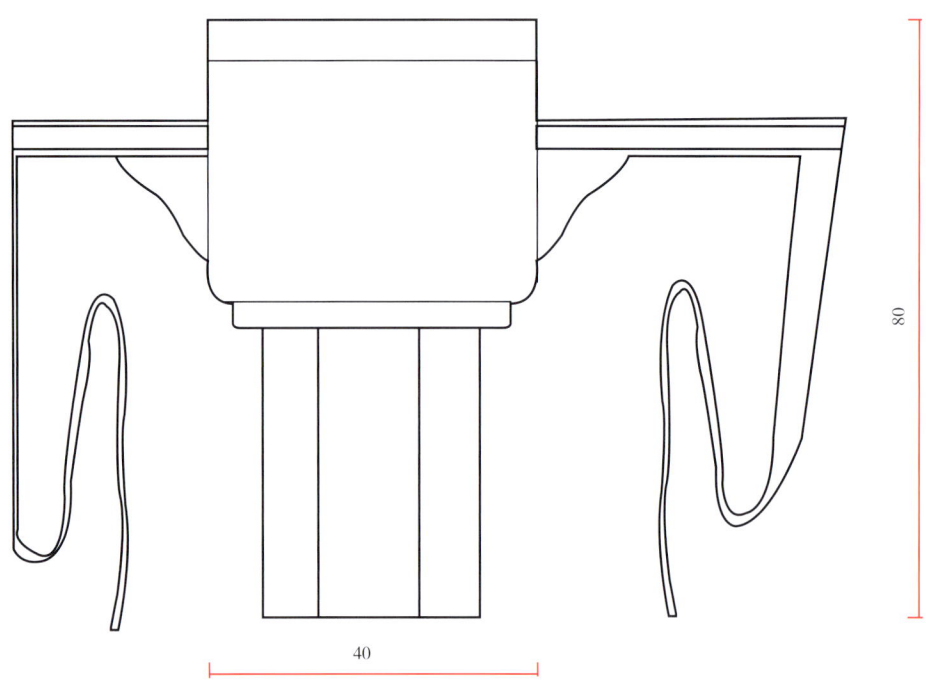

图二　荔波布依族平绣石榴花鸟背带尺寸图（单位：cm）

图三　荔波布依族平绣石榴花鸟背带色彩分析图

图四　荔波布依族平绣石榴花鸟背带细节图

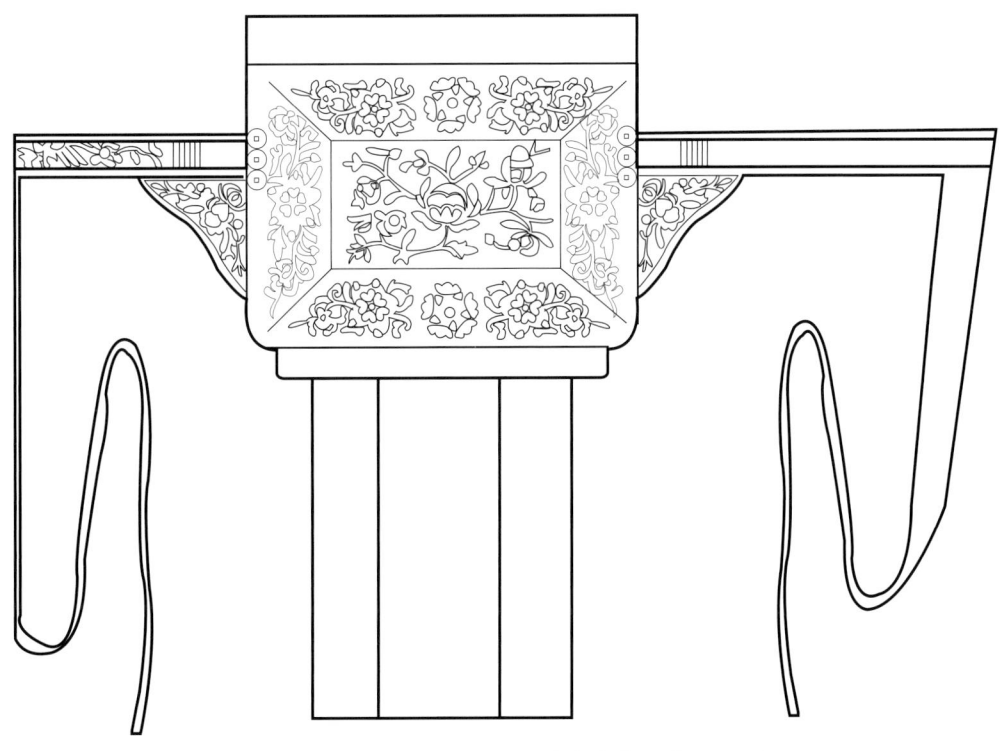

图五　荔波布依族平绣石榴花鸟背带纹样效果示意图

图六 荔波布依族平绣石榴花鸟背带对比图

图七 荔波布依族平绣石榴花鸟背带纹样对比图

布依族绣花门帘

图一 布依族绣花门帘主图

门帘，布依语叫做"掩度"，"掩"是帘子的意思，"度"是门的意思，门帘就是门上的帘子，是遮挡门洞的用具。布依族是非常含蓄的民族，布依族居住的房屋多为中间堂屋、两边卧室的布局，新人的卧室常常选在靠前而朝堂屋开门的房间，因此要挂门帘，既可遮挡又作装饰。本案例采集自贵州省罗甸县罗悃镇，是一位年过花甲的布依族老人40多年前亲手绣制的嫁妆之一。

传统的门帘由门帘布和门帘花两片组成，两片宽度相同但长短不同，一长一短。两片在门框上部对齐，与一个横向的筒状布耳缝在一起，细竹竿从筒状布耳中间穿过，挂在房间的门框上。较长的门帘布起着遮挡作用，较短的门帘花起着装饰作用。本案例采集到的部分实际上只是短片门帘花，与之相配的扎染门帘布已朽烂丢弃了。

该门帘花主要用红缎面制作，长方形，两侧及下方边缘镶粉色花边和绿色缎子荷叶边，背面衬里及上端布耳用蓝白细纹土布制作，宽75厘米，高35厘米。红缎面右下部用多色丝线采用平绣技法绣制花鸟图案，左上部绣一只蝴蝶和"鸟语花香"的字样，有趣的是，这四个字的排序是"花—语—香—鸟"，无论从左还是从右念，排序都不是"鸟语花香"。究其原因，很可能是因为绣制者不识字，该字样和花样是别人写、画的，绣时排列有误。这也折射出过去布依族妇女缺少文化的社会现实。

这种门帘的设计，即便撩开长帘，短帘也始终展开垂挂着，既可部分遮挡又可美化房门，符合布依族含蓄、怕羞的性格特点。过去布依族姑娘都要自己精心绣制门帘，方便自己使用，因此，门帘还是衡量新娘是否手巧、贤惠的一项标准。如今布依族女子参与社会活动的程度越来越高，许多人已不学习绣制门帘，但这并不影响布依族对门帘的喜爱，能工巧匠由此发现了商机，相继开办民族工艺品厂、专卖店等，使一些布依族妇女在纺织、刺绣方面的才能得到展示，并获得一定的经济收入。在罗甸一带的乡镇集市上，门帘仍很常见，但是布料、色彩、刺绣工艺等方面都融入了许多现代元素，色彩艳丽、花边漂亮，一般为机绣，手工刺绣的门帘已不多见。

图片来源

图一、图三　黄元碧　摄影

图二、图四、图五　毛朝江　制图

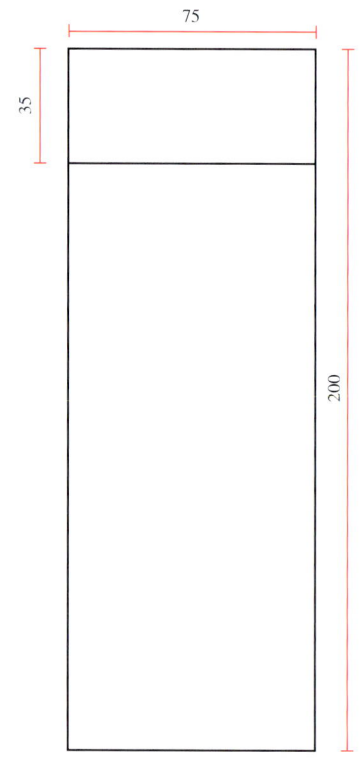

图二　布依族绣花门帘尺寸图（单位：cm）

图三　布依族绣花门帘花细节图

图四　布依族绣花门帘花线描图

图五　布依族绣花门帘花图案分析图

布依族绣花枕套

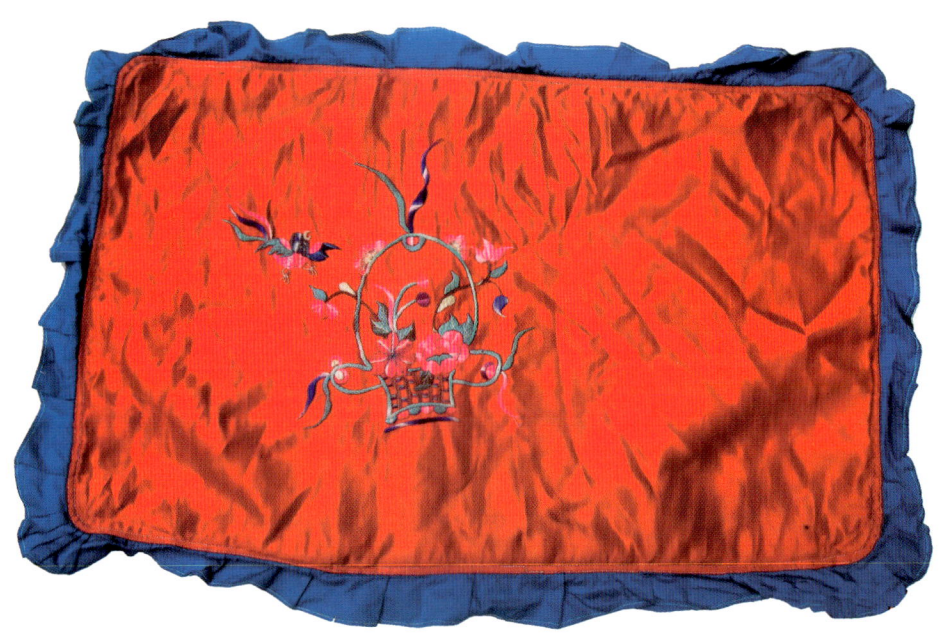

图一　布依族绣花枕套主图

枕套，布依语叫做"随"，是布依族女子必备的嫁妆之一，过去都要自己做，一针一线精心绣花和缝制。本案例采集自贵州省罗甸县罗悃镇，是一布依族老人40多年前亲手制作的嫁妆，珍藏至今。现由贵州民族大学图书馆收藏。

该枕套呈长方形，长65厘米，宽40厘米。正面用红缎面绣花，采用平绣技法在中央绣花篮及小鸟图案；边缘镶3厘米蓝布荷叶边；背面用蓝白细格土布缝制，开口分成大小不等的两片，大片约占2/3，小片约占1/3，两片连接处钉两对按扣，开合十分方便。使用时，将木棉或米壳等填充好的枕芯从枕套背面的开口塞入，调整均匀，扣上按扣，翻过来，盖一块枕巾，再枕于头部，非常舒服。

该枕套的设计方法，在布依族非常具有代表性。红色缎面绣花，华丽、喜庆；镶蓝布荷叶边，色彩反差大，效果突出；细格土布作背面，既透气又耐脏；以按扣开合，既方便又不易损坏。

如今市场上枕套的花色品种很多，而且大都保留了镶荷叶边、背面开口的这种设计，既美观，又方便。但是，手工制作的绣花枕套已难见到，本案例可算是一件难得的珍品，它不仅是一件简单的床上用品，而且是几十年前布依族妇女为婚姻、为家庭精心制作的礼物，也是她们刺绣技艺的展示，值得珍藏和纪念。

图片来源
图一、图五至图七　黄元碧　摄影
图二至图四　毛朝江　制图

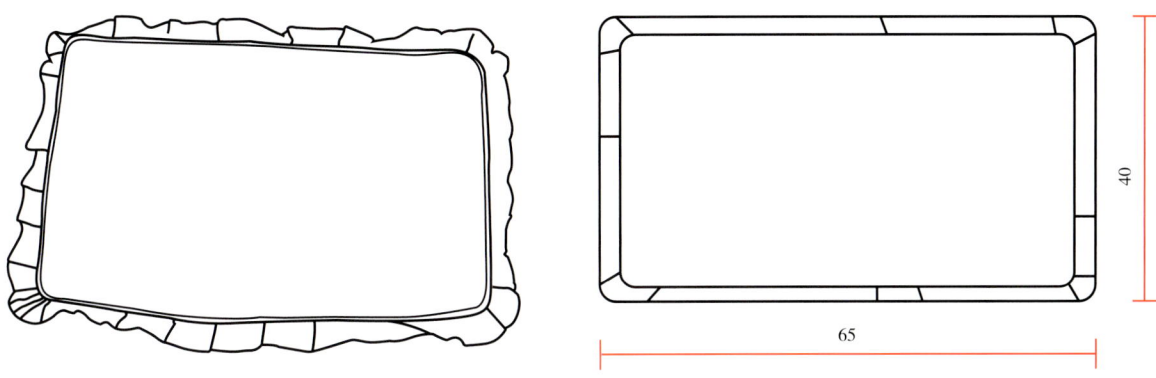

图二 布依族绣花枕套尺寸图（单位：cm）

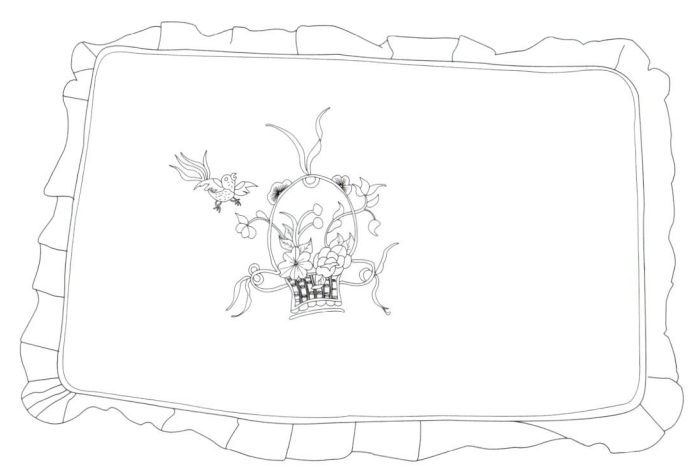

图三 布依族绣花枕套线描图

图四 布依族绣花枕套图案分析图

图五　布依族绣花枕套上好枕芯图

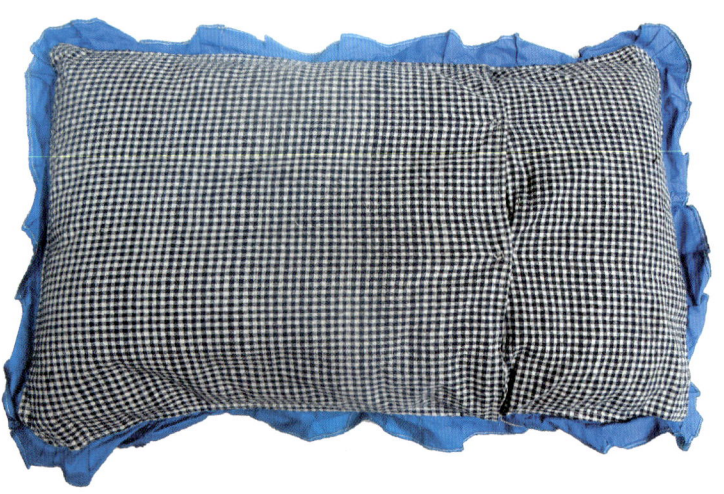

图六　布依族绣花枕套背面图

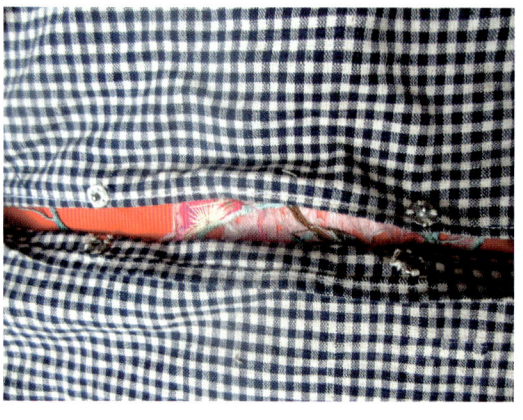

图七　布依族绣花枕套背面对比图

布依族彩绣被面

图一 布依族彩绣被面主图

刺绣被面是布依族的手工艺术品之一,其在布依族人家中普遍存在。刺绣艺术在布依族的历史很悠久,明弘治《贵州图经新志》中已有记载,说明在明朝时期,布依族刺绣就已经盛行了。

图一为望谟县布依族妇女绣的龙凤被面。望谟县布依族群众称刺绣为"绣花",布依族刺绣的内容十分丰富,绣法多种多样,刺绣题材广泛,它不仅绣在被面上,还绣在床单、衣裤、布鞋、围腰、手帕、挎包上。一件件别具一格的手工艺品,展现了布依人的聪明智慧和心灵手巧。刺绣有很多种方法,如剪贴、挑绣、平绣、缠绣等。布依族刺绣的色彩搭配协调,绣法精湛,图案逼真。

本案例中的刺绣属于彩绣法。由于刺绣中采用的底料、绣线、图纹都由不同的颜色组成,因此被称为彩绣。绣制者在刺绣前必须选择备足各色面料和各种绣线,并用竹条做成直径为20厘米左右的大小两个圆形环,将要刺绣的软质面料放在小一点的圆形环上,再将大一点的圆形环套上去,使刺绣的软质面料在圆形环上绷紧,为绣制者圆满完成彩绣打好基础。刺绣融入了布依族人的生活,随处都可以看到刺绣作品,如小孩的帽子、姑娘的围巾、奶奶的鞋子等。

布依族床上用品所绣的图案多为龙凤。因为龙凤象征着成双成对，通常布依族女儿出嫁时都要为她绣几床这样的床单、被面和枕头。

图片来源
图一、图三、图四　江冬梅　摄影
图二、图五　毛朝江　制图

图二　布依族彩绣被面线描图

图三　布依族彩绣被面色彩分析图

图四 布依族彩绣被面制作示意图

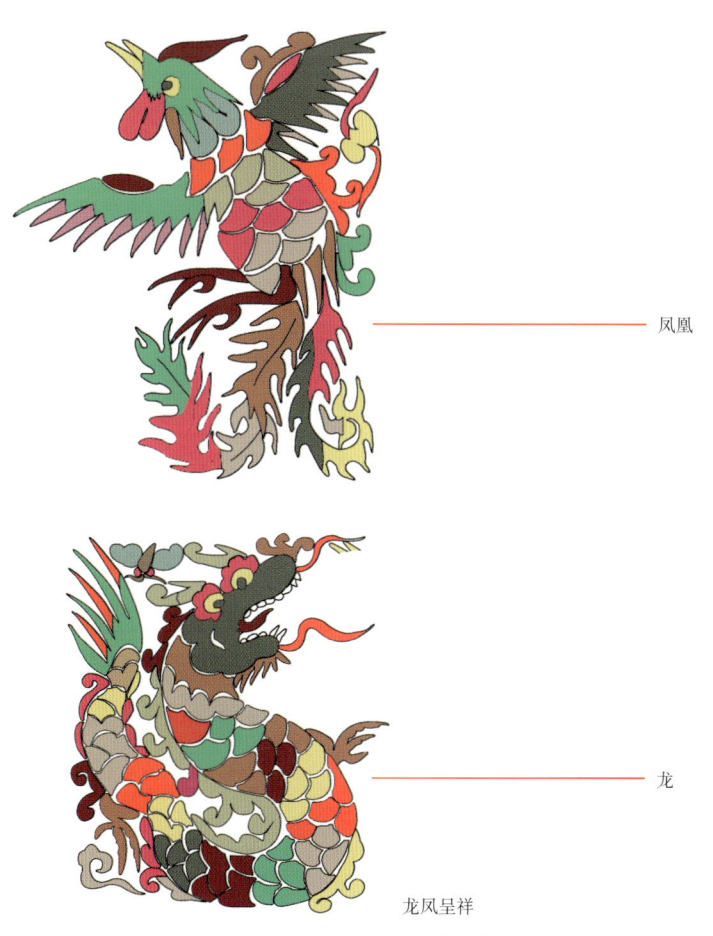

凤凰

龙

龙凤呈祥

图五 布依族彩绣被面图案分析图

布依族扎染床单

图一 布依族扎染床单主图

"床单",布依语叫做"曼";扎染床单,叫做"曼甫"。"甫"是指"垂须",指扎染床单是有垂须的床单。与一般简单缝合而成的土布床单不同,扎染床单是先缝牢扎紧,再靛染而成。本案例采集自贵州省罗甸县,长200厘米,宽160厘米,一侧垂须长40厘米,是20世纪80年代布依族的传统嫁妆之一。

罗甸布依族先民自古就会纺花、织布,他们自种棉花、自栽蓝靛。蓝靛为多年生草本,爵床科植物,其叶经烫煮、过滤、沉淀,可得深蓝色膏体,用于染布。布依族用自织的土布做成各种床单,扎染床单是工艺最复杂、效果最典雅、价格最昂贵的一种。

制作扎染床单,主要材料是白色土布和棉线,染料是蓝靛膏,溶剂是水,用具一般是陶制的大染缸(口部直径1米以上)。制作方法及步骤是:1.将窄幅的白色土布并排拼接,缝成长200厘米、宽160厘米,与床一样长、宽的大方块白布床单;2.用质地较软而有色的石块作画笔,在白布床单上绘出花草树木、飞禽走兽等图案,再用针线沿纹路缝合、扎紧;3.将扎紧的白布床单放到用蓝靛膏配制的染缸进行染色。浸泡数日,捞出来漂洗,检查着色情况,若达不到要求再放入浸泡,直到着色满意为止。4.清洗、晒干,拆除缝扎的棉线,再清洗、晒干、折叠、压平。其制作原理是利用棉线对纹路部分的缝扎造成着色不匀而形成花纹的效果,被扎紧的部位不易着色,其余部位被染成藏蓝色,漂洗后呈现美丽的蓝底白花图案,而且线脚自然浸染少许蓝色,成为过渡,花纹美丽、奇特、漂亮、典雅。

扎染床单用土布制作,具有透气吸汗、厚实耐磨等特点。其色泽古朴,典雅大方,其制作工艺充分体现了布依族先民的劳动智慧,也体现了布依族对美好爱情和幸福生活的向往,具有丰富的文化内涵。扎染床单美丽淡雅,非常符合布依族含蓄的性格特点,深受布依族同胞的喜爱,它是布依族的珍贵嫁妆。

在罗甸乡镇的市场上,双人扎染床单可卖到500元左右,用扎染工艺制作的门帘卖200元左右,经济价值很高。但是,扎染技艺是靠母女之间、婆媳之间、姊妹之间口授和示范代代相传的,制作工序多,重复劳动多,需要足够的耐心和精力。如今布依族女孩普遍外出务工,较少有机会和兴趣和向老一辈学习扎染工艺,这门技艺正面临失传的危险。

图片来源

图一、图四　黄元碧　摄影
图二、图三　毛朝江　制图

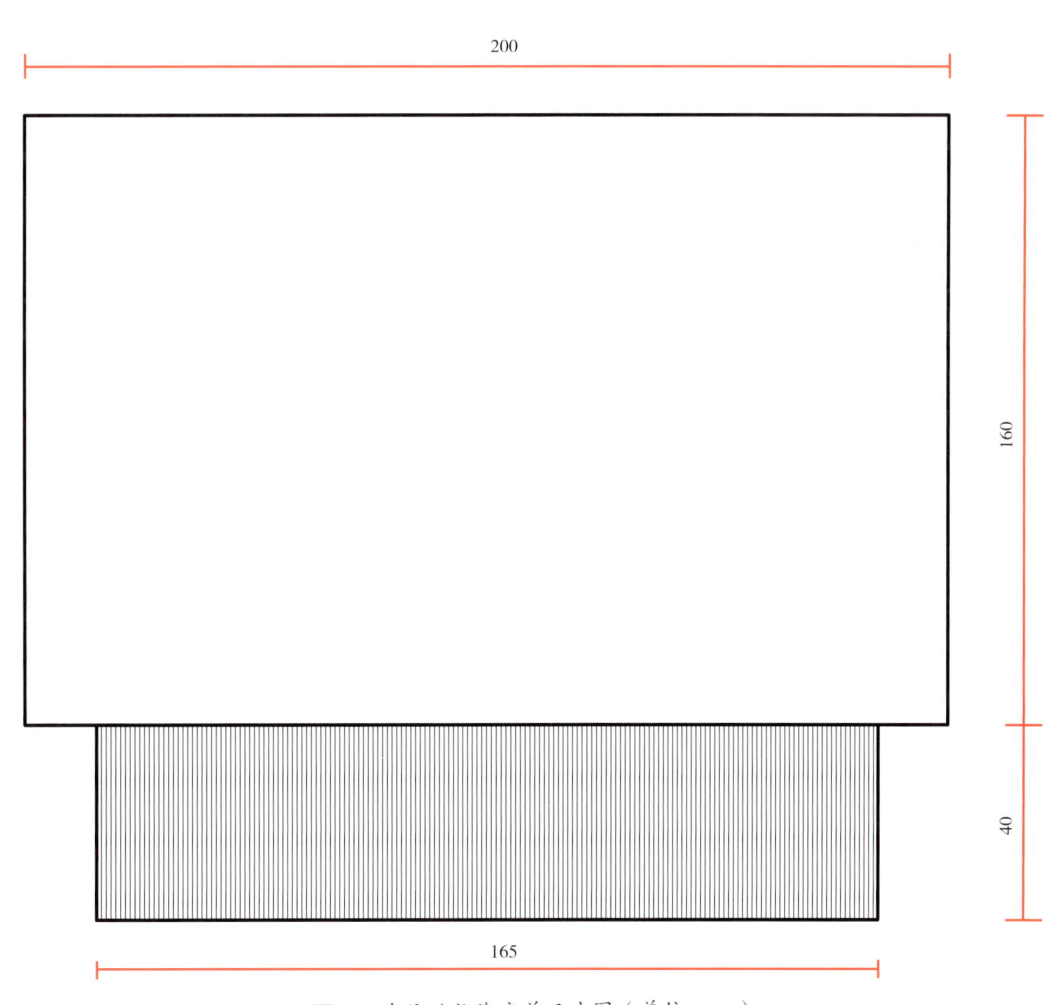

图二　布依族扎染床单尺寸图(单位:cm)

图三　布依族扎染床单线描图

图四　布依族扎染床单使用情境图

惠水布依族枫香染床单

图一　惠水布依族枫香染床单主图

枫香染床单，是惠水县布依族传统的民间工艺品，距今已有200多年历史了。枫香染和其他蜡染风格完全不同，它是用树脂做防染剂、用植物蓝靛做染料的一种古老民族工艺，具有很高的收藏和鉴赏价值。其色彩独特、美观大方。

惠水县的枫香染制品是布依族群众喜爱的工艺品，和他们的生活息息相关，生活中随处可见，如床单、衣裙、背扇、挎包、被面、门帘、帐檐等。其制作方法比较复杂，首先应制作枫香油，枫香油是将枫香树脂和水牛油混合，再用文火慢慢煎熬，然后过滤而成的。枫香油制作好之后，就用毛笔在白布上绘图，图案大多是龙、凤、花、鸟、虫、鱼等。接着将绘制好图案的床单，浸入盛有蓝色染料的染缸染色，然后将床单从染缸捞出来放入沸水里煮，将枫香油脱脂后再阴干，这样一床枫香染床单就制成了。这种工艺制成的花布色泽鲜艳，形成对比强烈的蓝底白花图案。由于图案是用毛笔绘制上去的，所以看上去有点中国古典工笔画的味道，同时又是蓝底白花，有青花瓷的韵味，因此被称为"画在布上的青花瓷"。

由于学习制作枫香染的时间较长，过程较复杂，当现代工业化生产的布匹大量出现之后，很多布依族人开始放弃传统的枫香染花布，选择价格便宜、工艺简单的现代布匹，因此枫香染一度处于濒危状态。目前枫香染已被列入国家级非物质文化遗产保护名录，杨氏家族也将这门技艺传承给了其他感兴趣的人，枫香染的技艺得到了新的保护。

惠水枫香染有着悠久的历史和精湛的工艺，融布依族的生活和艺术于一体，不仅具有很广泛的实用价值，也具有较高的艺术价值。

图片来源
图一、图三、图四　江冬梅　摄影
图二、图五　毛朝江　制图

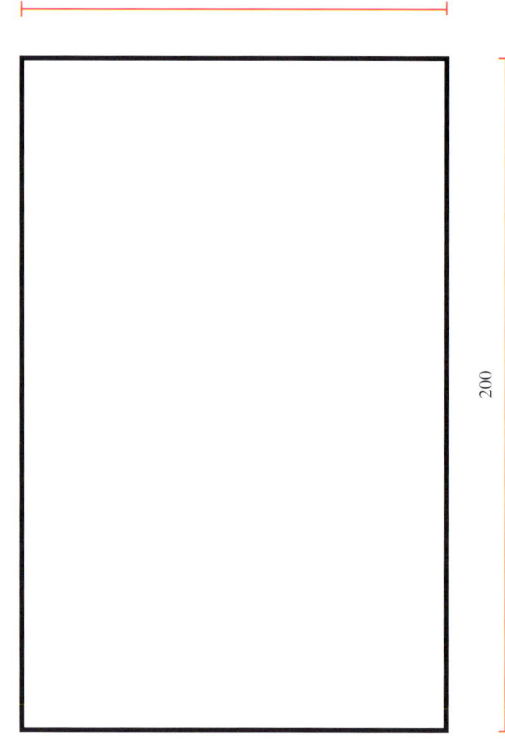

图二　惠水布依族枫香染床单尺寸图（单位：cm）

图三　惠水布依族枫香染床单制作示意图

图四　惠水布依族枫香染床单清洗过程图

图五　惠水布依族枫香染床单图案分析图

第六章　布依族传统手工艺

望谟布依族蜡染桌布

图一　望谟布依族蜡染桌布主图

贵州省望谟县蜡染桌布在贵州久负盛名。宋代的一些文献就有关于贵州蜡染布的记载。清代史书上所说的"青龙布"就是现代的蜡染布。布依族姑娘从很小的时候就开始学习这门技术。

图一为现代望谟县布依族人制作的蜡染桌布。桌布上面的图案以鱼为主要图案，在绘制的时候，将鱼身的形状进行抽象变形，鱼头相对，各自排列在桌布的四个角上，形成一幅既抽象又形象的蜡染图画。

现代布依族蜡染延续了传统的制作方式，即蜡画和染色的合成。蜡染工艺相对比较复杂，需要用特制的蜡刀，蘸上熔化适度的蜂蜡先在一块块大小不等的白布上画好图案，然后将画好的白布浸在染缸里染色，再将染了色的布经过沸水去蜡、清水漂洗、摊平晾干，便成为一幅幅多姿多彩的蜡染花布。由于蜂蜡附着力强，容易凝固，也易龟裂，因此，蜡染时，染液便会顺着裂纹渗透，留下人工难以描绘的自然冰纹，就好似冰的表面裂开时所显示的不规则的纹路一样，展现出清新自然的美感。蜡染的花纹样式丰富，大多是抽象、夸张、变体的形式。

布依族蜡染的图案非常自然，贴近生

活，充满生活气息，寄寓着人们的美好愿望，显示出人们的丰富想象和独具匠心。

布依族蜡染的传统染色，以蓝靛液浸染，呈蓝白相间的效果。由于点、线、面配合有致，自然生成的和冰一样的纹路图片非常唯美，清新淡雅，韵味十足。

图片来源

图一　江冬梅　摄影

图二至图四　毛朝江　制图

图二　望谟布依族蜡染桌布尺寸图（单位：cm）

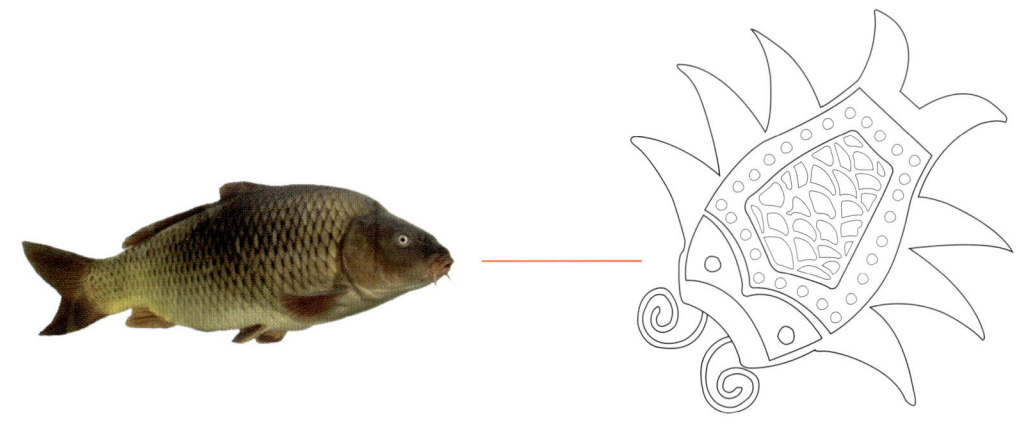

图三　望谟布依族蜡染桌布图案分析图

图四　望谟布依族蜡染桌布线描图

镇宁布依族花包

图一　镇宁布依族花包主图

花包是贵州省镇宁县布依族青年男女用于传情达意的独特精美手工艺品。在镇宁布依族人中，使用花包有着独特的表征意义。布依族未婚青年男女恋爱俗称"浪哨"（音译），内容涵盖对歌、聊天交心、谈情说爱、互表衷肠等，其中最具代表性的项目就是"丢花包"，借助花包传情达意。本案例采集自镇宁县高荡村，一个典型的布依族石头建筑村落。

花包整体呈方形枕头状，分两层，外层缎面，内层为包裹物层。花包的制作十分讲究，一般均由未婚布依族女子亲手制作，大致过程如下：1.外层：选取颜色鲜艳精美的方形缎面布料，按一定尺寸手工刺绣，图案主要为花草类，意指青春、活力、热情；2.内层：主要用布将棉花种子或其他不宜生虫的植物种子包裹缝制成方形枕头状，重量为100克到150克之间；3.将完成刺绣的缎面裹紧里层包裹物层，然后缝合，方形枕头状花包底面外表对角及正面均用"栏杆"缝镶装饰，呈"米"字形，花包正面对角不用"栏杆"连接装饰，呈现底面的"十"字形，有的花包四角还镶有彩色塑料珠子；4.制好的方形枕头状花包底面四角及"米"字形中心各用12根五彩丝线集束作吊线装饰，长度约25厘米；花包正面"十"字形中心用一根长度约为110厘米的较粗"栏杆"线作回形状折返连接，用作扔轮手线，折返连接后扔轮手线的长度约为55厘米，扔轮手线上间隔一定距离还缝莲花状彩色饰物。至此，布依族花包制作完成。

在本民族重大节日如"三月三"歌节、过大年时等重要社交时段，布依族未婚青年男女以男女分群，距离50米至100米左右相向而立，且歌且向对方扔轮花包，借以传情达意。一般是女子占主动权，把花包扔向心仪的男子，如果男子亦有心意，那必须准确地判断花包的大致落向，在花包落地前的一瞬间用手将飞行中的花包扔轮手线精确接捏到手中，如果不慎掉落地上，会有负女子情意及男子个人能力不强之嫌。这样一来一往，男女便可以进一步加深情感交流，直至喜结良缘。

如今，扔轮花包仍为镇宁布依族未婚青年有趣的社交活动。花包这种制作精美的手工艺品也被布依族人升华为赠送尊贵客人的礼物，例如重要客人光临布依族村寨时，花包会被作为类似香包的工艺礼品佩戴到客人身上，以示欢迎及祝福。

图片来源

图一　陈玉平　王朝举　摄影
图二、图三　马晓婷　制图

图二　镇宁布依族花包尺寸图（单位：cm）

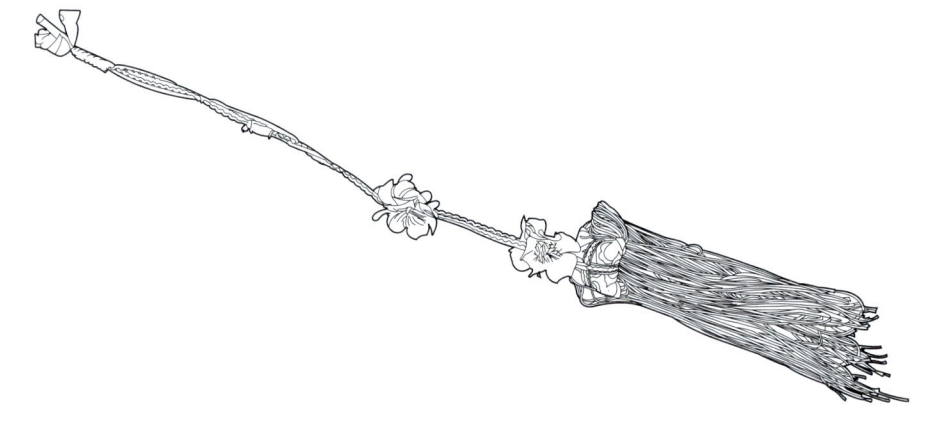

图三　镇宁布依族花包线描图

布依族贴布绣枕头花

图一　布依族贴布绣枕头花主图

布依族历来都是绣花的能手，擅长的绣法有很多种，如刺绣、平绣、挑绣、辫绣、贴布绣等。本案例为惠水布依族贴布绣枕头花。贴布绣在布依族简称"贴绣"，在他们的生活中应用广泛，如枕头、帽檐、背扇、鞋子等不同种类的衣物上。

在贵州，除布依族外，苗族也擅长贴绣，但是布依贴绣自成一派，表现在独特的制作方法上。他们的制作方法是：先熬制米糊，然后均匀地敷在布料上面，放在阴凉处晾干，布就变成硬壳了，也就是当地人俗称的"布壳"。制作布壳时要一次做很多种颜色，以满足各种图案的需要，布壳做好之后，就自行绘制一些图案，然后根据这些图案的形状和颜色进行裁剪，将裁剪好的图案再在底布上加以粘贴。粘贴好之后，下一个

图二　布依族贴布绣枕头花尺寸图（单位：cm）

最重要的步骤是"镶边",就是用略粗的各色线根据图案的轮廓缝制。缝制的方法是以缠绕式的间隙针法加以固定,每一针都要绕上打一个结,该工艺需几年乃至十几年的贴绣功底才能得以胜任。

布依族贴绣图案的选取与其他绣品有相通之处,多以龙、虎、鱼、鸳鸯等图案为主。贴绣成品多有镶边,不但针法匀称,而且装饰精致。如图中枕头花的图案是鸳鸯和蝴蝶,象征着爱情美满。

布依族贴绣以其独特的工艺成为民族工艺的代表作品之一,蕴含着丰富的文化价值和审美价值。

图片来源
图一、图五　江冬梅　摄影
图二至图四　毛朝江　制图

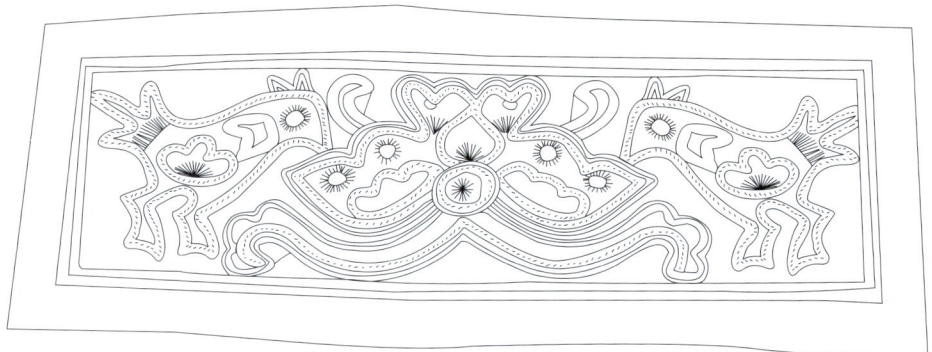

图三　布依族贴布绣枕头花线描图

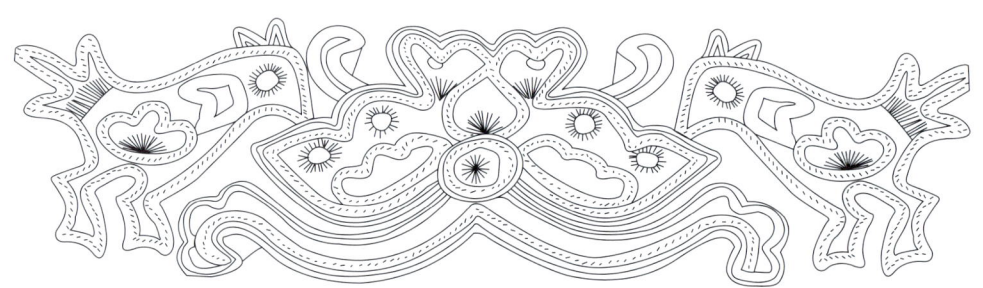

图四　布依族贴布绣枕头花图案分析图

图五　布依族贴布绣枕头花色彩分析图

布依族织锦

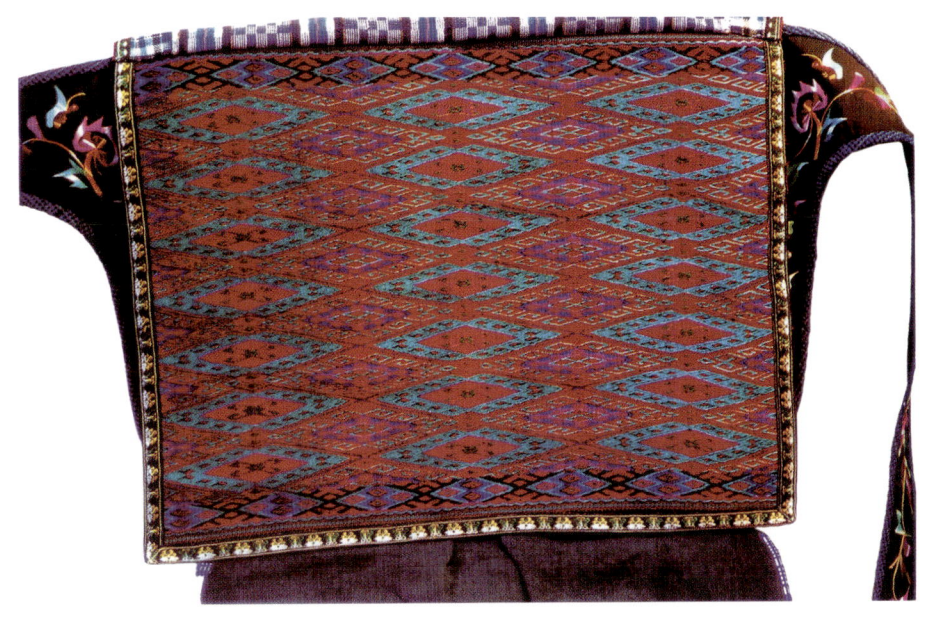

图一　布依族织锦主图

　　布依族织锦亦称"纳锦"，布依语称"读贵"，是布依族一项精湛的传统纺织工艺，与"壮锦""傣锦""蜀锦"齐名，主要流行于贵州的安顺、平塘、兴义、镇宁、荔波等地。布依族织锦的制作工序较为繁杂，颇显民族特色。纱线选用自染的蓝线或青线，配以五色丝线，纺织时由布依族传统织布机的四排踏板控制，经竹片上下拨数，纱线往复穿梭而成。其图案有蝴蝶形、潜影形、山羊形、人形、菱形、三角形、四方形、回形等10余种，这些几何图案穿插组成人物或各种动物。织锦制品主要用来制作妇女头帕、衣服、围腰、背带、挎包等，有时亦作电话罩、背包等装饰之用。

　　织锦分宽、窄两种，宽织锦多用作被面，窄的则用作带子。本案例采集自安顺市，为布依族织锦背带。该背带以五色丝线织成各色菱形花纹，花纹精致细密，纹饰新颖，其彩色花线交相辉映，立体感甚强。织锦名称一般以动物或物体的特征命名，如"鱼儿锦""鸟儿锦""人物锦"等。目前布依族织锦已被列为重点民族工艺品，并被评为全国旅游优秀产品之一，在国内外参加展览，深受中外鉴赏家的赞誉，外国友人纷纷购买珍藏。

图片来源
图一、图二　龚德全　摄影
图三　毛朝江　制图

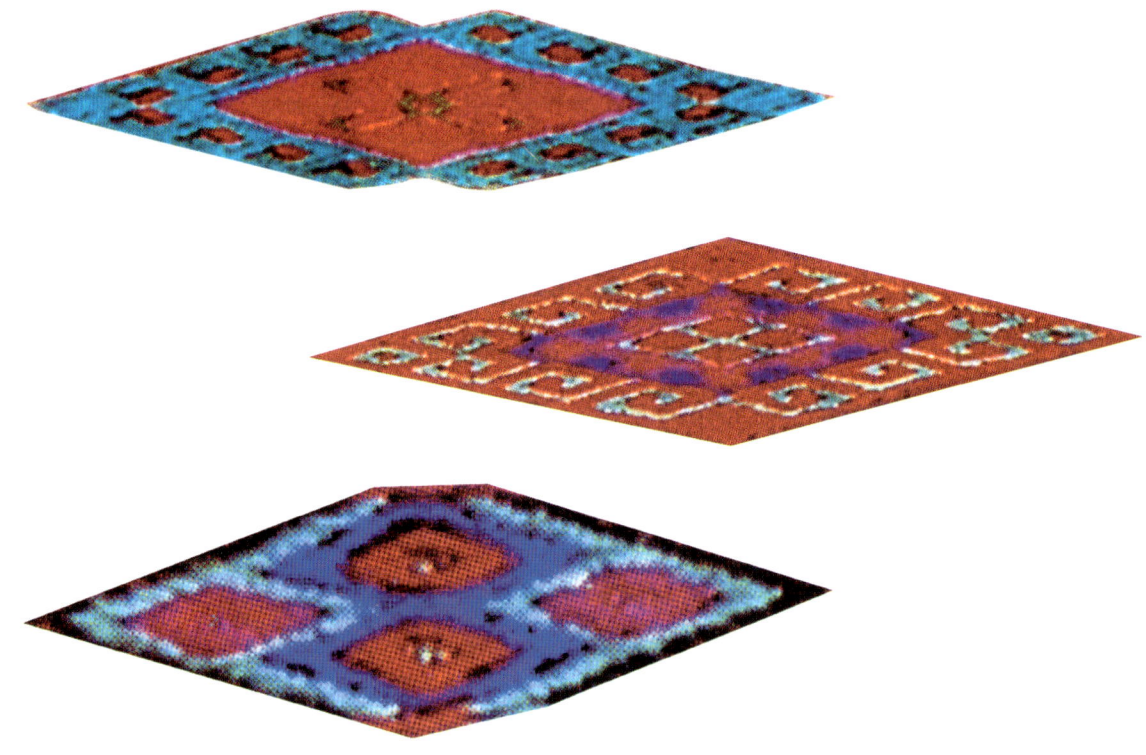

图二　布依族织锦图案

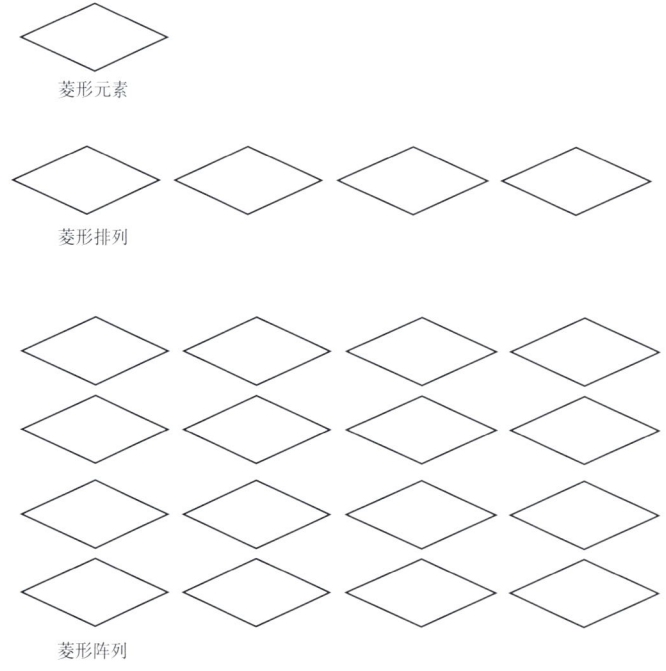

菱形元素

菱形排列

菱形阵列

图三　布依族织锦图案分析图

布依族围腰带绣花

图一 布依族围腰带绣花主图

刺绣是布依族传统纺织工艺，亦称"绣花"，布依语称"习贵""贵少""姑绣"。刺绣时采用各种颜色的绸缎作底，在上面将所需的图样画好，再用彩色丝线按图一针一针地绣。图案多为花草树木、山水田园、飞禽走兽等；亦有人物描画和传说中的神话故事，常用于围腰、胸花、鞋帮、门帘、帐帘、头巾、手帕、被面、童帽上。其手法主要有"连绣""盘绣""毛绣"三种。"连绣"可随时调色，长短针法相间，绣出的图案色泽鲜艳、立体感强；"盘锈"针法细密，绣出的图案线条粗犷，奔放密实；"毛绣"通过反向图案刺出线段于正面，再用剪刀将细毛剪去，使之平整，颇为美观大方。

本案例采集自镇宁布依族地区，为围腰飘带上的绣花。镇宁布依族妇女的围腰、胸花刺绣特别讲究，常用的图案有怒放的鲜花花蕾、绿叶、飞蜂舞蝶等，其图案朴实、制作精巧，颇显精细别致、古朴典雅。总体而言，贵州布依族地区的刺绣制品具有很强的艺术观赏性，不但图案丰富、色彩明丽，而且针法匀称、质感突出。其技艺可分为四种：素绣法、彩绣法、剪贴法、扎染法。不管采用何种技艺手法，其针脚均讲究绵密细致，绣品亦能紧贴布依族生活实际，具有极高的观赏价值与收藏价值。

图片来源
  图一、图二 龚德全 摄影
  图三 毛朝江 制图

图二 布依族围腰带绣花装饰图

图三　布依族围腰带绣花图案

布依族围腰带挑花

图一　布依族围腰带挑花主图

挑花是一项历史悠久的民间手工工艺。布依族妇女的挑花技艺极具民族特色,常以白布为底,于其上挑刺五色丝线形成多样图案,其色彩丰富艳丽,图案变化多样,结构整齐均衡。挑花的材料即绣布与绣线,绣布多使用纱织平布和线织府绸,另外麻织的十字布和经纬纹路较粗的网丝布,也是挑花刺绣的理想绣布。绣线的种类主要有丝的、棉的、麻的和毛的。挑花一般需事先绘制图案再行制作,但也有随手挑刺者,显示出高超的技艺水平。挑刺是从背面挑、正面看,其图案十分丰富,常见的包括:山、水、鸟、蝶、鱼以及水波纹、流线型花纹等。挑花主要用于妇女衣边、衣袖、腰带等处,颇显古朴、精致之意。

由于布依族各地区风俗习惯有所不同,人们的爱好和兴趣各异,对挑花技法和图案风格产生了一定影响,并由此形成了各种不同的流派,但在题材选择、图案设计、表现形式以及挑绣技法等方面还是颇多相似,其艺术成就也基本一致。本案例采集自黔中布依族地区,为围腰上的挑花装饰。于深色绣布上配以五彩缤纷的几何图案,尤显鲜艳秀丽,给人一种明快、丰满、热情、有力的感觉。布依族挑花工艺不仅在棉织品、麻织品上得到广泛应用,在丝织品和绒线纺织品上的应用也日益增多。

图片来源
图一、图三　龚德全　摄影
图二　毛朝江　制图

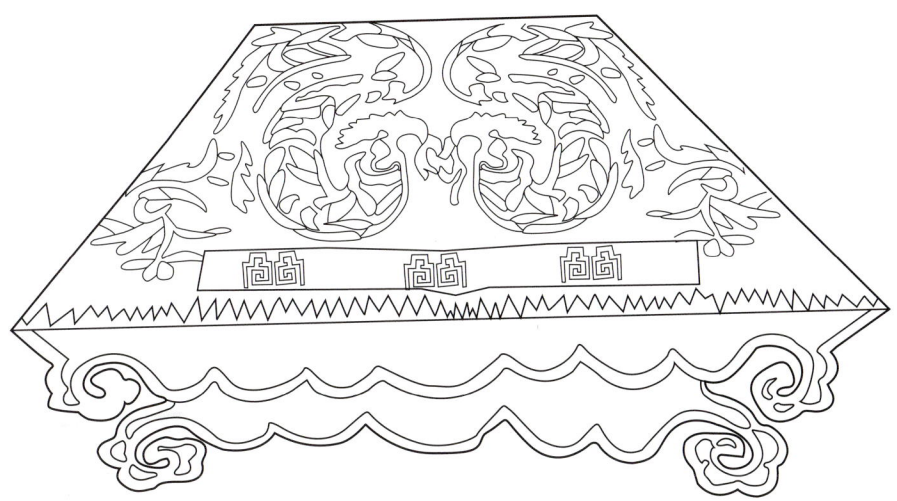

图二 布依族围腰带挑花线描图

图三 布依族围腰带挑花图案

荔波布依族剪纸画

图一　荔波布依族剪纸画主图

剪纸艺术是用剪刀和刻刀在纸上进行加工的一种民间造型艺术，流传于许多地区。因各地区、各民族文化的不同而呈现出各自不同的造型艺术和实用价值，如贵州荔波布依族民间传统的剪纸画和汉族的剪纸画在图案造型和用途上有很大的不同。

荔波布依族的彩色剪纸画，其图案为花、鸟、鱼的组合。制作剪纸常先起稿绘形，再刻细部，后剪外形，力求刻画对象的精神和特征，设计时必须抓住动植物的特征，做到外形简洁、内部结构合理又有装饰性，剪刻力求造型夸张而富有美感。

彩色剪纸艺术作为人们喜闻乐见的一种形式，在布依族的日常生活中广泛使用。小至婚丧嫁娶、记事抒怀，大至国家大典，无不应用剪纸艺术。在荔波县，剪纸多应用到祭祀坛面以及喜庆活动场所、门面装饰，还有寿诞生辰、落成迁入等。荔波县布依族的"过桥"仪式中要用剪纸装饰祭坛。这种叫"过桥"的傩祭戏活动，一般都是在结婚成家之后，夫妇要举行一次"还愿"傩祭戏活动，目的是祈求一生平安幸福。在举行"还愿"傩祭戏活动后，在主人的卧室内挂两幅宽80厘米、高40厘米的彩色剪纸傩祭戏图作为纪念，该剪纸具有套色装饰的"桥棒"（布依语）图案。幅面有人物、花鸟、龙凤等绘形，一般经过图案设计和剪刻套色而成，格外醒目，引人关注，能给人一种艺术享受。

剪刻艺术是民间造型的一种艺术文化，历史悠久，流行范围很广，许多优秀艺术作品都出自勤劳聪慧的农村妇女之手，具有很高的艺术欣赏和实用价值。从古到今，勤劳善良的荔波各族妇女所做的织、染、绣等工艺操作及图案处理与民间剪刻艺术是密不可分的。

图片来源
图一、图四、图五　江冬梅　摄影
图二、图三　毛朝江　制图

图二　荔波布依族剪纸画图案分析图

图三　荔波布依族剪纸画线描图

图四　荔波布依族剪纸画制作示意图

图五　荔波布依族剪纸画使用场景图

新堡布依族簸箕画

图一 新堡布依族簸箕画主图

簸箕画，布依语叫"播娜磨"，意为雄居云雾山，是布依族人民的一种独特艺术，主要流行于贵阳市乌当区新堡乡一带。

簸箕是用竹条编织的圆形盛物器具，直径大多为70厘米左右，古时的布依族人民用它来盛放各种做好的粮粑，现代布依族人民通常用它来盛各种粮食，如稻谷、玉米粒、黄豆等。除了盛物之外，簸箕还可以用来筛米糠、豆糠，是布依族人民必不可少的一种日常用具。

簸箕画起源于古时布依族人民盛放的粮粑，他们将做好的粮粑放在簸箕里染色，当粮粑晾干之后，从簸箕里取出来，簸箕底面就出现了一些彩色的图画。于是激发了布依族人民的艺术潜力，经过几百年的发展，簸箕画就成为布依族人民的一种独特艺术。布依族新堡寨子里就有许多簸箕画，这些簸箕画的创作和他们的生活密切相关，每户人家的门槛上、堂屋的墙上都挂着簸箕画。这些有绘画的簸箕也可以用来盛物，将实用和艺术很完美地结合起来。

本案例簸箕画是一件专门的艺术品，是

用来挂在墙上做装饰的,它已经超越了传统的实用性,过渡到纯粹的工艺性。簸箕里面的图案是画师先用笔勾勒轮廓,然后再用颜料绘制而成的,是布依族妇女的头像。现代的簸箕画的图案种类繁多,大多数都是动态的组图,有生活场景、劳作场景、孩儿嬉戏场景等。

簸箕画作为布依族人民的独特艺术之一,具有较高的工艺价值和审美价值。

图片来源
图一　江冬梅　摄影
图二至图五　毛朝江　制图

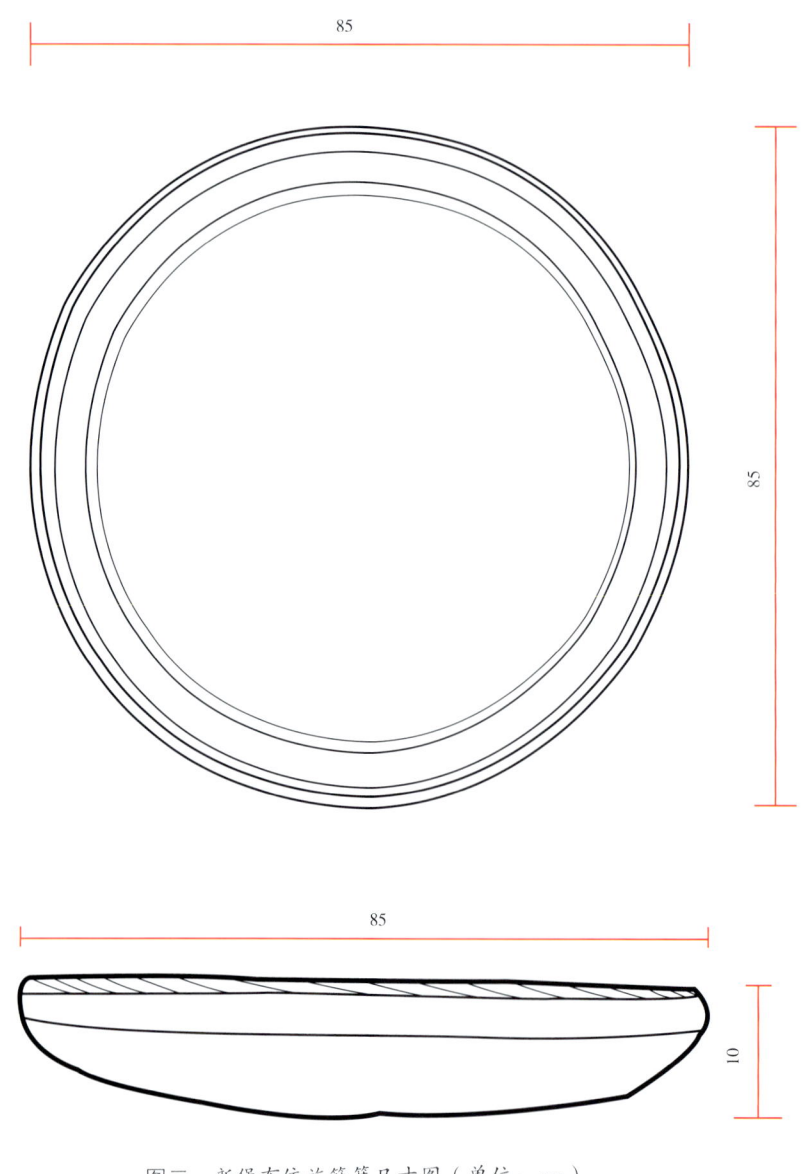

图二　新堡布依族簸箕尺寸图(单位:cm)

图三　新堡布依族簸箕画线描图

图四　新堡布依族簸箕画色彩分析图

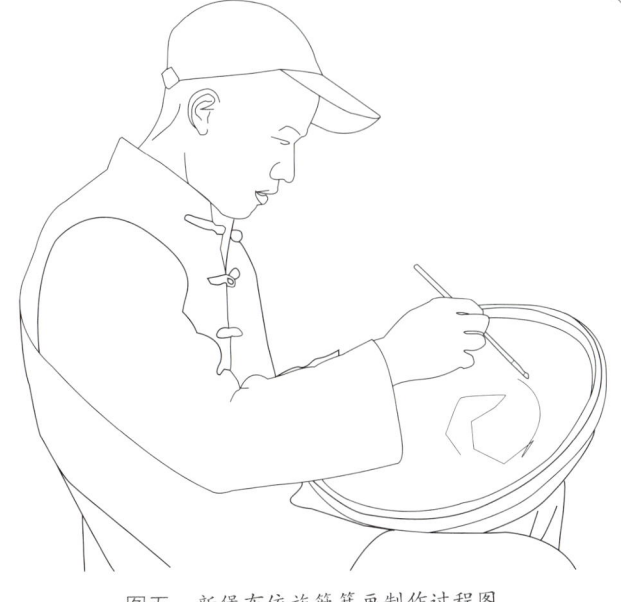

图五　新堡布依族簸箕画制作过程图

第六章　布依族传统手工艺

惠水布依族灵堂画

图一 惠水布依族灵堂画主图（全景图）

贵州省惠水县布依族灵堂画，是布依族民间用于丧葬祭祀亡人的绘图。本案例采集自黔南州民族博物馆。

该灵堂画长308厘米、宽189厘米，以蓝色棉布为底，用矿物质颜料在蓝色的布上彩绘布依族生活习俗场景。布依族办丧事时，将灵堂画悬挂于灵堂，为亡人做道场用。整张图绘有各类人物146个，马30匹，黄牛10头，鱼10条，公鸡7只，猎狗7只，鹤5只，猴2只，太阳、月亮各1个，果树、绿树各1棵，鹿、骆驼、兔子、龟各1只，龙1条，水牛、大象各1头，并且以黄线条将绘画内容分隔为9部分，分层描绘了布依族观念中人的生死轮回、祭祀用品、祭祀活动等内容。自上而下，第一、二层为天堂仙境，画有日、月、云彩、玉皇大帝、生死判官、公鸡等，是亡人永归的极乐仙境；第三层为官人骑马；第四层为孝子着孝衣、扶孝棍迎客，点放铁炮，举回避牌、旌旗、黄伞，抬轿、端供物、扛刀枪、打铜锣、吹唢呐、打木鼓、铜鼓、哭丧等场景；第五层为捆绑在木桩上，即将被杀的用于祭祀亡人和祖先的黄牛；第六层为抵扛、舂碓舞、织布舞以及送酒、送被子等场景；第七层为征战场景；第八层为狩猎场景；第九层为水中生物、斗鸡、斗马、渡河等场景。整张画面构图严谨，色泽明亮，人物景象标识清晰，栩栩如生。画面内容反映了当地布依族的历史及生死轮回观念，对研究布依族文化有重要意义。目前，惠水县布依族传世的灵堂画已经不多。

图片来源
图一至图六 韦云虎 摄影

图二　惠水布依族灵堂画骆驼、天鹅图案

图三　惠水布依族灵堂画骑士图案

图四　惠水布依族灵堂画游戏图案

图五　惠水布依族灵堂画鸡、马图案

图六　惠水布依族灵堂画牛图案

平塘布依族牙舟陶

图一　平塘布依族牙舟陶主图

牙舟陶是贵州省黔南州平塘县独具特色的布依族工艺作品，它盛产于距平塘不足40公里的牙舟镇。该镇附近广布一种灰黄而黏的优质泥土，此种泥土是生产陶器的上好原料。牙舟陶的历史悠久，工艺独特，曾获得许多国家级奖项。图一为现代生产的"凤纹双耳瓶"。

牙周陶的制作工艺分为采料、加工、成型、修坯、装饰、施釉、烧制七个步骤。陶泥的开采是非常讲究的，先用铁铲把田里表层的肥泥铲开，然后阶梯状往下挖洞，有丰富经验的制陶艺人通过土质和土色就能判断是否有陶泥。陶料加工分为配料、练泥、淘浆三个过程。接下来，制陶艺人将陶泥加工成型，有手捏成型、手拉成型、注浆成型三种方式。制作好原型，等待自然晾干后，再进行修坯，对原型进行精细修理，以达到很好的艺术效果。修坯完成之后，就可以对它

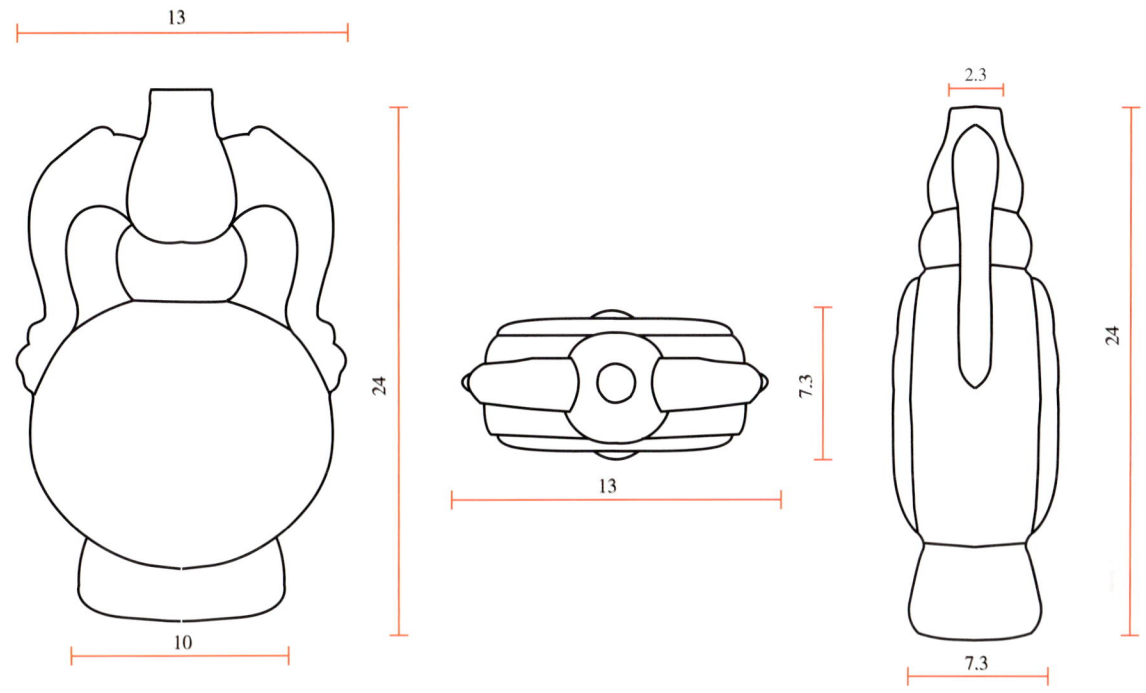

图二　平塘布依族牙舟陶三视、尺寸图（单位：cm）

进行装饰了，坯体装饰主要是刻纹，通过刻纹使坯体更具有艺术性。最后是施釉和烧制。牙舟陶的釉料主要是釉土和玻璃粉末，按照一定的比例调制成釉料，然后加入米汤调制成黏稠状的液体釉，将这些液体釉刷到这些陶器坯体上。牙舟陶的烧制主要是运用传统的龙窑，每个龙窑洞都有两个孔，下方的是烧火孔，上方的是观火孔。烧窑的时间大概是1～1.5小时，之后封窑24小时，就可以出窑了。

牙舟陶以其独具特色的风格和烧制工艺成为布依族艺术的一部分，反映了布依族人民独特的审美风格，入选贵州省第二批国家级非物质文化遗产名录。

图片来源

图一　江冬梅　摄影

图二至图五　毛朝江　制图

图三　平塘布依族牙舟陶线描图

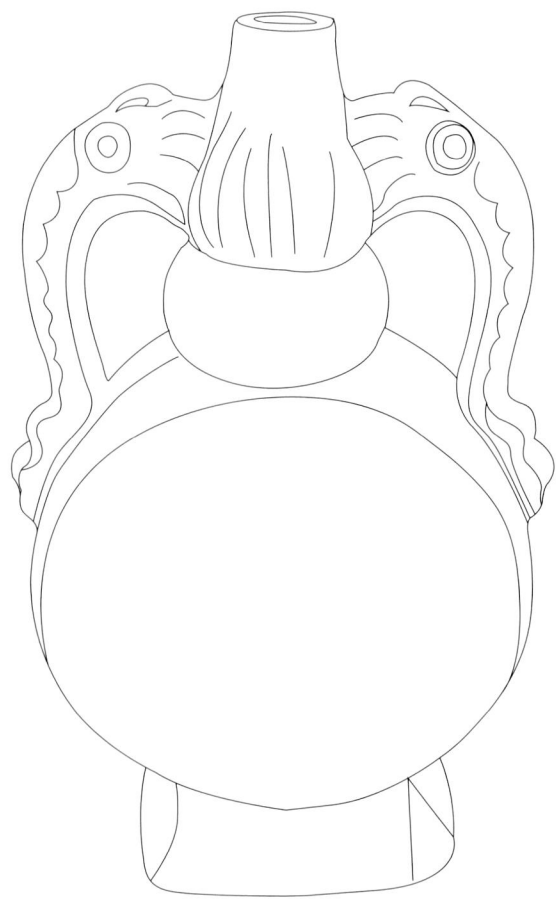

图四　平塘布依族牙舟陶双耳示意图

图五　平塘布依族牙舟陶瓶身示意图

第七章
布依族传统民俗和宗教造像

布依族"六月六"

图一　布依族"六月六"祭祀寨神

"六月六"是布依族仅次于春节的重要民族节日,有"过小年"之称。对"六月六"来源的解释,布依族民间有多种传说。各种传说内容虽各不相同,但绝大多数都有一个共同特点,即与稻作有关。

各地布依族"六月六"节的活动内容,归纳起来有以下几个方面:

(1)祭山神、社神。山神和社神是各地布依族崇拜的村寨保护神。"六月六"当天要举行隆重仪式祭祀山神和社神,祈求人畜平安、五谷丰登。在贞丰一带,祭山神当日还有"躲山"习俗,人们带上节日食品,到村寨附近的场地"六月场"集中,老年人聊天,青年人对歌,少年则嬉戏游乐。下午,以户为单位或几户集中在一起吃花糯米饭、粽子、鸡肉,男人们喝酒。祭山神完毕,放炮为号,各户才回家,分祭山牛肉煮食。

(2)祭田神、水口神,村民到田坝中(有的地方到田埂出水口处)举行祭祀活动。祭祀仪式一般以家庭为单位进行,一些地区进行集体祭祀。

（3）祭"虫王"，驱虫，赶旱魔和涝魔。多数布依族地区在田埂边或田埂出水口处进行祭祀活动。届时，布摩宰杀公鸡，然后用鸡血滴在事先做好的若干面小三角旗上，将旗插于田中，认为可以达到驱虫的目的。在镇宁县一些布依族村寨，全村人要在"六月六"这天举行"扫田坝"仪式。这天，每家用白纸做成若干小三角旗（自家耕种的田土有多少丘块就要做多少面旗），用两尺长的细竹片穿上，在每块田土边各插上一杆旗。然后，每家出一定的米、柴、盐、菜、经费，集体买一头猪到寨中央的"神庙"宰杀后祭祀"寨神"和"五谷神"、"土地神"。

（4）社交和娱乐。布依族在节日期间有很多社交、娱乐活动。其形式丰富多彩，青年男女在节日集会场所对歌是主要形式之一。平塘县清水桥、惠水县董朗桥、长顺县鼓扬桥、紫云县板当洛河都是著名的"六月六"集会地。节日期间，每个集会地参加的人数都在万人以上，场面十分壮观。在没有大型集会的地区，到外家拜年时青年人往往邀约朋友和同伴前往，到了目的地后，当地异性青年也邀约同伴与来访者进行对歌、"囊哨"、丢花包等活动。黔西南州、安顺市的一些布依族村寨，青少年聚集于水边打水仗，即用自己制作的竹筒水枪互相射水，意在驱邪逐疫，祈吉求祥。此外，还举行甩糠包、荡秋千、踢鸡毛毽、扭扁担等游艺活动。

（5）节日饮食。主要是吃粽子（三角粽），黔西南、安顺等很多地区吃五色花米饭，有的地区则吃狗肉等。

此外，在黔南，有的地区"六月六"还有晒衣物等习俗。

图片来源
图一、图三、图五　黄正国　摄影
图二　周国茂　摄影
图四　马启忠　摄影

图二　布依族"六月六"祭祀田神

图三　布依族"六月六"祭祀水口神

图四　布依族"六月六"祭祀雷神

图五　布依族"六月六"祭祀鸟神

布依族布摩

图一　布依族布摩主持丧葬仪式

布摩，布依族传统宗教——摩教职业者。布摩是汉语音译。"布"，即"人"；"摩"，是对布依族传统宗教的称谓。布摩，也称"报摩""掌摩""老摩"等。"报"指成年男性，表明布摩由男性担任；"掌"即"工匠"，表明布摩的职业特点；"老"是对人的尊称，表明布摩在社会生活中的崇高地位。

摩教尊报路陀（或译"布洛陀""报陆陀"等）为教主。相传，报路陀创造了包括摩教在内的世间万物。当他将摩教礼仪和摩经传给十二个徒弟后，由于各位徒弟悟性、记性等的不同，导致摩教礼仪和摩经出现差异，谚云"十二报路陀，头不合尾合"，即指此。所谓"十二报路陀"，指报路陀的十二个弟子；"头不合尾合"，是指摩教礼仪或摩经都是报路陀的十二个弟子从报路陀那里学来的，因此总是大同小异，要么开头相同，要么结尾相同。

布摩具有鲜明的职业化特点。布摩身份的获得，需经严格的拜师学艺过程。当某人想从事布摩职业，便向布摩师傅提出，获得同意后，便跟着师傅学习经文和礼仪，参加宗教仪式活动。当各方面基本掌握后，师傅便举行"出师"仪式，正式宣告该学徒结业，获得布摩师傅资格，可以带徒弟，主持宗教仪式。

布摩举行较大型的宗教仪式时，通常由多人共同完成，因此，各地布摩都有一个固定搭配、相对稳定的布摩班子。由资格最老的布摩担任"交摩"（布摩头领），其余布摩和徒弟为班子成员。班子成员需服从头领调遣，有相互扶持和维护集体荣誉的责任和义务。

图片来源

图一至图五　周国茂　摄影

图二　布依族布摩（站在最前者）主持祭龙仪式

图三　布依族布摩主持"超八难"（非正常死亡）仪式

图四　布依族布摩主持祭田神仪式

图五　布依族布摩主持祭山神仪式

布依族罕王

图一　布依族罕王用具主图1

　　罕王，布依语Haangswaangz，意为"超度异域鬼魂"，是对非正常亡灵的一种超度仪式。布依族认为鬼域中有生魂和游魂两个世界。寿终正寝者，生活在生魂世界；凶死、暴死等非正常死亡者的灵魂堕入游魂世界受苦，必须通过"罕王"（招魂）仪式，才能赎回生魂世界。仪式先由布摩择定日子，选择看不见村寨的山坳，用芦苇在山坳中插成迷宫，似魂归径，或称"牢"。魂归径的重要构成有血河、火海和刀山。所谓血河，就是在山坳挖一个坑，用红泥与水搅拌成血色即可；再挖一口灶，上置油锅，下燃柴火，是为火海；另将32把杀猪刀排列，使其刀口朝上，形成刀梯，是谓刀山。在魂归径旁东向用八仙桌搭成神台。仪式开始，远近村民云集山坳，布摩与十来位徒弟身穿法衣，在神台祭祀报路陀，并开始唱诵《罕王经》。随后，布摩手执"摩剑"，带领孝子贤孙去魂归径中将亡魂引出；引魂时所有观众均可参加，因为过刀山、跨火海和趟血河，被人们认为是能够消除人生诸多灾难的。届时，"血河"上搭一块木板，布摩先带亡灵子孙"渡"过，表示亡灵已"渡"出，离开苦海；"火海"旁备好糠壳荞麦，由布摩的徒弟在旁念经，并向油锅中撒一把糠壳，便有一人从火中跨过，预示亡灵走向光明；过"刀山"的时候，布摩在旁念咒，孝子们逐一赤脚从刀刃上走过，非孝子者则从旁绕道。招魂仪式要举行一整天，仪式结束后，把围成魂归径的芦苇拔出烧掉，并将写有亡灵名字的牌位护送回家，安置在神龛上。在一些地方，这个仪式上还要吟诵著名长篇史诗《安王与祖王》。

图片来源

图一至图五　罗正副　摄影

图二　布依族罕王用具主图2

图三　布依族罕王场景图1

图四　布依族罕王场景图2

图五　布依族罕王场景图3

贞丰布依族古谢

图一 贞丰布依族古谢主图（食物及用具）

超度亡灵，布依语称"古谢"，又称"殡亡"。贞丰县的古谢仪式大致有如下程序：一曰安师。布摩在堂屋右角安小桌一张，桌上放一装满玉米的方斗，斗口盖一张白纸，上面放一升米，点一盏灯，燃香（灯、香均不能熄灭），为布摩祖师香案，上摆酒、豆腐等供品。布摩诵《请师经》，然后杀鸡，滴鸡冠血于酒中，随后烧纸，主持的布摩与一孝子跪拜。二曰"开天门"。时间为"安师"当晚，表明"殡亡"活动正式开始。届时丧家屋里所有箱柜全部打开，在场者皆默不作声。四位布摩肩扛用竹砍削成的"梭镖"，站立棺旁默诵摩经。诵毕，击铜鼓，锣声、唢呐齐鸣，孝女孝媳齐声哭丧。此后，布摩一直日夜诵经，举行各种仪式。三曰立幡。次日早晨举行立幡仪式，幡杆用数丈高的大楠竹做成，三节埋入土内，于土外往上数第六节处，挂上竹篾做成并用白纸条裹就的"桥龙"（象征通往冥界的桥）。竹竿的上部做成支架，挂上写有幡文的白纸。四曰祭奠。立好幡后，布摩用竹篾做架，用白纸糊成隔坛，将堂屋隔成两部分，后部分为停棺及孝子孝女守灵处，前部分为祭桌及布摩诵经桌。之后，内亲们陆续来为死者点香烧纸和祭奠。出殡日，凡亲戚均带祭品前来祭祀。摆好祭品后，吊祭者跪于灵前，布摩诵《祭祀经》，丧家发一块孝帕给祭吊者。

图片来源
图一至图七　周国茂　摄影

图二　贞丰布依族古谢仪式中的纸幡

图三　贞丰布依族古谢仪式中的立幡场景图

图四　贞丰布依族古谢仪式中的纸伞

图五　贞丰布依族古谢仪式中的砍牛转场图

图六　贞丰布依族古谢用具（装满玉米的方斗）

图七　贞丰布依族古谢用具（方斗）

布依族丧葬纸扎

图一　布依族丧葬纸扎主图（人面蛇身像）

纸扎，是布依族丧葬仪式中普遍制作使用的纸质祭奠品，是用竹篾扎成骨架，再用白色棉纸和彩纸粘糊而成，其形象主要有人物、动物、建筑、生活用具等。虽然是纸扎的，但其名称里都不加"纸"字，扎成什么样子，布依语就直接叫做什么，如纸龙、纸马就直接叫做"德鸾"、"德麻"，与真龙真马叫法一样。本案例采集自贵州省罗甸县龙坪镇新民村，是在一位布依族老人去世后的几天里，家人请的道场班子所扎，以纸龙纸马为代表，还有房屋、轿子、凤凰、灯笼、纸伞、人面蛇身等，品种繁多，形态各异。

纸龙，长约5米，直径约10厘米，头大尾细。龙身用稻草、塑料薄膜捆扎成长柱状，可卷曲，尾部收细。用红纸剪成锯齿状，顺着龙身一侧粘成龙脊，再用各色小纸片环绕龙身贴成鳞片。龙身较粗一端接龙头，龙头扎有明显的龙须、龙角。另扎一红色纸球，挂在树上，略高于龙头，寓意"龙戏红珠"。

"人面蛇身"，上半部用蓝色彩纸扎成

人的面部模样；下半部用稻草作内胆，扎成可卷曲的蛇形，直径约10厘米、长约5米，表面用黑白格子彩纸包裹装饰。

纸马，用竹篾扎成骨架，用黄色彩纸糊满头、颈、躯干和四肢，用少许红色彩纸贴马笼头和马鞍部位。纸马高约70厘米，长约100厘米，马面宽约15厘米。马背上插一根直立竹篾，念经做法事时粘一个纸画的古装人物，上书"奉旨投文"字样，意思是专门投递文书的功曹，将法事们写好的公文投送到灵界，通报他们这里在为亡人某某做法事，请诸王多多关照。

这种纸龙和"人面蛇身"并不是随意扎制的。布依族老人去世，寿终正寝，驾鹤归西，要作为"白喜"来办，要办得热热闹闹，法事一般要做5天、7天，也有9天以上的。必须是做7天以上法事的才能挂。法事中有个重要环节是"立幡"，是将三条数米长的长条白布去掉一部分纬线（横向），保留经线（纵向），留成约30厘米长的垂须，然后，浸泡染色，染成红、黄、绿色，挂在又长又粗的竹竿上，念唱一段经书后，将挂幡的竹竿分别立于主家前、后和侧面数米略高的位置，让幡迎风飘扬，如同舞动的长龙，且借助风力使幡下端的垂须相互缠绕结成一团，以示圆满。"立幡"的同时，要在主家房屋旁边树上挂龙，在屋檐挂"人面蛇身"，除了好看、有热闹气氛之外，还表示逝者是受人尊敬的男性长者（本案例的逝者是当地知名的布依族摩公），家人为他做7天以上法事。另外还告诫人们，要积德向善，才能完美蜕变，成龙升天。

纸扎是布依族丧葬必不可少的祭奠用品，道场班子接到主家报丧和邀请之后，就会指派专人负责纸扎一职，其他人员在其指导下协助完成。各种纸扎都有一定的寓意和用途，不同的法事环节，念唱不同的经书，使用不同的纸扎。到丧葬仪式的最后一天，所有的纸扎都送到坟头堆积起来，意思是送给逝去的亲人，愿他的灵魂在阴间不受苦难，并在极乐世界保佑子孙平安富贵、飞黄腾达，充分表达了对逝者的怀念和为家人祈福的愿望。

图片来源

图一至图七　黄元碧　摄影

图二　布依族丧葬仪式中的纸扎马匹像

图三　布依族丧葬仪式中的立竹篾示意图

图四　竹篾骨架制作图

图五　剪纸片示范图

图六　纸龙制作场景图

图七　纸龙使用场景图

黔南布依族生育傩

图一　黔南布依族生育傩主图

　　黔南一带布依族，为多年不孕不育的夫妇举行"架桥"（求子），仪式十分隆重，有的甚至进行七天七夜。据说举行了"架桥"仪式，就为送子的母神搭起了桥梁，母神就会把"花魂"（孩子灵魂）送来，使求子的妇女怀孕。

　　"做祧"是一种以求生育、保佑子女为目的的宗教仪式，祭祀的神灵就是"花林仙官"（即"雅娃林"）。但是与一般求子仪式不同之处在于，"做祧"祭祀的神灵除了女神"花林仙官"之外，还有男神，分别有不同职能。比如，万岁天尊圣母，女神，专管分配生育指标；花林仙官，女神，专管送"花"（即孩子）给孩子父母；托生花王庙父，男神，负责保佑、护养孩子长大成人；本殿三元祖师，男神，三元指唐、郭、周三兄弟，同母异父，系"送花"媒人，同时保护坛师及其弟子（傩戏班子师徒）。另外，还有负责擒拿野鬼的莫一、莫二，驱逐病疫鬼怪、保佑亲朋安宁的三界公爷等等。"做挑"与一般求子仪式的不同点还表现在，傩戏班子要戴面具表演一些有完整情节的故事，既娱神也娱人。

图片来源
图一至图三　罗正副　摄影

图二　黔南布依族生育傩仪式上的贡品

图三　黔南布依族生育傩仪式上的红色花朵（花魂）

布依族哑面

图一　布依族哑面面具主图

哑面是一种古老的傩戏，在布依族传统丧事的绕棺仪式过程中，表演哑剧一样的仪式性傩戏。

表演时间大约20分钟，情节比较简单。其来源有这样一个传说：古时候，有一个穷后生，在当地一个富人家做长工，后来与雇主的女儿相爱，但遭到女孩家长的反对，二人不得已私奔，居住在寨子上方的山洞里生儿育女。后来，当岳父去世时，欲回外家祭奠，可是因为贫穷，怕在亲戚朋友面前没面子，于是戴上面具前往。因为贫穷，没有祭礼，绕棺后就给外家推磨、舂碓，以代礼信。"哑面"傩戏的表演者共六人，分别为父母（即自由相爱的两夫妇）、后生（两夫妇的儿子）、女孩（两夫妇的女儿）、乞丐、导引者（一般为布摩）。据说以前要到洞里举行一些相关仪式和化妆，然后从那里出发前往丧家。后来改为在丧家村寨旁搭建窝棚，代表山洞。在窝棚里化好妆，举行相关仪式后，即到丧家去。走到途中，乞丐扮演者加入其中，并不断纠缠女孩，直到被后生（女孩哥哥的扮演者）制止。剧情主要表现一行人往丧家行进，在丧家绕棺、舂碓、推磨，以及在这个过程中乞丐反复纠缠女孩，并使之怀孕的情形。整个表演过程没有一句台词。表演者所戴的面具，是用竹篾编成骨架，然后用白纸蒙在骨架上成为脸壳，并在脸壳上画五官。

图片来源
图一、图三　陈玉平　摄影
图二、图四、图五　马晓婷　制图

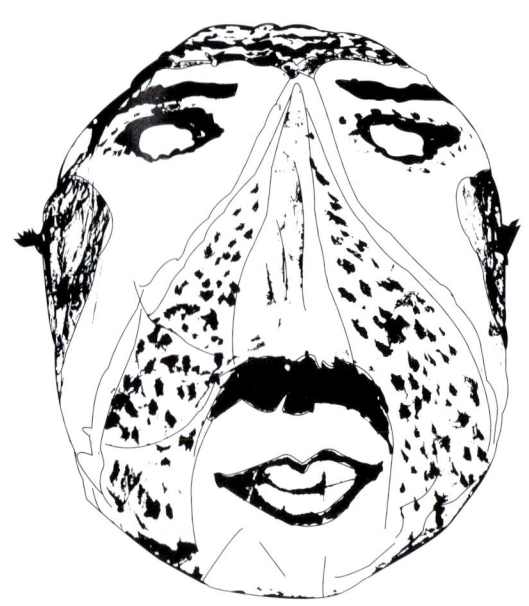

图二　布依族哑面面具线描图

图三　布依族哑面道具图

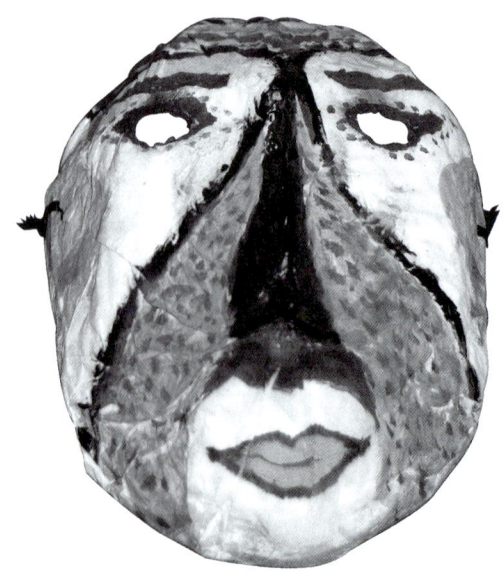

图四　布依族哑面面具效果图

图五　布依族哑面面具对比图

贵阳蓬莱布依族地戏

图一　贵阳蓬莱布依族地戏主图（旗子）

贵阳市白云区牛场布依族乡蓬莱村布依地戏，据考证是由明朝屯兵带入的。演出活动要经历以下程序和环节：

开箱、请神。每年农历正月初九，在蓬莱村的永兴寺中举行。仪式一般在室内进行，跳戏人员在室外列队装备。"开箱"是开始跳戏的一个先头仪式，由德高望重的长老主持。首先将一个神箱抬出，放在神龛下，然后杀鸡敬神，烧香点烛祭拜天地诸神，祈福人间国泰民安、五谷丰登，瘟疫远敛、百事顺达。寨老三叩九拜之后即高涌数百字的"开箱词"。寨老念完，打开箱子，取出帅旗、刀箭和面具，再将面具用艾水擦洗之后，供奉在神龛上。至此，香火不断，只等正月十六跳戏之用。

出兵、点兵。由"开四门""点兵歌舞"组成，歌队、旗队、响器班相互配合，场面宏大。

祭山王。既是祭祀祖先生死情谊，也祈求祖先保一方平安。祭祀人念唱祭祀词，歌队、舞队、响器班相互配合，场面肃穆。

拜土地。拜土地仪式与祭山王大致相同。

开财门。开财门均在主人庭院及堂屋进行，先庭院后堂屋。举行开财门仪式，念开财门词，唱开财门歌，跳开财门舞后，主人打开堂屋，举行祭祀仪式，祈祷主人家人畜兴旺、万事遂顺。

搭台跳戏。搭台跳戏为地戏班主要表演内容。可在主人庭院或其他公共场所进行。内容主要有："打四门""苦竹盘根""雪花盖顶""撮刀""回刀""一拜""小儿背箭""黄莺展翅"等。

扫场。扫场仪式一般在村寨外路边举行，主要内容是把妖魔鬼怪扫出去，把兴旺福祉接进来。扫场由掌坛师念唱扫场词，歌队、旗队、舞队、响器班相互应和。

收兵、点兵。收兵仪式和收兵歌舞是一边行走一边歌舞，回到原先出兵、点兵场地。歌舞较为欢快热烈，意为胜利收兵，回到家园。

关箱、吃跳戏饭。关箱即表示整个活动结束。举行关箱仪式是感谢诸神和祖先，同时要烧香鸣炮，祈福来年。其次是把面具、道具和相关内容什物关进箱里，也意味着刀枪归库，好好从事农桑。

图片来源
图一至图九　陈玉平　摄影

图二　贵阳蓬莱布依族地戏整装待发

图三　贵阳蓬莱布依族地戏执旗出发

图四 贵阳蓬莱布依族地戏入场图

图五 贵阳蓬莱布依族地戏击打乐器图

图六 贵阳蓬莱布依族地戏表演场景图1

图七　贵阳蓬莱布依族地戏表演场景图2

图八　贵阳蓬莱布依族地戏班子

图九　贵阳蓬莱布依族地戏之祭祖图

南盘江布依戏

图一 南盘江布依戏主图

布依戏流传在南盘江沿岸布依族地区，大约形成于清乾隆年间，它是在布依族民间说唱艺术的基础之上，汲取其他民族戏剧艺术的优秀成分发展而成。一般在起房盖屋、节日喜庆、婚嫁仪式等场合作庆贺演出。

布依戏的音乐曲调有《正调》《过场调》《升堂调》《梳妆调》《莲花调》《马倒铃调》《反璜调》《武打调》等。其主要乐器有牛骨琴和葫芦琴。牛骨琴比京胡音色清脆，葫芦琴音质古朴浑厚。其他乐器还有竹笛、三弦和月琴。打击乐器则有锣、铙、小鼓、打板等。主奏乐器在伴奏时，常用正反弦互相配合演奏，其中牛骨琴定1—5弦，葫芦琴定5—2弦。

布依戏的服装，根据不同行当，有龙袍、文武官员的外衣、战袍和盔甲，有小生文生的袍服；有小花旦和老旦的衣裙，还有各种人物角色的帽子、头帕。

道具方面，有木制的官刀、官剑，有蚊刷、马鞭、扇子、手帕、板凳、椅子、木棍、口簧、羽翎等。传统的舞台设置为"门帘布帐、一桌二椅",布帐绘有"八仙"图案,布帐两侧挂有门帘,供演员进场、出场。

布依戏的剧目有两种。一种是用汉民族的历史故事和民间传说故事改编而成的剧目;另一种是根据布依族民间传说、故事,或真人真事编成。

布依戏班往往由一个村寨的人员组成,戏班以村寨的名称命名,如板万布依戏班、乃言布依戏班、巴结布依戏班。一个戏班由班头、导演、戏师、演员等十余人组成,每个戏班均能演出完整的故事。布依戏的对话和唱词均用布依语,只在移植的汉语剧目中,公堂审案和自报家门时多用汉语。角色以二个(小丑、小旦)或三个(加小生)为主,后来吸收了其他戏剧的有关角色,以及适应布依戏演出的需要,出现了差官、大王、大将、生、旦、净、丑等角色。表演时不同角色有相应的程式和特点,如小丑上场时,手拿扇子,走路时抬起脚一跳一跃,三步一转身,动作诙谐;小旦上场则从容不迫,步步符合节拍,显得优美。演出从汉族移植的剧目时,一般是武将穿战袍,文官和秀才穿长袍水袖、戴方巾,脸谱则根据角色的不同略施粉墨。布依戏曲调类似布依民歌,悠扬缠绵,歌词多根据布依民歌加以改编而成。

图片来源

图一至图四　陈玉平　摄影

图二　南盘江布依戏女装

图三　南盘江布依戏男装

图四 南盘江布依戏场景图

罗平布依族把式舞

图一　罗平布依族把式舞道具大刀主图

云南罗平县布依族流传着一种古老的舞蹈，叫做"把式舞"，"把"指兵器的种类，"式"指耍法、套路招式。把式舞使用的道具与古代打仗用的兵器有关，主要有大刀、霸王鞭、耥耙、三尖钗、双节棍、齐眉棍等八种，其中大刀最具代表性。本案例大刀采集自云南省罗平县，是陈列于长底乡文化站民族文化陈列室的珍贵兵器类藏品。

该刀由铁质刀面和木质长把两部分组成，总长130厘米，刀面长40厘米，最宽处10厘米，前1/3处有一小分叉，末端稍尖，略向一侧弯曲；刀把长90厘米，直径5厘米，上油漆，呈黑褐色。制作这样的大刀，首先是用铁打成上述形状大小的刀面。因为是表演使用，刀口很钝，刀尖也不锋利。其次是用木棍削成长圆柱形的刀把，一端稍尖，嵌入刀面下方的短管内，手握中上部，垂直于地面跺紧，确保严密契合。最后在刀把、刀面连接处扎一条红布条，打活结，显得喜庆吉祥。表演时，两人对阵，一招一式，动作规范。右手握住中上部先在地面跺几下，然后双手握住、左右翻转挥舞，腿部配合迈步、做动作造型。最常见的造型是右手握住刀把上部，左手握住刀把下部，交叉平放胸前、定格，然后再换方向做对称的动作。结束前收刀直立，也在地面跺几下，与开始动作相呼应。

布依族把式舞主要在丧葬祭祀仪式中表演。把式舞的来历源自布依族远古的传说：据传在兵荒马乱的年代，战争不断，布依族的先辈为了躲避战乱，躲进深山野林，劳作之余，布依族首领召集本族青年男子，以铁、木、竹等为材料制作大刀、战戟等"兵器"，经过长期操练、切磋，逐渐形成一定的套路和招式，称为"把式舞"，"大刀舞"则为其中之一。布依族老人去世，姑爷家要来"闹丧"。为了增加闹丧的气氛，也传承先人操练兵器的传统套路，就在丧葬仪式上表演以多种"兵器"为道具的"把式舞"。这一习俗代代相传，逐渐演变成为布依族丧葬祭祀活动中必不可少的内容，在云南省罗平县一代较为盛行。

如今，布依族把式舞作为一种民间竞技体育活动，作用已超越了丧葬和祭祀习俗。经过不断改进和创新，以"大刀舞"为代表的布依族"把式舞"已超越了丧葬祭祀活动中的兵器操练表演，成为深受布依族人喜爱的风格独特、艺术价值较高的民间舞蹈。把式舞中还有专门的"大刀队"，在传统节日、重大活动中表演，在云南省民族艺术节、罗平县油菜花旅游节等开幕仪式上都有很好的表演，成为群众最喜爱的项目之一。

图片来源

图一、图三　黄元碧　摄影
图二、图四　毛朝江　制图

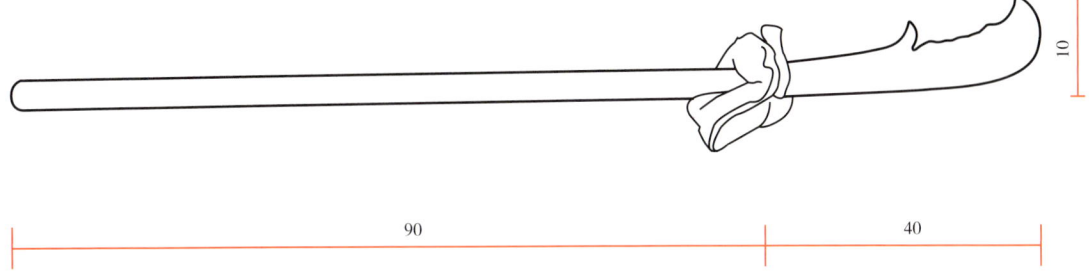

图二　罗平布依族把式舞道具大刀尺寸图（单位：cm）

图三　罗平布依族把式舞兵器架

图四　罗平布依族把式舞耍大刀动作示范图

布依族铜钹

图一　布依族铜钹主图

　　钹，古称铜钹、铜盘，民间称镲。碰奏体鸣乐器的一种。本案例采集自贵州省罗甸县，是布依族道场的重要法器之一。

　　钹用响铜制成，呈圆片形，中间隆起半球形部分叫碗或帽。碗根至钹边部分叫堂。碗顶钻孔，穿系皮绳、绸或布条，叫"钹巾"，便于双手持握，两面为一副，通常直径为30—50厘米。相击后振动发音，声音洪亮浑厚，余音较短，无固定音高，穿透力很强，能很好地烘托气氛，极富气势，通常表现一种激情。用于弱奏时，其作用类似大鼓，属于节拍乐器。

　　钹在布依族地区比较流行，是民间乐队中必不可少的色彩性打击乐器，在丧葬仪式中使用最多。演奏者须取站姿，用双手通过钹巾持住钹身，相击后振动发音。有轻击、重击、磨击、扑击等手法。也可以悬挂在支架上，用鼓槌滚奏，表现力很丰富。

　　钹是布依族摩教或道场活动中必用的一种法器。通常在念诵经文时每念诵一小段后鸣3次，在特殊经句念完后鸣1次，在念完某一佛号后鸣1次，在需要突出强调部分鸣1次，法事结束时鸣3次。渲染气氛效果很强。

图片来源
图一、图三　黄元碧　摄影
图二、图四、图五　毛朝江　制图

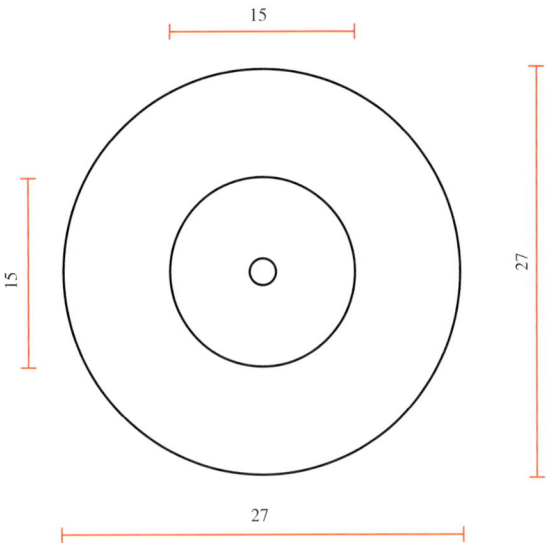

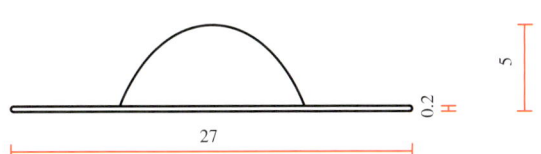

图二 布依族铜钹视角、尺寸图（单位：cm）

图三 布依族铜钹正背面图

第七章 布依族传统民俗和宗教造像

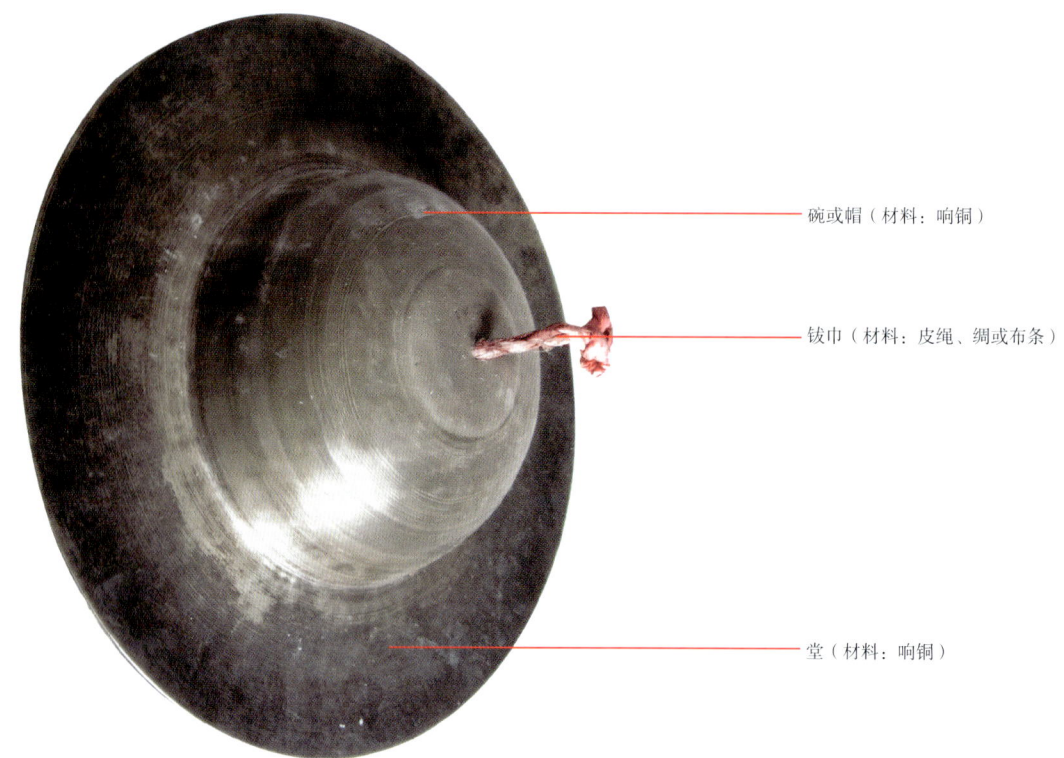

图四　布依族铜钹结构名称图

碗或帽（材料：响铜）

钹巾（材料：皮绳、绸或布条）

堂（材料：响铜）

图五　布依族铜钹操作示意图

布依族铜铰

图一 布依族铜铰主图

铰子，一种民间打击乐器，又称小铜锣或小钗。常在大小铜器中或唢呐曲牌中起正（掌）拍的作用。它与铙、钹、鼓的音高皆为7音。

铰子在布依族地区丧葬、祭祖、祭神、庆典以及摩活动等仪式中常用到，配合其他乐器同时使用，起烘托气氛的作用。本案例采集自贵州省罗甸县，为当地丧葬仪式道场用具之一。

铰子外形与钹很像，用响铜制成，两面为一副，呈圆片形，直径为15厘米。中间隆起呈半球形，球形顶端钻孔，穿系皮绳，演奏者站立用双手抓住皮绳半握铰身，相击后振动发音，声音清脆。属于节拍乐器。

图片来源
图一、图三　黄元碧　摄影
图二、图四、图五　毛朝江　制图

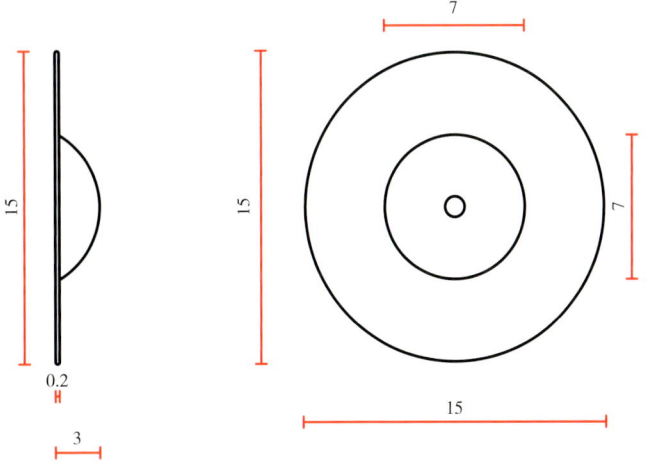

图二 布依族铜铰视角、尺寸图（单位：cm）

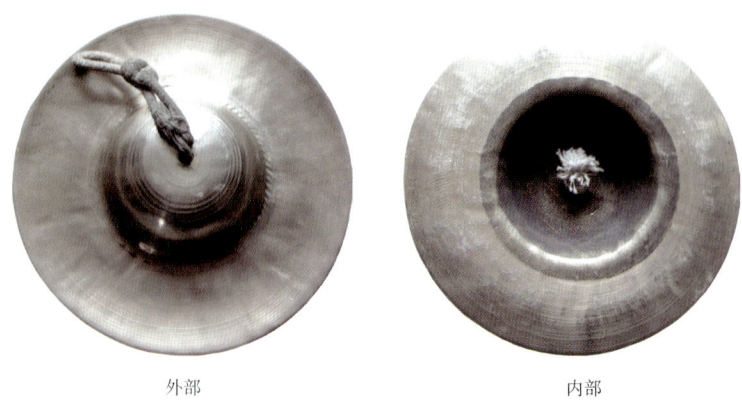

外部　　　　　　　　内部

图三　布依族铜铰正背面图

图四　布依族铜铰操作线描图

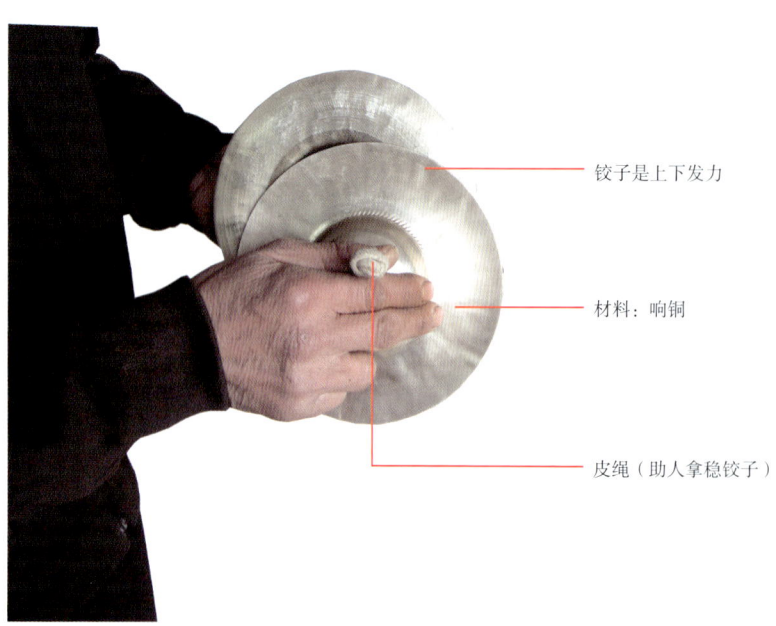

铰子是上下发力

材料：响铜

皮绳（助人拿稳铰子）

图五　布依族铜铰结构分析图

布依族铜锣

图一 布依族铜锣主图

锣,属金属类打击乐器,以响铜制成,是布依族民间乐队必不可少的乐器之一,布依族丧葬、祭祖、祭神、庆典以及摩活动等仪式中都常用到。本案例采集自贵州省罗甸县,是布依族丧葬仪式道场法事必备的用具之一。

锣由锣体、锣架(锣绳)、锣槌三部分组成。锣体为一圆形弧面,直径为22厘米,厚5厘米,中央部分略凸,称为脐、光或堂,是发音的主要部分,一般脐的大小、厚薄与锣的面积比例,决定着音调的高低;在锣边一侧钻有两个锣孔,以穿系锣绳,便于提携;锣槌为一木槌,槌头用布裹成。

演奏时以左手食指关节提锣绳,使锣面垂直,右手执锣槌击奏中央部分振动发音。锣音高亢,余音比较长,起到渲染气氛和增强节奏的作用。

图片来源
图一 黄元碧 摄影
图二至图五 毛朝江 制图

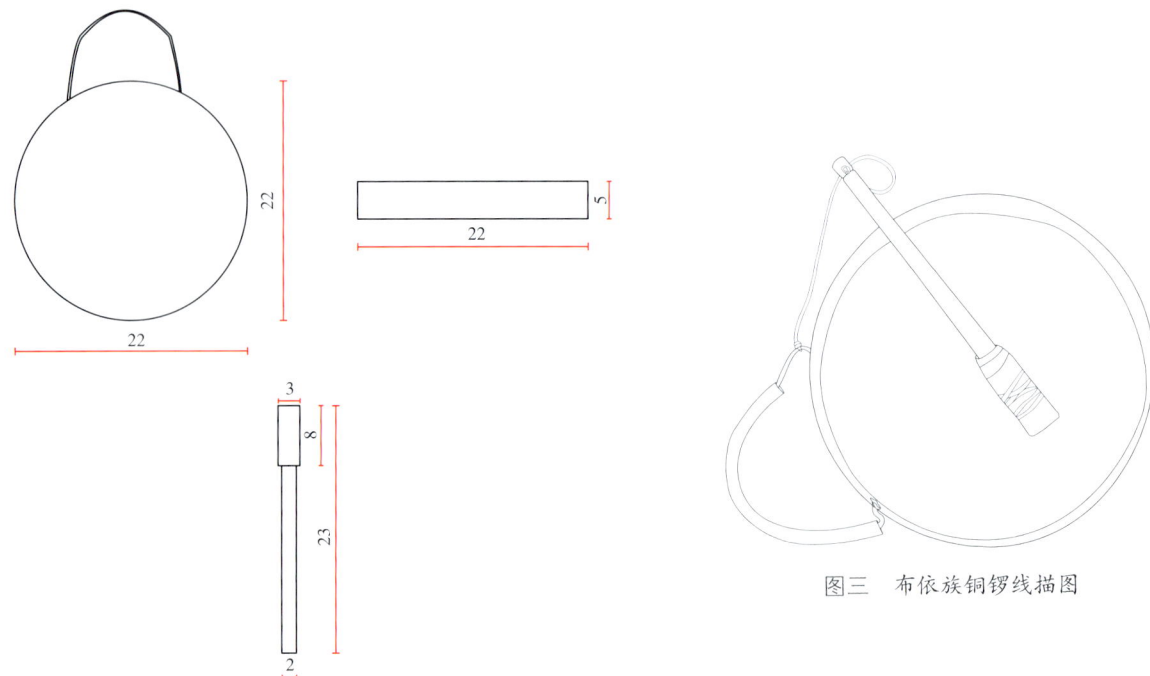

图二 布依族铜锣视角、尺寸图（单位：cm）

图三 布依族铜锣线描图

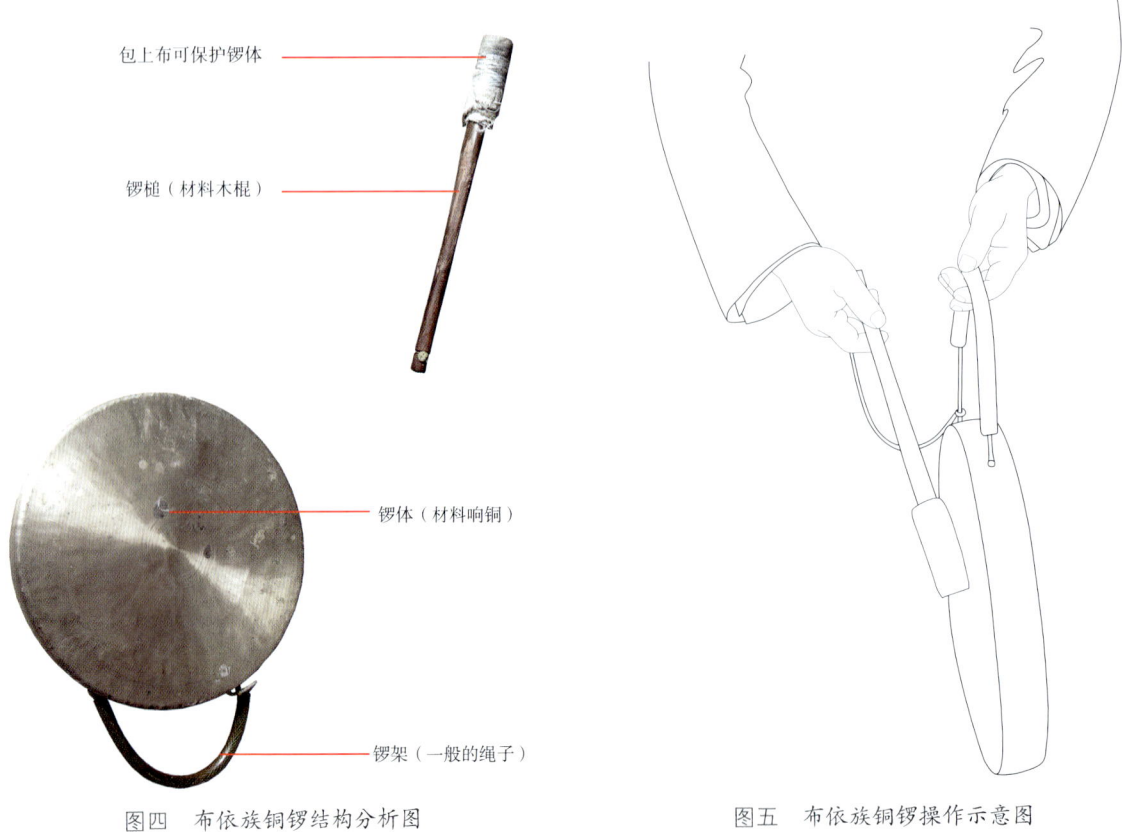

图四 布依族铜锣结构分析图

图五 布依族铜锣操作示意图

布依族铜铙

图一 布依族铜铙主图

铙又称为钲、执钟。我国最早使用的青铜打击乐器之一,现多作为民间乐器,在布依族地区丧葬、祭祖、祭神、庆典以及摩活动等仪式中都常用到,是布依族民间祭祀仪式中重要的伴奏乐器之一。本案例采集自贵州省罗甸县,是道场班子的法器之一。

铙为响铜制成的一钵形的金属体。铙面较大而薄,呈弧形,根部凹进,边部稍作翘起。中部隆起部分似帽,帽根向内凹进,帽顶中心钻孔系以绸布,以便用手持握。构造与钹相似,其区别在于:铙碗顶平而小,其径约为全径的1/5;钹的碗顶圆而大,其径约为全径的1/2。故民间将碗大的称钹,帽小的称铙,铙所发之音低于钹而余音长。铙面直径26厘米,两面为一副,相击后发音,演奏时,双手各执一面互击,有平击、侧击、闷击等手法,音色清亮,带有深沉的水音,延续音长。

图片来源

图一、图三 黄元碧 摄影
图二、图四、图五 毛朝江 制图

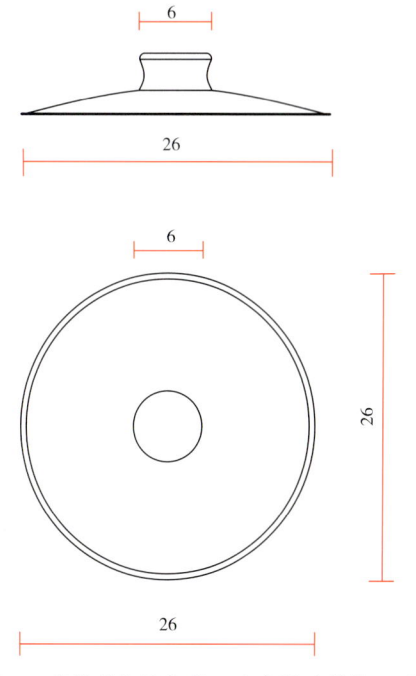

图二 布依族铜铙视角、尺寸图(单位:cm)

图三　布依族铜饶正背面图

铙面

碗或帽（材料：响铜）

拴皮条布、绳的地方

图四　布依族铜饶结构分析图

图五　布依族铜饶操作示意图

布依族木鼓

图一 布依族木鼓主图

鼓是布依族世代相传的特殊乐器，被布依族人视为传家宝和氏族、宗教团结的象征，并借以传授礼仪与道德规范。布依族村寨在节庆、丧葬、祭祖、祭神等仪式中都要使用鼓这一传统乐器。

本案例采集自贵州省罗甸县，为当地丧葬仪式道场用具之一。鼓身坚固，为圆桶状，两端略细，中间稍粗，多用椿木、桦木或杨木制作鼓身，两面蒙以牛皮，实为"木身皮面鼓"。鼓面直径约33厘米，高约17厘米；鼓身中部装有3个铁环；木鼓平常置于鼓架上，用红木或其他硬质木料制作的双槌敲击发音。

演奏时，可以用手或鼓杵敲击上面鼓皮而发音，音色低沉、雄厚，鼓的中心发音较低而深厚，越向边缘声音越高。由于从中心

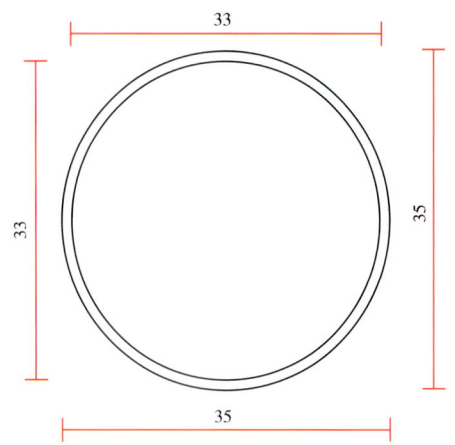

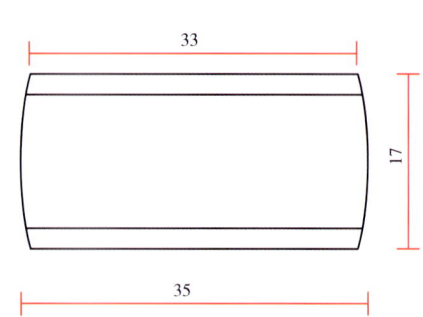

图二　布依族木鼓视角、尺寸图（单位：cm）

图四　布依族木鼓架折叠示意图

到边缘各圈的音色不同，演奏时可利用这些变化来丰富它的表现力。演奏方法有单击、双击、顿击、闷击、压击、摇击和滚奏等。音量能从很弱到很强，力度变化很大，对情绪和气氛的渲染作用很大。

图片来源

图一、图四　黄争流　摄影
图二、图三、图五、图六　毛朝江　制图

图三　布依族木鼓架尺寸图（单位：cm）

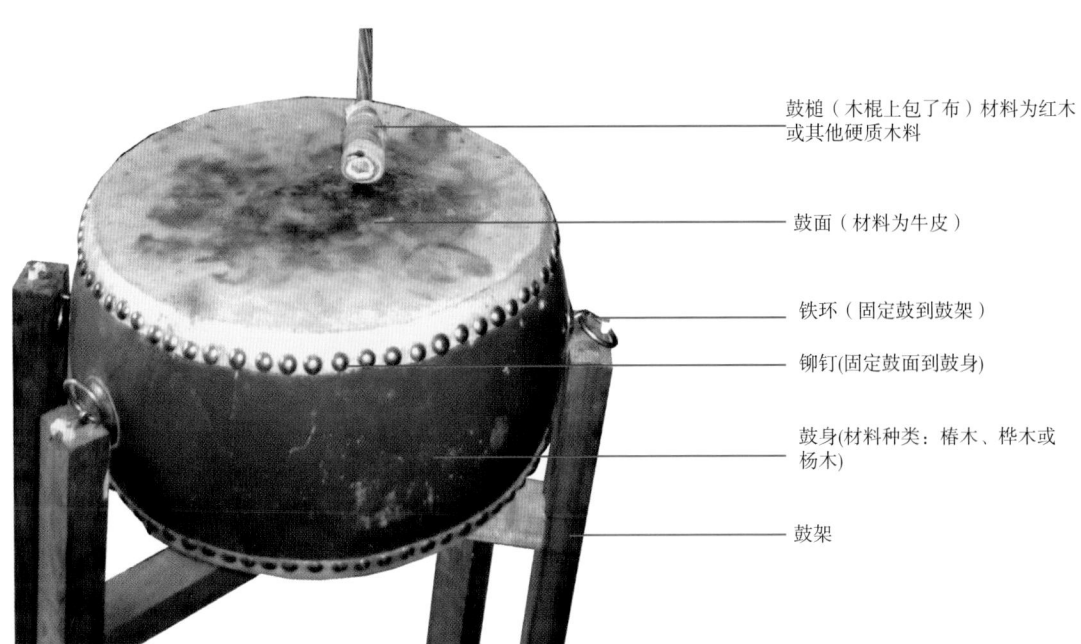

图五　布依族木鼓结构分析图

鼓槌（木棍上包了布）材料为红木或其他硬质木料

鼓面（材料为牛皮）

铁环（固定鼓到鼓架）

铆钉（固定鼓面到鼓身）

鼓身（材料种类：椿木、桦木或杨木）

鼓架

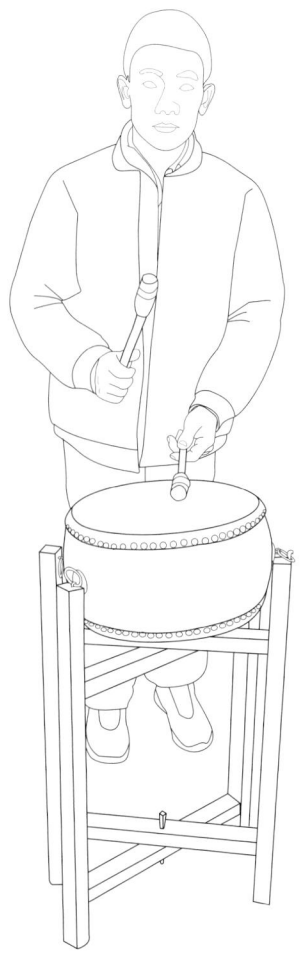

图六　布依族木鼓操作示意图

布依族木鱼

图一　布依族木鱼主图

木鱼，打击乐器。为佛教、道教通用之伴奏乐器，在罗甸布依族地区，木鱼为布摩或道场法师做神事时仪案上必备之法器。本案例采集自贵州省罗甸县，是道场班子的法器之一。

木鱼呈圆鱼形，腹部中空，头部正中开口，尾部呈扇形，其状昂首缩尾，背部（敲击部位）呈斜坡形，两侧圆形，底部椭圆；木制槌为一头略粗一头略细。整个木鱼长13厘米，圆径约7厘米，尾部宽6厘米，正圆直径为6.5厘米。

演奏时，圆鱼形木鱼用左手托持，右手执木槌以粗的一头敲击，发音短促，音色清脆洪亮，是富有特色的演奏乐器。诵唱经文时敲击木鱼，可增加节奏感和神秘感，宗教色彩更加浓厚。

图片来源
图一、图三　黄元碧　摄影
图二、图四、图五　毛朝江　制图

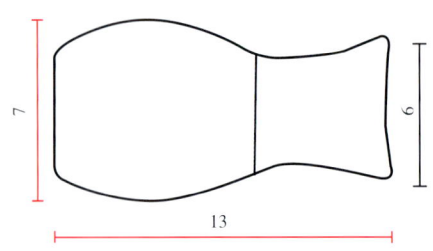
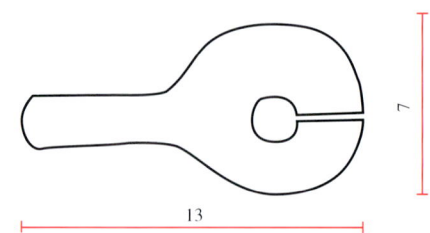
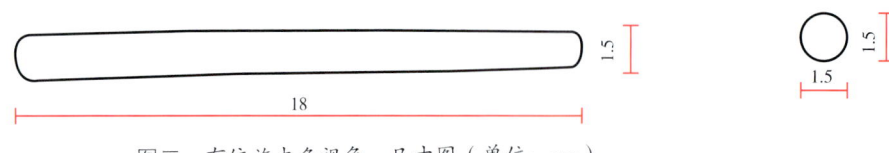

图二　布依族木鱼视角、尺寸图（单位：cm）

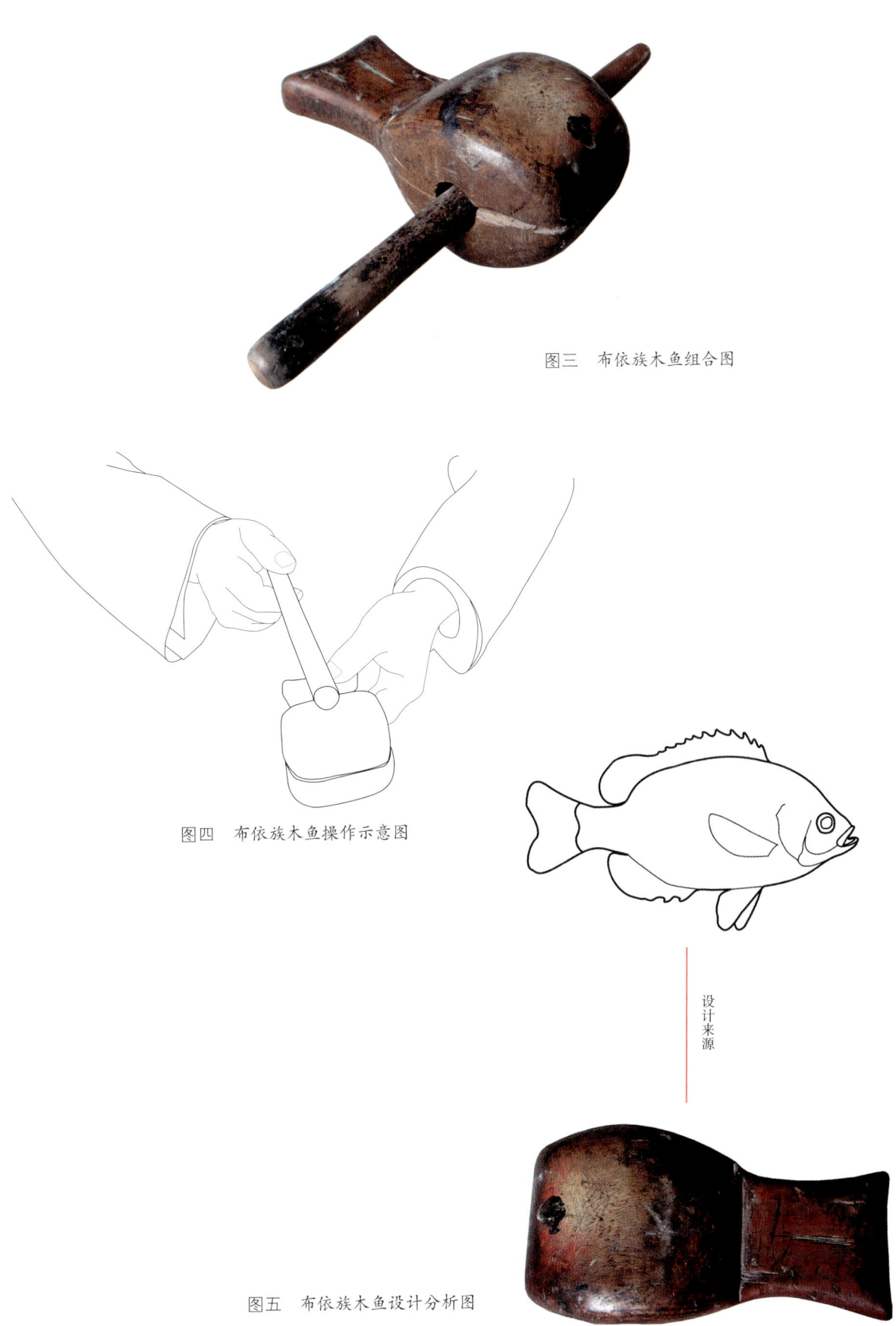

图三 布依族木鱼组合图

图四 布依族木鱼操作示意图

设计来源

图五 布依族木鱼设计分析图

第七章 布依族传统民俗和宗教造像

421

布依族海螺

图一 布依族海螺主图

海螺属软体动物腹足类，分布于浅海海底。海螺作为乐器，历史悠久，为布依族摩教活动中重要器物之一，布摩在做神事时以吹奏海螺来祭奠死者。本案例采集自贵州省罗甸县，为当地丧葬仪式道场用具之一。

海螺花纹和色彩艳丽多变化，一般多数海螺外壳主体为白色，棕色与黄色条纹旋绕于螺身，普通海螺长20厘米左右，螺口为圆筒状，边缘为不规则的曲线状。

将螺顶磨穿，套上竹节作吹嘴，竹节直径2—3厘米，吹孔中间部分较细，内径1厘米左右。螺身两端钻孔，穿以细皮绳，平时不吹奏时可斜挂于胸前或腋下。吹奏时，右手持握螺口，两唇紧贴吹嘴送气，发音作呜呜声。每支海螺可发出一个基本稳定的长音，因螺身大小不同，发出的音高也各异，海螺的音色与螺纹的粗细和多少有直接关系，一般说来，螺纹细、少者音色较明亮，反之，音色较深厚。诵唱经文到一定段落，需穿插吹奏海螺，表示对天兵神将的呼唤和祈求。

图片来源
图一、图三　黄争流　摄影
图二、图四、图五　毛朝江　制图

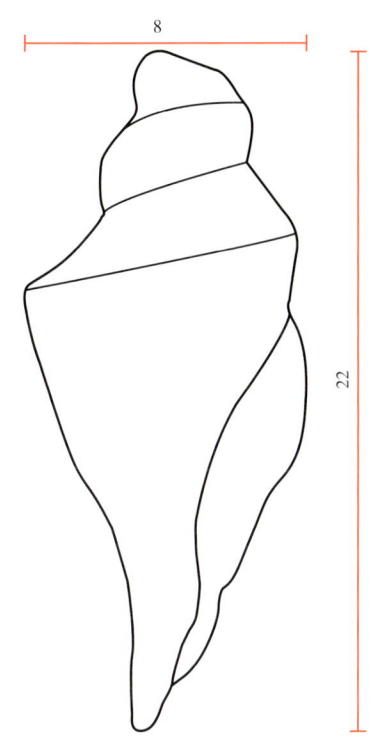

图二　布依族海螺尺寸图（单位：cm）

图三　布依族海螺背面图

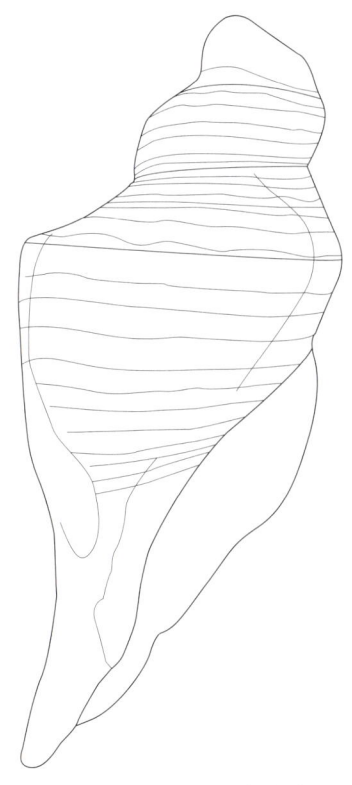

图四　布依族海螺线描图

图五　布依族海螺操作示意图

第七章　布依族传统民俗和宗教造像

423

布依族木朝简

图一　布依族木朝简主图

朝简又称"笏""笏板""圭简""朝板""奏板""玉板""玉笏""手板"等。

朝简在布依族地区多用于摩教（布依族民间宗教）活动，是摩教活动中必备的法器。在丧葬仪式等活动中朝简的运用起到"通天地""交神明"，还有庄严规范、威肃道场、人神感应的作用。本案例采集自贵州省罗甸县。

制作朝简的材料通常是选择纹理清晰对称、条纹均匀顺畅的整块木板为原材料，顺着树木生长的纹理，靠近根部为下端，顶梢方向为上端，上宽下窄，上宽5厘米，下宽4厘米，简身厚0.3—0.7厘米，长40—55厘米，呈弧形向内微弯。

朝简握法有两种，一种是正握，一种是侧握。

正握时，右手在内左手在外，两手四指平齐叠握朝简下端，小指与下端沿线平齐，两手大拇指向上并列按在朝简内侧微弯处，端抱于胸前，简上端沿线与眉齐，正握朝简行礼打躬，以左手指压在右手指上，四指交叉握成剑诀式，护住朝简外侧，两大拇指抵于朝简内侧微弯处，两手四指伸直执简，左手四指背在外，右手四指背在内，护于下丹田，手臂向前圆撑，朝简上端与下额平齐。俯伏跪拜时，指背着地。

侧握主要分平侧与斜侧两种手势。

平侧握主要用于道友见面相互行礼或转天尊、踏罡等仪式的行进过程中。执简与道友行礼时，朝简低于胸前。平侧握在仪式行进中时，右手手心向下，四指紧握朝简下端，大拇指平压简面上，左手手心向上，四指反握朝简上端，大拇指自然伸出与简身平行，平压简面上，双手呈俯仰式握住简身，将双臂向前圆撑，朝简上端沿线与肩平齐，同手臂合成圆形。

斜侧握一般主要还是在非正式的普通仪典活动中使用，偶尔也用于仪式的行进中。两手压于简的下端，拇指压于简身内侧，与筒身垂直交叉，筒的上端斜靠于左肩，两手臂环抱于胸前。侧捧筒，双手侧捧筒下端，双手环抱使筒抵于下丹田，同时将筒内侧举靠于左胸，筒上端边沿与肩平齐。

朝筒是摩公在神事活动中使用的最重要的一种司仪法器，为神事活动的圆满或增添威仪庄肃道场，或增添功德福遗后人。

图片来源

图一 黄元碧 摄影

图二、图三 毛朝江 制图

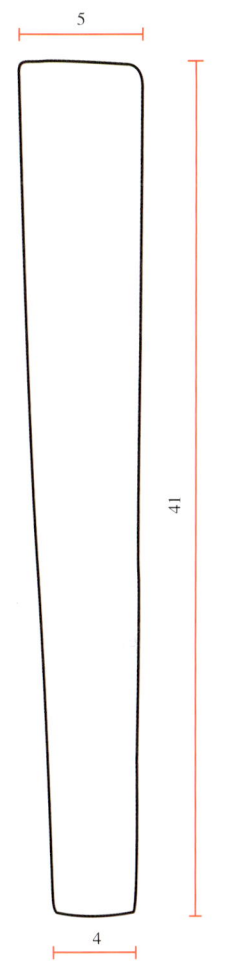

图二 布依族木朝筒尺寸图（单位：cm）

图三 布依族木朝筒结构分析图

布依族木令牌

图一 布依族木令牌主图

　　令牌是布依族法师做道场时必用法器之一。令牌多以枣木制作，长方体，块状，上圆下方，取意"天圆地方"。六面均雕篆刻上各种与雷霆有关的符图和文字。本案例采集自贵州省罗甸县。正面当中雕"青玄上帝勑令"，两边雕刻着一串符文。背面雕刻着雷令符文。侧面雕刻"左辅""右弼"，全长15.5厘米，宽7.5厘米，厚5厘米。

　　在布依族丧葬仪式道场法事中，令牌即为法旨，是法师在做法事时号令鬼神听从自己命令的象征，请神召将时，双手结诀，将令牌夹住，举起高呼，就表示可以召唤相应的"天兵天将"来到法坛供自己差遣；放下令牌猛击法案，就表示对鬼神下达命令。据说，如果法师在法坛上召神未至，就可以猛拍令牌三下，以代表天神或者天师发布号令，通常被召唤的神将就得赶紧到坛前听用。通过令牌，法师可召神遣将，或护送亡魂，或驱邪镇魔。

图片来源
图一、图三至图六　黄元碧　摄影
图二　毛朝江　制图

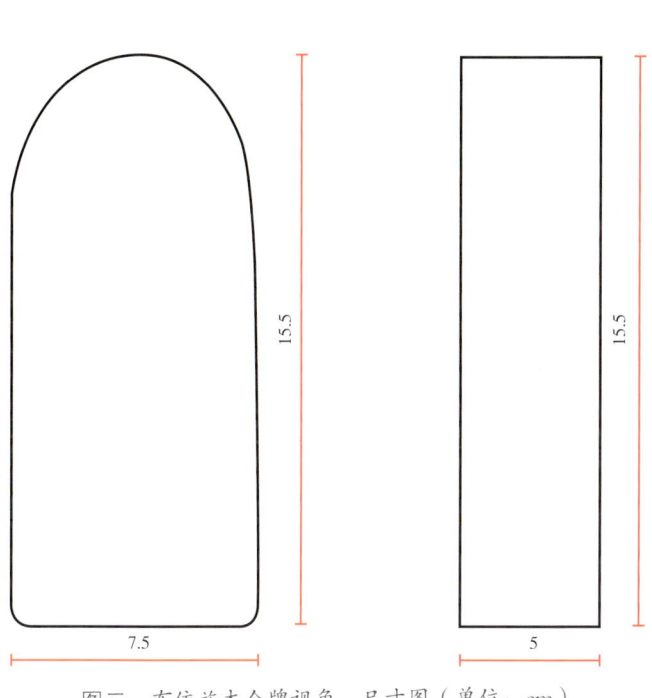

图二　布依族木令牌视角、尺寸图（单位：cm）

图三　布依族木令牌正面图

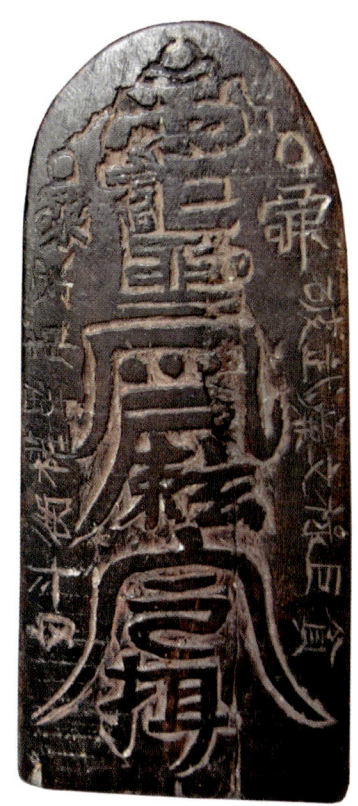

图四　布依族木令牌背面图

图五　布依族木令牌左辅图

图六　布依族木令牌右弼图

布依族吞口

图一　布依族吞口主图

　　吞口起源于图腾崇拜和原始巫教，是民间避邪祈吉的一种木刻艺术品，形似面具，固定于住宅大门或村寨大门的门楣上方。其形象龇牙咧嘴、豹眼怒视、怪诞狞厉，民间以之辟邪镇宅保平安。吞口一般以樟木雕刻，也有用石头雕刻的。其雕刻手法较为粗犷。吞口体现了布依族驱邪祈福的宗教崇拜意识，同时也反映了汉文化在布依族地区的传播和影响。经过漫长的岁月，嬗变成为一种民俗文化产物。

　　因地区的不同、习俗的不同，吞口在黔西南一带，表现形式也各不相同。有的地方人们将怪兽形象烧制在瓦当上，用于古庙、古祠；有的地方人们则将怪兽形象刻在石柱上，立于路旁；有的地方人们将雕刻的怪兽形象悬挂在寨门上。

　　黔西南布依族村寨的吞口放置在寨门上。寨门由石头堆砌而成，寨门洞口下由石块铺砌台阶，人们可以经由石阶从寨外拾级而上到达寨内。黔西南布依族吞口的制作是由石头雕刻而成，石料是浅灰白色，加工后更显净洁。充分体现了布依族人民的智慧与勤劳，更加反映了布依族人讲究与自然和谐相处的自然观和民族文化。

　　黔西南布依族吞口的摹状是人首、凸眼、犬耳、宽鼻、獠牙、咧嘴，好像能吞掉一切妖魔鬼怪。在寨民心目中，它起着防灾辟邪、护寨保平安的作用，是一种信念的象征。

图片来源

图一　贾佳　摄影
图二　李路、朱迪　制图

图二　布依族吞口在寨门中的位置示意图

贞丰纳磨村布依族土地庙

图一　贞丰纳磨村布依族土地庙（主图）

土地庙，是民间供奉土地神的地方（庙宇）。布依族百姓以农为本，对土地的崇拜创造出了土地神以及土地庙。纳磨村共有四座土地庙，均由村民自发组织建造，造型简单，属于微型建筑，四座土地庙分别建在寨子东南西北四个方位，土地庙大小不一，形态差异较大，最小的土地庙高度在1米左右，面积几平方米，属于微型建筑。有些大的土地庙则高2—3米，与正常房屋高度相同，面积约十几平方米。用灰砖、土石混合水泥石块搭建而成，均以瓦片为顶。四座土地庙最显著的特点就是建筑旁都有大棵的榕树或树林。本案例以最大的一座庙为例，介绍当地土地庙建筑以及对土地公祭拜的情况。

贞丰纳磨村北的土地庙最初是建在寨子旁，后因村民房屋建筑不断向外扩延，将庙包围在其中。庙宇修在高出地面约1米的平台上，整个平台面积为80平方米左右，土地庙面积约12平方米，采用的材料是布依族建筑最具特色的石头建筑，房顶为青瓦覆盖。正面用木栏杆做成窗户，双开门，门的上半部分是栏杆，下半部分是实木板，门前有两级台阶，门上完好地保留着对联"保一方清吉、佑四境平安"，横批"神寿无疆"。室内正面为祭台，是两层的水泥台子，祭台上有一泥塑的"神炉",是祭祀时供奉的牌位,上面粘着祭祀时贴上去的鸡毛。屋内一侧有几张条桌、条凳,以及锅碗瓢刀等厨具,是祭祀时的用具。

寨子上集体的土地庙祭祀活动时间分别为正月初三、清明节、六月半、七月半。此庙祭祀的时间是正月初三,为最隆重的祭祀。祭祀期间,村民在各个路口用竹子挽成圈粘着鸡毛插在路边,以告知寨子正在祭祀,禁止村外人员进入,违反者将被要求罚款买一头猪交给寨主作祭礼,以示赔罪。活动期间严禁女子进入祭祀场地。祭祀活动由寨主主持,每家派一名主事男子参加,祭礼费用平均摊派到各户。众人在庙前的平台上杀猪、杀鸡,共同准备饭菜,先举行焚香仪式进行祭拜,最后参加祭礼的男人们一同分享酒菜。祭祀内容主要是求土地公护佑全寨百姓平安健康、一年风调雨顺、来年庄稼大丰收。同时一年的农事安排、寨中的约定法则,以及上级政府的相关规定等都会在聚会时候告知各家各户,重大的事项也会在聚会上进行讨论宣布。因此,这种传统的祭祀活动,既是供奉神灵举行祭拜的仪式,也是村民讨论村规民约、商议重要事务的聚会。

珉谷镇纳磨村位于贵州省贞丰县中部,离县城约3公里,全寨150多户人家,房屋建筑及青年人的服饰已部分汉化,但黔西南布依族特有的生活习俗仍保持完整,传统的祭祀活动流传至今。

图片来源
图一至图六 黄争流 摄影

图二 贞丰纳磨村布依族篱墙土地庙

图三　贞丰纳磨村布依族土地庙内部图1

图四　贞丰纳磨村布依族土地庙内部图2

图五　贞丰纳磨村布依族篱墙土地庙内部图

图六　贞丰纳磨村布依族小土地庙

后记

《中国少数民族设计全集》是由王琥教授主编的大型丛书。该丛书的布依族卷、侗族卷、仡佬族卷、水族卷由贵州民族大学贵州世居民族研究基地（国家民委人文社科重点研究基地）承担编写工作。贵州世居民族研究基地将这4卷作为科研项目向贵州民族大学申请研究经费并获批准。

《中国少数民族设计全集·布依族》于2013年4月启动，由杨昌儒教授（贵州民族大学副校长）、陈玉平教授（贵州民族大学图书馆副馆长、西南傩文化研究院院长）、梁盛平研究员（北京大学政府管理学院博士后、贵安生态文明国际研究院执行院长）、黄元碧副研究馆员（贵州民族大学图书馆民族文化展示部主任）具体组织编写工作。

本卷收录了布依族传统建筑、传统服饰、传统餐饮、传统生活用具、传统生产工具、传统手工艺、传统民俗和宗教造像等共147个案例。撰稿和制图人员及其完成任务情况如下：黄元碧撰稿46篇；杨晓燕（贵州民族大学继续教育学院副教授）撰稿18篇；黄镇邦（贵州省博物馆副研究馆员）撰稿15篇；贾佳（贵州民族大学建筑工程学院副教授）撰稿12篇；王朝举（贵州民族大学学生工作部副部长）撰稿12篇；孙婕（贵州民族大学音乐舞蹈学院副教授）撰稿10篇；黄争流（贵州民族大学图书馆副研究馆员）撰稿10篇；江冬梅（贵州民族大学文学院副教授）撰稿9篇；罗正副（贵州大学人文学院教授）撰稿6篇；龚德全（贵州民族大学西南傩文化研究院研究员）撰稿3篇；周国茂（贵阳学院教授）、韦

云彪（黔南州民族博物馆馆长）为本卷提供了部分案例图片并分别撰稿2篇和3篇。陈玉平教授牵头采集图片，负责本卷《前言》的撰写，并完成案例撰稿 1篇。毛朝江同学（贵州民族大学美术学院艺术设计系环境艺术设计专业2011级）完成了传统服饰、传统餐饮、传统生活用具、传统生产工具、传统手工艺、传统民俗和宗教造像等各类案例制图135个，李路、朱迪同学（贵州民族大学建筑工程学院建筑学专业2010级）完成传统建筑类案例制图12个。

布依族卷项目组师生团结协作，利用业余时间，采选案例、拍摄图片、撰稿制图，经过两年多的努力，于2015年4月完成写作任务。此后三年时间，又不断进行修改和补充。

为获得案例的准确数据，并增加地域跨度，本卷成员陈玉平、黄元碧、王朝举、黄镇邦等，深入贵州省内布依族聚居的望谟、镇宁、惠水、长顺、罗甸、平塘、花溪等地采集案例图片。黄元碧利用暑假期间到云南省罗平县长底布依族乡和鲁布革布依族苗族乡考察，得到当地民宗部门、乡镇政府、村委会及布依族同胞的大力支持。在采集案例图片和数据过程中，云南省罗平县民宗局刘卫东局长、罗平县布依学会田绍华会长、罗平县民宗局经济文化教育科熊炜科长，贵州省镇宁县人大副主任杨国金、镇宁县民宗局哈登贵局长、镇宁县政协原主席杨芝斌、镇山村生态博物馆班有辉馆长、惠水县好花红乡辉岩村村委会负责人等，为本项目成员提供了许多便利，给予了极大的支持和帮助。黔南州民族研究所所长樊敏研究员、贵定县民族宗教局原副局长王发杰、罗甸县的陆米永虎和岑运豪老师，也为本卷提供了珍贵的实物和图片资料。贵州民族大学图书馆为本项目组拍摄图片和采集数据给予了极大支持。在书稿修改过程中，贵州民族大学民族科

学研究院张青伦博士对一些案例图形作了校订。

  编委会向所有为本卷提供过帮助的单位和个人，表示衷心的感谢！

  本卷由于篇幅所限，不能将布依族的传统设计全面呈现出来。撰稿和制图也是师生在业余时间完成的，难免有疏漏和不足之处，希望以后再补充完善。

本卷编委会
2018年4月

声　明

　　本书编写时收入的个别图片，因条件所限，未能同相关著作权人取得联系，获得授权，敬请谅解。请相关著作权人及时与编者联系，以便奉上稿酬。谢谢！